C000084848

18
45
D
R

Architekturführer Hannover

Architectural Guide to Hannover

von / by
Martin Wörner, Ulrich Hägele und Sabine Kirchhof

mit einer Einleitung von /
with an introduction by
Stefan Amt

übersetzt und zusammengefasst von /
translated and condensed by
Margaret Marks

Dietrich Reimer Verlag

Die Deutsche Bibliothek – CIP-Einheitsaufnahme
Ein Titeldatensatz für diese Publikation ist bei
der Deutschen Bibliothek erhältlich

Kartengrundlagen:
Stadtkarte Hannover 1:20.000. Vervielfältigung mit Genehmigung der Landeshauptstadt Hannover, Stadtvermessungsamt, vom 31.03.00
Karten Expogelände
© Sabine Kirchhof

Umschlaggestaltung: Bayerl & Ost, Frankfurt am Main

Umschlagabbildungen (von links oben nach rechts unten):
St. Clemens (Nr. 74), Foto: S. N. Klein
S-Bahnstation Hannover-Nordstadt (Nr. 110), Foto: S. Kirchhof
Japanischer Pavillon (Nr. Expo 29), Foto: U. Hägele
Haltestelle Steintor (Nr. 9) vor dem Anzeigerhochhaus (Nr. 10), Foto: S. Kirchhof
Ehem. Palais von Wangenheim, Niedersächsisches Wirtschafts- und Verkehrsministerium (Nr. 34), Foto: S. Kirchhof

Redaktionsschluss: 15.04.2000

Zimmerstr. 26–27
10969 Berlin

Printed in Germany

ISBN 3-496-01210-2

Die Herausgabe dieses Buches erfolgte
mit freundlicher Unterstützung durch das
InformationsZentrum Beton

Inhaltsverzeichnis / Table of contents

Geleitwort

Mit diesem neuen „Architekturführer Hannover" liegt erstmals eine umfassende Darstellung des Baugeschehens der Stadt von der Vergangenheit bis in die Gegenwart vor.

Das Buch ist mehr als ein Nachschlagewerk, das einzelne Bauwerke auflistet und beschreibt. Die komplexe Zusammenstellung von Bauten aus ganz verschiedenen Epochen macht die Stadt praktisch erfahrbar und begreifbar und liefert wichtige Informationen über die Geschichte Hannovers. Darüber hinaus wird die Vielfältigkeit der Stadt sichtbar.

Hannover blickt auf eine lange Stadtgeschichte zurück. Leider sind nicht viele der ganz alten Gebäude erhalten, die Bomben des 2. Weltkriegs haben das historische Stadtbild nahezu völlig zerstört. Dennoch sind einige markante Bauwerke erhalten geblieben, vorwiegend im Bereich der Altstadt. Auch das prächtige neue Rathaus, 1913 eingeweiht, blieb weitgehend verschont. Der außergewöhnliche Kuppelbau beherbergt im Inneren vier einzigartige Stadtmodelle, an denen die bauliche Entwicklung der Stadt vom Mittelalter bis zur Gegenwart nachvollzogen werden kann.

Nach den Zerstörungen des Krieges entstand Hannover praktisch neu, daher präsentiert sich die Stadt heute als eine moderne und nach den Bedürfnissen der heutigen Zeit ausgerichtete Landesmetropole. Dies spiegelt sich auch in den einzelnen Bauwerken wieder. Viele der hier beschriebenen Gebäude stammen aus der Zeit der Aufbruchstimmung der 50er Jahre.

Eine ganz andere Aufbruchstimmung kennzeichnet gegenwärtig unsere Stadt. Zum Erscheinen dieses Architekturführers ist Hannover Gastgeber der ersten Weltausstellung in Deutschland, der EXPO 2000. Die Bautätigkeit auf dem Ausstellungsgelände und die teilweise sehr außergewöhnlichen und futuristischen Bauten sind derart zahlreich und von architektonischem Interesse, dass sie ein Sonderkapitel dieses Buches füllen.

Ein Großteil dieser Gebäude ist extemporär, wird also nach Beendigung der EXPO nachgenutzt. Die Architektur dieser EXPO-Bauten ist gemäß dem in die Zukunft gerichteten Blick der Weltausstellung auch ein Blick in die Zukunft der Städteplanung. Wichtige Impulse für Planer und Architekten werden hier ihren Ursprung finden. Insofern ist der vorliegende Band nicht nur eine Bestandsaufnahme, sondern auch ein Ausblick.

Der Architekturführer begleitet die Leserinnen und Leser auf Hannovers Weg von der königlichen Residenzstadt zur niedersächsischen Landeshauptstadt und zum Messeplatz Nummer 1 bis zur gegenwärtigen Weltausstellung. Er wird nicht nur allen Besucherinnen und Besuchern unserer Stadt den Weg zu interessanten Gebäuden, Straßen und Plätzen weisen, sondern sicher auch den Hannoveranerinnen und Hannoveranern viel Wissenswertes über ihre Stadt vermitteln.

Herbert Schmalstieg
Oberbürgermeister der Landeshauptstadt Hannover

A message from the Mayor of Hannover

This new "Architectural Guide to Hannover" gives the first full account of the city's architectural history from its beginnings to the present day.

It is more than a reference work listing and describing individual buildings. The complex presentation side-by-side of buildings from different epochs allows us to experience the city at first hand and gives us important information about its history. It also shows the diversity of Hannover.

Hannover has a long history. Sadly, very few of the oldest buildings have been preserved: the bombing raids in the Second World War almost completely destroyed the face of the old city. Despite this, some very striking buildings still remain, most of them in the Old Town. The splendid new domed Town Hall, dedicated in 1913, was almost completely spared. Inside the building are four unique city models showing how Hannover developed architecturally from the Middle Ages to the present day.

After the wartime destruction, the city of Hannover was rebuilt virtually from scratch, and so now it is a modern metropolis and regional capital, adapted to the needs of today. The individual buildings reflect this too. Many of the buildings described in this book were built in the 1950s, the age of new departures.
Today, Hannover is in the grip of a quite different series of new departures. As this architectural guide goes to press, Hannover is hosting the first World Fair in Germany, EXPO 2000. There are so many buildings going up on the exhibition grounds and some of them are so unusual and futuristic that they have their own section in this book.

Many of these buildings will not remain on site, but will be used in other ways after the end of EXPO. The architecture of these EXPO buildings is like a glimpse of the future of town planning, in line with EXPO's emphasis on the future. These buildings will give an important impetus to planners and architects. And so this volume presents not only a stocktaking of the past, but also a preview of the future.
The architectural guide accompanies its readers on Hannover's path from royal residence, to capital of Lower Saxony and exhibition centre of the first rank, to the current World Fair location. It will not only show all visitors to our city where to find interesting buildings, streets and squares, but will also tell the citizens of Hannover much that is worth knowing about the city they live in.

Herbert Schmalstieg, Mayor of Hannover, the capital of Lower Saxony

Vorbemerkung der Autoren

Der Architekturführer Hannover dokumentiert 361 ausgewählte Bauwerke aus dem gesamten Stadtgebiet; außerhalb der Stadtgrenze wurde zusätzlich Langenhagen (u.a. mit dem Flughafen Hannover) aufgenommen.

Einen wichtigen, eigenständigen Bestandteil des Führers bilden die Bauten auf dem Gelände der Weltausstellung Expo 2000.

Eine einleitende Darstellung der Stadtbaugeschichte Hannovers vermittelt den historischen und städtebaulichen Rahmen.

Bei der Auswahl der Objekte wurde ein möglichst breites Spektrum aus den verschiedenen Stadtteilen, Epochen und Baugattungen angestrebt; die Auswahl musste dennoch zwangsläufig subjektiv bleiben. Durch den Aufbau des Führers nach Stadtteilrundgängen wird es dem Benutzer ermöglicht, die Architekturgeschichte Hannovers vom Mittelalter bis in die Gegenwart Schritt für Schritt kennen zu lernen. Mehrere Register ermöglichen einen raschen Zugriff.

Aus Platz- und Organisationsgründen war weder die Nennung von Mitarbeitern der Architekturbüros noch der Auftraggeber möglich; die Autoren möchten jedoch an dieser Stelle daran erinnern, dass ein Gebäude nur selten das Werk eines Einzelnen ist.

Das Autorenteam hatte sich verschiedene Arbeitsschwerpunkte gesetzt: Martin Wörner und Ulrich Hägele verfassten die meisten Einzeltexte, Sabine Kirchhof recherchierte vorwiegend vor Ort und redigierte.

Die Publikation wäre ohne vielfältige Unterstützung und Hilfe nicht möglich gewesen. Die Autoren bedanken sich an dieser Stelle vor allem bei zahlreichen Architekturbüros, dem Niedersächsischen Landesamt für Denkmalpflege, der Deutschen Messe AG und der Expo 2000 Hannover GmbH.

Martin Wörner
Ulrich Hägele
Sabine Kirchhof

Authors' Preface

The Architectural Guide to Hannover documents 361 selected buildings from all over the city; outside the city boundaries, Langenhagen (with Hannover Airport and other buildings) is also discussed.

The buildings on the Expo 2000 site are an important part of the guide and have their own section.

An introduction summarizing the history of Hannover's urban development supplies the historical and town planning background.

Objects were selected with a view to showing as broad a spectrum as possible from the various city districts, epochs and building types; despite this, the choice must be subjective.

The buildings are set out in a series of guided tours of city districts, and so the reader can learn about Hannover's architectural history step by step from the Middle Ages to the present day. There are several indexes, making it easy to find the objects.

For reasons of space and planning, it was impossible to name building owners or individuals from architects' firms, but the authors particularly wish to remind readers that a building is very rarely the work of one person.

The authors concentrated on different aspects of the work. Martin Wörner and Ulrich Hägele wrote most of the individual texts; Sabine Kirchhof mainly carried out research in Hannover and edited the texts.

This publication would not have been possible without outside support and help from many sources. The authors would like to express their thanks above all to many architects' firms, the Niedersächsisches Landesamt für Denkmalpflege, Deutsche Messe AG and Expo 2000 Hannover GmbH.

Martin Wörner
Ulrich Hägele
Sabine Kirchhof

Stefan Amt

Hannover – Stadt und Architektur vom Mittelalter bis zur Gegenwart

Die Entstehung der Stadt

Der Beginn der mittelalterlichen Besiedlung des heutigen Stadtgebietes von Hannover begann um 950. Vor allem die Existenz zweier Fernhandelswege mit einem Leineübergang sowie die Schiffbarkeit des Unterlaufes der Leine begünstigten die Entstehung eines Handelsplatzes an dieser Stelle. Den Anfang der Stadtentwicklung bildete ein Siedlungskern, der durch archäologische Grabungen im Bereich zwischen dem Leineschloß und der Aegidienkirche erschlossen werden konnte. Etwa zur gleichen Zeit entstand zwischen der heutigen Burgstraße und der Straße Am Marstall um einen landesherrlichen Haupthof eine Lehnshofsiedlung, in deren Schutz sich seit etwa 1100 mit einer Marktsiedlung im Bereich des Marktplatzes ein dritter Siedlungskern ausformte. Diese Siedlungen wuchsen seit ungefähr 1150 allmählich mit einer vierten zusammen, die im Gebiet der heutigen Osterstraße lag und in deren Zentrum der romanische Vorgängerbau der Aegidienkirche lag. Um diese Zeit war der Grundriss der hannoverschen Altstadt mit seinen vier Hauptstraßenzügen bereits voll entwickelt. Westlich, unmittelbar an der Leine, verliefen die Lein- und die Burgstraße. Die beiden mittleren den Marktplatz umschließenden Straßenzüge bildeten die Köbelinger-, die Knochenhauer- sowie die Markt- und Schmiedestraße. Die Osterstraße führte östlich in einem Bogen um die Marktsiedlung und mündete vor dem Steintor in die Schmiedestraße. Dieses Straßensystem ist auch heute noch im Bild der Altstadt präsent.

Hochmittelalter bis frühe Neuzeit

Infolge der Auseinandersetzungen zwischen Kaiser Friedrich I. (1122–90) und Heinrich dem Löwen (1129–95) wurde die Stadt 1189 niedergebrannt; anschließend aber über dem bestehenden Grundriss wieder aufgebaut (Abb. 1). Im Zusammenhang mit dieser Brandschatzung erfolgte Hannovers erste Nennung als Stadt („civitas hanovere"). Den Abschluss der Stadtentwicklung im Rechtssinne belegt die erste nachgewiesene

Abb. 1 Grundriss der Stadt Hannover um 1350. (Verfasser H. Plath)

Erteilung eines Privilegs durch Herzog Otto I. (1204–52) im Jahre 1241, in der erstmals auch ein Rat („consules") erwähnt wird.
Nach der Erbteilung des Besitzes Heinrichs des Löwen erhielt sein ältester Sohn das „oppidum hanovere" und ließ zwischen 1208 und 1215 auf einem hochwassersicheren Sandwerder westlich der Leine die Burg Lauenrode zur Sicherung des Flussüberganges errichten. Mit dem Bau dieses landesherrlichen Verwaltungssitzes, dessen Lehnsherren die Grafen von Roden waren, setzte die Besiedlung des linken Leineufers ein. Neben einigen Adelshöfen entwickelte sich um die Burg eine kleine Siedlung, die 1274 erstmals urkundlich als „nova civitas extra muros Honovere" erwähnt wurde. Ihren Ausbau beendete der Lüneburger Erbfolgekrieg (1371–88), in dessen Folge die Burg mit Billigung der Herzöge von Sachsen-Wittenberg 1371 von den Bürgern der Stadt Hannover erstürmt und die zerstörte Feste der Stadt überantwortet wurde.
In die Phase der ersten Stadtentwicklung des 12. und 13. Jahrhunderts fallen der romanische Vorgängerbau der Marktkirche (um 1125), die Errichtung des ersten massiven Rathauses (um 1230), der Bau des Heilig-Geist-Hospitals (1258), der Bau der ersten gotischen Kirche, der Nikolaikapelle (1284) vor dem Steintor, und die Gründung des Minoritenklosters (1291). Die Entwicklung zu einer unabhängigen Stadtgemeinde im Laufe des 14. und 15. Jahrhunderts machen die Neubauten der drei großen innerstädtischen Kirchen, der Marktkirche (um 1330 beg.), der Kreuzkirche (1320–33) und der Aegidienkirche (1347 beg.) sowie die erste Erweiterung des Rathauses (1409–1413) und der Anbau des Marktflügels (1453–55) deutlich.
Die erste Befestigung der Stadt wird als Anlage aus einem Graben und einem Palisadenwall rekonstruiert. Von der zweiten Hälfte des 13. Jahrhunderts bis zur Mitte des 14. Jahrhunderts wurde diese durch eine massive Stadtmauer ersetzt. Den Beginn der Bauarbeiten markiert das Steintor, das um 1266 als erstes massives Stadttor errichtet wurde. Der Bau der Befestigungsmauer ist urkundlich jedoch erst 1297 mit dem Beginn der Arbeiten am nördlichen Mauerzug fassbar. Die ursprünglich rund neun Meter hohe Mauer umschloss das gesamte Gebiet der Altstadt und war mit etwa 35 Türmen bewehrt. Als letzter Turm wurde 1357 der Beginenturm am östlichen Mauerzug gegenüber der Burg Lauenrode errichtet; er gilt als Dokument der wachsenden Emanzipation der Stadt gegenüber dem Landesherren. Letzte Reste dieser Stadtbefestigung haben sich mit dem Beginenturm, Teilen des sogenannten Borgentrikturmes im Bau der Volkshochschule am Friedrichswall sowie bei der Landeszentralbank (Osterstraße/Georgswall) erhalten. Die seit der Mitte des 14. Jahrhunderts angelegte Landwehr, eine mit Buschwerk besetzte mehrfache Wall-Graben-Anlage zur Sicherung des städtischen Vorfeldes, wurde ebenfalls in der Folge des Lüneburger Erbfolgekrieges stark ausgebaut und mit Warttürmen versehen (Kirchröder Turm 1373; Döhrener Turm 1382; Lister Turm und Pferdeturm 1387). Im 15. und 16. Jahrhundert erfolgte ein durch die Weiterentwicklung der Artillerie notwendig gewordener Ausbau der Fortifikationsanlagen um die Altstadt. Die gesamte Nord- und Ostflanke wurde durch die Anlegung eines zweiten 35 Meter breiten Grabens gesichert, die Befestigung des Ostufers der Leine ab 1544 mit einem Wall verstärkt und zugleich mit der Anlage von basteiartigen Werken, den sogenannten Steinhäuptern („Stenhovet"), begonnen.
Gegen den Widerstand des Rates erfolgte 1533 die Durchsetzung der Reformation durch die Bürgerschaft der Stadt, die sich am 26. Juni auf dem Marktplatz in einem gemeinsamen Schwur zu der neuen Lehre bekannte. Diese Zusammenkunft ist Inhalt des 5 x 15 Meter großen Wandbildes „Einmütigkeit" von Ferdinand Hodler (1853–1918), das 1912/13 für den Sitzungssaal der beiden städtischen Kollegien (heute Hodlersaal) gemalt wurde und als Hauptkunstwerk des Neuen Rathauses gilt.
Das älteste erhaltene Bürgerhaus Hannovers, das Haus Burgstraße 12, stammt aus der Mitte des 16. Jahrhunderts. Das Vorderhaus wurde 1566 als traufständiger viergeschossiger Fachwerkbau mit Vorkragung und reichem Schnitzwerk errichtet. Im rückwärtigen Bereich des tiefen Grundstückes ist das 1564 dreigeschossig erbaute Hinterhaus erhalten, das durch einen schmalen Seitenflügel mit dem Vorderhaus verbunden ist. Dieses Gebäude stellt das letzte überkommene Beispiel eines bis in die Mitte des 17. Jahrhunderts weit verbreiteten Typs hannoverscher Bürgerhäuser dar. Die nicht erhaltene Binnenstruktur des Vorderhauses bestand zumeist aus einer zweischiffigen Halle (Vordiele und Diele) und seitlich anschließenden Wohn- oder Geschäftsräumen.

Hannover als Residenzstadt (1636–1714)

Einen wesentlichen Einschnitt in die Entwicklung Hannovers bedeutete die Aufteilung der welfischen Länder und die daraus 1636 folgende Erhebung Hannovers zur Residenz des Fürstentums Calenberg durch Herzog Georg (reg. 1636–41). Die wesentlichsten baulichen Folgen der Residenznahme waren der Ausbau der Befestigung und der Calenberger Neustadt sowie der Bau des Residenzschlosses (1637–89) auf dem Gelände des ehemaligen Minoritenklosters an der Leine.
Bereits 1632 war mit dem Ausbau der Befestigung in bastionärer Manier nach niederländischem Vorbild begonnen worden, der ab 1646 auf Betreiben des Herzogs neben der Modernisierung der Befestigung um die Altstadt auch die Einbeziehung der Calenberger Neustadt in die Fortifikationslinie zum Ziel hatte. Das gesamte Stadtgebiet wurde bis 1657 mit einem Wall umzogen und das Gebiet der Altstadt durch sechs, das der Calenberger Neustadt durch vier Bastionen gesichert (Abb. 2).

Abb. 2 Modell der Stadt Hannover im Jahre 1689, Vogelperspektive von Süden.

Mit dem Ausbau der Befestigung nahmen auch Überlegungen zum planmäßigen Ausbau der kleinen rechtlich von der Altstadt unabhängigen Siedlung auf dem Westufer der Leine ihren Anfang. Auf Betreiben Herzog Georg Wilhelms (reg. 1648–65) wurde 1651 mit einer Besiedlung dieses Gebietes begonnen. Nach der Fertigstellung der Fortifikation erteilte der Herzog dem Altstädter Kaufmann Johann Duve (1611–79) im Jahre 1660 den Auftrag zur planmäßigen Bebauung mit Wohnhäusern nach standardisierten Typenentwürfen. An der Nordseite des bis 1678 angelegten Neustädter Marktes wurde von 1666 bis 1670 als erste protestantische Saalkirche Niedersachsens die Neustädter Hof- und Stadtkirche St. Johannis errichtet.

Auch für das erstmalig 1022 erwähnte Dorf Haringehusen bedeutete die Residenznahme Herzog Georgs einen gravierenden Einschnitt. 1638 wurden dort zunächst drei Bauernhöfe für die herzogliche Küchenverwaltung angekauft und diese bis 1652 zu einem Vorwerk ausgebaut. Mit der Einrichtung eines Absteigequartiers für den Herzog im Mitteltrakt des Hofes begann 1664 die Entwicklung des nun Herrenhausen genannten Dorfes zur Sommerresidenz. Schon ein Jahr später erfolgte unter Herzog Johann Friedrich der Bau eines Lusthauses aus Materialien eines in Lauenstadt bei Coldingen abgebrochenen Jagdschlosses. Zugleich mit dem Bau des ersten Lusthauses erfolgte ab 1666 die Einrichtung einer ersten Gartenanlage, die etwa den Umfang des heutigen Parterres des Großen Gartens hatte. Gleichzeitig wurde der sich nördlich anschließende Berggarten als Küchengarten angelegt. Nach einem durch den celleschen Hofgärtner Henri Perronet (amt. 1670–90) von 1675 bis 1678 durchgeführten ersten Ausbau des Gartens erfolgte auf Betreiben der Herzogin Sophie (1630–1714) bereits ab 1682 eine Neugestaltung im niederländischen Stil durch den Gartenmeister Martin Charbonnier (amt. 1682–1717). Die folgende Erweiterung dieser Anlage zu einer großzügigen Sommerresidenz wurde vor allem durch die Erhebung des Fürstentums Calenberg zum Kurfürstentum im Jahre 1692 forciert. So wurde der Garten ab 1695 nochmals bedeutend nach Süden erweitert und war um 1717 in seinem heutigen Umfang fertig gestellt (Abb. 3). Die ältesten erhaltenen Gartenarchitekturen, die Kaskade und die Grotte, stammen aus der Zeit von 1677 bis 1680, das Gartentheater wurde von 1689 bis 1692 angelegt. Das Schloss, das 1820/21 vom Hofbaumeister Georg Ludwig Friedrich Laves nochmals umgestaltet worden war, wurde 1943 zerstört und nach dem Krieg bis auf die halbkreisförmige Einfassung des Vorhofes abgetragen.
In der Folge von Herrenhausen entstanden um Hannover einige weitere Adelssitze, von denen das 1688 begonnene, aber nicht erhaltene Schloss der Familie von Platen in Linden mit seinem umfangreichen Barockgarten das bedeutendste war.

Zu Anfang des 18. Jahrhunderts nahm die europäische Politik bedeutenden Einfluss auf das Geschick der Stadt Hannover. 1701 hatte das englische Parlament im Act of Settlement zur Nachfolgerin der Königin Anna (1665–1714) die hannoversche Kurfürstin Sophie bestimmt. Nachdem diese 1714 wenige Wochen vor der englischen Herrscherin gestorben war, trat Sophies Sohn, Kurfürst Georg Ludwig (1660–1727), in die Erbfolge und bestieg als Georg I. den englischen Thron. Noch im selben Jahr führte die bis 1837 andauernde Personalunion zur Übersiedlung des Hofes nach England; Hannover blieb jedoch der Verwaltungssitz des seit 1705 mit dem Fürstentum Celle-Lüneburg vereinigten Kurfürstentums.
Diese Entwicklung führte zu einer deutlichen Zäsur in der Entwicklung der Stadt, was vor allem die nicht ausgeführten Planungen zu Stadterweiterungen deutlich machen. Nach einer 1707 von einem unbekannten Verfasser projektierten Erweiterung durch eine südliche Vorstadt zwischen dem Aegidientor und der Calenberger Neustadt schlug Remy de la Fosse (1659?–1726) um 1710 eine Ausdehnung nach Norden vor, die

Abb. 3 Der Große Garten in Herrenhausen. Vogelperspektive von Süden. Kupferstich von Joost von Sasse, um 1720.

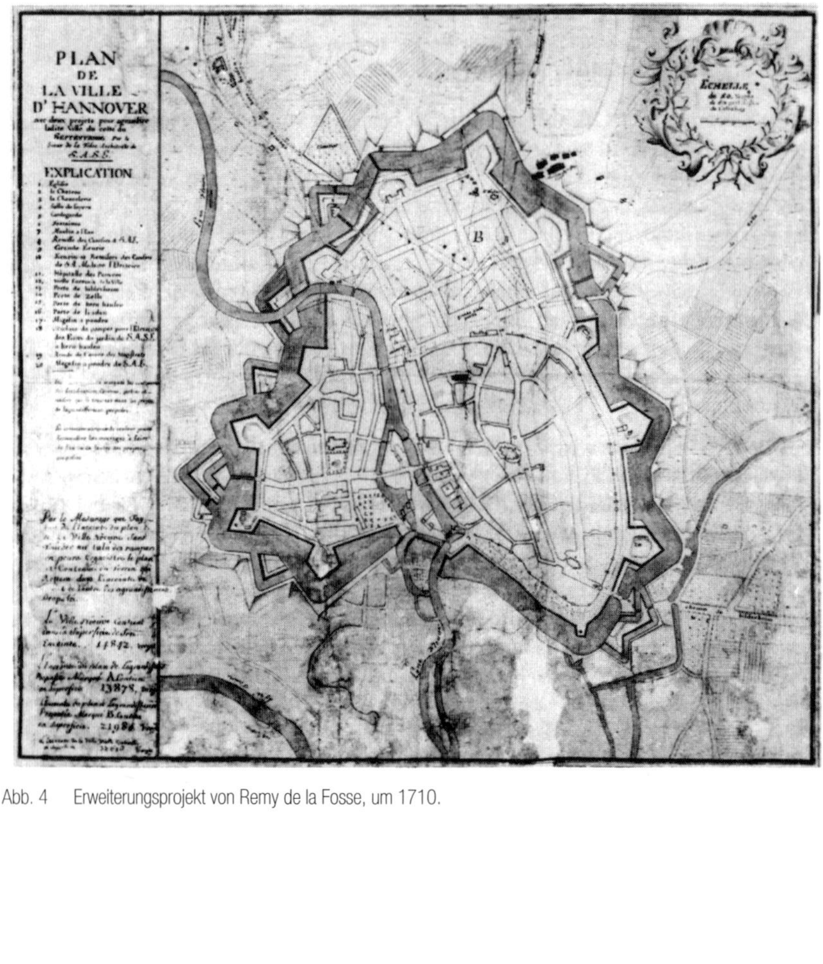

Abb. 4 Erweiterungsprojekt von Remy de la Fosse, um 1710.

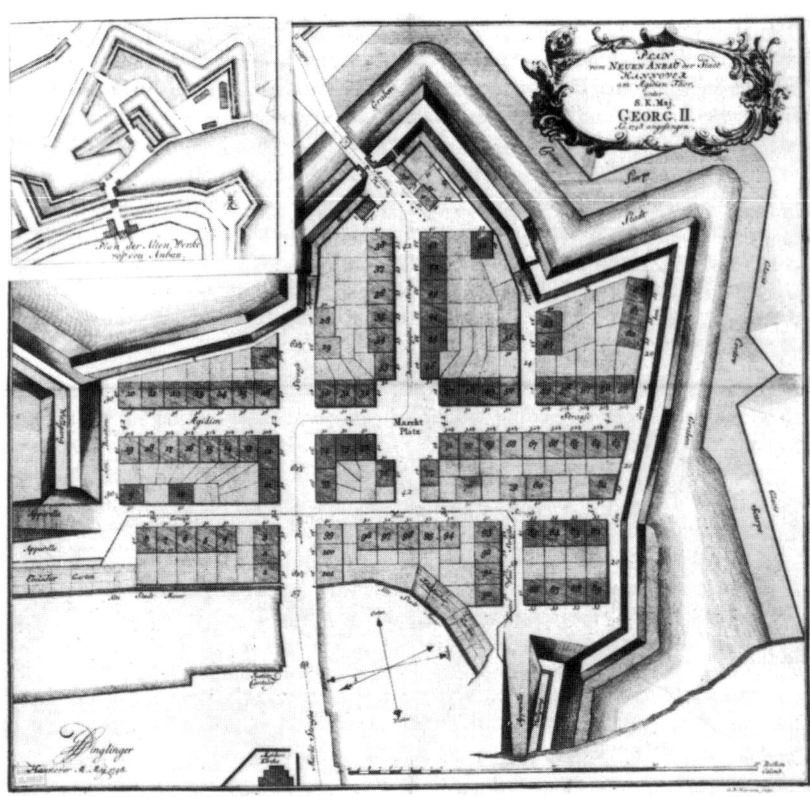

Abb. 5 Aegidienneustadt, endgültige Planung von G. F. Dinglinger, 1748.

eine Vergrößerung des Stadtgebietes um annähernd das doppelte vorsah (Abb. 4). Beide Planungen scheiterten vor allem an den durch die Übersiedlung des Hofes nach London veränderten Bedingungen in Hannover. Die Besiedlung des Umlandes erfolgte somit zunächst weiterhin in relativ ungeordneten Bahnen. Als Beispiel hierfür kann die Gartenvorstadt im Südosten gelten, die bis zur Mitte des 18. Jahrhunderts einen starken Bevölkerungszuwachs zu verzeichnen hatte. Bereits 1690 hatte dies zur Gründung der Gartenschule geführt und zog 1741 die Anlage eines eigenen Friedhofes nach sich, auf dem der Hofarchitekt Johann Paul Heumann (1703–59) 1746 den ersten Bau der Gartenkirche errichtete.

Die Zeit zwischen 1714 und 1814

Die erste planmäßig durchgeführte Stadterweiterung, durch die das Stadtgebiet Hannovers erstmalig über den Befestigungsring hinauswuchs, war die Aegidienneustadt (Abb. 5). Ab 1748 wurde sie auf Betreiben des Bürgermeisters Christian Ulrich Grupen (1692–1767) nach einer Planung des Festungsbaumeisters Georg Friedrich Dinglinger (1702–85) im Bereich der Befestigungswerke am Aegidientor angelegt. Für die mit schnurgeraden sich rechtwinklig schneidenden Straßen und einem aus dem Straßenraster ausgesparten zentralen Platz angelegte Siedlungsfläche entwarf der Stadtbaumeister Ernst Eberhard Braun (1692–1770) die zur Bebauung vorgesehenen Musterhäuser. Den ursprünglich auf die Wirtschaftsförderung durch Ansiedlung auswärtiger Handwerker ausgerichteten Bestrebungen war jedoch nur ein begrenzter Erfolg beschieden, denn das neue Stadtgebiet entwickelte sich vornehmlich zum Wohngebiet vermögender Bürger der Stadt. Diese Stadterweiterung stellte zugleich den ersten grundlegenden Eingriff in die Befestigungswerke dar. Nachdem diese im Siebenjährigen Krieg (1756–63) noch einmal erfolglos reaktiviert worden waren, wurde die planmäßige Schleifung der Fortifikation 1767 mit der südwestlich des Leineschlosses angelegten Esplanade (heute Waterlooplatz), einem Parade- und Exerzierplatz, begonnen. Die weitere Niederlegung der Befestigung erfolgte dann in der Zeit von 1784 bis 1787. Im südlichen und nordöstlichen Bereich wurde das freigewordene Terrain zur Anlage von Promenaden genutzt, die stadtseitig zur Bebauung freigegeben wurden. Im südlichen Bereich der Stadt wurde 1784 zunächst die Friedrichstraße (heute Friedrichswall), im nordöstlichen 1787 die Georgstraße angelegt. An beiden Straßen entstanden seit etwa 1820 zumeist freistehende Wohnhäuser des Adels und des Bürgertums. Aus der ersten Phase der Bebauung der Friedrichstraße ist heute nur noch das 1822 erbaute Wohnhaus von Laves erhalten. Aus der zweiten Bebauungsperiode stammt das benachbarte Wangenheim Palais, das Laves von 1829 bis 1833 errichtete.

Während die Sommerresidenz in Herrenhausen im 18. Jahrhunderts aufgrund der fehlenden Hofhaltung nur noch in reduziertem Maße bauliche Veränderungen erfuhr, setzte im Umfeld dieser Anlage eine recht ausgedehnte Bautätigkeit ein. Aus dieser Zeit noch erhalten sind das Pagenhaus (1707/08), die vom Hofarchitekten Johann Christian Böhm (amt. 1714–31) gebaute Orangerie (1720–23), das 1721 für die Gräfin Delitz errichtete Gebäude, das heute als Fürstenhaus bezeichnet wird, und das 1747 durch den Hofarchitekten Johann Paul Heumann errichtete Haus für den Gartendirektor Friedrich Carl v. Hardenberg (1696–1763).

Eine intensive Bautätigkeit entfaltete sich auch in der Leinemasch zwischen Herrenhausen und der Stadt, wo der Hofadel mehrere Lusthäuser mit Gartenanlagen errichten ließ. 1707 bis 1709 entstand das Gartenschlösschen „Fantaisie" für die Gräfin von Kielmannsegg nach Plänen von Remy de la Fosse. Er gilt auch als Planurheber des 1713 bis 1721 für die Gräfin von Platen errichteten Lusthauses „Montbrillant", das 1720 von Martin Charbonnier mit einer barocken Gartenanlage versehen wurde. Das 1726 in königlichen Besitz übergegangene Anwesen wurde 1857 für den Neubau des Welfenschlosses abgebrochen. Graf Johann Ludwig von Wallmoden-Gimborn (1736–1811) kaufte 1766 und 1769 einige Besitzungen in diesem Gebiet auf und ließ 1779 bis 1782 durch den Hofmaurermeister Johann Christoph Täntzel (1755–1815) ein Sommerschloss errichten. Nur von diesem Bau haben sich mit dem Mittel- und Ostflügel im Wilhelm-Busch-Museum Teile erhalten.
In diesem Bereich des heutigen Stadtgebietes wurden mit dem Wallmodengarten (1769), dem Berggarten (1747), dem Fürstenhausgarten (nach 1770), dem Garten von Montbrillant (1779) und dem Wangenheimgarten (1782) auch die ersten Landschaftsgärten nach englischem Vorbild angelegt. Aus der Zusammenführung dieser Gärten entstand bis 1861 der Georgengarten als großer Landschaftspark.

Den Beginn des Klassizismus in Hannover markieren zwei nicht erhaltene Bauten des Hofbaumeisters Benjamin Hase (1720–1803) im Bereich des Clevertores. 1791 errichtete er dort einen Gefängnisbau und von 1792 bis 1796 entstand das Gebäude der „Roß- und Vieh-Arzney-Schule", die 1778 als vierte Einrichtung dieser Art in Europa gegründet worden war und Vorgänger der heutigen Tierarztlichen Hochschule ist.

Ausbau zur königlichen Residenzstadt (1814–1866)

Der Wiener Kongress im Jahre 1814 brachte mit der Ernennung Hannovers zur Hauptstadt des erheblich vergrößerten und in den Rang eines Königreichs erhobenen welfischen Staates den nächsten entscheidenden Einschnitt für die weitere Entwicklung der Stadt. Mit dem Ende der hannoversch-englischen Personalunion bestieg 1837 der Herzog von Cumberland als König Ernst-August (reg. 1837–51) den Thron. Diese Entwicklung wurde durch die Annexion des Königreichs Hannover durch Preußen 1866 unterbrochen, mit der Hannover Hauptstadt der gleichnamigen Provinz wurde.

Im Jahr der Ernennung Hannovers zum Königreich wurde Georg Ludwig Friedrich Laves (1788–1864) als Hofbauverwalter angestellt. Hauptsächlich mit seinem Namen verbindet sich bis in die 1850er Jahre der hannoversche Klassizismus. Die zentrale Aufgabe des 1816 zum Hofbaumeister ernannten und bis 1852 zum Oberhofbaudirektor aufgestiegenen Laves war ein den repräsentativen Ansprüchen gemäßer Ausbau Hannovers zu einer königlichen Residenzstadt (Abb. 6 a und b).
Nachdem seine Entwürfe für den Neubau eines Residenzschlosses am Anfang der Herrenhäuser Allee abgelehnt worden waren, wurde von 1817 bis 1834 zunächst ein Umbau des Leineschlosses durchgeführt, womit das Zentrum aller weiteren Planungen fixiert war.
Dies wurde bereits bei dem ersten verwirklichten städtebaulichen Projekt deutlich, dem von 1825 bis 1832 angelegten Waterlooplatz mit der Waterloosäule. Die Mittelachse des 375 x 140 Meter großen, an der Stelle der Esplanade aus dem 18. Jahrhundert angelegten Platzes, richtete Laves zentral auf das Leineschloß aus (Abb. 7). Bis zu seiner 1935 erfolgten Versetzung in den Georgengarten blieb der 1790 errichtete Leibniztempel, das erste für einen Bürgerlichen errichtete Denkmal in Deutschland, zunächst am nördlichen Rand des Platzes bestehen.
Bereits 1819 begann Laves auch mit Planungen für eine umfangreiche Stadterweiterung und städtebauliche Umstrukturierung, die nach einem 20jährigen Planungsprozess zur Anlage der Ernst-August-Stadt mit dem Bahnhof führten. Die erste visionäre Planung von Laves sah eine Erweiterung der Stadt im Nordosten, dem sogenannten Steintorfeld, mit einer annähernden Verdoppelung des Stadtgebietes vor. Ab 1834 wurde zunächst mit einer zaghaften Bebauung um den Theaterplatz (heute Opernplatz) begonnen, dessen dreieckige Form durch die anfangs beibehaltene Windmühlenbastion vorgegeben war. Für die endgültige Gestaltung der Stadterweiterung wurde jedoch der Beschluss, Hannover an die Eisenbahn anzubinden, bestimmend. An der lange kontrovers geführten Planungsdiskussionen war mit städtischen Konkurrenzentwürfen ab 1831 vor allem der Stadtbaumeister August Andreae (1804–46) beteiligt. Seit 1843 wurde ein auf den Vorstellungen

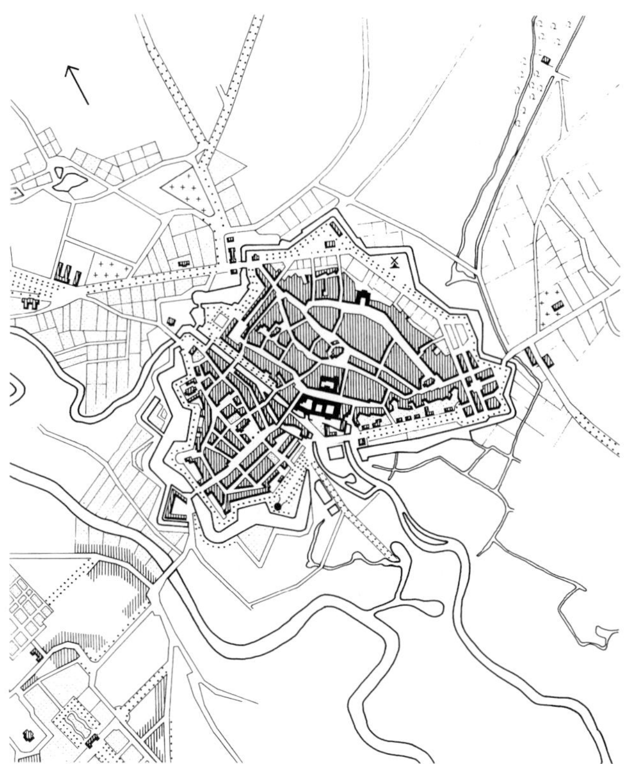

Abb. 6a Hannover im Jahre 1816, Zustand vor Beginn der Lavesschen Stadtplanung. (K. Berg und G. Kokkeklink)

Abb. 6b Hannover im Jahre 1866, Zustand nach Ausführung der Lavesschen Projekte. (K. Berg und G. Kokkeklink)

Abb. 7 Hannover in der Vogelperspektive von Westen mit Blick über den Waterlooplatz. Stahlstich von A. Eltzner, 1854/55.

von Laves fußender, aber gegenüber den anfänglichen Zielsetzungen stark reduzierter Plan ausgeführt, der bis heute das innere Stadtgebiet nachhaltig prägt. Auf der Basis der Georgstraße, die bis zur Hildesheimer Straße verlängert wurde, entstand mit dem Georgsplatz, dem Theaterplatz (heute Opernplatz), auf dem Laves von 1845 bis 1851 das Hoftheater als letzten Großbau des Klassizismus errichtete, und dem Aegidientorplatz eine spannungsreiche Abfolge von drei großen Stadträumen. Im Knickpunkt der Georgstraße wurde die Bahnhofstraße angeschlossen, die zu dem 1846 fertiggestellten ersten Bahnhofsgebäude mit dem großen fünfeckigen Bahnhofsplatz (heute Ernst-August-Platz) leitet. Die nach Südwesten weisende Symmetrieachse dieses Komplexes zielt über die Altstadt auf das Schloss und setzte sich in der des Waterlooplatzes fort. In dieser sogenannten Lavesachse deuten sich die großräumigen Visionen von Laves an, die jedoch nicht verwirklicht wurden.
Das letzte umfangreiche städtebauliche Projekt von Laves war die Vervollständigung der mit der Georgstraße und dem Friedrichswall begonnenen Ringstraße und ihre Anbindung an den Waterlooplatz. Bereits 1832 war mit der Bebauung der westlich an den Waterlooplatz anschließenden Adolphstraße begonnen worden. Aus dieser frühen Phase hat sich nur das Haus Adolphstraße 5 erhalten, das 1833/35 von August Christoph Gersting (1802–72) erbaut wurde. Die 1855 begonnene Planung zur Anlage der Goethestraße, des Goetheplatzes und der Humboldtstraße kamen jedoch erst am Ende der 1860er Jahre zur Ausführung.

Die Hannoversche Architekurschule (1850–1900)

Mit der auf Laves folgenden Architektengeneration kam eine Kritik an der klassizistischen Architektur auf, die einem neuen Stil, dem Historismus, den Weg ebnete. Die Missbilligung gründete sich dabei hauptsächlich auf die Austauschbarkeit der Stile sowie der Priorität, die der äußeren Erscheinung von Architektur beigemessen wurde. Die kritisierte pluralistische Verwendung unterschiedlicher Baustile entzündete sich in Hannover am Werk von Laves, der neben seinem für Hannover prägenden klassizistischen Werk auch neogotische Architektur baute, bei der er sich vornehmlich an Vorlagen der Gotik und Neugotik Englands orientierte. Das erste Auftreten der Neugotik in Hannover markieren drei von Laves 1818 zwischen den südlichen Strebepfeilern der Marktkirche errichtete hölzerne Ladenbauten. Beim neugotischen Innenausbau der Aegidienkirche (1826–28) verwendete er erstmals in Europa eine sichtbare Gusseisenkonstruktion. Formprägend war auch das ab 1842 errichtete Mausoleum für den Grafen Carl von Alten in Hemmingen-Westerfeld. Seine Bauausführung lag in den Händen des damals noch unbekannten Conrad Wilhelm Hase (1818–1902), der für die historistische Architektur bestimmend werden sollte.
Seit Mitte der 1830er Jahre verfochten junge Architekten zunächst den Rundbogenstil, der sich anfangs hauptsächlich an Formen der florentinischen Frührenaissance orientierte. Als erstes Beispiel dieser neuen Strömung gilt das nicht erhaltene Wohnhaus Strohmeyer an der Adolphstraße, das 1834/35 nach einem

Entwurf von Ernst Ebeling (1804–51) errichtet wurde. Von 1845 bis 1850 entstand am alten Rathaus der sogenannte „Dogenpalast“ von August Andreae in Formen, die von italienischer Palazzo-Architektur beeinflusst waren. Mit Architekten wie z.B. Ludwig Droste (1814–75), Hermann Hunaeus (1812–93), Heinrich Tramm (1819–61) und Julius Rasch (1830–87) kam ab ca. 1850 eine neue Prägung des Rundbogenstils auf, die aus der Verschmelzung von venezianischer Spätgotik, florentinischer Spätrenaissance und der englischen Tudorgotik eine eigenständige Formensprache entwickelte und bis ungefähr 1860 im Königreich Hannover prägend war. Ihre Verfechter opponierten gegen den Klassizismus und propagierten eine Erneuerung der Kunst, die in der Architektur einen für alle Zwecke anwendbaren Einheitsstil forderte.
Die weitere Entwicklung wurde grundlegend durch Hases um 1850 anzusetzende Hinwendung zur Neugotik bestimmt. Zwei der frühen Großprojekte waren die Marienburg bei Nordstemmen (1858–67) und die als Residenz- und Pfarrkirche fungierende Christuskirche (1859–64). Hases mit dem Schlagwort „Wahrheit der Baukunst“ formulierte Theorie, die auf ein funktions-, konstruktions- und materialgerechtes Bauen in solider handwerklicher Ausführung abzielte, begründete die sogenannte Hannoversche Architekturschule. Vor allem durch seine von 1849 bis 1894 ausgeübte Lehrtätigkeit für Baukunst am Polytechnikum, während der er ca. 3.500 Studenten ausbildete, verbreitete sich diese Architekturauffassung beinahe weltweit.
Im letzten Drittel des 19. Jahrhunderts wurde die Dominanz der Neugotik zunehmend durchbrochen und die Architektur öffnete sich auch gegenüber weiteren Stilrichtungen. Mit dem aufkommenden Jugendstil und dem Heimatschutzstil endete diese Epoche des Späthistorismus mit dem ersten Weltkrieg.

Die Entwicklung zur Großstadt (um 1850–1930)

Mit der 1824 in der Verfassungsurkunde für die Königliche Residenzstadt Hannover manifestierten Vereinigung der Altstadt mit der Calenberger Neustadt nahmen die zahlreichen Eingemeindungen ihren Anfang, die der raschen Entwicklung Hannovers in der zweiten Hälfte des 19. Jahrhunderts folgten. Begründet liegt dies in der Tatsache, daß Hannover außerhalb der Befestigungswerke keine städtische Feldmark besessen hat. Die Flächen waren im Besitz der vermögenden Bürgerschaft und wurden schon seit dem Dreißigjährigen Krieg zumeist auf Erbzins zur Besiedlung vergeben. Nach der Aufhebung der Torsperre 1821 stieg die Bevölkerungsdichte durch den Zuzug städtischer Bürger rapide an und führte zu einer unorganisierten Besiedlung dieser Areale. 1843 schlossen sich die 14 Ortschaften der Gartengemeinden zur politischen Gemeinde „Vorstadt Hannover“ zusammen, die das Stadtgebiet Hannovers in weiten Bereichen umschloss. Nach Fertigstellung des Eisenbahnbaues wurde 1847 zunächst die Ernst-August-Stadt aus dieser Gemeinde ausgegliedert und Hannover eingemeindet. 1859 folgte die Eingliederung des Restes der Vorstadt, durch die sich das Stadtgebiet annähernd um das fünfzehnfache vergrößerte.
Die Gartenvorstadt im Südosten bildete dabei den Kern der sich im folgenden entwickelnden Südstadt. Bedeutende Entwicklungsschübe gaben dort der 1864 angelegte Stadtfriedhof Engesohde sowie ab 1872 der Bau der Eisenbahnlinie nach Altenbeken. Zur zweiten großen Erweiterungsfläche der Stadt entwickelte sich die Nordstadt, die aus der Steintorgartengemeinde hervorging. Die noch zu Anfang des 18. Jahrhunderts aus nur 200 Wohnhäusern bestehende Bebauung in diesem Gebiet war bis 1800 auf 500 angestiegen. Aus dieser frühen Zeit hat sich mit dem um 1820 errichteten „Gartenhaus“ am Judenkirchhof nur ein Beispiel erhalten. Starke Auswirkungen auf dieses bereits vor der Eingemeindung zunehmend besiedelte Quartier hatten die Nähe zur Sommerresidenz in Herrenhausen sowie der 1857 begonnene Bau des Welfenschlosses.

Weitere Eingemeindungen folgten zum Ende des 19. Jahrhunderts. 1882 wurden zunächst der Königsworther Platz, die Parkstraße und die Jägerstraße sowie die Umgebung um das Welfenschloss dem Stadtgebiet zugeführt und 1891 folgten Herrenhausen und die Dörfer Hainholz, List und Vahrenwald. Für die eingemeindeten Gebiete wurden Bebauungspläne aufgestellt, die ihre Einbeziehung in die vorhandene angrenzende Bebauung des alten Stadtgebietes regelten. Vor allem in der List, deren Zentrum der Lister Platz bildet, führte die intensive Besiedlung zwischen 1900 und 1914 zu einem raschen Zusammenwachsen des neuen Stadtteiles mit dem alten Stadtgebiet.

Das tiefgreifendste innerstädtische Projekt des 19. Jahrhunderts war der auf Betreiben des Bauunternehmers, Architekten und Politikers Ferdinand Wallbrecht (1840–1905) vorgenommene Durchbruch der Karmarschstraße. Als erster Hauptverkehrsweg wurde sie von 1879 bis 1892 quer zu den bisherigen Hauptstraßen durch die Altstadt geführt, womit die bereits von Laves konzeptionell angedachte Stadtachse wieder aufgegriffen wurde. Während dessen Planung jedoch die monarchische Repräsentation zum Ziel hatte, stand jetzt die verkehrstechnische Verbindung zwischen dem Bahnhof und der in Linden angesiedelten Industrie im Vordergrund. Damit entfiel auch die Intention der Schaffung einer auf das Schloss ausgerichteten Achse und führte zur geschwungenen Anlage der Straße. Die neu errichtete straßenbegleitende Bebauung aus historistischen Geschäftshausbauten wurde von den wichtigsten hannoverschen Architekten, u.a. Georg Hägemann (1844–92), Christoph Hehl (1847–1911), Paul Rowald (1850–1920), Hubert Stier (1838–1907) und Theodor Unger (1846–1912) errichtet. In diesem Rahmen erfolgte 1891 auch die Erweiterung des alten Rathauses durch Conrad Wilhelm Hase. Den ursprünglichen Eindruck dieser ehemals größten Geschäftstraße

Abb. 8 Karmarschstraße um 1885.

Hannovers (Abb. 8) vernichtete der Wiederaufbau nach dem Zweiten Weltkrieg, bei dem die Straße verbreitert und mit einer niedrigeren Neubebauung gefaßt wurde. Von der Erstbebauung haben sich auf der westlichen Seite des südlichen Abschnittes mit der Rathsapotheke (1891) und der Häuserzeile Lein-/Karmarschstraße nur fünf Gebäude erhalten.

Nachdem die Einwohnerzahl Hannovers 1873 erstmals 100.000 überschritten hatte, wuchs die Stadt auch zum Ende des 19. Jahrhunderts noch rasant weiter. Die Jahrzehnte um die Jahrhundertwende waren somit durch den intensiven Ausbau infrastruktureller Einrichtungen geprägt, für die vornehmlich der von 1891 bis 1918 amtierende Stadtdirektor Heinrich Tramm (1854–1932) verantwortlich zeichnet. Bereits 1828 erhielt Hannover, als dritte deutsche Stadt, eine Gasversorgung, das neue Wasserwerk auf dem Lindener Berg entstand von 1876 bis 1879, 1891 bis 1898 wurde der Ausbau der Kanalisation betrieben und 1889/90 das erste Elektrizitätswerk eingerichtet, woran sich 1893 die Elektrifizierung der sieben ab 1872 eingerichteten Linien der Pferdebahn anschloss. 1832/33 erfolgte der Bau des ersten städtischen Krankenhauses in Linden, dessen Kapazität schon bald nicht mehr ausreichte, so dass von 1891 bis 1895 das zweite, das an der Haltenhoffstraße im Pavillon-System errichtete Nordstadtkrankenhaus, folgte. Stark forciert wurde auch der Bau von Schulen und Museen, so entstanden das Kestnermuseum (1889), das Provinzialmuseum (heute Landesmuseum, 1902) und das Vaterländische Museum (heute Historisches Museum, 1903).
Mit dem von 1901 bis 1913 errichteten späthistoristischen Rathausneubau in der Aegidienmasch sowie der 1912/13 gebauten Stadthalle in der Eilenriede war auch der Anfang des 20. Jahrhunderts durch zwei bedeutende städtische Großprojekte geprägt.

1907 wurde das Stadtgebiet durch die Dörfer Bothfeld, Groß- und Klein-Buchholz, Döhren, Kirchrode, Lahe, Stöcken und Wülfel sowie den Gutsbezirk Mecklenheide erneut bedeutend erweitert. Während die Hintergründe für die Eingemeindungen des 19. Jahrhunderts hauptsächlich in den zunehmenden Verflechtungen der Stadt mit den vorstädtischen Gemeinden lagen, waren sie nun bedeutend vielschichtiger. Döhren und Wülfel hatten sich zu einwohnerstarken Dörfern entwickelt, in denen die 1853 angelegte Bahnlinie Hannover-Kassel die Ansiedlung von Industrie begünstigt hatte (Wollwäscherei und -kämmerei 1866). Entscheidend für die Anbindung an Hannover war vor allem die unzulängliche Be- und Entwässerung in beiden Gemeinden, deren Anschluss an die hannoversche Kanalisation ausdrücklicher Bestandteil des Eingemeindungsvertrages war. Die Eingliederungen im nördlichen Bereich hatten ihre Ursache dagegen im Bau des Mittellandkanals. Da Hannover 1898 den Bau und Betrieb des die Stadt berührenden Abschnittes garantiert hatte, war man jetzt bestrebt, das in den Gemarkungen dieser Gemeinden für den Kanalbau benötigte Terrain der Stadt zuzuführen. Darüber hinaus hatte sich auf dem Gebiet der Gemeinde Buchholz, am Ende der Ausfallstraße nach Celle (Podbielskistraße), bedeutende Industrieanlagen (Pelikan, Deutsche Grammophon) angesiedelt. Die

Eingemeindung Stöckens lag daneben auch in der bereits 1901/02 notwendig gewordenen Erweiterung des 1891 eröffneten Stadtfriedhofs Stöcken begründet.

Die nach dem Ersten Weltkrieg einsetzende Wohnungsknappheit führte 1917 mit der Einführung eines Mietenstops und eines Kündigungsverbots zu ersten Mieterschutzmaßnahmen und dem Bau von Notunterkünften. Vor allem der Stadtbaurat Paul Wolf (1879–1957) betrieb in der folgenden Zeit die ersten sozialen Wohnungsbaumaßnahmen. Aus dieser Zeit stammen u.a. die Siedlung Herrenhäuser-/Dorotheenstraße (1918–22), die Bebauung um den Jahnplatz (1920–21), die Siedlung an der Schulenburger Landstraße (1921) sowie der Brehmhof (ab 1924). Ebenfalls unter der Regie Wolfs wurden der Seelhorster Friedhof (1919) und das Hindenburgstadion (heute Eilenriedestadion, 1920–22) errichtet. In der angespannten wirtschaftlichen Lage dienten beide Projekte auch als Maßnahmen zur Arbeitsbeschaffung.

Die einschneidendste Veränderung der Stadt in der Zeit zwischen den Weltkriegen stellte jedoch die 1920 vollzogene Vereinigung Hannovers mit der westlichen Nachbarstadt Linden dar. Urkundlich ist der Ort Linden erstmalig kurz nach 1100 fassbar. Aufgrund seiner Nähe zu Hannover und der strategisch wichtigen Leine- und Ihmeübergänge hatte er im Dreißigjährigen Krieg besonders stark gelitten. Ein wirtschaftlicher Aufschwung setzte im 17. Jahrhundert durch die Ansiedlung von Gewerbe und den Bau des sogenannten Schnellen Grabens ein, durch den die Ihme schiffbar wurde. Die wirtschaftliche Prosperität Lindens im 19. Jahrhundert beruhte hauptsächlich auf der seit 1830 verstärkten Ansiedlung von Industrie (Egestorffsche Maschinenfabrik 1835 (seit 1871 Hanomag), mechanische Weberei 1828, Baumwollspinnerei und -weberei 1853), die durch den Anschluss an die Bahnlinie nach Altenbeken 1872 und die Errichtung des Güterbahnhofs auf dem Gelände des ehemaligen herzoglichen Küchengartens noch gefördert wurde. 1885 wurden Linden die Stadtrechte verliehen. Als Zeichen der städtischen Repräsentation, die auch den Versuch einer Behauptung gegenüber Hannover markieren, sind die zu dieser Zeit entstandenen beiden neugotischen Rathausbauten zu verstehen. Das erste Rathaus wurde 1883/84 von Christoph Hehl errichtet; das zweite entstand von 1897 bis 1899 nach Plänen von Emil Seydel. Bis 1907 war Linden zu einer Industriestadt mit 60.000 Einwohnern herangewachsen und wurde 1909 mit Badenstedt, Bornum, Davenstedt und Limmer sowie 1913 mit Ricklingen zum Stadtkreis Linden vereinigt. Die aufgrund der vielfachen wirtschaftlichen Beziehungen naheliegende Eingemeindung Lindens stieß in Hannover zunächst auf Widerstand. Vor allem der Stadtdirektor Heinrich Tramm lehnte sie angesichts der abzusehenden finanziellen Folgen für Hannover ab. Unter seinem sozialdemokratischen Nachfolger, Oberbürgermeister Robert Leinert (amt. 1918–24), wurde sie dann aber doch vollzogen. Das geringe Steueraufkommen Lindens sowie die zunehmende Zahl von unterstützungsbedürftigen Arbeitslosen brachten in der wirtschaftlich schwierigen Situation der Zeit jedoch sehr bald große Probleme für das Gemeinwesen mit sich.

Unter anderem erreichte die Wohnungsnot dramatische Ausmaße und löste nach dem 1925 erfolgten Dienstantritt Karl Elkarts (1880–1959) als Stadtbaurat eine intensive Wohnungsbauförderung aus. Unter Leitung der von ihm gegründeten städtischen Baugesellschaft entstanden in der Zeit zwischen 1927 und 1931 nach z. T. detaillierten Gestaltungsvorgaben der Bauverwaltung viele Siedlungsneubauten. Aus dieser Zeit stammen z. B. die Siedlung an der Friedrich-Ebert-Straße (1926–36), der De-Haën-Platz (1927–29), die Siedlung am Kreuzkampe (1927–29), die Gartenstadt Kleefeld (1927–30), der Listhof (um 1928), die Siedlung an der Stöckener Straße (1928–29), die Bebauung an der Berckhusenstraße (1928–29), die Siedlung für Kinderreiche in Badenstedt (1928–31), die Siedlung für Asoziale in Oberricklingen (1929), die Bebauung an der Malortiestraße (1929–30), die Liststadt in Groß Buchholz (1929–31) sowie die Bebauung am Geibel- und Karl-Peters-Platz (heute Bertha-von-Suttner-Platz).
Zur gleichen Zeit entstanden im benachbarten Misburg mit dem 1925/26 errichteten Wasserwerk (Alte Peiner Heerstraße) und dem 1927 erbauten Jugendheim (Anderter Straße) von Friedrich Fischer (1879–1944) sowie vier 1931 fertiggestellten Wohnhäusern (Kleinertstraße) von Otto Haesler (1880–1962) einige Bauten, die im Verständnis einer neuen Sachlichkeit der Moderne verbunden sind.
Unter den wenigen öffentlichen Bauten dieser Zeit im Stadtgebiet Hannovers nimmt der 1929 bis 1931 von Karl Elkart errichtete Bau der Stadtbibliothek eine auch überregionale Sonderstellung ein. Aufgrund der Enge des Bauplatzes wurden die Funktionen der Bibliothek übereinander angeordnet und das Gebäude damit zum ersten Büchereiturm seiner Zeit.

Die Zeit des Nationalsozialismus

Viele der ab 1933 der durchgeführten Bauprojekte hatten immer noch den Charakter von Arbeitsbeschaffungsmaßnahmen. Dies gilt vor allem für den Maschsee, dessen Anlage mit dem ersten Spatenstich im März 1934 begonnen wurde. 1936 erfolgte die Einweihung des künstlichen innerstädtischen Gewässers. Im selben Jahr erwarb die Stadt den Großen Garten in Herrenhausen, der 1937 grundlegend restauriert wurde. Ein weiteres umfangreiches Grünflächenprojekt wurde von 1936 bis 1938 mit der Anlage des Hermann-Löns-Parks in Kleefeld durchgeführt.

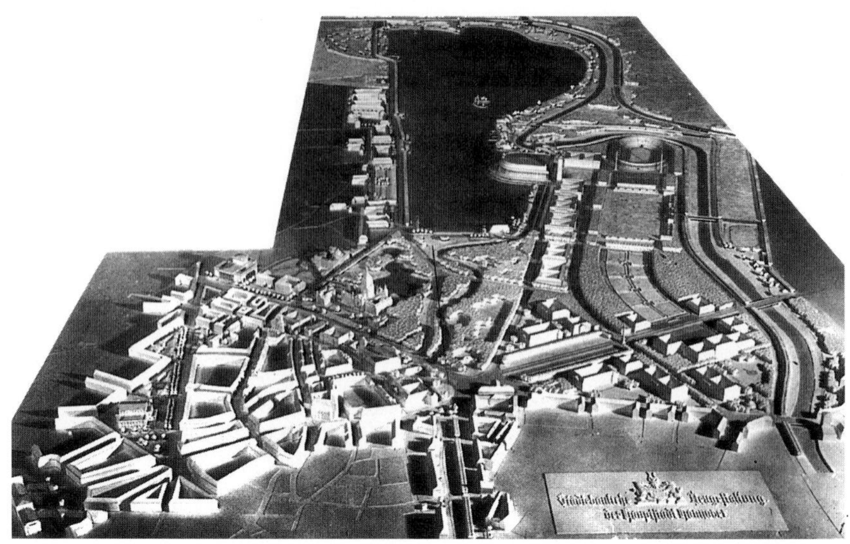

Abb. 9 Modell zur Neuplanung der Hauptstadt Hannover mit dem Parteiforum am Maschsee, 1939.

Die planmäßige Sanierung der Altstadt setzte von 1936 bis 1939 mit einer Konzentration auf den Bereich um den Ballhof ein. Neben der weitgehenden Erneuerung der Wohngebäude und der Entkernung der Hinterhöfe wurde dabei vor allem der 1649 unter Herzog Georg Wilhelm als Saalbau für Ballspiele errichtete Ballhof freigelegt und, ergänzt durch einen 1939 rechtwinklig angefügten Neubau, in einen Komplex für HJ- und BDM-Heime umgestaltet.

Diese Sanierung war in eine übergreifende Planung der städtebaulichen Neugestaltung von Karl Elkart (1938) eingebunden, die auch die Konzeption eines gigantomanischen Komplexes aus drei Foren als neues Zentrum der Gauhauptstadt umfasste. Das anfänglich am Südende des Waterlooplatzes vorgesehene Staats- und Parteiforum wurde nach einer Empfehlung Hitlers in einer 1939 vorgenommenen Neuplanung direkt an den Maschsee verlegt (Abb. 9). Ein städtisches Forum war am Neuen Rathaus und das Regierungsforum am Rudolf-von-Benningsen-Ufer geplant.

Nachdem Hannover in die Reihe der Neugestaltungsstädte aufgenommen und ab 1940 zunehmend durch Bombenangriffe beschädigt worden war, begann Elkart 1944 mit der Ausarbeitung eines Neugestaltungsplanes zum Wiederaufbau der Gauhauptstadt, die teilweise stärkere Eingriffe in die bestehende Struktur vorsah, als sie beim Wiederaufbau der Nachkriegszeit vorgenommen wurden (Abb. 10).

Kriegszerstörung und Wiederaufbau

Im Zweiten Weltkrieg wurde Hannover durch Bombenangriffe (vor allem am 8./9. 10. 1943) schwer zerstört. In der Innenstadt, der Calenberger Neustadt, der Nord-, Süd- und Oststadt waren 51% der Wohngebäude und rund 90% der gesamten Bebauung vernichtet (Abb. 11). Die Bautätigkeit der Nachkriegszeit stand damit für lange Zeit im Zeichen des Wiederaufbaues der Stadt, die seit dem 1. November 1946 Hauptstadt des neugebildeten Landes Niedersachsen war.

Erste Reparaturmaßnahmen betrafen die wichtigsten Verkehrs-, Versorgungs- und Entwässerungseinrichtungen sowie die Krankenhäuser und Schulen und konnten bis November 1945 abgeschlossen werden.

Der Wiederaufbau markanter Baudenkmäler begann 1946 mit der modernisierenden Wiederherstellung der Marktkirche durch Dieter Oesterlen (1911–94), die als Symbol für den Nachkriegsaufbau gilt. Als demonstrativ früher Aufbau eines Kulturgebäudes folgte 1949/50 der Wiederaufbau des Opernhauses.

Den Neuanfang kennzeichnet auch die erste Export-Messe, die bereits 1947 auf dem Gelände der Leichtmetallwerke in Laatzen stattfand.

Mit einem ersten Entwurf der Bauverwaltung unter Stadtbaurat Otto Meffert (1878–1970) begannen 1947 die konkreten Planungen zum Wiederaufbau der Stadt. Zur Lösung wissenschaftlicher, künstlerischer und wirtschaftlicher Fragen wurde ab November 1947 eine Arbeitsgemeinschaft einbezogen, die sich an der Technischen Universität gebildet hatte.

Seit der Wahl Rudolf Hillebrechts (1910–1999) zum Stadtbaurat 1948 standen die Planungen zunehmend unter der Betonung einer Erneuerung der Stadtstruktur. Nachdem zunächst die bisherigen Ideen von einem Kollegium aus freien und beamteten Architekten in dem sogenannten „Kollegialplan" zusammengeführt worden waren, wurde zur weiteren Klärung städtebaulicher Fragen im Kerngebiet der Innenstadt noch 1948 ein Wettbewerb ausgelobt, zu dem 98 Entwürfe eingingen. Den ersten Preis erhielten Werner Dierschke und

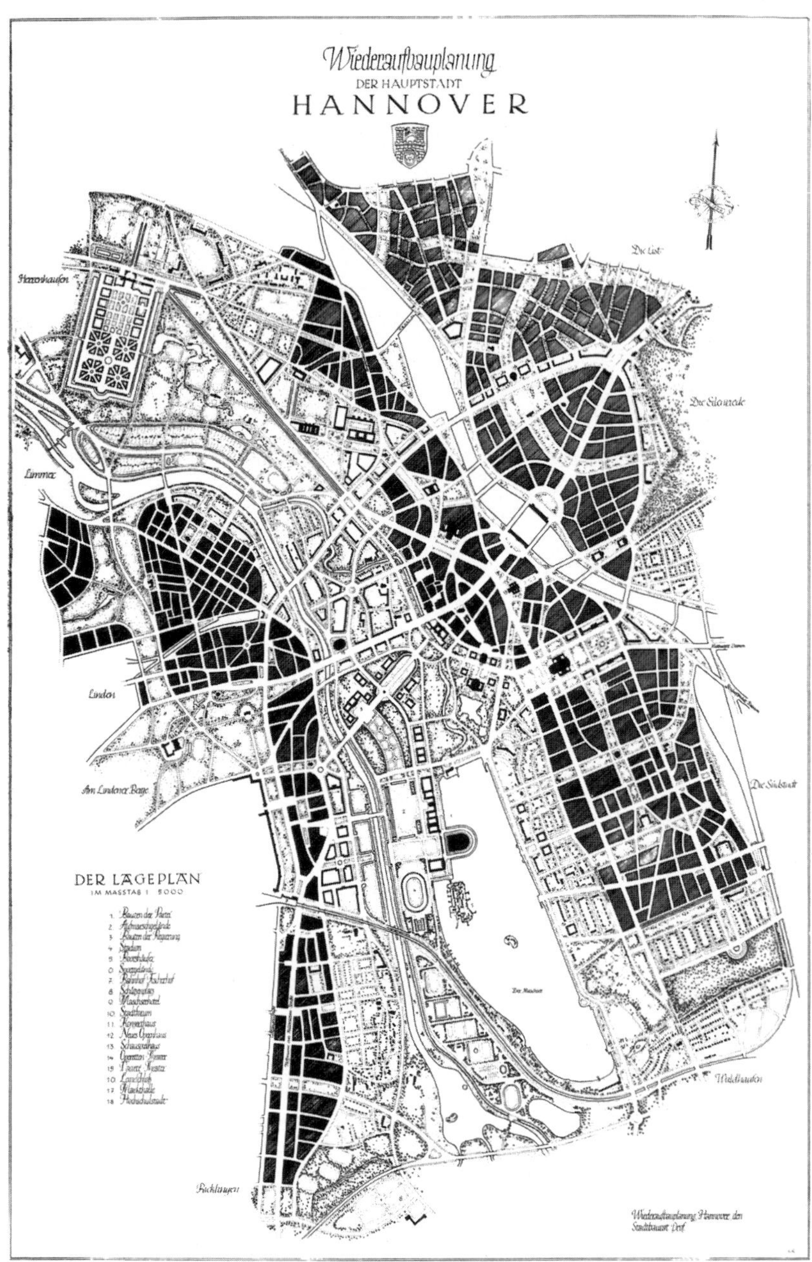

Abb. 10 Wiederaufbauplanung der Hauptstadt Hannover, 1944/45.

Wilhelm Schwedes. 1949 erklärte der Rat die gesamte Stadt zum Wiederaufbaugebiet und stellte einen ersten Bebauungsplan auf, der die Richtlinien für den Wiederaufbau festlegte (Abb. 12). Das Leitbild der Gesamtplanung war eine räumlich gegliederte, baulich aufgelockerte und in ihrem Umfang begrenzte Stadt, deren gliederndes Element ein Hauptstraßennetz mit Innenstadtring und äußeren Tangenten bilden sollte. Durch die Auflösung der historischen Strukturen der Aegidienneustadt, der Leineinsel, des Neustädter Leineufers und des Waterlooplatzes erhielten die an die Altstadt angrenzenden Bereiche ein völlig neues Aussehen. Vor allem die an den modernen Verkehrsbedürfnissen orientierte Planung einer autogerechten Stadt galt in den folgenden Jahren als vorbildlich. Das Ziel dieser Umstrukturierung, die aus einem Netz von Außentangenten, einem Innenring und verbindenden Radialstraßen besteht, war eine leistungsfähige Verkehrs-

Abb. 11 Die zerstörte Innenstadt von Süden mit Blick auf die Aegidienkirche und das Opernhaus, um 1945.

bedienung der gesamten Stadt und die Befreiung des Stadtzentrums sowie angrenzender Wohngebiete von Durchgangsverkehr.
Als erste Markierung eines der neugeschaffenen Innenstadteingänge entstand 1952/53 das Continental-Hochhaus am Königsworther Platz, einem Knotenpunkt des neuen Tangenten-Fünfecks. Zu seiner Zeit war dieses fünfzehngeschossige Gebäude der höchste Bürobau in der Bundesrepublik.
Die aus heutiger Sicht rigorose Vorgehensweise bei der Durchsetzung der Verkehrsplanung wird besonders augenfällig beim Umgang mit dem Waterlooplatz, an dem ab 1951 ein neues Regierungsviertel entstand. Mit der Anlage des Leibnizufers und des Friedrichswalls wurde seine Anbindung an den Schlossbau unterbrochen und die Struktur dieses ehemaligen Exerzierplatzes durch die Brechung der Symmetrie mit der schwingenden Straßenführung der Lavesallee bewusst weitgehend aufgelöst.
Trotz dieser hauptsächlich zukunftsorientierten Maßnahmen wurde auch die Gefahr eines Identitätsverlustes durch die immensen Kriegsverluste -von ursprünglich mehr als 16.000 Fachwerkbauten waren nur 32 nicht zerstört- erkannt. Die beabsichtigte Bewahrung des historischen Stadtbildes beschränkte sich jedoch hauptsächlich auf den Erhalt des Stadtgrundrisses. Nicht sonderlich erfolgreich erscheint auch der Versuch eine Traditionsinsel im Bereich der historischen Altstadt zu schaffen, was durch den Wiederaufbau der wichtigsten Baudenkmäler, die Errichtung translozierter Fachwerkgebäude sowie die Begrenzung der zulässigen Bauhöhen für die Neubebauung erreicht werden sollte.
Das zentrale Bauvorhaben zur Schaffung neuer innerstädtischer Quartiere war das 1951 fertiggestellte Kreuzkirchenviertel, das neben dem Constructa-Block in der Hildesheimer Straße als eines der beispielgebenden Projekte auf der Constructa (Baumesse) im selben Jahr einem internationalen Publikum vorgestellt wurde.

Die Stadt seit den 1950er Jahren

Mit den 1950er Jahren setzte ein Wachstum der Stadt ein, das die Einwohnerzahl Hannovers 1954 erstmals 500.000 übersteigen ließ. Da das Stadtgebiet seit 1907 nicht mehr erweitert worden war, standen nur noch wenige Flächen für die benötigten neuen Siedlungsbauten zur Verfügung. Nach den noch in städtischen Bereichen errichteten Wohngebieten der 1950er (Bothfeld, Sahlkamp, Oberricklingen, Vahrenheide) und 1960er Jahre (Mühlenberg, Roderbruch) begann damit das Wachstum der Stadt über ihre Grenzen hinaus. Als erste Baumaßnahmen außerhalb des Stadtgebietes entstanden in den 1960er Jahren die Großsiedlungen in Hemmingen-Westerfeld und Garbsen.
In der Innenstadt löste der 1965 begonnene Bau der U-Bahn weitreichende Eingriffe in die Stadtstruktur aus. In seiner Folge entstanden von 1972 bis 1975 das Center am Kröpcke und die Raschplatzbebauung als neue Dominanten. Zur gleichen Zeit wurde das Ihmezentrum als erste und einzige Komplexbebauung im citynahen Bereich errichtet.
Mit dem Ziel, die Erlebbarkeit der Innenstadt zu erhöhen, wurde die Einrichtung eines Netzes von Fußgängerzonen vorgenommen. Das umfangreichste und innovativste Projekt war die von 1972 bis 1976 eingerichtete

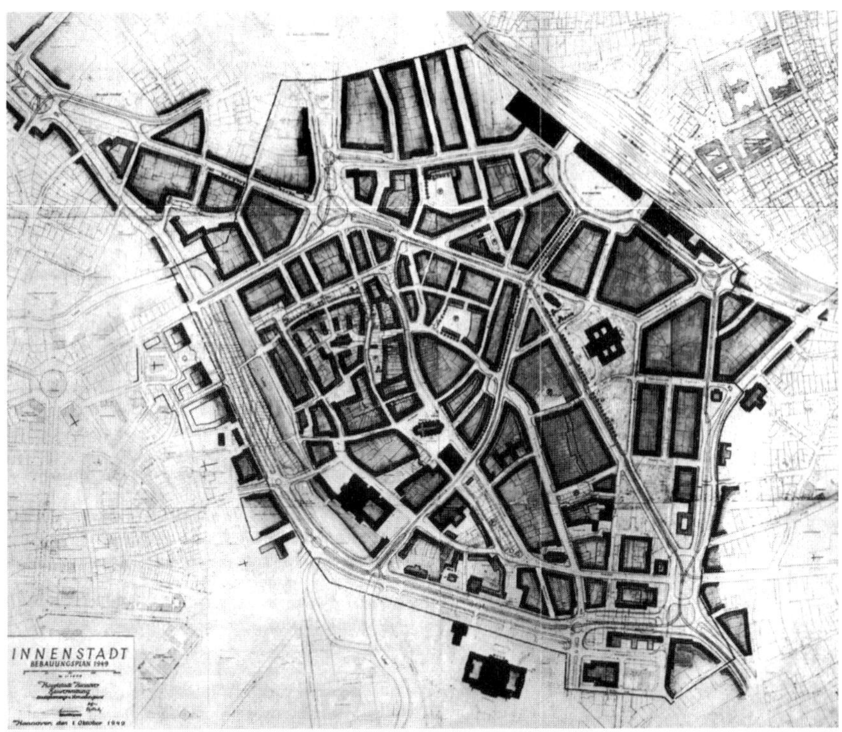

Abb. 12 Bebauungsplan für die Innenstadt Hannover vom 1. Oktober 1949.

Passerelle, mit der die Oststadt an die City angeschlossen und damit die 100jährige Barriere der Eisenbahn überwunden werden sollte.

Ein Umdenken in der Stadtplanung erfolgte seit den 1970er Jahren mit der Konzentration auf die Revitalisierung und Sanierung bestehender Substanz in den an die Innenstadt grenzenden Stadtteilen. Hierbei wurde der Sanierung Lindens seit 1973 erste Priorität eingeräumt; es folgten die Nordstadt und seit den 1990er Jahren mit Vahrenheide und Mittelfeld auch Siedlungen, die erst nach 1945 entstanden waren.

Im Rahmen der Gebietsreform von 1974 wurde das Stadtgebiet durch die Eingemeindungen von Ahlem, Anderten, Bemerode, Vinnhorst, Wettbergen und Wülferode sowie der Stadt Misburg zum bisher letzten Mal erweitert. Zugleich erfolgte die Vereinigung der Landkreise Burgdorf, Hannover, Neustadt a. Rbge. und Springe zum Landkreis Hannover.

In der gleichen Zeit erzwang der Rückgang der Wohnungsbauförderung ab ca. 1975 ein Umdenken im Bereich des sozialen Wohnungsbaus. Ein erstes neues Modell entstand ab 1978 mit der Siedlung Davenstedt-West, wo ein sozial ausgerichteter Wohnungsbau in individueller Reihenhausbebauung durchgeführt wurde. Neue Ansätze des Siedlungswohnens, die sich jetzt jedoch vornehmlich am ökologischen Bauen orientierten, verfolgte auch die 1983/85 errichtete Grasdachsiedlung in Lahe.

Das Ende des Jahrhunderts – die Expo

Im Juni 1990 betraute das Pariser Bureau International des Expositions die Bundesrepublik Deutschland mit der Aufgabe der Ausrichtung der Expo 2000, die unter dem Motto „Mensch-Natur-Technik" vom Juni bis Oktober 2000 in Hannover stattfinden wird.

Die städtebauliche Konzeption der sich auf dem Messe- und dem neu errichteten Expogelände abspielenden Ausstellung legte der „Masterplan Planen und Bauen" fest, der nach einem 1992 durchgeführten Wettbewerb von den Büros Arnaboldi/Cavadini und Albert Speer & Partner entwickelt wurde. Neben dem bestehenden Messegelände, das mit einer modernen Infrastruktur, weiteren Grünflächen sowie der Erneuerung und dem Neubau von Messehallen weitgehend überarbeitet wurde, stellt das südöstlich an das Messegelände angrenzende Expo-Gelände den Kern dieser Planung dar. Sein Zentrum bilden im nördlichen Bereich die Arena, die Plaza und der Deutsche Pavillon. Nach Süden schließen sich die Pavillons der Nationen an, deren temporär angelegte Architekturen zum großen Teil demonstrativ experimentellen Charakter besitzen.

Die Umsetzung der programatischen Themen der Expo, Stadt als Garten, ökologische Optimierung und Stadt als sozialer Lebensraum, wurde vor allem in der Konzeptionierung des neuen Stadtteils auf dem Kronsberg versucht. Der auf insgesamt 6.000 Wohnungen angelegte Siedlungsneubau ist das erste Projekt dieser Art seit 1968 (s. S. 176 ff.). Auf der Grundlage von zwei Wettbewerben wurde ein Konzept entwickelt, das die Umsetzung aktueller ökologischer, sozialer und bautechnischer Erkenntnisse, die bisher hauptsächlich experimentell verwirklicht wurden, in großem Maßstab verfolgte. Ziele waren vor allem die Realisierung eines zukunftsweisenden Städtebaus (Habitat, Internationales Wohnen; Focus, Behindertenwohnen) und einer ökologischen Optimierung. Neben einem Abfallkonzept, einem naturnahen Regenwassersystem und einem Bodenmanagement lag das Hauptziel dabei vor allem in der Konzeptionierung aller Gebäude in einem eigens festgeschriebenen Niedrigenergiestandard (Heizenergiekennzahl maximal 55 KWStd/Jahr und m^2), die durch eine von der Planung bis zur Ausführung begleitende Qualitätssicherung Wärmeschutz sichergestellt werden sollte.

Schon im Vorfeld der Expo muss jedoch festgestellt werden, dass diese hauptsächlich auf das außerhalb der Stadt gelegene Ausstellungsgelände begrenzt bleibt und sich ihre Auswirkungen damit vornehmlich auf die Verbesserung infrastruktureller Gegebenheiten und die Anlage des neuen Stadtteils am Kronsberg beschränken. Vor diesem Hintergrund mag auch angezweifelt werden, dass sich die vielfältigen Hoffnungen bestätigen, die auch für die zukünftige Entwicklung Hannovers mit die Expo verbunden werden.

Stefan Amt

Hannover – the city and its buildings from the Middle Ages to the present day

The beginnings of the city

(All the illustrations are shown in the German text; the English captions are given in the following.)

The first medieval settlement in Hannover was founded c. 950. This was a good location, with two long-distance trade routes and a ford over the River Leine, whose lower reaches were navigable from this point. The original nucleus of the settlement has been found between the Leine Palace and the Aegidienkirche. At about the same time, between Burgstrasse and Am Marstall, a feudal settlement grew up surrounding the court of a local ruler, and in its protection a third nucleus developed from about 1100, a market settlement in the area of today's Marktplatz. From c. 1150, these settlements grew together with a fourth in the area of Osterstrasse, centred around the Romanesque church on the site of the present Aegidienkirche. At this time, the layout of the Old Town of Hannover with its four main streets was already established. To the west, on the Leine, were Leinstrasse and Burgstrasse. The two middle streets on each side of Marktplatz were Köbelingerstrasse / Knochenhauerstrasse and Marktstrasse / Schmiedestrasse. Osterstrasse circled the market settlement to the east and joined Schmiedestrasse in front of the Steintor. This system can still be seen in the old city street plan today.

High Middle Ages to early modern period

The city was burnt down in 1189 in the wake of the disputes between Emperor Frederick I (1122–90) and Henry the Lion (1129–95). It was then rebuilt after the same plan (Fig. 1. Plan of the city of Hannover c. 1350, by H. Plath). It was in connection with this pillage that Hannover was first referred to as a city ("civitas hanovere"). The first documentary evidence that Hannover was officially recognized as a city is the award of a privilege by Duke Otto I (1204–52) in the year 1241, and this is also the first mention of a council ("consules").

When the possessions of Henry the Lion were shared among his heirs, his eldest son was given the "oppidum hanovere", and between 1208 and 1215 he had Lauenrode Castle built to protect the river crossing. The building of this administrative seat, whose feudal lords were the Counts of Roden, marked the beginning of the settlement of the left bank of the Leine. Together with some manor houses a small settlement grew up around the castle, first documented in 1274 as "nova civitas extra muros Honovere". The Lüneburg War of Succession (1371–88) put an end to the growth of this settlement: following the war, the castle was stormed by the citizens of Hannover in 1371, with the approval of the Dukes of Saxony-Wittenberg, and after its destruction it was handed over to the city.

The first phase of city development took place in the 12th and 13th c. At this time, the Romanesque church on the site of the later Marktkirche was built (c. 1125), the first permanent town hall was erected (c. 1230), as were the Heilig-Geist-Hospital (1258), and the first Gothic church, the Nikolaikapelle (1284); and the Minorite monastery was founded (1291). In the course of the 14th and 15th c., the city developed into an independent municipality, as is shown by the new buildings of the three large inner-city churches, the Marktkirche (begun c. 1330), the Kreuzkirche (1320–33) and the Aegidienkirche (begun 1347), the first extension of the Town Hall (1409–1413) and the addition of the market wing (1453–55).

The first city fortification was probably a ditch and a palisade. From the second half of the 13th c. to the mid-14th c., this was replaced by a solid city wall. Work began at the Steintor, which was the first massive city gate, erected c. 1266. However, the first record of the building of the fortification wall is in 1297, when work began on the north section. The wall was originally c. 9 m high. It had about 35 towers and enclosed the whole old city area. The last tower to be built was the Beginenturm (1357) in the east wall opposite Lauenrode Castle; this is seen as evidence of the growing rights of the citizens. Some fragments of this city fortification have been preserved in the Beginenturm, in parts of the Borgentrikturm in the adult education centre (Volkshochschule) on Friedrichswall and in the Landeszentralbank building (Osterstrasse / Georgswall).

The line of fortification installed from the mid-14th c. on, a rampart and moat construction to protect the approaches to the city, was also greatly enlarged as a result of the War of Succession and provided with watchtowers (Kirchröder Turm 1373; Döhrener Turm 1382; Lister Turm and Pferdeturm 1387). In the 15th and 16th c., innovations in artillery made it necessary to enlarge the old city fortifications. A second moat, 35 m. in width, protected the whole north and east flanks; from 1544 the fortification of the east bank of the Leine was strengthened with a rampart and at the same time with the building of bastion-like structures known as stone heads ("Stenhovet").

Against the opposition of the council, the citizens introduced the Reformation in 1533; on 26 June, they swore a communal oath on the Marktplatz recognizing the new doctrine. This meeting is the subject of the

5 x 15 m mural "Unanimity" by Ferdinand Hodler (1853–1918), which was painted in 1912/13 for the council chamber (now called the Hodler chamber) and is regarded as the main work of art in the new Town Hall.
The oldest burgher's house preserved in Hannover, Burgstrasse 12, is of the mid-16th c. The four-storey timber-framed front building, with projecting upper storeys and rich carving, was built in 1566. At the back of the long plot is the three-storey rear building (1564), linked to the front house by a narrow side section, the last example of a type of Hannover burgher's house that was common until the mid-17th c. The interior of the front building, which has been lost, was usually a two-aisle hall, with residential or work rooms to the side.

Hannover as a ducal residence (1636–1714)

In 1636, after the Guelph lands were divided, Hannover was chosen by Duke Georg (r. 1636–41) as the capital of the principality of Calenberg. The main consequences of this in terms of architecture were the expansion of the fortifications and Calenberg New Town (Calenberger Neustadt) and the building of the residence palace (1637–89) on the area of the former Minorite monastery by the River Leine.
In 1632, work began on converting the fortifications into a bastion on the Dutch model, and from 1646 on also extending the fortifications to protect Calenberg New Town. By 1657, a rampart had been completed to protect the entire city, and the Old Town was protected by six bastions and the New Town by four (Fig. 2. Model of the city of Hannover in the year 1689, bird's-eye view from the south).
When the fortifications were extended, consideration was given to developing the legally independent small settlement on the west bank of the Leine. At the instigation of Duke Georg Wilhelm (r. 1648–65), settlement of this area began in 1651. In the year 1660, once the fortifications were completed, the Duke commissioned the Old Town merchant Johann Duve (1611–79) to systematically develop the settlement, building houses of standard types. From 1666 to 1670, on the north side of the New Town market, which existed before 1678, the New Town court and city church St. Johannis (St. John) was built, the first Protestant hall church in Lower Saxony.
Duke Georg's choice of Hannover as a seat also had far-reaching consequences for the village of Haringehusen, first documented in 1022. In 1638, three farms there were purchased for the ducal kitchen administration, and by 1652 these had become an outlying part of the residence. In 1664, a lodging for the duke was provided, and this was the beginning of the Herrenhausen summer residence. A year later, under Duke Johann Friedrich, a summer house was built using the materials of a demolished hunting lodge in Lauenstadt near Coldingen. While the first summer house was being built, from 1666, the first gardens were laid out, on an area about the same size as the present Parterre in the Grosser Garten. At the same time, the Berggarten was redesigned as a kitchen garden. The Celle court gardener Henri Perronet (in office 1670–90) first laid out the garden from 1675 to 1678, at the request of Duchess Sophie (1630–1714), and in 1682 it was redesigned in the Dutch style by Martin Charbonnier (in office 1682–1717). The following enlargement of this garden, creating a spacious summer residence, was driven above all by the elevation of the duchy to an electorate in the year 1692. Thus the garden was considerably enlarged to the south from 1695 on, and c. 1717 it had been completed in its present area (Fig. 3. The Grosser Garten in Herrenhausen. Bird's-eye view from the south. Copperplate engraving by Joost von Sasse, c. 1720.) The oldest garden structures preserved, the Cascade and the Grotto, are of the time between 1677 and 1680; the Garden Theatre was created between 1689 and 1692. The palace, altered by the royal architect Georg Ludwig Friedrich Laves in 1820–21, was destroyed in 1943 and after the war demolished, with the exception of the semi-circular surround of the forecourt.
Following Herrenhausen, some other seats of the nobility were built around Hannover: the most important was the palace of the family of Platen in Linden, begun but not preserved, with its extensive baroque garden.
At the beginning of the 18th c., European politics took a hand in the destiny of the city of Hannover. In 1701, in the Act of Settlement, the British parliament designated Electress Sophie of Hanover as the successor of Queen Anne (1665–1714). Since Sophie died in 1714, only a few weeks before Queen Anne herself, Sophie's son, Elector Georg Ludwig (1660–1727) was the successor, and as George I of Hanover he acceded to the British throne. Until 1837, the two kingdoms shared one ruler, so in 1714, the court moved to England; however, Hannover remained the capital of the Electorate, which since 1705 had been united with the principality of Celle-Lüneburg.
This development was a turning point in the history of the city, as is shown by all the planned extensions that were not carried out. In 1707, an extension in the form of a suburb in the south, between the Aegidientor and Calenberg New Town, was suggested by an unknown person, and c. 1710 Remy de la Fosse (1659? – 1726) suggested an extension in the north, which would have enlarged the city area by almost twice its size (Fig. 4. Plan for enlarging the city by Remy de la Fosse, c. 1710). Both plans failed, above all because of the removal of the court to London. As a result, the expansion of the city continued to be rather random. An example of this is the Gartenvorstadt (garden suburb) in the south-east, whose population greatly increased by the mid-18th c. In 1690, this led to the foundation of a school, and in 1741 a new cemetery for the suburb was opened, in which the court architect Johann Paul Heumann (1703–59) erected the first Gartenkirche church.

The period between 1714 and 1814

The earliest planned expansion of the city, as a result of which the Hannover city area for the first time expanded outside the fortification lines, was the Aegidien New Town (Ägidienneustadt) (Fig. 5. Aegidien New Town, final plan by G.F.Dinglinger, 1748). From 1748, at the instigation of the mayor, Christian Ulrich Grupen (1692–1767), it was laid out in the area of the fortifications at the Aegidientor, after a plan by the castle architect Georg Friedrich Dinglinger (1702–85). The plan envisaged straight streets, crossing at right angles, with a space for a central square. The city architect Ernst Eberhard Braun (1692–1770) designed the model houses intended to be built there. The original intention was to assist the economy by encouraging foreign craftsmen to move in, but this was not very successful, for the new district developed largely into a residential area for wealthy citizens.

This expansion of the city was also the first decisive interference with the city fortifications. In the Seven Years' War (1756–63), these were used once more, without success, and therefore, in 1767, work started on systematically razing the fortifications, starting with the esplanade south-west of the Leine Palace (today Waterlooplatz), a military parade ground. The rest was demolished between 1784 and 1787. In the south and north-east, the land now cleared was used for promenades, and buildings were permitted on their city sides. In 1784, Friedrichstrasse (now Friedrichswall) was built in the south of the city, and in 1787 Georgstrasse was built in the north-east of the city. From c. 1820 on, on both streets, houses for the nobility and the middle class were built, most of them freestanding. The only building preserved from the first phase of development of Friedrichstrasse is Laves' house, built in 1822. From the second phase of development, the neighbouring Wangenheim palace, built by Laves between 1829 and 1833, is preserved.

There were few alterations to the Herrenhausen summer palace in the 18th century because the court was abroad, but a great deal of building began in the vicinity. Buildings from this period that are still in existence are the Pagenhaus (1707–08), the Orangerie (1720–23), built by the court architect Johann Christian Böhm (in office 1714–31), the building now called the Fürstenhaus (1721), built for Countess Delitz, and the house built by the court architect Johann Paul Heumann (1747) for the director of the gardens Friedrich Carl von Hardenberg (1696–1763).

A great deal of building also went on in the Leinemasch area between Herrenhausen and the city, where the court nobility had several summer houses with gardens built. Between 1707 and 1709, the small palace "Fantaisie" was built for the Countess von Kielmannsegg after plans by Remy de la Fosse. De la Fosse is also thought to have designed the summer house "Montbrillant", built from 1713 to 1721 for the Countess von Platen, whose baroque garden was laid out by Martin Charbonnier in 1720, which was later demolished. In 1766 and 1769, Count Johann Ludwig von Wallmoden-Gimborn (1736–1811) bought up some properties in this area, and from 1779 to 1782 a summer palace was built for him by the royal master mason Johann Christoph Täntzel (1755–1815). Parts of this building are preserved in the Wilhelm Busch Museum.

In this area, the first landscape gardens in the English style were created: the Wallmodengarten (1769), the Berggarten (1747), the Fürstenhausgarten (after 1770), the Montbrillant garden (1779) and the Wangenheimgarten (1782). The Georgengarten was created before 1861, when these gardens were joined together.

The beginning of classicism in Hannover is marked by two buildings near Clevertor by the royal architect Benjamin Hase (1720–1803), which have not been preserved. In 1791 he built a prison there, and from 1792 to 1796 he built the precursor of the Veterinary University, founded in 1778 as the fourth institution of this kind in Europe.

Hannover as a royal capital (1814–1866)

With the Congress of Vienna in 1814, Hannover became the capital of the Guelph state, which was enlarged and elevated to a kingdom: this was the next decisive event for the development of the city. The system under which Hannover and Britain had one monarch came to an end in 1837, and thereupon the Duke of Cumberland acceded to the throne as King Ernst-August (r. 1837–51). This development was interrupted by the annexation of the Kingdom of Hannover by Prussia in 1866, upon which Hannover became the capital of the province of Hannover.

In the year when Hannover was made a kingdom, Georg Ludwig Friedrich Laves (1788–1864) was made royal buildings manager. Hannover classicism until the 1850s is associated with his name. The main duty of Laves, who was made royal architect in 1816 and by 1852 had risen to senior court buildings director, was developing Hannover into a royal capital (Fig. 6a. Hannover in the year 1816; state before the beginning of Laves' town planning. (K. Berg and G. Kokkeklink) and Fig 6b. Hannover in the year 1866; state after Laves' projects had been carried out. (K. Berg and G. Kokkeklink))

Laves' design for the building of a new palace at the end of Herrenhäuser Allee was rejected. Then, from 1817 to 1834, the Leine Palace was altered, and this was the focal point of all further plans.

This became clear in the first town-planning project put into practice, which was Waterlooplatz with the Waterloo column, built between 1825 and 1832. The square was 375 x 140 m in area, on the site of the 18th-century esplanade, and Laves designed its central axis leading direct to the Leine Palace (Fig. 7. Hannover, bird's-eye view from west looking across Waterlooplatz. Steel engraving by A. Eltzner, 1854–55). The

Leibniz temple (1790), the first monument to a commoner erected in Germany, remained at the north edge of the square until in 1935 it was moved to the Georgengarten.
In 1819, Laves began to plan a large-scale extension and restructuring of the city, and twenty years of planning culminated in the creation of the Ernst-August Town (Ernst-August-Stadt) and the station. Laves' first plan envisaged an extension to the north-east, known as Steintorfeld, which would have almost doubled the city area. From 1834, first of all a tentative development around Theaterplatz (today Opernplatz) began: its triangular shape was dictated by the Windmill Bastion, which at first was retained. But it was the decision to connect the city to the railway that was the biggest influence on the final design of the expansion of Hannover. Heated planning discussions about rival designs were carried on from 1831, above all with the city architect August Andreae (1804–46). From 1843 a reduced version of Laves' ideas was put into effect, and till today that plan has shaped the city. Taking as a basis Georgstrasse, which was extended to Hildesheimer Strasse, an interesting sequence of three large city areas was created: Georgsplatz; Theaterplatz (now Opernplatz), where Laves built the Hoftheater, the last large classicist building; and Aegidientorplatz. Bahnhofstrasse, leading to the first railway station building (1846) with the large pentagonal Bahnhofsplatz (now Ernst-August-Platz), was built at the bend in Georgstrasse. The axis of this complex, leading to the south-west, led through the Old Town in the direction of the Palace and continued in the axis of Waterlooplatz. This "Laves axis", as it is called, is evidence of Laves' original large-scale plans.
Laves' last extensive town-planning project was completing the Ringstrasse begun with Georgstrasse and Friedrichswall, and connecting it to Waterlooplatz. In 1832, building began on Adolphstrasse, which joined Waterlooplatz at the west. The only reminder of this early building phase is the building Adolphstrasse 5 (1833–35), built by August Christoph Gersting (1802–1872). In 1855 the planning of Goethestrasse, Goetheplatz and Humboldtstrasse began, but it was only in the late 1860s that they were actually built.

The Hannover school of architecture (1850–1900)

The generation of architects that followed Laves were critical of classicist architecture, and this criticism opened the way to the new historicist style. The disapproval concentrated mainly on the use of a mixture of different styles and on the importance attached to the outward appearance of architecture. In Hannover, this criticism was directed mainly at the work of Laves: besides his classicist works, which shaped Hannover, he also built neo-Gothic buildings, inspired largely by English Gothic and neo-Gothic architecture. The first examples of neo-Gothic in Hannover are three wooden shops built by Laves in 1818 between the south buttresses of the Marktkirche. When he created the neo-Gothic interior of the Aegidienkirche (1826–28), he was the first in Europe to use an exposed cast-iron construction. Another influential building of his was the mausoleum erected in Hemmingen-Westerfeld from 1842 for Count Carl von Alten. The execution of the work was entrusted to Conrad Wilhelm Hase (1818–1902), at that time still unknown, who was to become a decisive influence in historicist architecture.
From the mid-1830s on, young architects favoured the Rundbogenstil (round-arch style), at first mainly influenced by the forms of the early Florentine Renaissance. The first example of this new style was the Strohmeyer residence in Adolphstrasse, which has not been preserved; it was built in 1834–35 after a design by Ernst Ebeling (1804–51). From 1845 to 1850, the "Doge's Palace" by August Andreae was built by the old Town Hall using forms influenced by Italian palazzo architecture. From c. 1850, architects such as Ludwig Droste (1814–75), Hermann Hunaeus (1812–93), Heinrich Tramm (1819–61) and Julius Rasch (1830–87) created a new variation of the Rundbogenstil, an independent formal language developed from the mingling of Venetian Late Gothic, Florentine Late Renaissance and English Tudor Gothic, and this was the dominant style in the Kingdom of Hannover until c. 1860. Its followers opposed classicism and advocated a renewal of art, demanding a uniform architectural style for all purposes.
In c. 1850, Hase turned to the neo-Gothic style, and this had a decisive effect on the further course of architecture. Two of his early large projects were the Marienburg castle near Nordstemmen (1858–67) and the Christuskirche (1859–64), which was both a court church and a parish church. Under the slogan "Truth in Architecture", Hase devised a theory aiming at architecture appropriate to function, construction and materials, executed in sound craftsmanship. This was the foundation of what is known as the Hannover School of Architecture. From 1849 to 1894, Hase was a lecturer for architecture at the Polytechnic, and in this time he trained c. 3,500 students: this helped his architectural ideas to be disseminated over almost the whole world.
In the last third of the 19th century, neo-Gothic declined in importance, and architecture began to open itself to other styles. With the ascendancy of Jugendstil and Heimatschutzstil (country style), this epoch of late historicism ended on the outbreak of the First World War.

Hannover becomes a big city (c. 1850–1930)

The constitutional charter for the royal capital of Hannover, dated 1824, confirms the merging of the Old Town and the Calenberg New Town. This was the first of the numerous incorporations of outlying districts that accompanied Hannover's rapid development in the second half of the 19th century. This happened because Hannover had no communal land outside the fortifications. The land was the property of the wealthy citizens, and from the Thirty Years' War most of it was let out for building at a perpetual rent. After 1821, when gate tolls were abolished and therefore it was not so expensive to live outside the city, the population density outside increased as a result of citizens moving out, and this led to a disorganized settlement of these areas. In 1843, the fourteen villages in the garden area united to form a municipality called "Vorstadt Hannover" (Hannover suburbs), surrounding large parts of the city. When the railway was completed, in 1847, Ernst-August-Stadt was removed from this municipality and incorporated into the city. In 1859 the rest of the suburbs were incorporated, and as a result the city area increased by almost fifteen times.

The garden suburb in the south-east was the nucleus of the South Town district (Südstadt) that now developed. An important impetus was given by the city cemetery of Engesohde, opened there in 1864, and from 1872 the building of the railway line to Altenbeken. The second large area of the city that expanded was the North Town (Nordstadt), which developed from the community at Steintor. At the beginning of the 18th century, this area consisted of only 200 houses, but by 1800 this had grown to 500. The only house from this period preserved is the "garden house" by the Judenkirchhof (1820). This settlement, whose numbers were growing even before its incorporation into the city, was greatly influenced by being in the vicinity of the summer residence at Herrenhausen and by the building of the Guelph palace, begun in 1857.

There were further incorporations at the end of the 19th century. In 1882, first of all Königsworther Platz, Parkstrasse and Jägerstrasse and the area around the Guelph palace were incorporated into the city area, and in 1891 Herrenhausen and the villages of Hainholz, List and Vahrenwald followed suit. Development plans were drawn up for the incorporated areas.

The 19th-century inner-city project with farthest-reaching consequences was the building of Karmarschstrasse, pushed forward by the builder, architect and politician Ferdinand Wallbrecht (1840–1905). This was the first main transport route, built from 1879 to 1892 at right angles to the previous main streets, through the Old Town, once again taking up the city axis envisaged by Laves. But whereas Laves' planning aimed to aggrandize the monarchy, the purpose of the present project was to create a traffic connection between the station and the industries established in Linden. For this reason, the intention of creating an axis pointing to the palaces was of no interest, and so the street was curved. The most important Hannover architects were commissioned to build the historicist shop and office buildings on the street, including Georg Hägemann (1844–92), Christoph Hehl (1847–1911), Paul Rowald (1850–1920), Hubert Stier (1838–1907) and Theodor Unger (1846–1912). It was in this context that the old Town Hall was extended by Conrad Wilhelm Hase in 1891. The original impression of this street, once the biggest shopping street in Hannover (Fig. 8. Karmarschstrasse c. 1885) was destroyed in the rebuilding after the Second World War, in which the street was widened and flanked by lower new buildings. Only five buildings from the original building period remain, on the west side of the south section: the Rathsapotheke pharmacy (1891) and the row of buildings at Leinstrasse / Karmarschstrasse.

In 1873 the population of Hannover first exceeded 100,000, and towards the end of the 19th century it continued to grow rapidly. The decades around the turn of the century were therefore marked by the intensive development of the infrastructure, mainly under Heinrich Tramm (1854–1932), city manager from 1891 to 1918. In 1828 Hannover was the third city in Germany to install a gas supply; the new waterworks on Lindener Berg were built from 1876 to 1879; from 1891 to 1898 the sewerage system was extended; and in 1889–1890 the first power station was installed: this was used when in 1893 the seven horse-tram lines, which had been started from 1872 on, were converted to electricity. In 1832–33, the first municipal hospital was built in Linden; its capacity was soon inadequate, and so from 1891 to 1895 the second hospital, the Nordstadtkrankenhaus in Haltenhoffstrasse, was built, using the pavilion system. The building of schools and museums was also strongly encouraged: thus, the Kestnermuseum (1889), the Provinzialmuseum (now Landesmuseum, 1902), and the Vaterländisches Museum (now Historisches Museum, 1903) were founded.

The beginning of the 20th century was also marked by two important large city projects: the late historicist New Town Hall in Aegidienmasch, built from 1901 to 1913, and the civic hall in Eilenriede, built from 1912–13.

In 1907, the city area was considerably enlarged by the incorporation of the villages of Bothfeld, Gross-Buchholz, Klein-Buchholz, Döhren, Kirchrode, Lahe, Stöcken and Wülfel and the Mecklenheide estate. The reasons for the 19th-century incorporations had to do with the interconnections between the city and the suburbs, but the reasons in the early 20th century were much more complex. Döhren and Wülfel had become villages with large populations, where the Hannover-Kassel railway line, built in 1853, had encouraged the settlement of industry (wool-scouring and -combing company 1866). The main reason for the two villages to be incorporated in the city was the unsatisfactory situation with regard to the water supply and drainage, and it was an express provision in the incorporation agreement that they should be connected to the Hannover sewerage system. The incorporations at the north, in contrast, were connected with the building of the Mittellandkanal. In 1898, Hannover guaranteed the building and operation of the canal section abutting the city, so the city was now keen to acquire the land in these districts that was needed for the building of the canal. In addition, in the area of the municipality of Buchholz, at the end of the road to Celle (Podbielskistrasse), important industrial enterprises had settled (Pelikan, Deutsche Grammophon). An additional reason for incorporating Stöcken was the need to expand the city cemetery at Stöcken (1891), which could already be seen in 1901–02.

After the First World War, there was a shortage of housing, and in 1917 this led to the first measures to protect tenants and the building of emergency accommodation. In the following years, city building surveyor Paul Wolf (1879–1957) built the first assisted housing. The Herrenhäuserstrasse / Dorotheenstrasse estate (1918–1922), the buildings around Jahnplatz (1920–21), the Schulenburger Landstrasse estate (1921) and the Brehmhof (from 1924) date from this time.

It was also under Wolf that the Seelhorst cemetery (1919) and the Hindenburg Stadium (now Eilenriede Stadium, 1920–22) were built. In these times of economic hardship, the two projects were also job creation schemes.

The most decisive change undergone by Hannover in the period between the two world wars, however, was the union with the neighbouring town to the west, Linden, which took place in 1920. The town of Linden is first documented shortly after 1100. Because it was so close to Hannover and because of the strategically important fords of the Rivers Leine and Ihme, it suffered particularly severe damage in the Thirty Years' War. In the 17th century, there was an upturn in the economy because industries were established and the Ihme was made navigable. Linden's prosperity in the 19th century derived mainly from the increased settling of industry there after 1830 (Egestorffsche engineering works 1835, which became Hanomag in 1871; weaving mill 1828, cotton spinning and weaving mill 1853), encouraged still more by the connection to the railway line to Altenbeken in 1872 and the building of the goods station on the area of the former ducal kitchen garden. In 1885 Linden was given its town charter. The two neo-Gothic Town Hall buildings of this period can be seen as an attempt by Linden to assert itself as a city against Hannover. The first town hall was built by Christoph Hehl in 1883–84; the second was built from 1897 to 1899 after plans by Emil Seydel. By 1907, Linden had become an industrial town with 60,000 inhabitants; in 1909 it became the urban district of Linden, together with Badenstedt, Bornum, Davenstedt and Limmer, and Ricklingen joined the area in 1913. Because of the many business connections, it seemed logical to incorporate Linden, but this suggestion at first met with resistance in Hannover. The main opponent of the proposal was the city manager Heinrich Tramm, who objected to the financial consequences it would have for Hannover. Under his Social Democrat successor, Mayor Robert Leinert (in office 1918–24), however, Linden was finally incorporated. Linden did not produce much tax income and together with the increasing number of unemployed who needed support, this soon led to serious problems for the community in the difficult economic times.

The housing problems dramatically worsened, and after Karl Elkart (1880–1959) took office as city building surveyor, larger subsidies were introduced for the building of accommodation. Under the city building company founded by Elkart, in the period between 1927 and 1931, many new housing estates were built, sometimes following detailed planning requirements from the building administration department. Examples are the Friedrich-Ebert-Strasse estate (1926–36), De-Haën-Platz (1927–29), the Am Kreuzkampe estate (1927–29), the Kleefeld garden suburb (1927–30), Listhof (c. 1928), the Stöckener Strasse estate (1928–29), the buildings in Berckhusenstrasse (1928–29), the estate for large families in Badenstedt (1928–31), the estate for residents with social problems in Oberricklingen (1929), the buildings in Malortiestrasse (1929–30), Liststadt in Gross Buchholz (1929–31) and the buildings at Geibelplatz and Karl-Peters-Platz (now Bertha-von-Suttner-Platz).

At the same time, in neighbouring Misburg, the waterworks (Alte Peiner Heerstrasse, 1925–26) and the youth club (Anderter Strasse, 1927) by Friedrich Fischer (1879–1944) and four houses (Kleinertstrasse, 1931) by Otto Haesler (1880–1962) were built: some buildings that have in common their understanding of a new objective modern style of building – Neue Sachlichkeit.

Among the few public buildings of this time in the city of Hannover, the city library, built from 1929 to 1931 by Karl Elkart, has a particular supra-local importance. Because the plot was so small, the functions of the library were arranged on separate floors, and this made the library the first library of its time with a tower stack.

The National Socialist era

Many of the building projects carried out from 1933 still had the character of job creation schemes. This is true above all of the artificial Masch Lake, work on which was begun when the first sod was turned in March 1934 and completed in 1936. In the same year, the city acquired the Grosser Garten in Herrenhausen, which was completely restored in 1937. Another extensive project was the creation of the Hermann Löns Park in Kleefeld, between 1936 and 1938.

The planned redevelopment of the Old Town began from 1936 to 1939 with work concentrating on the area around the Ballhof. The residential buildings were largely restored and the rear buildings partly removed. The Ballhof, erected in 1649 under Duke Georg Wilhelm as a hall for ball games, was exposed and converted into a complex with hostels for Hitler Youth and Bund Deutscher Mädel (the equivalent organization for girls). This renovation was part of a comprehensive new city design by Karl Elkart (1938), which included the plan for a monumental complex of three forums as the new centre of the Gau capital. The state and party forum, originally intended to be at the south end of Waterlooplatz, was moved to a newly planned complex beside the Masch Lake, following a recommendation from Hitler (Fig. 9. Model for a new plan of the capital Hannover with the party forum by the Masch Lake, 1939.) A city forum was planned at the Neues Rathaus and the government forum was planned on Rudolf-von-Benningsen-Ufer.

Once Hannover had been included in the list of cities to be redesigned, and from 1940 on had been increasingly damaged by bomb attacks, Elkart began in 1944 to prepare a new rebuilding plan, and some of the elements of this plan envisaged greater alterations to the existing structure than were made in the postwar rebuilding (Fig. 10. Rebuilding plan for the capital Hannover, 1944–45.)

Destruction and rebuilding

In the Second World War, Hannover was severely bombed (above all on 8–9 October 1943). In the inner city, Calenberger New Town, North, South and East City (Calenberger Neustadt, Nord-, Süd- und Oststadt), 51% of the housing and c. 90% of all the buildings were destroyed (Fig. 11. The destroyed inner city from the south, looking towards Aegidienkirche and Opera House, c. 1945.). For a long time, therefore, the post-war rebuilding was aimed at rebuilding the city, which had been the capital of the newly formed state of Lower Saxony since 1 November 1946.
The first repairs were carried out to the most important installations for transport, supplies and sewerage, and to the hospitals and schools. These were completed by November 1945. The rebuilding of important monuments began in 1946 with the modernizing restoration of the Marktkirche by Dieter Oesterlen (1911–94), which is seen as a symbol of postwar reconstruction. The rebuilding of the opera house followed in 1949–50, a demonstratively early rebuilding of a cultural institution. The first Export Fair was held in 1947, in the grounds of the Laatzen Light Metal Works.
In 1947, there was a first design, by the building administration department under city building surveyor Otto Meffert (1878–1970), for rebuilding the city. From November 1947 on, a study group that had formed at the Technical University was brought in to deal with scientific, artistic and financial questions.
Under Rudolf Hillebrecht (1910–1999) as city building surveyor, in 1948, the plans increasingly included changes to the city structure. A plan by a group of architects was followed by a competition in 1938. In 1949 the council declared the whole city a rebuilding area, and it drew up a first development plan, laying down the guidelines for rebuilding (Fig. 12. Development plan for the inner city of Hannover of 1 October 1949.) The overall plan was a city that was spatially structured and had fairly open building and whose extent was limited; its structuring element was to be a main road network with an inner city ring and an outer ring. The historical structures of the Aegidien New Town, the Leine island, the New Town Leine bank (Neustädter Leineufer) and Waterlooplatz were altered, and the areas adjoining the inner city acquired a completely new appearance. Above all, the planning of a city suitable for cars, designed for modern traffic, was seen as exemplary in the following years.
The first building marking one of the new entries to the inner city was the multi-storey Continental building (1952-53) on Königsworther Platz. When it was built, this fifteen-storey building was the highest office building in the Federal Republic of Germany.
The methods of enforcing the new traffic plans were draconian, and are particularly noticeable in the way Waterlooplatz was treated. The new Leibnizufer and Friedrichswall streets interrupted the connection between Waterlooplatz and the palace, and the vista was lost. Here, from 1951 on, a new government district was built.
Despite these largely forward-looking measures, the authorities recognized the danger that the enormous war damage to the city might lead to a loss of identity: of the original number of over 16,000 timber-framed buildings, only 32 survived. However, preservation of the historical city was largely restricted to retaining the ground plan. Nor does the attempt to create an island of tradition in the area of the historical Old Town, by rebuilding the most important monuments, erecting timber-framed houses that had been moved and restricting the permissible heights of new buildings, seem to have been particularly successful.
The main project to create new inner-city districts was the Kreuzkirchen district, completed in 1951. Together with the Constructa Block in Hildesheimer Strasse, this was presented to an international public in the same year as one of the exemplary projects at the Constructa (building trade fair).

The city since the 1950s

In the 1950s the city began to grow, and in 1954 for the first time the population of Hannover was more than 500,000. The city area had not been increased since 1907, and there were only a few spaces left for the new housing estates needed. After the residential areas created in the city in the 1950s (Bothfeld, Sahlkamp, Oberricklingen, Vahrenheide) and 1960s (Mühlenberg, Roderbruch), therefore, the city began to grow beyond its boundaries. The first estates built outside the city area went up in the 1960s: the large estates in Hemmingen-Westerfeld and Garbsen.
In the inner city, the building of the underground railway, begun in 1965, led to some alterations in the structure of the city. In its wake, the Kröpcke Centre and the buildings around Raschplatz were erected from 1972 to 1975 as new dominant features. At the same time, the Ihme Centre was built, the first and only complex built near the inner city.

With the aim of making the inner city more accessible, a network of pedestrian areas was created. The most extensive and innovative project was the Passerelle, built from 1972 to 1976, intended to connect the eastern districts to the city and thus overcome the 100-year-old barrier of the railway.
From the 1970s on, the approach to town planning changed. The emphasis was now on revitalizing and renovating existing buildings in the districts adjoining the inner city. The restoration of Linden was given first priority from 1973 on; then the north city followed, and since the 1990s work has also been done on Vahrenheide and Mittelfeld, that is, estates that were built only after 1945.
In the local government reform in 1974, the city was extended for the last time to date, with the incorporation of Ahlem, Anderten, Bemerode, Vinnhorst, Wettbergen, Wülferode and the town of Misburg. At the same time the administrative districts of Burgdorf, Hannover, Neustadt am Rübenberge and Springe were joined to form the administrative district of Hannover.
At the same time, the decrease in subsidies for the building of housing from c. 1975 on led to rethinking in assisted housing. A first new assisted housing model was built from 1978 on: the Davenstedt-West housing estate, with separate row houses. New types of housing estates, such as the turf-roof estate in Lahe (1983–85), were now usually planned with a view to ecology.

The end of the century – Expo 2000

In June 1990, the Paris Bureau International des Expositions awarded Expo 2000 to the Federal Republic of Germany: this will be held in Hannover from June to October 2000, under the motto "Mankind – Nature – Technology".
The exhibition is to be held in the trade fair grounds and the new Expo grounds. Its overall plan is the "Planning and Building Master Plan" that was developed by the offices of Arnaboldi/Cavadini and Albert Speer & Partner after a competition held in 1992. The existing fairgrounds have been largely redesigned, with a modern infrastructure, more green areas and newly built halls. In the Expo grounds, which adjoin the trade fair grounds to the south-east, the centre, at the north, is formed by the Arena, the Plaza and the German pavilion. To the south, the pavilions of the nations follow. Most of them are temporary buildings displaying highly experimental architecture.
An attempt was made to put the programmatic themes of the Expo into practice: the city as garden, ecological optimization and the city as a social space. This was done above all in the planning of the new city district on the Kronsberg. The new estate has a total of 6,000 housing units and is the first project of this kind since 1968 (see p. 176). On the basis of two competitions, a concept was developed: it aims to try out the latest architectural ideas on ecology, social building and technology on a large scale. These ideas have till now been tried out only experimentally. The aims were above all a forward-looking town design (with a focus on dwellings for the disabled) and ecological optimization. The estate has a plan for waste, a natural rainwater system and soil management, and in addition all building had to follow a specially laid down low energy standard (use of energy for heating to be a maximum of 55 kwh/a. and m^2), to be ensured by a system of quality control accompanying the building from planning to execution.
However, in the run-up to Expo 2000 it has already become clear that the event will be largely restricted to the exhibition grounds, which are outside the city, and that therefore its main effects will be on the improvement of the infrastructure and the creation of the new city district at Kronsberg. Against this background, it may be questioned whether the many and various hopes for the future development of Hannover that are invested in Expo 2000 will be fulfilled.

Führer durch die Stadt

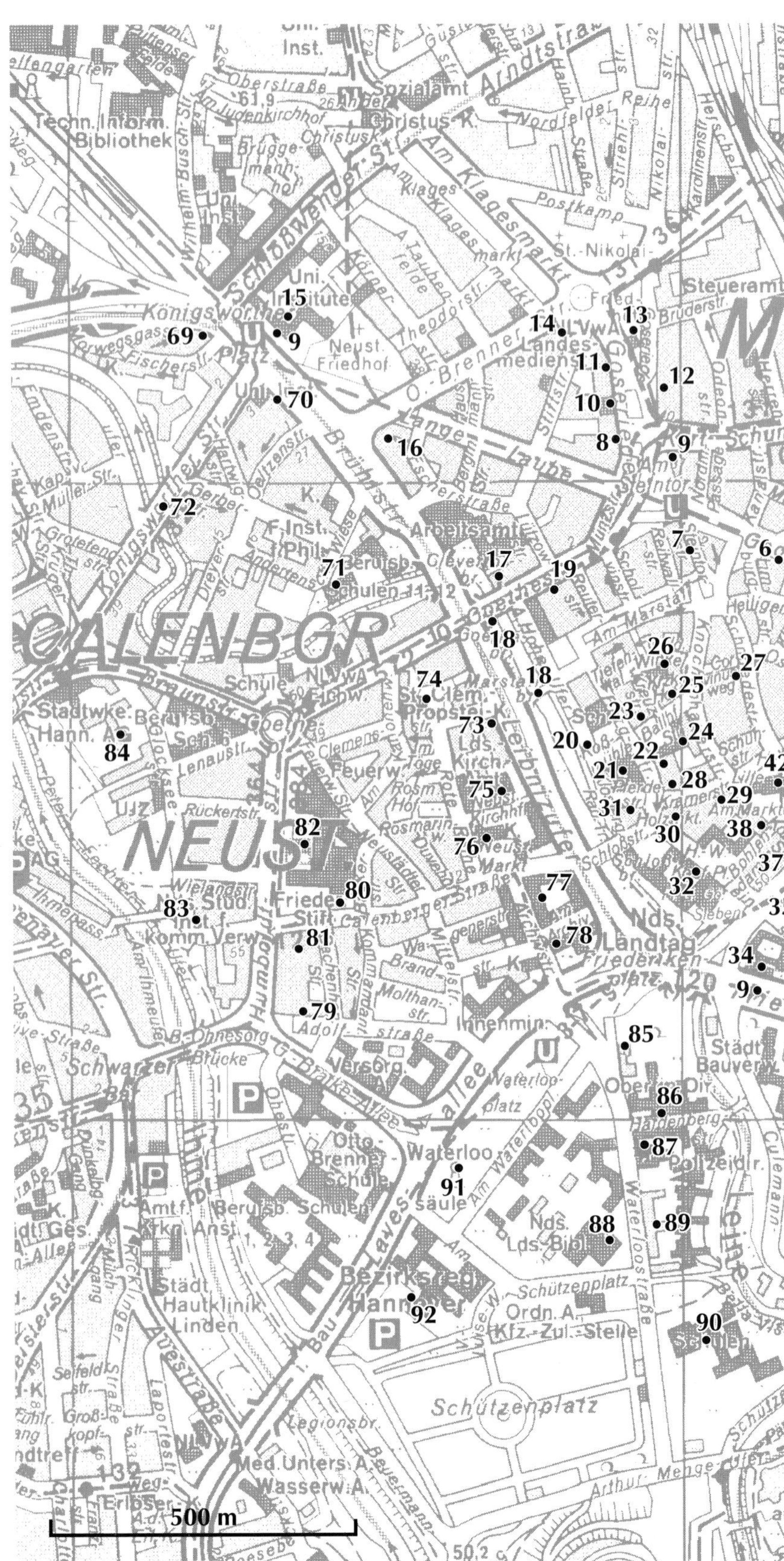

Techn. Inform. Bibliothek
Oberstraße
Sozialamt
Arndtstraße
Christus-K.
Nordfelder Reihe
Am Klagesmarkt
Schloßwender Str.
Postkamp
St.-Nikolai-
Steueramt
Königsworther Platz
Uni. Institute
Neust. Friedhof
Theodorstr.
O.-Brenner-Str.
Landes-medienst.
15
9
69
14
13
11
12
10
8
9
70
16
Lange Laube
Arbeitsamt
72
Goethestr.
17
19
7
6
71
Berufsb. Schulen 11, 12
CALENBGR
18
18
26
27
74
St. Clem. Propstei-K.
25
23
24
Stadtwke. Hann. AG
84
Lenaustr.
73
20
22
Feuerw.
21
28
42
75
29
31
Rückertstr.
Rote Reihe
38
30
82
NEUST
76
37
32
Neust. Markt
Calenberger Straße
77
80
35
83
Stud. Inst. f. Komm. Verw.
81
Nds. Landtag
78
34
Friederikenplatz
9
Molthanstr.
79
Innenmin.
85
Städt. Bauverw.
B.-Ohnesorg-Brücke
Schwarzer Bär
Versorg.
Waterlooplatz
86
Otto-Brenner-Schule
Hardenbergstr.
87
Waterloosäule
Culemannstr.
91
Amt f. Berufsb. Schulen 1, 2, 3, 4
Nds. Lds.-Bibl.
88
89
Waterloostraße
Städt. Hautklinik Linden
Bezirksreg. Hannover
92
Schützenplatz
Ordn. A.
Kfz.-Zul.-Stelle
90
Laves-Allee
Schützenplatz
Legionsbr.
Med. Unters. A. Wasserw. A.
Arthur-Menge-Ufer
Erlöser
500 m

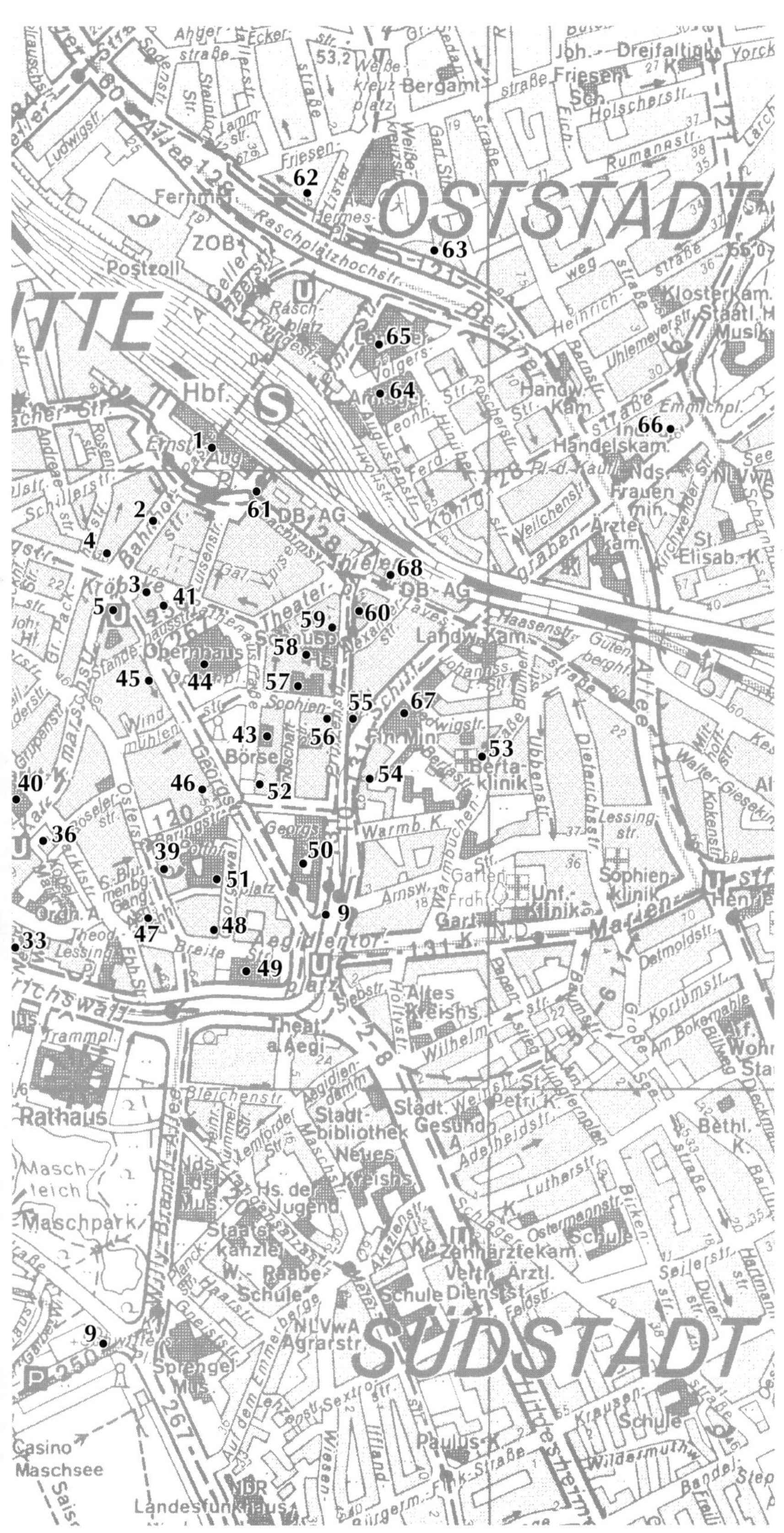
OSTSTADT
SÜDSTADT
ITTE
Hbf.
ZOB
Postzoll
Fernmel
Raschplatzhochstr.
Bergamt
Handw. Kam.
Handelskam.
Landw. Kam.
Opernhaus
Börse
Berta-klinik
Sophien-klinik
Unf.-Klinik
Altes Kreishs.
Theat. a. Aegi
Aegidientor-platz
Rathaus
Stadt-bibliothek
Neues Kreishs.
Maschteich
Maschpark
Sprengel Mus.
Staatskanzlei
W.-Raabe-Schule
Hs. der Jugend
Zahnärztekam.
Paulus-K.
Casino Maschsee
Landesfunkhaus
NDR
St. Elisab.-K.
Petri K.
Bethl. K.
Joh.-Dreifaltigk.
1
2
3
4
5
9
33
36
39
40
41
43
44
45
46
47
48
49
50
51
52
53
54
55
56
57
58
59
60
61
62
63
64
65
66
67
68

1

Hauptbahnhof

Ernst-August-Platz 1
1875–80; 1998–2000
Hubert Stier; Jost Hering, Manfred Stanek

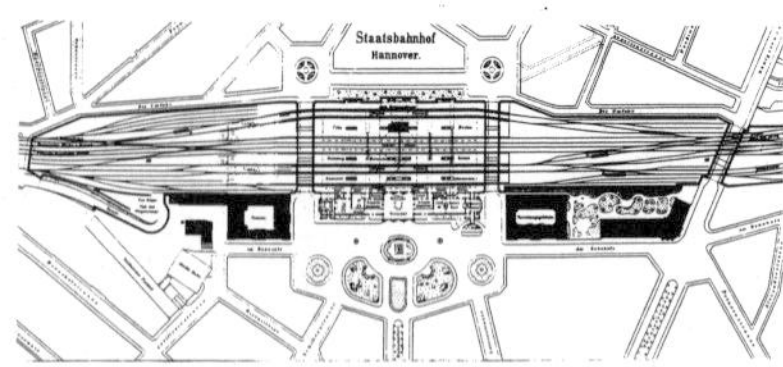

Lageplan, ursprünglicher Zustand
Site plan, original state

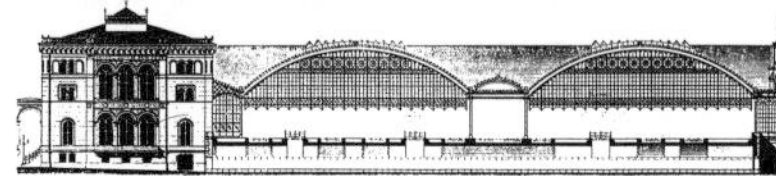

Aufriss, ursprünglicher Zustand
Elevation, original state

Simulation, umgestalteter Innenbereich
Simulation, redesigned interior

1845–46 wurde nach Plänen von Ferdinand Schwarz der erste Hannoveraner Bahnhof errichtet. Die sprunghafte Zunahme des Eisenbahnverkehrs machte schon wenig später einen Neubau erforderlich. Stiers Entwurf ist wie der Vorgängerbau als Durchgangsbahnhof angelegt. Mittelpunkt des lang gestreckten, symmetrischen Komplexes ist das erhöhte Empfangsgebäude, welches sich durch drei monumentale Rundbogenfenster zum Platz öffnet. Niedrigere, zurückgesetzte Verbindungstrakte leiten zu flankierenden Eckpavillons über. Die Fassade des gelben Backsteinbaus mit roten Horizontalbändern, Sandsteingliederung und Terrakotta-Schmuck ist in Stilformen der Neorenaissance, verbunden mit mittelalterlichen Elementen gestaltet. Umlaufende rundbogige Fenster- und Blendarkaden sowie attikaähnliche Balustraden am Empfangsgebäude und den Eckpavillons betonen seinen repräsentativen Charakter. Neuartig und richtungsweisend war der kreuzungsfreie Fahrgast- und Schienenverkehr durch Höherlegung des Gleiskörpers. 1904–05 erfolgte nach Plänen Stiers eine Erweiterung der Seitenflügel. Das Gebäude, einer der bedeutendsten deutschen Bahnhöfe des 19. Jh.s, wurde im Zweiten Weltkrieg stark beschädigt und bis 1957 wieder aufgebaut. Im Zuge der Expo 2000 führten J. Hering und M. Stanek eine grundlegende Modernisierung durch. Hierbei wurden die denkmalgeschützten Bauteile und Raumgefüge saniert und von späteren Veränderungen bereinigt; die Vorbauten am Empfangsgebäude aus den 50er Jahren ersetzte man durch eine Glaskonstruktion. Im EG entstand ein modernes Dienstleistungszentrum, bei dem die Mittelhalle des Empfangsgebäudes als zentraler Treffpunkt fungiert. Die Gleisaufgänge zu den Bahnsteigen wurden nach oben geöffnet und verglast, sodass großzügige, lichtdurchflutete Räume entstanden sind.

Hannover's main railway station, one of the most important in 19th-c. Germany, replaced that of 1845–47. The raised main building has three monumental round-arch windows. The yellow brick façade is decorated with red horizontal bands, sandstone, and terracotta ornaments. Neo-Renaissance stylistic forms and medieval elements emphasize the magnificence of the building. A trendsetting innovation was the raising of the tracks, permitting trains and passengers to move without cross-traffic. As part of Expo 2000, J. Hering and M. Stanek carried out a thorough modernization of the building. The older parts were restored to their original state; the 1950s sections were replaced by a glass construction. The ground floor now contains a modern shopping and service area. The stairs leading up to the platforms were fully glazed, creating areas filled with light.

2

Passerelle
unterirdische Verbindung Kröpcke – Bahnhofstraße – Hauptbahnhof – ZOB – Lister Tor
1972–1976
Hanns Adrian und Detlev Draser (Bauverwaltung der Stadt Hannover)

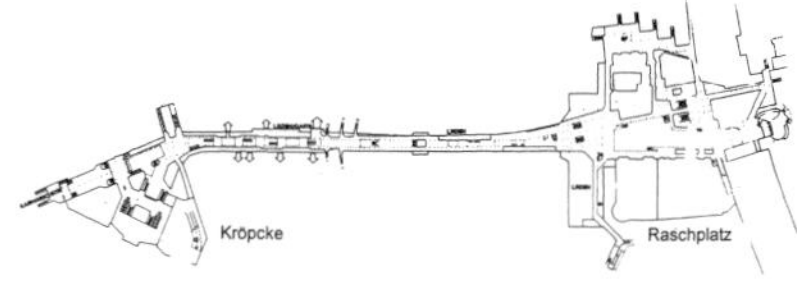

Untere Fussgängerebene
Lower pedestrian level

Die Passerelle (schweiz. 'Fußgängerüberweg') ist *unter* der Straßenebene im Zusammenhang mit dem U-Bahnbau entstanden. Sie verbindet die durch die 100jährige Barriere 'Eisenbahn' abgeschnittene Stadtmitte mit der Oststadt und der List. Die erste unterirdische Ladenstraße Deutschlands wird über ihre Länge von ca. 700 m durch runde Betonstützen rhythmisiert und mehrfach durch Öffnungen und Treppen mit der oberirdischen Fußgängerebene verbunden. Die Sichtbetonbrüstungen aus Fertigteilen sowie die Gestaltung von Pflasterungen und Brunnen zeigen die zeittypischen Merkmale einer Fußgängerzone der 70er Jahre. 'Kunst am Bau'-Objekte haben es schwer, sich im Gewimmel der Kleingeschäfte zu behaupten. Neueste Umgestaltungen der Tiefebenen unter dem Kröpcke und unter dem Hauptbahnhof im Jahr 2000 haben die ehemalige Einheitlichkeit des Erscheinungsbildes weiter beeinträchtigt.

The Passerelle (Swiss for "pedestrian crossing") was built at the same time as the underground. It closes the gap made by the railway. Germany's first underground shopping street has numerous connections to street level. Features typical of a 1970s pedestrian zone include recurring concrete supports, pavement and fountains, and exposed concrete parapets.

3

Café Kröpcke
Georgstraße 35
1975–76
Architektengemeinschaft von Bassewitz, Matthaei, Elschner

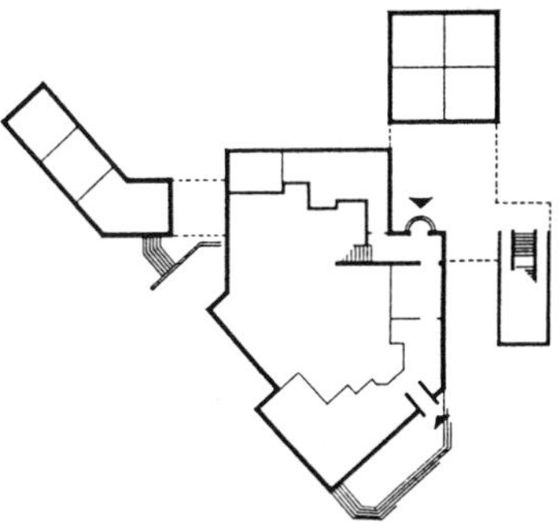

Seit mehr als 100 Jahren ist das „Kröpcke" eines der bekanntesten Caféhäuser in Hannover. Seinen Namen erhielt es um 1900 nach dem damaligen Besitzer Wilhelm Kröpcke. Der erste Bau wurde 1876 durch Otto Goetze als kuppelüberwölbter, gusseiserner Pavillon konzipiert und im Lauf der Zeit mehrfach erweitert. Nach der Zerstörung im Zweiten Weltkrieg errichtete Dieter Oesterlen 1948 ein schlichtes, eingeschossiges Gebäude, das im Zuge des U-Bahn-Baus 1971 abgerissen wurde. Der Neubau war als transparentes Straßencafé geplant und sollte als kommunikativer Mittelpunkt der City fungieren. Dieses Konzept konnte aufgrund restriktiver Vorgaben des Bauherrn bzw. Pächters nicht verwirklicht werden. Entstanden ist ein recht gesichtsloser, introvertierter Pavillonbau mit kupfergedeckten Tonnendächern.

For over 100 years the "Kröpcke", named in 1900 after its owner, has been one of Hannover's best known cafés. The first building, a domed cast-iron pavilion, repeatedly extended, was destroyed in WWII. The second, of 1948, was demolished in 1971. Restrictions imposed by the landlord on the plans for the present building resulted in a faceless pavilion instead of a lively street café.

4

Ehem. Kaufhaus Magis
Bahnhofstraße/Georgstraße
1952
Ludwig Thiele, Paul Brandes, Rudolf Brandes

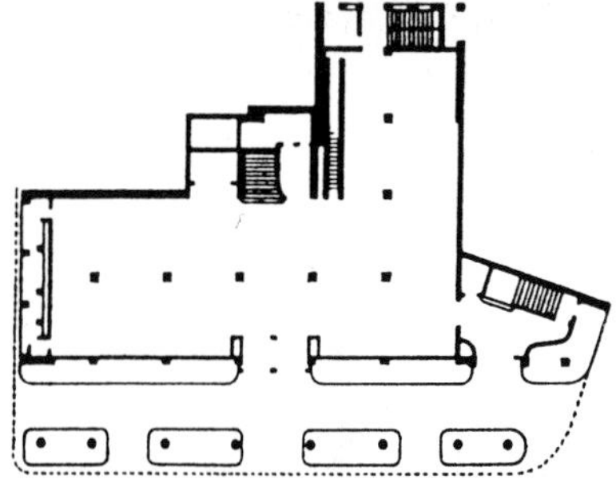

Als ein herausragendes Architekturbeispiel der 50er Jahre steht das ehem. Kaufhaus Magis heute zwischen Geschäftshäusern aus späterer Zeit. Prägnant repräsentiert es die Etablierung der Architektursprache des Neuen Bauens in der Hannoveraner Nachkriegszeit. So verweist der verglaste Treppenturm als Ecklösung und der Fassadenschwung auf Architekturbeispiele der zwanziger Jahre (vgl. Erich Mendelsohns Kaufhaus Schocken in Stuttgart 1926-1928). Sie riegeln das Gebäude zur Nachbarbebauung ab. Wie bei einem Ozeandampfer staffelt sich die helle Fassade mit ihren filigran verglasten Fensterbändern nach oben hin zurück. Ein moderner Eindruck entsteht durch die Verbindung von Naturstein und der im Farbton angepassten Metallfenster. Innen mehrfach umgebaut, besitzt das Kaufhaus noch ein weitgehend original erhaltenes Treppenhaus mit tropfenförmigem Treppenauge.

The former Magis department store, an outstanding example of 1950s architecture, has a glazed corner stair turret and a 1920s-style façade. The gradually receding upper storeys give the building the shape of an ocean steamship. A modern feature is the combination of natural stone with metal windows in a similar tone. The interior has been redesigned several times, but the staircase with its pear-shaped well is largely original.

5

Center am Kröpcke
Karmarschstraße 19
1971–75
Architektenpartnerschaft Hiltmann-Piper-Bollmann

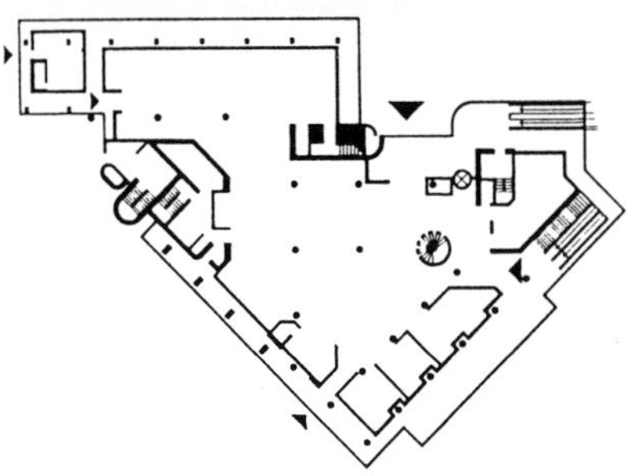

Der über dem zentralen Stadtbahn-Umsteigebahnhof „Kröpcke" errichtete sechsgeschossige Komplex war als neuer baulicher Mittelpunkt der City gedacht. In seiner betonten Massivität und Höhe hebt er sich demonstrativ von der umgebenden Bebauung ab. Das Center mit einer Nutzfläche von 24.500 qm sollte ursprünglich als multifunktionaler Kommunikationsmittelpunkt der City dienen; vorgesehen war eine zweigeschossige galerieartige Halle mit Einzelhandelsgeschäften. Aufgrund von Finanzierungsschwierigkeiten baute man den Komplex zu einem Warenhaus mit Büroturm um. Die Baumasse des Stahlbetonskelettbaus wird durch zurückgestaffelte OG gegliedert, die Fassade besteht größtenteils aus sandgestrahlten Betonfertigteilen. Es ist geplant, dieses heute nicht mehr zeitgemäße Beispiel städtebaulicher Vorstellungen der 70er Jahre grundlegend umzugestalten.

Intended as a new architectural centre of the city, the massive six-storey Kröpcke Centre stands above an underground station. The utilizable floor space is 25,400 m^2. The plans envisaged a two-storey hall with retail shops. As a result of financial difficulties, the complex was redesigned as a department store with an office tower. The façade is largely of sandblasted precast concrete sections. A complete restructuring is planned.

6

Fugesches Haus mit Georgspassage
Georgstraße 10
1900–01
Hermann Schaedtler

Von der in den Gründerjahren entstandenen historistischen Bebauung der Georgstraße haben nur wenige Gebäude den Zweiten Weltkrieg überdauert. Ein eindrucksvolles Beispiel hierfür ist das für die Möbelhandlung Fuge errichtete Geschäftshaus mit anschließender Georgspassage, dessen reich verzierte Sandsteinfassade größtenteils erhalten geblieben ist. Blickpunkt des Gebäudes ist der Passageneingang: Über ihm erhebt sich ein wimpergartiger Vorbau mit Kielbogenschluss und neogotischem Schmuckwerk; in seinem Tympanon befindet sich eine nahezu vollplastisch ausgeführte Darstellung des Hl. Georg im Kampf mit dem Drachen von Werner Hantelmann, die auf den Straßennamen Bezug nimmt. Die aufwändig gestaltete Passage wurde im Krieg zerstört.

This shop and office building, built for the furniture dealers Fuge, is one of the few *Gründerjahre* buildings in this street to survive WWII. The main feature of the ornate sandstone façade is the passage entrance with neo-Gothic canopy showing St. George and the dragon. The passage itself was destroyed in the war.

7

Haus Zieseniss
Steintorstraße 7
1913–14
Georg Stern

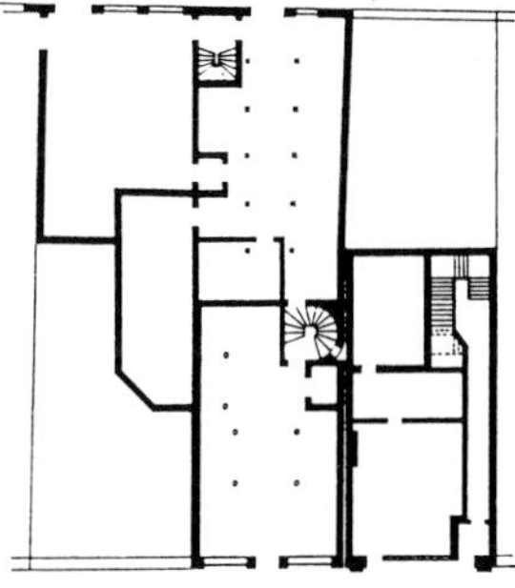

Das viergeschossige Wohn- und Geschäftshaus ist eines der wenigen erhaltenen Beispiele der im Zweiten Weltkrieg zerstörten Bebauung am Steintor. Das Klinkergebäude fügte sich in die Altstadtbebauung ein, ohne auf eine eigenständige Gestaltung zu verzichten. Während die rückwärtige Fassade zur Reitwallstraße mit einem halbrunden Erker eher schlicht gehalten ist, besitzt die Steintorfront ein reiches Dekor: Charakteristisch ist die vertikale Gliederung durch ornamental verzierte Pilaster sowie Schmuckterrakotten, die auf die ehemalige Fischhandlung des Bauherrn Otto Zieseniss im EG Bezug nehmen. Einen markanten Abschluss bilden an beiden Straßenfronten hohe, geschweifte Rundgiebel. Das benachbarte Haus Eichhorn (Steintorstr. 9) wurde 1890 von Karl Börgemann in gotisierenden Formen errichtet.

The four-storey clinker Zieseniss building, with shops and flats, has an elaborate front on Steintorstrasse. The vertical is emphasized by decorated pilasters and terracotta ornaments recalling the ground floor fish shop of the owner, Otto Zieseniss. Tall, curved gables face the street at both ends.

8

„Neues Steintor"
Goseriede 1–5
1987-89
Gottfried Böhm

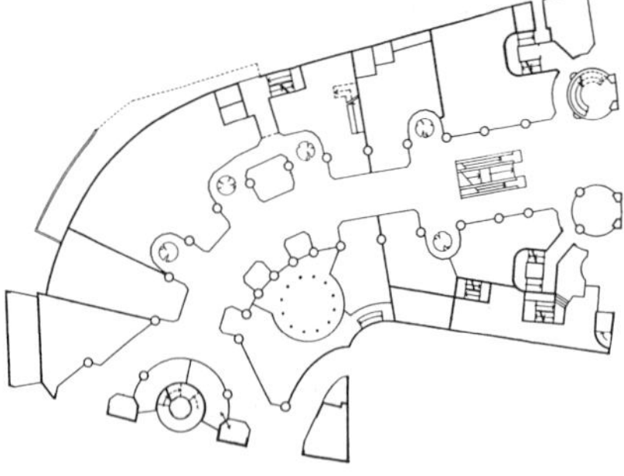

Grundriss EG, ursprünglicher Zustand
Ground plan ground floor, original state

Das Geschäftshaus wurde in Zusammenhang mit der städtebaulichen Neuordung des Platzes Am Steintor errichtet. Es schließt eine ehem. Baulücke zwischen Goseriede und Langer Laube. Den massigen, bis zu achtgeschossigen Stahlbetonskelettbau mit Klinkervormauerung dominieren am Steintorplatz erhöhte, symmetrische Eckbauten; ein singulärer Turmbau bestimmt die Front der Langen Laube. Die streng gegliederte Fassade, akzentuiert durch ein sichtbares Sprengwerk aus Stahlbeton, wird an der Goseriede durch drei dreigeschossige, portalähnliche Öffnungen aufgebrochen; die mittlere dient als Eingang zu einer ehem. hohen, glasge-deckten Passage. Materialwahl, vertikale Betonung und gestalterische Details des „Neuen Steintors" versinnbildlichen eine demonstrative – wenngleich sehr bemühte – Bezugnahme auf das nahe gelegene Anzeiger-Hochhaus F. Högers (Nr. 10).

This office building has clinker brick cladding, raised corner structures facing the square and a tower on the Lange Laube side. The façade is accentuated by an exposed reinforced concrete frame and has three three-storey, portal-like openings on the Goseriede side. The choice of materials, emphasis on the vertical and design details refer, albeit rather tenuously, to F. Höger's Anzeiger-Hochhaus (no. 10).

9

Bus- und Tramhaltestellen
Steintor, Königsworther Platz, Stadthalle, Braunschweiger Platz, Friedrichswall, Leinaustraße, Nieschlagstraße, Aegidientorplatz, Sprengelmuseum
1993–94
Alessandro Mendini, Heike Mühlhaus, Ettore Sottsass, Tusquets Blanca, Frank O. Gehry, Wolfgang Laubersheimer, Massimo Iosa Ghini, Andreas Brandolini, Jasper Morrison

Friedrichswall

Steintor

Die städtischen Verkehrsbetriebe beauftragten namhafte internationale Architekten, neue Haltepunkte zu entwerfen. Im Vordergrund standen weniger funktionale Aspekte als vielmehr das Setzen von Aufsehen erregenden Akzenten im Straßenraum. Bei den sog. Busstops finden sich architektonische Anklänge an vergangene Möbelmoden (A. Mendini, Steintor; E. Sottsass, Königsworther Platz), Bezüge zu Flora und Fauna (T. Blanca: „Baumdach", Stadthalle; F. O. Gehry: „Zotteltier", Braunschweiger Platz) aber auch an Technik (W. Laubersheimer: „Lauschkalotten", Nieschlagstraße) oder an die dynamische 50er-Jahre-Ästhetik (M. I. Ghini, Friedrichswall).

The municipal transport authority engaged internationally known architects to design new bus and tram stops, less as functional elements than to create accents. There are references to furniture styles (A. Mendini, E. Sottsass), flora and fauna (T. Blanca, F.O. Gehry), technology (W. Laubersheimer) and the 1950s (M.I.Ghini).

10
Anzeiger-Hochhaus
Goseriede 9
1927–28
Fritz Höger

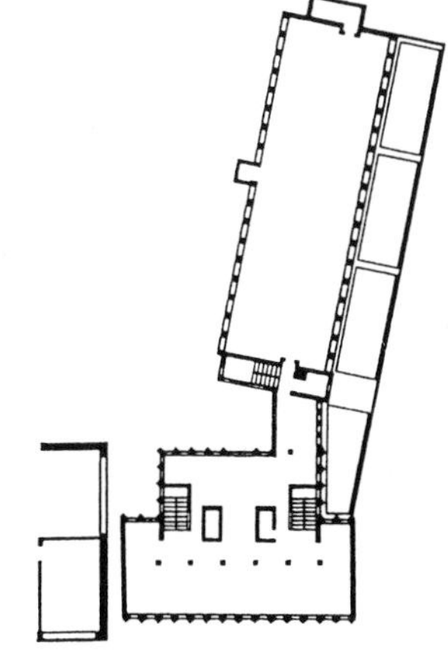

1. Obergeschoss
First floor

Das Anzeiger-Hochhaus gehört zu den architektonischen Wahrzeichen Hannovers und ist zugleich eines der Hauptwerke von F. Höger (vgl. u.a. Chilehaus, Hamburg, 1922–23). Es wurde für den Verleger des „Hannoverschen Anzeigers", August Madsack, errichtet und steht in der Tradition der Zeitungshochhäuser, zu deren bekanntesten Beispielen der 1925 errichtete Chicago-Tribune-Tower zählt (für Deutschland siehe u. a. Tagblatt-Turm in Stuttgart, 1924–28 durch Ernst Otto Oßwald). Das zehngeschossige, nach oben zurückgestufte Gebäude wird von einer hohen, kupfergedeckten Kuppel, die ursprünglich ein Planetarium aufnahm, bekrönt. Der verklinkerte Stahlbetonskelettbau ist ein herausragendes Beispiel des norddeutschen Backsteinexpressionismus. Charakteristisch ist die Fassade aus strukturierten, teilweise goldglasierten Ziegeln; keilförmige, eng stehende Wandvorlagen gliedern die Schaufront und sorgen für einen vertikalen Akzent, der nachts durch senkrechte Leuchtröhrenbänder (nach 1945 angebracht) zusätzlich unterstrichen wird. Gestufte Arkaden (heute bis auf die mittleren drei Achsen geschlossen), an deren Scheitel sich Kragsteinplatten aus Betonwerkstein befinden, betonen die EG-Zone. Die „Hannoversche Allgemeine Zeitung" zog 1974 ins Druckzentrum Kirchrode um; seitdem besitzt nur noch die weitgehend original erhaltene Schalterhalle im EG ihre ursprüngliche Funktion. Das übrige Gebäude nimmt heute Büros sowie Studios des „Medienzentrums Hannover" auf, die Kuppel dient als Kino. Der rückwärtige ehem. Rotationsmaschinensaal wird heute ebenfalls vom Medienzentrum genutzt.

The Anzeiger-Hochhaus is a Hannover landmark and one of F. Höger's major works. It was built for the publisher of the "Hannoverscher Anzeiger" and stands in the tradition of other high-rise newspaper buildings, such as the 1925 Chicago Tribune Tower. It is crowned by a high copper-roofed dome, originally containing a planetarium but now used as a cinema by the Hannover Medienzentrum. The clinker-clad reinforced concrete skeleton building is an outstanding example of North German brick expressionism. The front is accented by narrow projections and vertical bands of neon lights (after 1945), and the ground floor is emphasized by staggered arcades. In 1974 the newspaper moved out. Today only the main hall on the ground floor, largely original, retains its function.

11

Kestner-Gesellschaft, ehem. Goseriedebad

Goseriede 11
1902–05; 1997–99
Carl Wolff; Kai-Michael Koch, Anne Panse, Andreas Christian Hühn

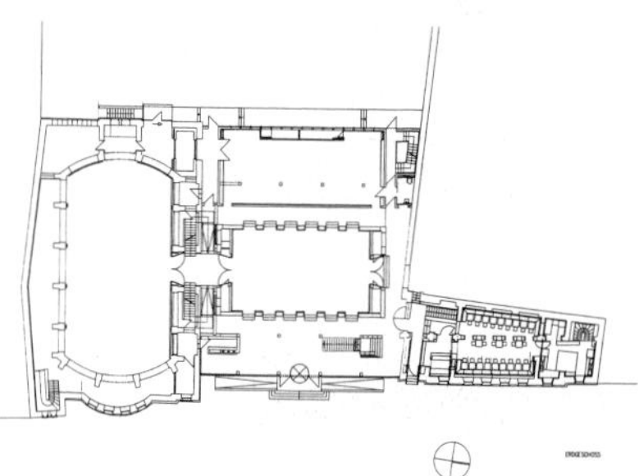

Grundriss, ursprünglicher Zustand
Ground plan, original state

Halle III (oben); Blick in das Foyer (unten)
Hall III (above); Looking into the foyer (below)

Der Komplex wurde als erste große städtische Badeanstalt Hannovers errichtet. Die Anlage überzeugte durch ihre moderne, funktionale Konzeption: An eine repräsentative Eingangshalle schlossen sich Wannentrakt und Nebenräume an; im N lag die Männer-, im Süden die Frauenschwimmhalle, beide von Galerien umgeben. Eine weitere Männerschwimmhalle war von der Stiftstr. aus zugänglich. 1982 wurde das mehrfach veränderte, herausragende Zeugnis Hannoveraner Badekultur trotz massiver Proteste geschlossen. Vom Ursprungsbau erhalten haben sich Teile der in Jugendstilformen gestalteten Sandsteinfassade an der Goseriede, so der gewölbte Südabschnitt und der nach Norden abschließende Giebelbau mit großen Fensteröffnungen; reiches Dekor (Wasserpflanzen, -tiere u.ä.,) verweist auf die ehem. Funktion als Badeanstalt. Das Gebäude wurde 1997–99 zum Domizil der Kestner-Gesellschaft umgebaut, im Äußeren sichtbar durch den neu errichteten, mittigen Eingangsbereich mit seiner horizontal strukturierten grünlichen Glasfassade. Das ehem. Frauenbad unterteilte man durch den Einzug einer Zwischendecke auf der Höhe der Galerieebene in zwei Ausstellungshallen – freilich auf Kosten des ursprünglichen Raumeindrucks. Das Konzept sieht fünf individuell gestaltete Ausstellungssäle vor, welche u.a. über eine skulpturale Treppenanlage im Foyer erschlossen werden. Entstanden sind abwechslungsreiche, in ihrer Klarheit, Funktionalität und architektonischen Qualität überzeugende Räumlichkeiten, die z.B. durch Schiebewände flexibel nutzbar sind. Ein Restaurant wurde in den Trakt des früheren Männerbades integriert. Das Gebäude ist ein bemerkenswertes Beispiel für die Umnutzung eines bedeutenden historischen Baudenkmals.

The Kestner Society buildings were originally the first large municipal swimming pool in Hannover, with two pools, both surrounded by galleries, eventually closed in 1982. Original parts still preserved include the sandstone Jugendstil façade, the vaulted south section and the north end gabled building with its large windows; the decoration of water plants and animals recalls the original function. From 1997–99, the building was restructured for the Kestner-Gesellschaft. The original women's pool was divided horizontally by a new ceiling. There are now five individually designed exhibition rooms, the size of which can be varied by means of sliding walls, with a sculptural staircase. The rooms are of high quality and the building is a striking example of how an important building can be redesigned for a new use.

12

Tiedt-Hof
Goseriede 4
1909–10; 1998-99
Rudolf Schröder; Georg Klaus

Der um mehrere Höfe angelegte Komplex besitzt an der Goseriede eine aufwändige, reich gegliederte Sandsteinfassade in neobarocker Formensprache. Das EG mit dem Durchgang zu den hinteren Höfen wird durch Arkaden mit Bogenquaderung bestimmt. Das hohe 1. und 2. OG betonen zweigeschossige Erker. Ein niedriges Attikageschoss leitete zum ursprünglich hohen Dach mit kupfergedecktem Uhrturm (zerstört) über. Bis 1933 war der Tiedt-Hof Zentrum der Hannoveraner Arbeiterbewegung (u.a. Gewerkschaftshaus), 1933–45 Sitz von NS-Organisationen. 1998-99 wurde das Ensemble durch G. Klaus umfassend saniert und zum Medienzentrum mit Läden, Gastronomie und Büros umgebaut. Die Front zur Goseriede erhielt in diesem Zusammenhang ein ausgebautes DG, in dessen Mitte – in Anspielung an den ehemaligen Uhrturm – ein verspielter, bunter Kegelaufsatz thront.

The Tiedt-Hof has an ornate neo-baroque sandstone façade. Arcades with rusticated arches lead to the back courtyards. The original roof with clock tower (the present conical turret recalls this) was destroyed. Until 1933 this was the headquarters of the Hannover workers' movement, from 1933–45 of Nazi organizations. In 1998–99 it was renovated as a media centre with shops, restaurants and offices.

13

Nikolaikapelle
Goseriede
um 1325
n. bek.

Die zum Pfarrsprengel des Hl.-Geist-Hospitals gehörende Kapelle wurde bereits 1284 als „capella leprosorum extra muros" urkundlich erwähnt. Sie ist damit das älteste, zumindest rudimentär erhaltene, Gebäude Hannovers. Im Zweiten Weltkrieg größtenteils zerstört, haben sich die Umfassungsmauern des polygonalen Chors aus Kalkbruchsteinmauerwerk erhalten. An den Spitzbogenfenstern des Chores sind noch Reste des Maßwerks erkennbar. Seine Fassade wird in Sohlbankhöhe von einem Kaffgesims und durch gestufte Strebepfeiler gegliedert. Das Langhaus, 1742/43 als Saalkirche erneuert und 1883/84 durch C. W. Hase restauriert, wurde 1953 für die Verbreiterung der Goseriede größtenteils abgerissen. An den Wänden des Torsos befinden sich bedeutende Epitaphien des 16. bis 18. Jhs. Die ehem. Leprosenkapelle befindet sich an der Südspitze des Nicolai-Friedhofs, der heute in zwei parkartige Restflächen mit verstreuten Grabdenkmälern unterteilt ist.

St. Nicholas' Chapel is the oldest building in Hannover, first mentioned in 1284 as a lepers' chapel. It was destroyed in WWII except for the rough-stone walls of the polygonal chancel. The nave was used as a hall church from 1742/43, but in 1953 it was largely demolished to widen the road. The walls of the torso have important memorial tablets from 16th c.–18th. c.

14

Gewerkschaftshaus

Otto-Brenner-Straße 1
1952–53
Friedrich Lindau

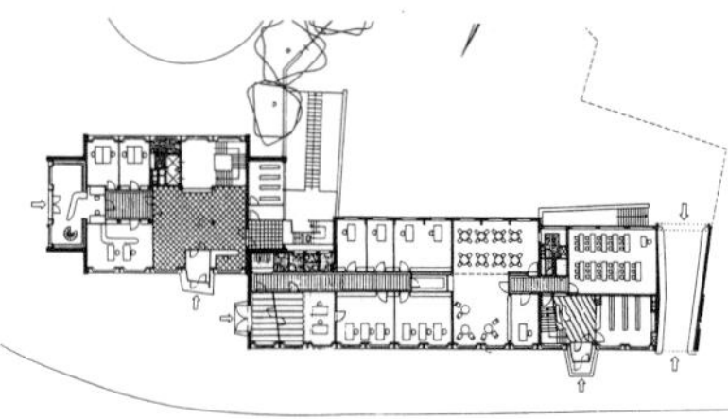

Das zehngeschossige Gebäude mit zweigeschossigem Anbau bildet den städtebaulich markanten östlichen Abschluss des Klagesmarktes. Das Hochhaus ist in einer Stahl-Verbundbauweise konstruiert, wobei die T-förmigen Stahlbetonscheiben an den Gebäudeecken mit rotem Ziegelstein verkleidet sind. Vor das Stahlskelett gehängte Brüstungsfelder aus Muschelkalkplatten sowie die leicht gefaltete Fensterfassade an der Klagesmarkt-Front im 8. OG akzentuieren die Fassade zusätzlich. Entstanden ist ein bemerkenswertes, an der Neuen Sachlichkeit orientiertes Verwaltungsgebäude. Trotz gravierender Veränderungen – so dem teilweisen Verlust der qualitätvollen Innenraumgestaltung, dem Austausch der originalen Fenster oder der Verkürzung des Nebengebäudes, welche die ehem. ausgewogenen Proportionen des Ensembles beeinträchtigt – ist das Gewerkschaftshaus ein bedeutendes Beispiel der Architektur der 50er Jahre in Hannover.

The ten-storey Trade Union building with annex is a noteworthy example of Neue Sachlichkeit and an important 1950s building, despite the loss of some original features of the interior and exterior. It has red-brick T-shaped reinforced concrete sections at the corners. The façade is accentuated by parapet slabs of shelly limestone and the slightly concertinaed 8th-storey window section.

15

Continental-Hochhaus

Königsworther Platz 1
1952–53
Ernst Zinsser, Werner Dierschke

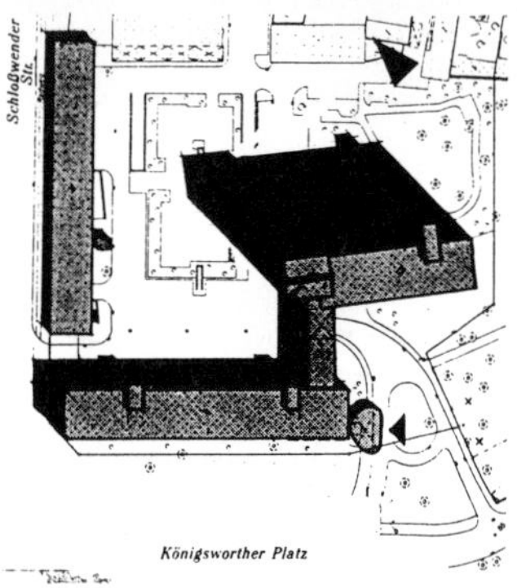

Bestimmender Bauteil des Komplexes ist eine von der Straße zurückgesetzte 15-geschossige Hochhausscheibe, deren oberen Abschluss ein verglastes Penthausgeschoss bildet. Das Hochhaus war zu seiner Entstehungszeit der höchste Neubau der Bundesrepublik und diente zur städtebaulichen Akzentuierung der zeitgleich entstandenen Stadteinfahrt Bremer Damm. Ein schmaler, rechtwinkliger Trakt stellt die Verbindung zu einem fünfgeschossigen Längsriegel am Königsworther Platz her. Das Ensemble ist in Stahl- und Betonskelettbauweise errichtet und besitzt eine Verkleidung aus Natur- und Werkstein sowie Spaltklinkern. Die Fassade weist in ihrer strengen Rasterstruktur ein typisches Gestaltungsmerkmal der Architektur der 50er Jahre auf. Die ehem. Hauptverwaltung der Continental AG dient heute als Sitz verschiedener Universitäts-Institute. 1995 erfolgte eine vorbildliche Sanierung der Fassade.

The Continental building is dominated by the 15-storey tower with glazed penthouse floor, once the highest building in the Federal Republic. It marked the new approach to the city by car, Bremer Damm, built at the same time. A narrow section connects it to a long five-storey building. The steel-frame construction has cladding of natural stone, ashlar and clinker: the regular grid patterning of the façade is a typical 1950s feature.

16
Allianz-Versicherung
Lange Laube 31
1973
Arno J. L. Bayer

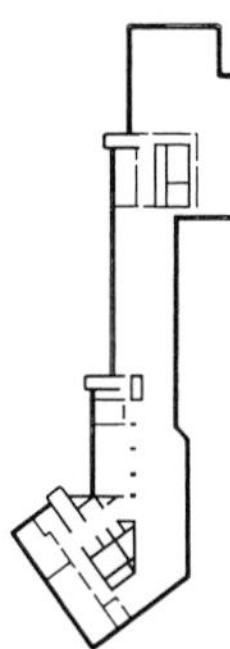

2. Obergeschoss
Second floor

Das ca. 70 m hohe Hochhaus steht in städtebaulich prägnanter Lage am Königsworther Platz: es markiert gemeinsam mit dem ehem. Continental-Verwaltungsgebäude (Nr. 15) die Grenze zwischen Innen- und Vorstadt und erinnert zugleich an die ursprüngliche Hauptzufahrt in die Stadtmitte über Lange Laube-Steintor-Kröpcke. Entlang der Brühlstraße staffelt sich das Gebäude vier- bis sechsgeschossig. Dadurch vermittelt es zwischen dem 16-geschossigen Hochhaus mit aufgesetztem, überhöhten Technikgeschoss und der gegenüberliegenden Bebauung. Drei Haupterschließungskerne übernehmen die Aussteifung des Stahlskelettbaus. Die Fassade ist durch schwarzeloxierte Fensterbänder und vorgehängte Betonfertigteile mit Zusätzen aus Marmor und Weiß-Zement kontrastreich horizontal gegliedert. Besondere Dynamik verleihen dem Baukörper die durchweg gerundeten Ecken.

Together with no. 15, the 16-storey Allianz insurance tower marks the border between the inner city and the suburbs. The rest of the complex, between four and six storeys high, mediates between the tower and the buildings opposite. Black anodized ribbon windows and a concrete curtain wall with marble and white cement additions structure the façade horizontally; three service cores strengthen the steel frame.

17
Leine-Haus
Goethestraße 18–20
1961–62, 1999–2000
Rolf Wékel; Kellner, Schleich, Wunderling, Raumplan 3

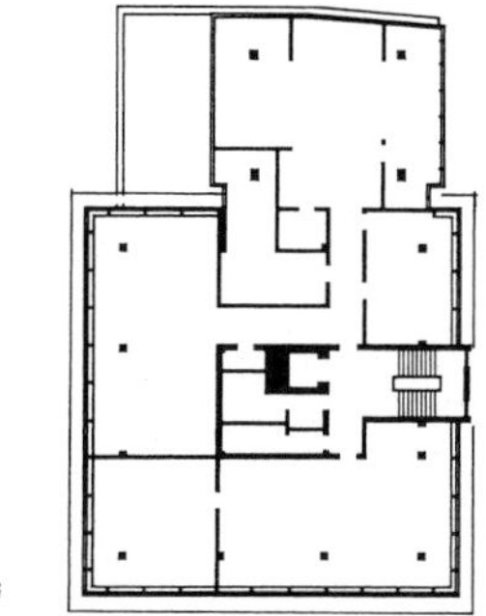

Der ursprünglich viergeschossige Stahlbetonskelettbau auf quadratischem Grundriss wurde mittels einer Stahlkonstruktion auf gleichem Stützenraster um ein Geschoss aufgestockt. Ein zusätzlich aufgesetzter Flugdachkranz bildet den oberen Abschluss des Gebäudes, betont die neuen Kanten des Kubus und reagiert auf das verschattete, zurückgesetzte EG mit außen liegenden Stützen. Die alte Leichtmetallvorhangfassade mit gefärbten Brüstungselementen wurde durch eine horizontal gegliederte Stahlglaskonstruktion und nach unten auszustellende Kippfenster ersetzt. Außen liegende Servicebalkone tragen als 'zweite Schicht' den Sonnenschutz aus Jalousien. Das Leine-Haus ist ein gutes Beispiel für die Wandlungsfähigkeit und Zeitlosigkeit von Skelettbauten, deren tragendes Gerüst unabhängig von der Außenhaut nach funktionalen Gesichtspunkten errichtet wird.

The original Leine building raised was by one storey and given cantilevered roof surround. The former metal façade has been replaced by a steel and glass construction emphasizing the horizontal, with external service balconies carrying sun blinds as a second skin. The Leine-Haus shows the flexibility of skeleton buildings, whose load-bearing frame is independent of their exterior skin.

18

Marstallbrücke; Goethebrücke
Am Hohen Ufer, Goethestraße
1736–37; 1872
Johann Paul Heumann; Launhardt

Marstallbrücke
Marstall Brigde

Goethebrücke
Goethe Brigde

Als Flussübergang vom ehem. Marstall (Nr. 20) zum Clevertor diente seit 1682 eine Holzbrücke. Hofarchitekt Johann Paul Heumann entwarf 1732 die Marstallbrücke, eine imposante Dreibogenkonstruktion aus Quadern und Ziegelmauerwerk. Ursprünglich bestand die schmucklose Brüstung aus rhythmisch durchbrochenen Mauerpartien und Eisengeländerstücken. Nachdem die Brücke während des Zweiten Weltkrieges erheblich beschädigt worden war, folgten 1953 Abbruch bis auf die Pfeiler und anschließende Rekonstruktion. Die Brüstung wurde durch ein einfaches Geländer aus Metall ersetzt.
Die Goethebrücke sollte zur besseren Anbindung der Calenberger Neustadt an die Stadtmitte dienen. Die Einbogenkonstruktion spannt mit einer Wölbung von 23,40 m und einer Breite von 29,20 m über die Leine. Besondere Aufmerksamkeit verdient das neogotische Werksteingeländer mit seinen teilweise durchbrochenen Maßwerk-Schmuckmotiven.

The Marstall Bridge, an imposing three-arch structure, was severely damaged in WWII, and on reconstruction, its original alternating wall and railing sections were replaced by a metal railing.
The Goethe Bridge was built to serve the Calenberg New Town district. The neo-Gothic ashlar parapet with tracery decoration is particularly striking.

19

Ehem. Königliche Wagenremise
Goethestraße 17–19
1858-61; 1878
Heinrich Christian Tramm; Ferdinand Wallbrecht

Der ursprünglich mit sparsamer Rundbogenarchitektur akzentuierte Putzbau erstreckte sich mit 15 Torachsen entlang der Goethestr. und umschloss durch Seitenflügel sowie ein in die Anlage integriertes Reithaus einen glasüberdeckten Hof. Die zweigeschossige Wagenhalle umfaßte 150 Einstellplätze, davon 60 im OG – diese waren über einen mechanischen Aufzug zugänglich. 1878 erfolgte der Umbau zu Läden und Büros, die Fassade bekam Segmentbogenfenster. Erhalten haben sich sieben Achsen sowie der ursprüngliche Mittelteil der Remise, der durch Rundbogenstellungen und Dachgiebel betont wird. Das Gebäude nimmt seit 1988 Büros und den Vortragssaal der Üstra auf; in diesem Zusammenhang erfolgte auch der Ausbau des DG. Die ehemalige Wagenremise ist – trotz der einschneidenden baulichen Veränderungen – ein herausragendes Denkmal der Verkehrsgeschichte Hannovers.

The former Royal Coach House with riding hall and glass-roofed courtyard had spaces on two storeys for 150 vehicles, 60 of them accessed by a mechanical lift. The segmental arch windows were added in 1878, when the building was converted for shops and offices. Seven of the fifteen gate axes and the original centre section remain. Despite the changes, the Coach House is an outstanding monument to transport history.

20
Marstalltor
Roßmühle
1714
Louis Remy de la Fosse

Während vom Alten Marstall (1684, Am Hohen Ufer 3a) heute noch die Nordhälfte (Gaststätte) erhalten ist, wurden die Reste des 1712 von Remy de la Fosse gebauten Neue Marstalls sowie des Reithauses (1714) nach 1945 abgebrochen. Das heute freistehende Marstalltor war ursprünglich Portal des Reithauses und wurde 1967 vom Hohen Ufer zur „Roßmühle" transloziert, in unmittelbare Nähe des Historischen Museums (Nr. 21). Die Sandsteinkonstruktion soll das Brühltor, den ältesten Westausgang der Stadt (1301), markieren. In seinem barock geschwungenen Giebelfeld befindet sich das Staatswappen König Georgs I., welches von Löwen flankiert wird.

The sandstone Marstall (Stable) Gate, originally the gate to the Riding Hall, was moved in 1967. The only other part of the Old Stables still standing is the north half (a restaurant). The Gate now marks the position of the Brühltor, the oldest western city exit (1301). The state arms of King George I, flanked by lions, can be seen in the baroque tympanum.

21
Historisches Museum
Pferdestraße 6
1963–66
Dieter Oesterlen

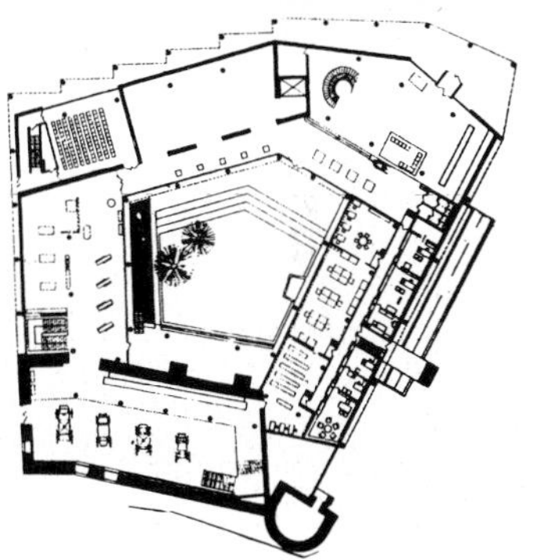

Laut Wettbewerbsausschreibung von Stadtbaurat Rudolf Hillebrecht sollte sich der Neubau des Historischen Museums in das translozierte Tor des Marstalles (Nr. 20), den mittelalterlichen Beginenturm (1357) und in die am „Hohen Ufer" gelegene Rückwand des Zeughauses (1643–49) einfügen. Der unregelmäßige Grundriss des zweigeschossigen Komplexes folgt den mittelalterlichen Straßenzügen. Der fünfeckige Innenhof bietet Raum für Konzerte. Als Klammer zwischen Alt und Neu wählte Oesterlen einen meterdicken, abgesetzten Abschluss aus Sichtbeton, hinter dem sich die Dachterrasse verbirgt und der optisch über dem Bruchsteinmauerwerk zu schweben scheint. Die „modernen" Seiten der Fassade sind streng, an der Stadtseite abgetreppt und mit Betonsäulen gegliedert. Die Fassadenflächen aus Ruhrsandstein werden ergänzt durch geschosshohe Fensterbänder und umlaufende Sichtbetonbänder, die dem Gebäude seine markante horizontale Optik verleihen.

The new section of the Historical Museum connects the relocated Marstall Gate (no. 20), the Beginen Tower (1357) and the Armoury (1643–49). The ground plan follows the lines of the medieval streets. A one-metre-thick, separate border of exposed concrete conceals the roof terrace. The "modern" façades on the city side are stepped back; rows of tall windows and exposed concrete bands emphasize the horizontal.

22

Wiederaufbau Burgstraße
Burgstraße
1951–59
Ewald Zenker, Alfred Zappe

Burgstraße 25, 27, 27 a

Ballhofstraße 12

Lediglich 32 der über 1600 Fachwerkhäuser Hannovers haben den Zweiten Weltkrieg überdauert. Die meisten davon standen im Bereich Ballhof, Kramerstr., Holzmarkt und Burgstr. Nach 1945 griffen Zenker und Zappe auf das Altstadtsanierungskonzept der Vorkriegszeit zurück, das nach Abriss eine typisierende Rekonstruktion der Altsubstanz vorgesehen hatte. Hierbei sollte ein Platz auf dem Gelände des dicht bebauten Ballhofes geschaffen werden. Auf die Parzellen in der Nachbarschaft des Historischen Museums (Nr. 21) wurden z.T. Fachwerkhäuser aus der Knochenhauerstr. transloziert. Einige neu gebaute massive Baukörper tragen vorgeblendetes Holzfachwerk (Nr. 25, 27, 27a). Der vorkragende Eckbau im Norden mit Mansarddach (Ballhofstr. 12, Ende 17. Jh.) war 1938 renoviert worden und hatte den Krieg überstanden. Das vierstöckige Eckhaus im Süden, in dem der Dichter Philipp Spitta wohnte, wurde 1669 anstelle der 1630 eingestürzten St. Gallenkapelle gebaut.

Only thirty-two of over 1600 timber-framed buildings in Hannover survived WWII. Burgstrasse was rebuilt as follows: some original buildings were moved from Knochenhauerstr.; some new buildings were given non-structural half-timbering effect (nos. 25, 27, 27a). Ballhofstr. 12 , a late 17th-c. building, survived the war. This reconstruction of typical old buildings is in a Hannover tradition started before WWII.

23

Bürgerhaus
Burgstraße 12
1566
Hinrich Holste

Seit 1609 war die Zahl der Bürgerhäuser („domus") in Hannover auf 317 festgelegt. Die Fachwerkhäuser in der Altstadt waren entweder giebel- oder traufständig. Zum letzteren Typ zählt das älteste erhalten gebliebene „domus" in der Burgstraße 12. Die OG des Fachwerkbaus kragen über dem EG geschossweise vor; im 2. und 3. OG treten Knaggen nach außen. Die neun Gefache sind geschmückt durch Halbkreisrosetten und Inschriften. Der Erkervorbau mit drei Gefachen wurde später ergänzt; das EG stammt aus dem 19. Jh. Die linksmittige Durchfahrt führt zum dreistöckigen Hinterhaus. Es wurde 1564 erbaut und ist durch einen schmalen Seitenflügel mit dem Vorderhaus verbunden. An der unteren Setzschwelle befindet sich eine lateinische Inschrift mit dem Namen des Bauherrn Hinricus Grube und den Initialen „GK" des Zimmermanns.

From 1609 on the number of burghers' houses ("domus") in Hannover was fixed at 317. This oldest preserved timber-framed house in the old town has four upper storeys overhanging the ground floor. The nine panels are decorated with half-rosettes and inscriptions. The three-storey building at the back dates from 1564. An inscription shows the name of the owner and the initials of the carpenter.

24
Ballhof
Ballhofstraße 5
1649; 1779-80; 1938; 1975
n. bek; Johann Georg Täntzel; Wolfram von Erffa; Hochbauamt der Stadt Hannover, Thilo Mucke

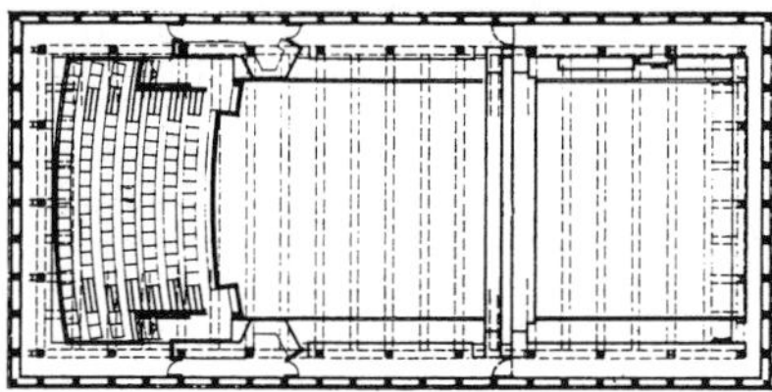

Galeriegeschoss Saal
Gallery level, hall

Der Ballhof – ältester Veranstaltungssaal Hannovers – wurde 1649 unter Herzog Georg Wilhelm als Örtlichkeit für Federballspiel und Hoffeste erbaut. 1779-80 renovierte J.G. Täntzel das Gebäude. Im Rahmen der NS-Altstadterneuerung erfolgte eine Erweiterung des Komplexes um ein HJ-Heim im Heimatschutzstil sowie das translozierte Spittahaus von 1669, welches als BDM-Heim diente. Der Ballhof besitzt ein fensterloses, heute mit Werksteinen verkleidetes EG, dem ein auskragendes, ursprünglich offenes Fachwerk-OG und ein hohes Walmdach mit innen sichtbarem Dachstuhl aufgesetzt ist. Das Gebäude wurde 1975 saniert und um ein Stahl-Glas-Foyer ergänzt. Der variabel nutzbare Saal des Ballhauses dient seit 1992 als Schauspielhaus des niedersächsischen Staatstheaters Hannover. Die Bühne „Ballhof 2", ein polygonaler, mit Zinkblech verkleideter Eckbau, wurde 1990 von T. Mucke erbaut.

The Ballhof, Hannover's oldest public hall, was built under Duke Georg Wilhelm for playing shuttlecock and court festivities. It was renovated in 1779–80. Under the National Socialists sections were added and moved from elsewhere, partly for use as a Hitler Youth hostel. The windowless ground floor is topped by a projecting timber-framed upper floor and a hipped roof with exposed timbers.

25
Wohnhäuser
Kreuzstraße 1, 7–11
1936–39
Wilhelm Fricke

Kreuzstraße 11, 10, 9, 8, 7

Kreuzstraße 1

Im Rahmen der Altstadtsanierung 1936–37 um die ehem. Judenstr. (heute Ballhofplatz und -str.) wurde auch die Kreuzstr. weitgehend neu bebaut. Die schmale Parzellierung greift die frühere Bausituation wieder auf. Die Kriegszerstörung überdauert haben die Eckbauten zum Ballhofplatz (Ballhofstr. 8, Kreuzstr. 1) und die Häuser Kreuzstr. 7–11. Während die beiden oberen Geschosse des ehem. Schneidergildehauses Nr. 11, bei dem über dem Türsturz noch ein Wappenrest von 1669 zu erkennen ist, in Holzfachwerk gezimmert wurden, sind die übrigen Häuser traufständige, dreigeschossige Putzbauten, deren OG z.T. leicht vorkragen. Die Fassaden der „Heimatstil"-Architektur, die sich an der NS-Blut- und Bodenideologie orientierten, sind u.a. geprägt durch Fenstereinfassungen aus Sandstein, Schleppgauben und Dacherker.

A number of residential houses built in 1936–37 in the course of the redevelopment of the old town survived WWII: Kreuzstrasse 11, the timber-framed former tailors' guild building, and several three-storey plaster buildings facing the street, with slightly projecting upper storeys. Some of the regional features, such as dormer windows, are in a style favoured by the National Socialists.

26

Kreuzkirche
Kreuzkirchhof
1320–33; 1560; 1652–60
n. bek.

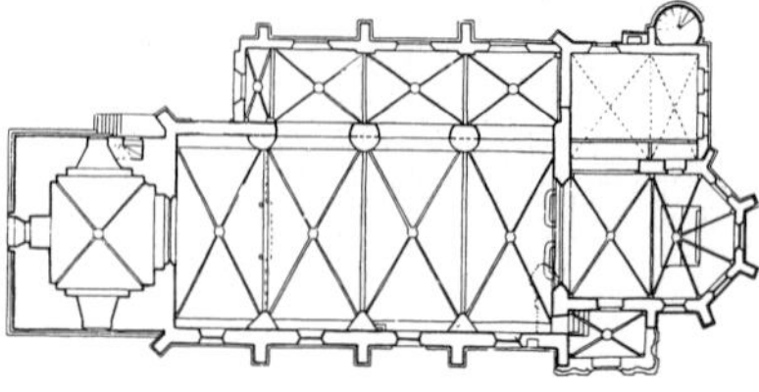

Die Pfarrkirche besitzt ein einschiffiges Querhaus mit vier Jochen und Kreuzrippengewölbe, dem im Osten ein polygonaler Chor, im Westen ein mächtiger Turm vorgelagert ist. Der schlichte Außenbau wird durch Strebepfeiler, schmale Lanzettbogenfenster und ein umlaufendes Kaffgesims gegliedert. Der Turm auf quadratischem Grundriss weist einen hohen oktogonalen Aufsatz auf, der durch eine welsche Haube mit offener Laterne und abschließendem steilen Pyramidendach bekrönt wird. Die Kirche wurde 1943 stark beschädigt und 1959–61 unter Ernst Witt wieder aufgebaut, der Turm nach Plänen von 1630 rekonstruiert. An der Südost-Seite des Langhauses befindet sich die 1655 errichtete, nach einem Ratsherrn benannte Duve-Kapelle. Den rechteckigen Sandsteinbau akzentuiert ein repräsentativer, mit Spruchtafeln und Wappen verzierter Schweifwerkgiebel. Die Kapelle dient heute als Sakristei.

The Kreuzkirche parish church with rib-vaulted nave has a polygonal choir and a massive tower, rebuilt in 1959–61 after plans of 1630. The simple exterior is structured by buttresses, lancet-arch windows and surrounding weathering. On the south-east side of the nave is the Duve Chapel, built in 1655, with an elaborate scrollwork gable; today it is used as a vestry.

27

Parkhaus Schmiedestraße
Schmiedestraße 13
1965–66
Walter Hämer

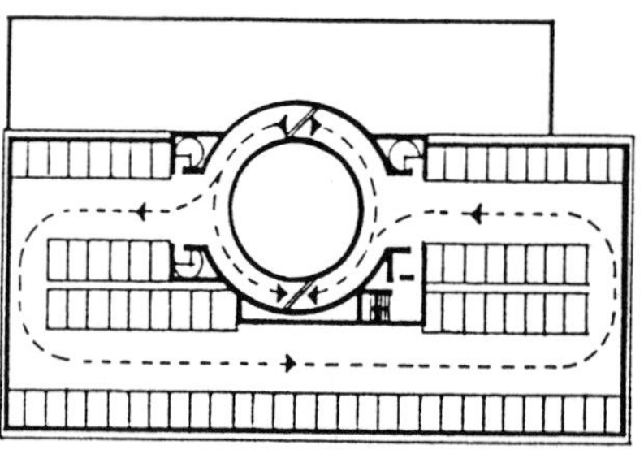

In der Nähe des Alten Rathauses (Nr. 40) steht auf rechteckigem Grundriss das Parkhaus von Walter Hämer. Der Architekt wählte eine Stahlbetonskelettbauweise, die mit einer Curtain-Wall aus grauen und weißen Aluminiumlamellen verkleidet ist. Sie entstand in Zusammenarbeit mit dem Berliner Künstler Hans Uhlmann, der auch die Stahlplastik vor dem Parkhaus entworfen hat. Geparkt werden kann auf 564 Stellplätzen vom dritten UG bis zum fünften OG. Die Auf- und Abfahrt in dem unprätentiösen, äußerst funktionalen Bauwerk erfolgt über eine Doppelwendelrampe (wie beim Parkhaus Osterstr., Nr. 39).

Hämer's functional multi-storey car park with 564 parking spaces and a double-helix ramp (as in no. 39) is a steel-frame building with a curtain wall of aluminium slats. The co-designer, Berlin artist Hans Uhlmann, also created the steel sculpture in front of the building.

28

Wohnbebauung
Kramerstraße 8, 11, 12, 16; Burgstraße 31, 33;
1620–30; nach 1650
Heinrich Stünkel; n. bek.

Blick in die Kramerstraße
Looking into Kramerstrasse

Kramerstraße 8

Rechts und links der alten Hauptverbindung zwischen Marktplatz und Flussübergang am Leinetor steht das größte Ensemble noch erhaltener Fachwerkhäuser aus dem 17. bis frühen 19. Jh. in Hannover. Das älteste Nr. 16 wurde um 1620–30 von Heinrich Stünkel unter Verwendung von reich ornamentierten Knaggen und Füllbrettern gebaut. Die leicht vorkragenden Eckbauten zur Burgstr., Kramerstr. 11, 12, Burgstr. 31, 33 stammen aus der Zeit nach 1650. Sie besitzen profilierte Balkenköpfe, unregelmäßig gesetzte Fußstreben und z.T. Zwerchhäuser. Der Massivbau im Norden Nr. 11 hat eine vorgehängte Fachwerkfassade. Ihm folgen zwei vorkragende Fachwerkkonstruktionen: Nr. 9, um 1720; Nr. 8, um 1780 mit Windenerker. Für Moritz Duve wurde 1664 das Haus Nr. 22 gebaut, das in neuerer Zeit wenig einfühlsam restauriert wurde. Ein klotziger Neubau um 1960 beeinträchtigt im Norden die historische Altstadtbebauung.

These 17th to early 19th c. residential houses are the oldest timber-framed buildings in Hannover. No. 16, 1620–30, has ornate brackets and panel boards. The Burgstrasse corner buildings have profiled beam ends, irregular struts and in some cases dormers. No. 11 is a massive building with a curtain timber-frame façade. No. 22, built for Moritz Duve in 1664, has been somewhat insensitively restored.

29

Wernersches Haus
Kramerstraße 25
1884
Christoph Hehl

Im Zuge der Umgestaltung am Marktplatz seit 1880 entstand inmitten historischer und historisierender Bausubstanz in einer Ecksituation das fünfstöckige Wohnhaus. Gemeinsam mit dem Gebäude Schmiedestraße 5 bildet es eine Klammer zwischen der Häuserzeile im Norden und des Marktplatzes im Nordwesten. Charakterstisch an dem Neorenaissance-Gebäude ist die leicht gebogene symmetrische Fassade, die in der Mitte von einem Erkerturm dominiert wird. Säulen und Bogen im EG, sowie Schmuckelemente, Eckzonen, Fensterumrandungen und -giebel sind aus hellem Werkstein, die Gefache aus Klinker. Das Arkadenmotiv orientiert sich an der Renaissancedekoration des kurz zuvor errichteten Rathausflügels von Conrad Wilhelm Hase 1877–1882 (Nr. 40).

When the Marktplatz was redesigned from 1880 on, the neo-Renaissance Werner building was erected between historical and historicist buildings. The arcade motif echoes the Renaissance decoration of the Town Hall wing. Characteristic features are the slightly curved symmetrical façade, pillars and arches, and decorative elements.

30

Holzmarkthäuser
Holzmarkt 2, 3
zweite Hälfte 18. Jh.
n. bek.

Den Zweiten Weltkrieg überdauerten in der Hannoveraner Innenstadt nur wenige Gebäude. Eines davon ist das Geburtshaus des Historikers Georg Heinrich Pertz (1795–1876) Holzmarkt 2. Gemeinsam mit dem ebenfalls erhaltenen Haus Holzmarkt 3 bildet es eine Einheit. Die dreigeschossigen Fachwerkbauten sind zum Platz mit einem Zwerchhaus versehen. Beim zur Kramerstr. giebelständigen Eckhaus (Holzmarkt 3) kragen die Stockwerke vor. Die Fußstreben sind unregelmäßig über profilierten Füllbrettern eingezogen und die Fenster paarweise angeordnet. Das Satteldach vom Haus Holzmarkt 2 ist bei gleicher Firstlinie etwas flacher geneigt. Außerdem dominieren in der Fachwerkfassade die vertikalen Holzständer. Das Gebäude erscheint deshalb im Vergleich zu seinem Nachbarhaus leicht erhöht. Der Oskar-Winter-Brunnen wurde 1896 anlässlich eines Firmenjubiläums gestiftet.

The houses at Holzmarkt 2 and 3 were among the few in the city centre to survive WWII. Both are three-storey timber-framed buildings with a dormer. The foot braces are irregular, with profiled panel boards. Windows are coupled. No. 2 appears higher, because its saddleback roof is shallower and vertical studs predominate. The Oskar Winter Fountain was donated in 1896.

31

Ensemble Holzmarkt
Holzmarkt 4–6
1881; 1980–83
n. bek; Wilfried Ziegemeier, Hubertus Pfitzner

Die Bebauung der westlichen Begrenzung des Holzmarkts wurde 1943 zerstört. Einzige Ausnahme bildet das Noltehaus Nr. 4, ein 1881 errichteter Neorenaissancebau mit Treppengiebel und Mittelerker. Im Zentrum der dreiteiligen Baugruppe erhebt sich die Nachbildung des 1648–52 in der Schmiedestr. erbauten Leibnizhauses. Das Fachwerkgebäude mit vorgeblendeter, aufwändig gestalteter Werksteinfassade und repräsentativer Utlucht galt als bedeutendstes Renaissance-Bürgerhaus Hannovers. Die Fassade des Neubaus von 1983 orientiert sich am Erscheinungsbild einer 1890–93 durchgeführten idealisierenden Restaurierung. Ein ebenfalls giebelständiges Gebäude mit gelber Ziegelfassade begrenzt das Ensemble zur Schloßstr.; im Unterschied zum Leibnizhaus präsentiert es sich als Bau der 1980er Jahre, welcher sich in seiner zurückhaltenden Gestaltung jedoch an den Nachbargebäuden orientiert.

The neo-Renaissance Nolte House is the only original building in this group. The centre Leibniz House is a copy of the original, Hannover's most important Renaissance burgher's house, a timber-framed building with an elaborate ashlar façade and imposing bay window. The new façade is based on an idealized 1890–93 reconstruction. The third building makes no claim to be other than a 1980s one, but adapted to the group.

32
Landtag Leineschloss
Hinrich-Wilhelm-Kopf-Platz 1
1742–46; 1817–42; 1957–62
Johann Paul Heumann; Georg Ludwig Friedrich Laves; Dieter Oesterlen

Portikus, Leinstraße
Portico, Leinstrasse

Plenarsaal
Plenary hall

Leineflügel
Leine Wing

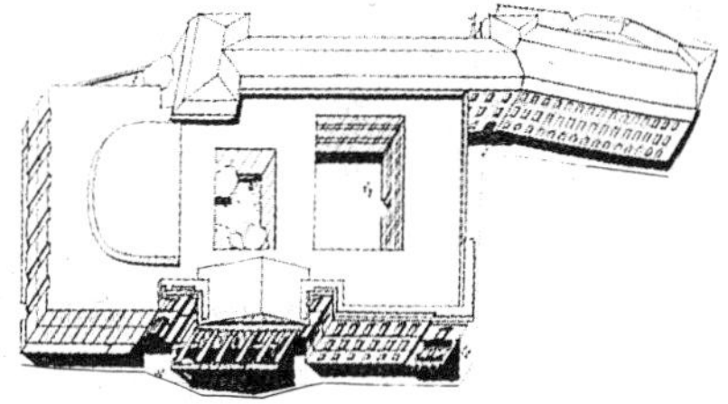
Isometrie
Isometric projectia

Seit seinem Um- und Neubau ab 1637 vom Minoritenkloster zur Residenz der Hannoveraner Landesherren erfuhr das Leineschloss sechs Bauphasen. Die architektonisch bedeutendste wurde durch Laves' klassizistischen Umbau geprägt. Er vereinheitlichte die Fassade, gestaltete den Portikus mit seinen sechs korinthischen Säulen nach dem Vorbild des Carlton House in London und ergänzte den Leineflügel (1817–25). Hierbei griff er die barocke Architektur von Heumanns Kammerflügel (1742–46) auf, mit Mansarddach, Werksteingliederung, verputzten Wandflächen – heute ältester Teil der Schlossfassade. Laves' Konzept einer symmetrischen Schlossanlage blieb unausgeführt. Nachdem das Leineschloss 1943 bis auf den Kammerflügel zerstört worden war, leitete Dieter Oesterlen Ende der 1950er Jahre den Wiederaufbau. Als Hülle erhalten bzw. rekonstruiert wurden die historischen Fassaden. Dahinter erfolgte ein umfassender Neubau. Entstanden sind die Freitreppe zum Portikus (heute Haupteingang), um zwei Innenhöfe lichtdurchflutete Foyers und Treppen sowie links neben dem Portikus, Laves' Plan folgend, die symmetrische Ergänzung des Komplexes um einen Plenarsaal. Der dreigeschossige Neubau erhebt sich an der Karmarschstraße über hellem Sockel mit einer Fassade aus glatten dunklen Natursteinen und hohen Fenstern. Die Architektur des Leineschlosses markiert Nahtstellen zwischen franz. Barock, Klassizismus und Moderne. In diesem Sinne leistet es sowohl städtebaulich als auch historisch einen Beitrag zur Identifikation mit einer landesgeschichtlichen Kontinuität.

The Leine Palace, now the seat of the Lower Saxon parliament, was originally a monastery, altered and rebuilt from 1637 on as the residence of the local rulers. Since then there have been six building phases. The most important was Laves' classicist rebuilding. The façade was unified and the portico with six Corinthian columns added; other features took up the baroque architecture of the chamber wing (1742–46). In 1943, the palace was destroyed except for the chamber wing. The reconstruction restored the historical façades as a shell, behind which the building is new. There are now an outer staircase to the portico, foyers and staircases bathed in light from two courtyards, and a plenary hall to the left of the portico, making the building symmetrical as Laves intended. The palace architecture combines French baroque, classicist and modern, recording the continuity of the parliament through the vicissitudes of history.

33

Laveshaus und Ateliergebäude
Friedrichswall 5, 5 a
1822–24; 1862–63; 1997–98
Georg Ludwig Friedrich Laves; Wolfgang-Michel Pax, Thomas Hadamczik, Anne Panse, Kai-Michael Koch

Ansicht von Norden
View from the north

Das ehem. Wohngebäude des bedeutenden Architekten und Stadtplaners Laves – ein herausragendes Beispiel klassizistischer Wohnhausarchitektur in Hannover – präsentiert sich als dreigeschossiger Kubus mit Walmdach. Die klar gegliederte Fassade des verputzten Mauerwerkbaus zeichnet sich durch dezente dreiachsige Vorsprünge an den Seiten und der Rückfront sowie sparsame Ornamentierung aus. Blickfang ist der übergiebelte Mittelrisalit der Schauseite, dessen tiefe Bogenstellung im EG die Fensterform dieser Zone fortsetzt; vier dorische Säulen über dem Eingangsportal tragen einen Balkon mit eisernem Geländer. Die Beletage betonen hochrechteckige Fenster mit durch Säulchen geschmückten Brüstungsfeldern. Zentraler Bauteil des Inneren ist das repräsentative Vestibül, eine quadratische Halle mit dem Haupttreppenhaus. 1997–98 führten W.-M. Pax und Th. Hadamczik eine grundlegende Restaurierung und Sanierung des Gebäudes durch. Auf dem benachbarten Grundstück Friedrichswall 5 a hatte Laves 1855 für seinen Sohn George ein zweigeschossiges Ateliergebäude errichtet, das er 1862–63 um ein Wohnhaus an der Straßenfront erweiterte. Der schlichte Putzbau auf quadratischem Grundriss, der 1872–73 aufgestockt wurde, orientiert sich mit der Rundbogengliederung im EG am Laveshaus. Im Zuge der Sanierungsarbeiten erweiterten A. Panse und K.-M. Koch diesen Komplex um einen kubischen, an zwei Seiten vollständig verglasten Anbau im Norden, der einen Seminarraum der Fortbildungsakademie aufnimmt. Das Ensemble ist ein vorbildliches Beispiel der sensiblen Restaurierung eines bedeutenden Baudenkmals unter gleichzeitiger Berücksichtigung moderner Nutzungsanforderungen. Es dient als Sitz der Architektenkammer Niedersachsen.

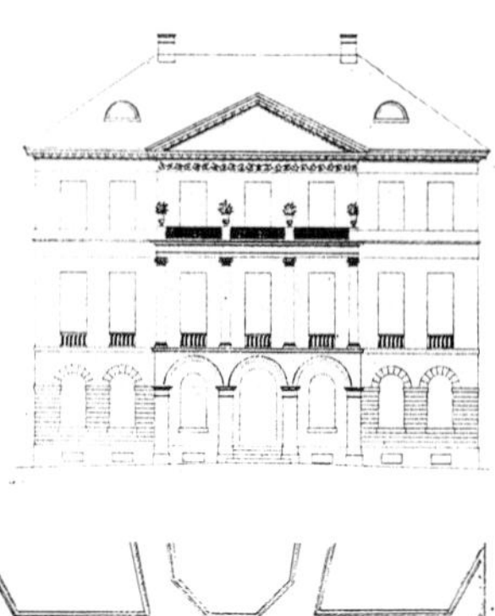

G.L.F. Laves, Ansicht, 1822 (oben); Zeichnung des Treppenhauses, 1822 (unten)
G.L.F. Laves, elevation, 1822 (above); drawing of the staircase, 1822 (below)

The former residence of the architect Laves is an outstanding example of classicism. It is a three-storey cube with a hipped roof. The main feature is the centre projection on the main façade, surmounted by a pediment. Arches on the ground floor echo the window arches, and above the entrance, four Doric columns support a balcony with iron railings. The piano nobile is emphasized by tall rectangular windows. Inside, the magnificent vestibule and the main staircase are striking. On the adjoining plot, Laves built a two-storey studio for his son, to which he added a residential building in 1862–63. When the buildings were renovated and restored in 1997–98, an annexe fully glazed on two sides was added, used as a seminar room. The building is the headquarters of the Lower Saxon Chamber of Architects.

34

Ehem. Palais von Wangenheim, Niedersächsisches Wirtschafts- und Verkehrsministerium
Friedrichswall 1
1829–33
Georg Ludwig Friedrich Laves

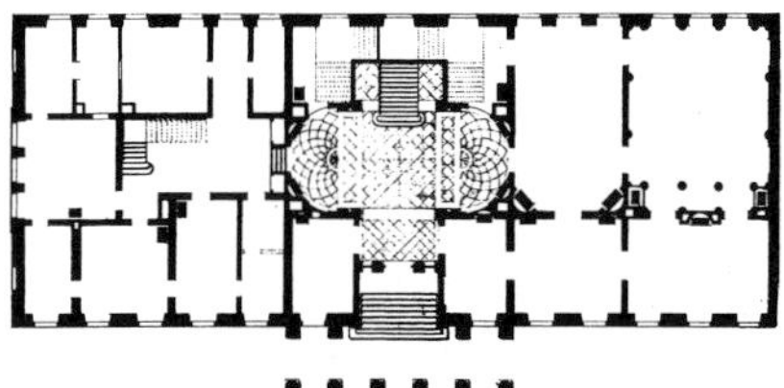

Das repräsentative, für Graf Georg v. Wangenheim erbaute Palais ist das größte klassizistische Privatgebäude in Hannover. Den breitgelagerten Massivbau auf Hausteinsockel dominiert an der Straßenseite ein flacher, fünfachsiger Mittelrisalit. Diesem ist ein Säulenportikus mit palmettengeschmückter, gusseiserner Brüstung vorgelagert. Abgeschlossen wird er durch einen Dreiecksgiebel über vergoldetem Fries. Der markante halbzylinderförmige Wintergarten an der Westseite mit seinem durch gusseiserne Säulenpaare gegliederten OG und dem auf geschwungenen Konsolen vorkragendem Umlauf wurde 1844 ebenfalls von Laves konzipiert. Der Bau diente 1851-62 als Residenz der königl. Familie, danach bis 1913 als Rathaus (Stadtwappen im Giebelfeld). Nach der Beseitigung gravierender Kriegsschäden sowie Umbau- und Erweiterungsmaßnahmen ist das Palais seit 1956 Ministeriumsgebäude.

The imposing classicist Wangenheim Palace was used first as a royal residence, later as town hall (city arms on the pediment) and since 1956, after repairs to war damage and alterations, by local government ministries. Its street side is dominated by a shallow central projection with pediment and in front of this a portico with cast-iron parapet. The semi-cylindrical conservatory was designed in 1844, also by Laves.

35

Markthalle
Karmarschstraße 49
1955; 1990–91
Erwin Töllner; Bertram Bünemann Partner

Anstelle der nach dem Krieg abgebrochenen, 1889–92 als Glas-Eisen-Konstruktion errichteten Markthalle von Paul Rowald, wurde 1955 die neue Markthalle gebaut. Sie besteht aus einem rechteckigen, eingeschossigen Kubus, der von einem schmalen, zweigeschossigen Trakt U-förmig umschlossen wird. Eingeschossige Pavillonvorbauten (1990–91) an den Querseiten führen neben dem längsseitigen Haupteingang in das Gebäude. Die Außenwand zur Karmarschstr. ist im Gegensatz zu den sonst geschlossenen Natursteinfassaden mit großflächigen Fenstern ausgestattet, wodurch der Halleninnenraum weitgehend natürlich belichtet wird. Das Hauptraster der Stahlbetonkonstruktion zeigt sich in der Fassade und im Innern durch die rot gestrichenen Sichtbetonrahmen. Einzelne Marktstände sind frei in der Halle aufgestellt oder befinden sich seitlich unter den Galerien, die durch Oberlichtbänder belichtet sind und sich zur offenen Halle orientieren.

Built in 1955 to replace its predecessor, the Market Hall is a one-storey block surrounded by a narrow U-shaped two-storey building. On the Karmarschstrasse side, the wall has large windows, providing natural light for the interior; the other walls are of plain natural stone. The reinforced concrete frame construction can be seen on the façade and inside, where the exposed concrete grid is painted red.

36

Stadtsparkasse Hannover, Filiale Altes Rathaus
Karmarschstraße 47
1973
Architektenpartnerschaft Hiltmann – Piper – Bollmann

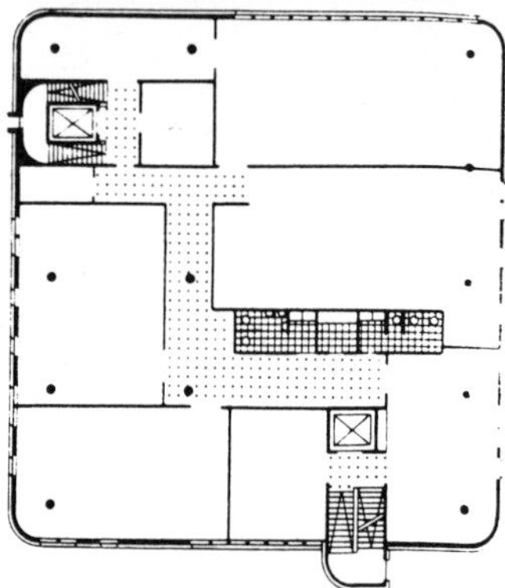

2. Obergeschoss
Second floor

Der dreigeschossige, flach gedeckte Baukörper mit zurückgesetztem DG-Aufsatz liegt, von der Karmarschstr. abgerückt, auf einem kleinen Vorplatz in direkter Sichtverbindung zum Alten Rathaus (Nr. 40). Er besteht aus einer Stahlbetonskelettkonstruktion. Die geschlossenen Flächen der hinterlüfteten Fassade sind aus sandgestrahlten Stahlbeton-Fertigteilen. Bemerkenswert ist die differenzierte, skulptural anmutende Form des Gebäudes. Außen liegende Betonstützen in Teilen des EG, vorspringendes und überhöhtes Treppenhaus, diverse Überstände, teilweise abgerundete Gebäudeecken und nicht zuletzt die Rippenstruktur der Fassade sorgen für abwechslungsreiche Ansichten.

This branch of the Hannover Savings Bank is a flat-roofed steel-frame building with cladding of sand-blasted reinforced concrete sections. The variety of structure – external concrete supports, projecting staircase, rounded corners and façade ribbing – gives the building a sculptural quality.

37

Rathssapotheke
Karmarschstraße 44
1889–91
Paul Rowald

Fassadenriss mit den in eine Ebenen projizierten Flügeln
Sketch showing façade and wings projected on one plane

Aufgrund des Durchbruchs der Karmarschstr. musste die alte Rathsapotheke (1829–31; August Andreae) abgerissen werden. Rowald entwarf einen viergeschossigen Backsteinbau in fantasievollen neogotischen Stilformen, der als ein herausragendes Beispiel der Hannoveraner Architekturschule gilt. Bestimmend ist die Ecklösung zur Köbelinger Str., welche durch Eingangsportal, Erker, Treppengiebel und abschließenden Turmaufsatz mit Plattform betont wird. Die üppige Fassadengestaltung mit verschiedenfarbigen Ziegeln, glasierten Tonreliefs, farbigen Kacheln und Formsteinen sorgt für ein überaus malerisches Erscheinungsbild. Ein Fries mit dem Hannoveraner Wappen-Dreiblatt stellt einen Bezug zum gegenüberliegenden Alten Rathaus (Nr. 40) her. Die beiden den Eingang rahmenden Sandsteinstatuen „Hygieia" und „Hippokrates" (Bernhard Wessel) stammen vom Vorgängerbau.

When the old Rathsapotheke had to be demolished, Rowald designed this four-storey neo-Gothic brick building, an outstanding example of the Hannover school of architecture. The corner to Köbelinger Strasse is emphasized by entrance, oriel, crow-step gable and surmounting tower with platform. The façade is adorned with coloured tiles, shaped bricks and glazed clay reliefs. Two sandstone statues are from the former building.

38

Haus Georg von Coelln und Forum des Landesmuseums
Am Markte 8
1911; 1979–82
Rudolf Friedrichs; n. bek.

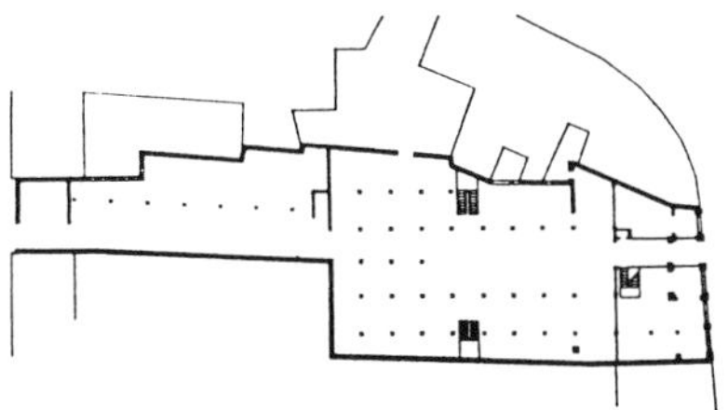

Das Georg-von-Coelln-Haus steht neben dem Haus Werner (Nr. 29) und nimmt dessen Arkadenmotiv auf. Der historisierende dreigeschossige Eisenskelettbau wurde für eine Eisengroßhandlung über einem dreiflügligen Grundriss auf gusseisernen Säulen um ein mit Glas gedeckten Lichthof errichtet. Das Lagergebäude passt sich der verwinkelten Bebauung an und erstreckt sich bis zur Leinestraße. Charakteristisch an der verputzten Fassade sind die fünf Dacherker mit historisierenden Applikationen, die sich achsial an den Rundbögen im EG ausrichten. 1979–82 wurde das Gebäude entkernt und neu aufgebaut sowie Fassade und Lichthof restauriert. Die gusseisernen Säulen haben seitdem keine tragende Funktion mehr. Im Vorderhaus und Lichthof veranstaltet das Landesmuseum Ausstellungen; das Hofgebäude wird vom Landtag genutzt.

The Georg-von-Coelln Building is a historicist iron-frame building designed for an iron wholesaler, built on a three-winged ground plan on cast-iron columns around a glass-roofed atrium. The warehouse continues to Leinestrasse. Each of the ground-floor round arches has its corresponding dormer window above. Since the 1979–82 restructuring, the columns no longer have a weight-bearing function.

39

Parkhaus Osterstraße
Osterstraße 42
1974–75
Wilke Architekten

Das Parkhaus in innerstädtischer Lage beinhaltet auf fünf Parkebenen (1.–5. OG) ca. 500 Pkw-Stellplätze. Im EG befinden sich neben Zu- und Ausfahrt eine großzügige Ladezone für die straßenseitige Postfiliale, Läden und Gastronomie. Das zurückgesetzte DG nimmt Büroräume auf. Die Erschließung der offenen Parkebenen erfolgt über eine im Zentrum des Gebäudes liegende Doppelwendelrampe, sodass die gegenläufigen Spuren der Auf- und Abfahrt geschossweise übereinander in einer Spirale liegen. Das Stahlbetonskelett auf engmaschigem Längsraster wird durch einen großzügigen Treppenhauskern mit Aufzügen ausgesteift. Die Fassade aus Sichtbetonfertigteilbrüstungen und Rauchglaselementen spiegelt in ihrer auffallenden Struktur die Anordnung der einzelnen Parkplätze (um 60 Grad gekippt) bzw. der Fahrbereiche wieder.

The Osterstrasse multi-storey car park has 500 parking spaces on five levels. On the ground floor there is a loading area for the ground floor post office and shops. Entry and exit is via a double-helix ramp. A large staircase core with lifts stiffens the long steel-frame construction. The structure of the façade reflects the arrangement of the individual parking spaces (60° parking).

40

Altes Rathaus
Schmiedestraße 1
1230; 1453–55; 1845–50; 1877–82, 1890–91; 1997–99
n. bek; Cord und Ludeke Haverkoper; August Andreae; Conrad Wilhelm Hase; Architektur Neikes

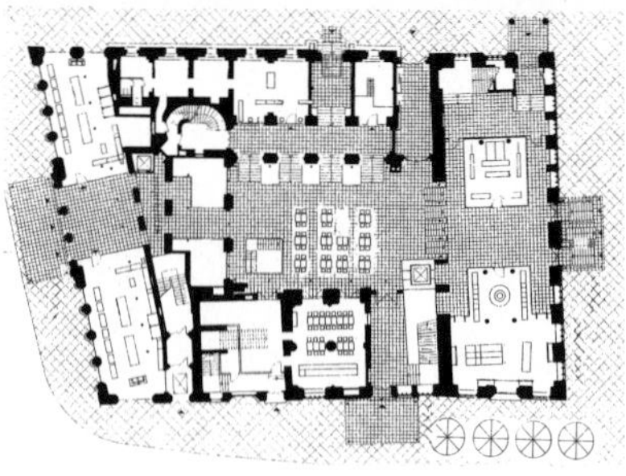

Ansicht des Marktflügels mit Gerichtslaube
View of market wing with court building

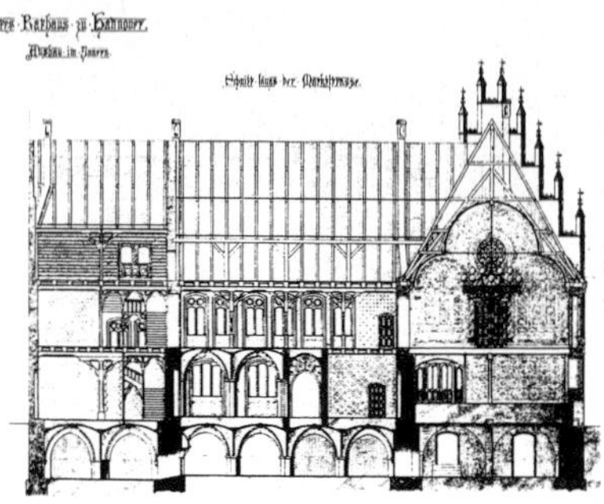

Hase-Flügel (oben), Schnitt durch den Marktstraßenflügel, 1876 (unten)
Hase wing (above), section of Marktstrasse wing, 1876 (below)

Das älteste und zugleich bedeutendste Beispiel gotischer Profanarchitektur Hannovers erfuhr im Lauf der Jahrhunderte zahlreiche Umgestaltungen und Erweiterungen. Der Ursprungsbau von 1230 besaß eine Lager- und Kaufhalle im EG und einen Versammlungssaal im OG. Eine erste Erweiterung an der Schmiedestr. erfolgte zwischen 1409 und 1413. 1453–55 entstand durch C. und L. Haverkoper der zweigeschossige Neubau des Marktplatzflügels. Er wird durch zwei fünfgeschossige, mit übereck gestellten Fialen akzentuierte Staffelgiebel an seinen Schmalseiten bestimmt. Die Gerichtslaube an der Westseite stammt von 1490. Im Rahmen umfassender Neubauplanungen errichtete A. Andreae 1839–41 den Gefangenenhausflügel an der Südseite des Innenhofs, ein Backsteingebäude mit Lisenen- und Blendbogengliederung. Anstelle des 1565–67 an der Südwestecke des Marktplatzes erbauten sog. Apothekerflügels entstand 1845–50 ebenfalls durch Andreae ein Gerichtsbau, der sog. Dogenpalast. Das blockhafte, dreieinhalbgeschossige Gebäude in Formen oberitalienischer Palazzi setzt einen deutlichen Kontrast zur benachbarten Giebelwand des Marktplatzflügels. Der Komplex wurde 1877–82 durch C. W. Hase umfassend restauriert und stilbereinigt. Hierbei machte er u. a. eine um 1600 vorgenommene Umgestaltung der Fenster des Marktplatzflügels rückgängig; sie unterstreichen seitdem wieder den mittelalterlichen Charakter des Gebäudes. Als Ergänzung des Komplexes erbaute Hase 1890/91 an der neu geschaffenen Karmarschstr. einen vierten Flügel, welcher die einzelnen Bauteile zu einem geschlossenen Ensemble um einen Hof vervollständigte. Der Hase-Flügel, ein dreigeschossiger Klinkerbau mit Spitzbogenarkaden im EG, orientiert sich u.a. mit seinen Fialengiebeln stilistisch am gotischen Marktplatzbau. Die Südfront wird durch den dominierenden Mittelgiebel bestimmt. Nach Schäden im Zweiten Weltkrieg stellte Dieter Oesterlen das Ensemble 1951–53 vereinfacht wieder her. 1997–99 erfolgte durch Dieter Neikes eine grundlegende Sanierung und Umgestaltung. Die markanten Stahl-Glas-Konstruktionen betonen an jeder Straßenseite die Eingänge; diese führen in den Mittelpunkt im Inneren, den nun glasgedeckten, gastronomisch genutzten Innenhof, um den sich Einzelhandelsgeschäfte gruppieren. Das „Alte Rathaus" präsentiert sich heute in einem spannungsreichen Kontrast zwischen historischer Bausubstanz, zeitgemäßer Nutzung und eigenständiger, moderner Formensprache.

The Old Town Hall is Hannover's most important secular Gothic building, often altered and extended over the centuries since 1230. In 1453–55 the two-storey Marktplatz wing was added, with two crow-step gables. The prison wing, with lesenes and blind arches, was added in 1839–41, and in 1845–50 an earlier wing was replaced by a court building, the "Doge's Palace", in the style of an

Dogenpalast (oben), Perspektive des Atriums (unten)
Doge's Palace (above), perspective drawing of atrium (below)

upper Italian palazzo. A fourth wing was added by C.W. Hase in 1890–91, completing the four sides round the courtyard. This is a clinker building with pointed-arch arcades, its pinnacled gables continuing the Gothic style. After war damage, Dieter Oesterlen restored the complex in 1951–53 in a simplified form. There was a thorough renovation with some restructuring in 1997–99. Steel and glass con-structions emphasize the entrances on each street side; the courtyard is now glass-roofed and used as a restaurant. The Altes Rathaus now presents an interesting interplay between ancient architecture and contemporary language of forms.

41

Expo-Café
Ständehausstraße 6
1997
Wolfgang-Michael Pax, Thomas Hadamczik

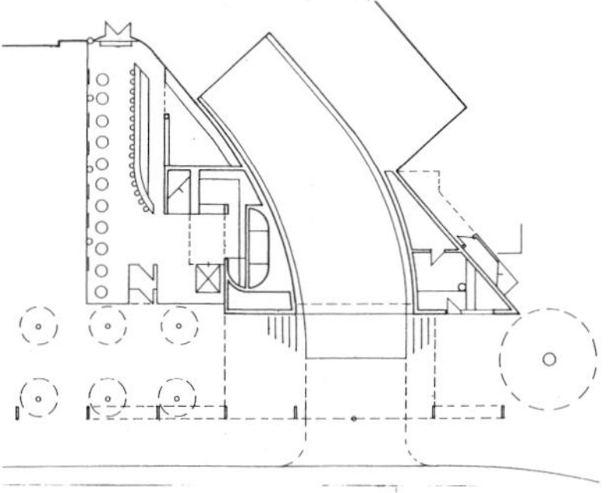

Mit dem Gebäude erhielt die Expo 2000 schon vorzeitig ein publikumswirksames Schaufenster und zugleich ein architektonisch signifikantes Wahrzeichen im Zentrum Hannovers. Prägend ist die Stahl-Glas-Front zur Ständehausstr.; sie erfährt durch als Informationsträger dienende Stelen ihre Fortsetzung. Das Gebäude steht auf einem Sockel, der Anlieferung, Lüftung u.ä. aufnimmt. Es erhebt sich auf dreieckigem Grundriss und wird durch ein auskragendes Flachdach abgeschlossen. Das Café mit hohem Luftraum dominiert eine großzügige, zweiläufige Treppenanlage. Eine Galerie im OG führt zu den variabel nutzbaren Veranstaltungsräumen. Entstanden ist ein Bauwerk, das durch architektonische Klarheit und städtebauliche Sensibilität besticht. Das Expo-Café hat sich als lebendiger Treffpunkt in der City und als Plattform verschiedenartiger Veranstaltungen im Vorfeld der Expo 2000 etabliert.

Even before Expo 2000, the Expo Café established itself as a popular meeting-place in the city. The steel and glass front is continued in steles for the display of information. The high café interior is dominated by a large two-flight staircase. The upper floor has a gallery leading to rooms where functions can be held. The café is a building characterized by clarity of structure and sensitivity to its surroundings.

42

Marktkirche
Hanns-Lilje-Platz 11
um 1300 (?)–1388; 1852–55; 1946–52
n. bek.; Ludwig Droste; Dieter Oesterlen

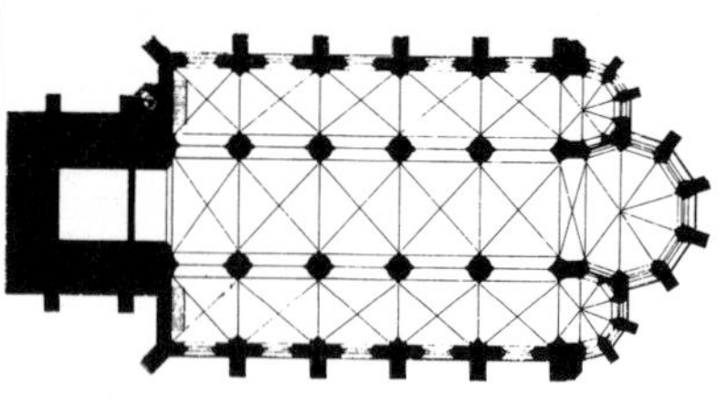

Kircheninneres nach Osten, um 1680; Aquarell von Kretschmar, um 1835
Interior looking east, c. 1680: watercolour by Kretschmar, c. 1835

Die den historischen Stadtkern Hannovers prägende Marktkirche ist das bedeutendste Sakralgebäude der Stadt und zugleich der südlichste Großbau norddeutscher Backsteingotik. Die Hallenkirche wurde – basierend auf neueren stilanalytischen und quellenkundlichen Untersuchungen – wahrscheinlich um 1300 begonnen. Chor und Teile des Langhauses errichtete man um den romanischen Vorgängerbau, der sich im Bereich des heutigen Mittelschiffs befand; er wurde 1449 abgebrochen. Das dreischiffige, fünfjochige Langhaus schließt im Osten, durch ein schmales Vorjoch getrennt, eine Choranlage. Diese besteht aus einer Hauptapsis mit 7/10-Schluss und zwei flankierenden Seitenapsiden mit 5/10-Schluss, von denen am Außenbau nur fünf bzw. drei Seiten sichtbar sind. Im Westen erhebt sich der mächtige, 97 m hohe Turm auf quadratischem Grundriss. Er ist durch gekehlte Sandsteingesimse in vier Geschosse unterteilt; spitzbogige Fensteröffnungen (jeweils eine im 1. und 2. OG, drei im 3. OG) gliedern die Fassade. Die vier hohen Turmgiebel werden durch ein Kreuzdach mit Laterne verbunden; ein ursprünglich wohl als pyramidale Spitze geplanter Helm kam nicht zur Ausführung. Das Kreuzrippengewölbe des Innenraums wird durch Rundpfeilerpaare mit schmalen, in die Rippen der Scheidbögen und Gewölbe übergehenden Diensten getragen. Eine gotisierende Instandsetzung, bei der frühere Anbauten entfernt wurden, erfolgte 1852–55 durch Ludwig Droste. Aus dieser Zeit stammt auch das Westportal von Ernst v. Bandel; vom ursprünglichen Eingang hat sich die Figur des Hl. Georg im Fialbaldachin links des Wimpergs erhalten. Die Kirche erlitt im Zweiten Weltkrieg schwerwiegende Schäden: Turmhelm und Gewölbe wurden vollständig zerstört, das Dachwerk des Langhauses von 1387/88 blieb hingegen weitgehend erhalten. Beim purifizierenden Wiederaufbau gingen Teile der mittelalterlichen Bausubstanz sowie der Ausstattungsreste aus dem 19. Jh., wie etwa die Ausmalungen des Langhauses, verloren. Die neuen Gewölbe bestehen aus Lochziegeln auf vorgefertigten Betonrippen und -kapitellen. Unter dem Kirchenschiff wurde eine Sakristei und der Böde-

Kircheninneres; Lithographie von Mithoff, 1849 (unten)
Interior: lithography by Mithoff, 1849 (below)

kersaal (1989 erweitert) angelegt, welcher eine Ausstellung zur Geschichte der Kirche aufnimmt.

The Marktkirche is the city's most important church building and the southernmost large building in the North German brick Gothic style. It is a hall church, now believed to have been begun c. 1300, around an earlier Romanesque building later demolished. The choir consists of a main apse with a 7/10 termination and two side apses with 5/10 termination. At the west end is a 97 m square tower with pointed-arch windows. The interior ribbed vaulting is supported by paired columns with narrow shafts that continue into the vaulting. In 1852-55 there was a restoration in the neo-Gothic style. The west portal dates from this time, retaining only the earlier figure of St. George in the baldachin. The church was severely damaged in WWII. In the rebuilding, parts of the original were lost. New precast concrete vaulting and capitals have been added, as have a sacristy and an underground hall.

43

Ehem. Landschaftliches Haus, Börse

Rathenaustraße 2
1846–49
Ernst Ebeling

Der breit gelagerte zweigeschossige Sandsteinquaderbau wurde als Sitz der „Landschaft für die Fürstentümer Calenberg, Göttingen und Grubenhagen", einer Vertretungsinstitution der Provinzialstände, errichtet. E. Ebeling orientierte sich an der Formensprache der englischen Neogotik: Die altanartigen Vorbauten mit Zinnenabschluss, die beiden schlanken, polygonalen Ecktürmchen mit Maßwerkreliefs und der das Gebäude horizontal abschließende Zinnenkranz erinnern an das alte House of Lords in London (1834 abgebrannt). Die Wahl der Stilform gilt als Symbol der dynastischen Verbindung mit England. Seit 1923 beherbergt das Landschaftliche Haus die Hannoversche Börse. 1943 teilzerstört – so ging etwa das Wappenfeld über der Mittelachse verloren – wurde das Gebäude 1951–52 nach den Plänen von Dieter Oesterlen wiederaufgebaut. Weitere Renovierungs- und Umbaumaßnahmen erfolgten 1986/87 durch Carsten Mannhardt und Ulf Wollin.

This sandstone ashlar building was designed as the provincial diet. Symbolic of the dynastic links with Great Britain are the English neo-Gothic features, some of which recall the old House of Lords (battlements, polygonal corner turrets). Since 1923 this has been the home of the Hannover Stock Exchange. After being partly destroyed in WWII, it was rebuilt in 1951–52 and underwent further renovation and alterations in 1986–87.

44

Opernhaus

Opernplatz 1
1845–51; 1950; 1985
Georg Ludwig Friedrich Laves; Werner Kallmorgen, Klaus Hoffmann; Dieter Oesterlen

G. L. F. Laves, Entwurfszeichnung, 1843
G. L. F. Laves, drawing, 1843

Haupteingang
Main entrance

Detail

Foyer

Die Oper des ehemaligen klassizistischen Hoftheaters gilt als Laves' Hauptwerk. Sie wurde im Zentrum eines dreieckigen Platzes errichtet und wirkt durch die Achsen der heutigen Rathenau- und Georgstr. sowie Rathenaustr. und Georgswall im Stadtraum dominierend. Der Mauerwerksbau setzt sich aus drei Kuben zusammen. Er hatte ursprünglich zwei Innenhöfe und brannte am 26. Juli 1943 vollständig aus. Charakteristisch an der Fassade sind die 12 Steinfiguren (Dichter und Komponisten) auf dem zweigeschossigen Vorbau (Foyer) sowie die Säulenbogenstellung im 1. OG, der davor gesetzte eingeschossige Säulengang (ursprünglich Windfang bzw. Auffahrt) und die Bogenfenster. Die alte Hülle wurde 1950–64 von Werner Kallmorgen und Klaus Hoffmann zu einem Opern- und Schauspielhaus ausgebaut, das modernen Ansprüchen genügen sollte. Während in Eingangs- und Wandelhalle klassizistische Elemente wie Mosaikfußboden, Säulen, Gurtbögen und Gewölbe z.T. bewusst unbehandelt konserviert wurden, mussten Zuschauerraum und Bühne vollkommen neu aufgebaut werden. Die Architekten wählten für den schnörkellosen, dreirangigen Zuschauerraum einen kreisförmigen Grundriss von 24 m Durchmesser. Die Gründe für den Umbau 1985 waren die Verbesserung von Sicht und Akustik, festlichere Raumbeleuchtung und Vergrößerung des Orchestergrabens. Dieter Oesterlen veränderte den Grundriss des Zuschauerraumes in eine Hufeisenform und stufte die vorher weitgehend horizontale Decke schräg zur verringerten Bühnenhöhe hin ab. Entstanden ist außerdem ein räumliches Kontinuum zwischen Bühne und Saal, dessen Wände in Proszenium bzw. Orchester-

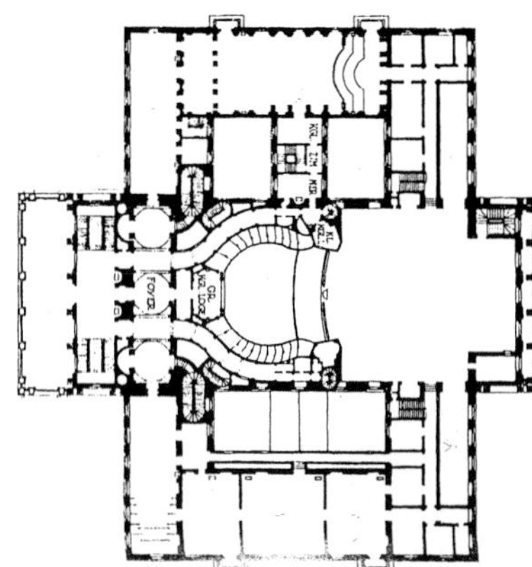

Grundriss (OG) 1852
Ground plan (first floor) 1852

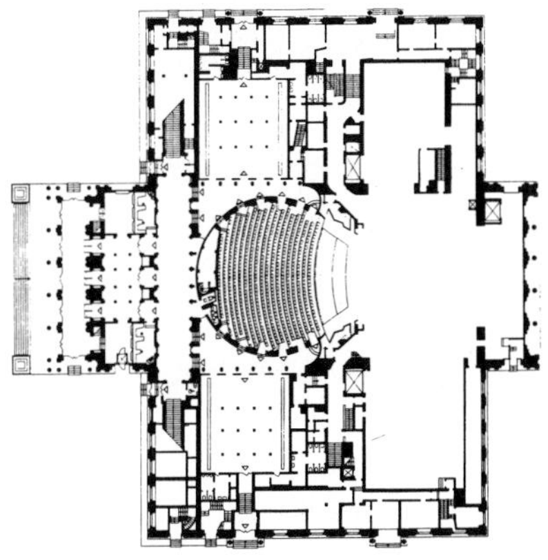

Aktueller Grundriss (EG)
Present ground plan (ground floor)

muschel hineinfließen. Die Innenarchitektur wird dominiert durch Ränge mit kupfernen Metallschilden, die vor braunen Holzwänden zu schweben scheinen, 27 stalak-titenförmige Kristalldeckenleuchten und das dunkelrote Gestühl.

The Opera House is Laves' masterpiece. Set in the centre of a triangular square, it dominates the city. The original building was burnt out on 26 July 1943, but the shell remains, three masonry sections with twelve figures of writers and composers. In 1950–64 the interior was rebuilt to make an opera house and theatre satisfying modern requirements. Some classicist elements were preserved unrestored in the entrance hall and foyer (mosaic floor, columns, transverse arches and vaulting), but the auditorium and stage were completely new. There was another building phase in 1985, in order to improve sight and acoustics, to install more imposing lighting and to enlarge the orchestra pit. The circular ground plan was replaced by a horseshoe shape.

45

Georgspalast
Georgstraße 36
1912–13
Wilhelm Mackensen, Fritz Torno

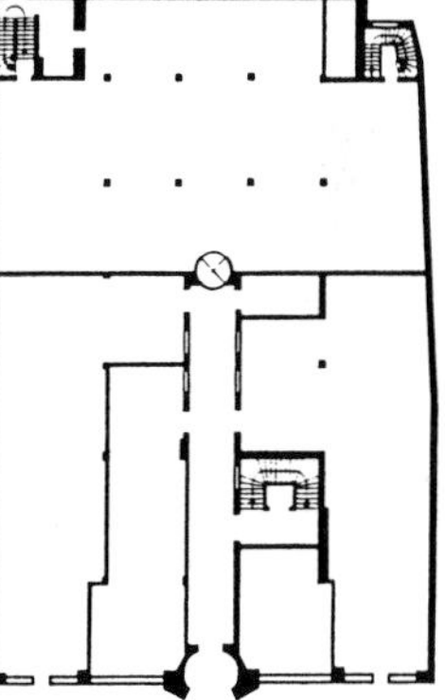

Der fünfgeschossige Georgspalast ist das erste Geschäftsgebäude Hannovers, welches ohne tragende Innen- und Zwischenwände in Stahlskelettbauweise errichtet worden ist. Auch in seinem flächigen, weitgehend schmucklosen Äußeren besitzt der Bau moderne Züge. Das Ziegelmauerwerk der Außenwände ist mit einer repräsentativen Natursteinverkleidung verblendet. Der mittige Haupteingang wird durch bis zum 1. OG geführte Halbsäulen dorischer Ordnung und abschließendes Gebälk betont. Zwei symmetrisch angeordnete Vasen heben die Portalsituation zusätzlich hervor. Der Georgspalast brannte 1945 aus. Das dabei zerstörte Dach wurde in reduzierter Form wiederhergestellt.

The Georgspalast was the first steel-frame shop and office building in Hannover. The largely unadorned exterior also has elements of modernism. The brick masonry of the external walls is faced with natural stone. Doric half-columns and entablature emphasize the entrance. The roof burnt out in 1945; its replacement is slightly smaller.

46

Kurierhaus
Georgstraße 52
1927
Karl Siebrecht

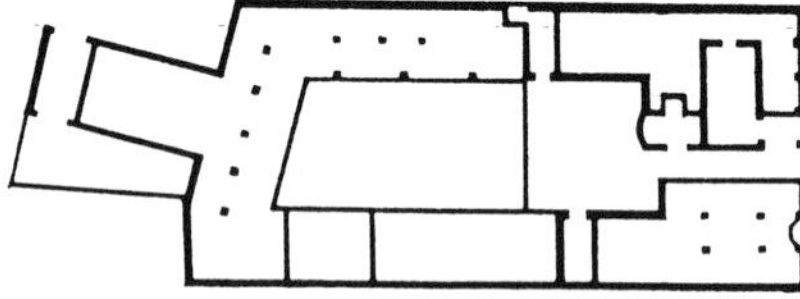

Das breit gelagerte, sechsgeschossige Gebäude wurde als Verlags- und Druckhaus der nationalliberalen Tageszeitung „Hannoverscher Kurier" erbaut. In seiner konsequent modernen Gestalt setzt es sich demonstrativ von der benachbarten historistischen Bebauung der Georgstr. ab: Charakteristisch ist die horizontale Gliederung des mit abstrakter und stilisierter Bauplastik von Ludwig Vierthaler sparsam verzierten Baus. Die beiden unteren Geschosse mit den Geschäftsräumen und die rahmenden Teile der Fassade sind mit Travertin verkleidet. Die darauf folgenden vier rötlich verputzten Büroetagen werden durch hochrechteckige Sprossenfenster bestimmt. Ein turmartiger Aufsatz sowie ein gezacktes Rahmenfeld über dem 5. OG, das ursprünglich den Schriftzug der Zeitung aufnahm, akzentuieren die Mitte der Straßenfront. Die Eisenkonstruktion des Gebäudes ermöglichte eine individuelle Raumaufteilung.

The Kurier Building was built as the home of the daily paper "Hannoverscher Kurier". Its modernism demonstratively sets it off from the adjoining historicist buildings. The emphasis on the horizontal is typical. The two lower storeys and the edges are cladded with travertine. The four reddish-plaster office floors are marked by tall astragal windows. As a result of the iron construction, it was possible for the floor plan to be varied.

47

Aegidienkirche
Aegidienkirchhof
ab 1347; 1703–17; 1826–28
n. bek.; Sudfeld Vick; Georg Ludwig Friedrich Laves

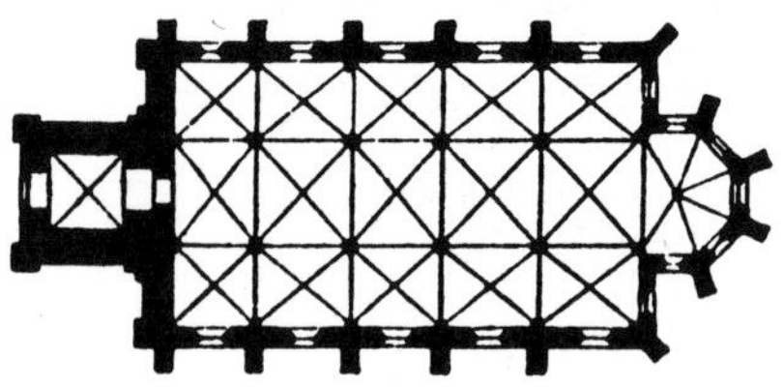

Der dreischiffige Hallenbau mit eingezogenem 5/8-Chor wurde ab 1347 als jüngste der hannoverschen Altstadtkirchen errichtet. Charakteristisch waren die Quergiebeldächer über den Seitenschiffjochen und dem Chor. 1703–17 erfolgte der Neubau der mit einem Portikus akzentuierten Westfassade; sie bekrönt ein durch hervorkragende Gesimse und Pilaster gegliederter Turm. Eine grundlegende Neugestaltung des Innenraums erfolgte 1826–28 durch G.L.F. Laves. Er konzipierte einen Predigtsaal mit umlaufenden Emporen, welcher – nach engl. Vorbild – industriell gefertigte gusseiserne Bauteile als sichtbare Konstruktionselemente aufwies. Die Kirche wurde im Zweiten Weltkrieg weitgehend zerstört; ihre Umfassungsmauern blieben erhalten. Die zerstörte Turmbekrönung ersetzte man durch einen Aufsatz mit Glockenspiel. Die Ruine ist heute Mahnmal für die Opfer der Kriege.

The Aegidienkirche, today a monument to the war dead, was a hall church with retracted 5/8 choir and transverse gable roof. The west end with portico was added in 1703–17. Laves' interior, of 1826–28, was an area for sermons with surrounding galleries, with industrially produced cast iron sections as visible construction elements, after English models. The church was largely destroyed in WWII, with the exception of the outer walls.

48

Ehem. Ernst Grote Haus, heute Nord LB

Breite Straße 10
1935–36; 1949
Adolf Springer; Eduard Jürgens, Hans Mencke

In der Innenstadt sind heute von den großbürgerlichen Steinbauten der Renaissance nur wenige Beispiele erhalten. Im Zuge der städtebaulichen Umplanungen während des Nationalsozialismus entstand 1935–36 im Auftrag der Kaffeefirma Ernst Grote auf L-förmigem Grundriss ein dreigeschossiger Ziegelbau in historisierender Formensprache. Er sollte eine Erweiterung der benachbarten „Alten Kanzlei" (1742–60; 1943 zerstört) darstellen. Charakteristisch an dem Gebäude ist sein sechsstufiger Treppengiebel, der sich ästhetisch und formal an frühen Hannoveraner Bürgerhäusern orientiert. Flächig angeordnete, groß dimensionierte Fenster sowie schmale Fensterbänder im Giebelfeld lassen aber auch Einflüsse des Neuen Bauens erkennen. Das zentrierte Bogenportal (mit reliefartigem Familienwappen) ist aus Werkstein und wird von zwei lebensgroßen Kaufmannsfiguren eingerahmt. Das stark kriegsbeschädigte Haus wurde in den späten 1940er Jahren wieder aufgebaut.

The Ernst Grote Haus was built in 1935–36, during the National Socialist alterations, as an extension of the neighbouring Renaissance building (destroyed in 1943). The six-step crow-step gable is characteristic of earlier Hannover townspeople's houses, few of which remain. Elements of Neues Bauen can also be seen. The centred arched ashlar portal is framed by two life-size figures of merchants.

49

Kreissparkasse Hannover, ehem. Magdeburger Versicherung

Aegidientorplatz 1
1958–59
Walter und Hardt-Waltherr Hämer, Fritz Eggeling, Felix zur Nedden

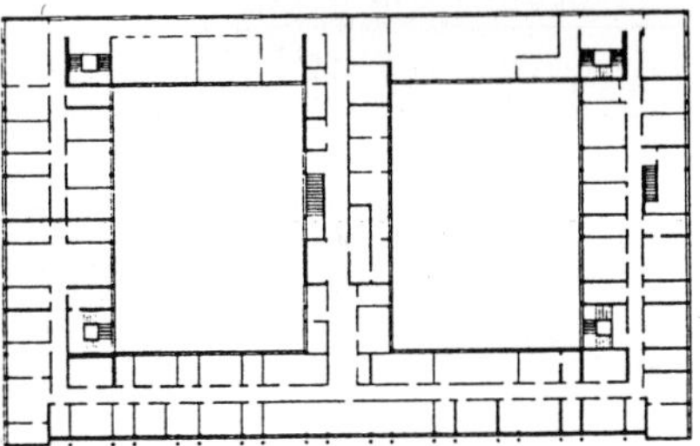

Grundriss 1. OG
Ground plan, first floor

Der fünfgeschossige, flach gedeckte Baukörper ist um zwei Lichthöfe angelegt. Die strenge, rasterförmige Fassade des in Skelettbauweise errichteten Gebäudes macht es zu einem typischen Vertreter der Architektur der 50er Jahre. Das EG nimmt großteils Ladengeschäfte auf. Den öffentlich zugänglichen westlichen Hof des Komplexes fassen an drei Seiten Ladenpavillons ein, die freistehend zwischen die aufgeständerte Skelettkontruktion geschoben sind. Der Freiraum wird von einer monumentalen Skulptur bestimmt. Seit 1980 dient der Bau als Kreissparkasse. Der östliche Innenhof wurde 1994 zu einer glasüberdachten Kassenhalle umgestaltet.

The five-storey flat-roofed building has two atriums, one of which is now glassed in. Its severe grid-like façade is typical of 1950s architecture. Since 1980 it has been a bank, with shops on the ground floor. The western courtyard has freestanding shop pavilions and a monumental sculpture.

50

Norddeutsche Landesbank
Georgsplatz 1
1956–58
Hanns Dustmann

Das Ensemble der ehem. Niedersächsischen Landesbank besteht aus fünf Baukörpern und bildet die städtebauliche Begrenzung des Georgsplatzes sowie des Aegidientorplatzes. Das neungeschossige Hochhaus richtet sich als Dominante mit seiner Schmalseite nach Süden. Über einen Zwischentrakt angebunden ist der sechsgeschossige, lang gestreckte Bau am Georgsplatz. Der Haupteingang befindet sich hier unter dem aufgeständert-vorgelagerten Sitzungssaal und führt durch das exklusiv ausgestattete Foyer in die rückwärtige, von oben belichtete Schalterhalle. Die Rasterfassade bildet die tragende Struktur von Stützen und Decken durch eine Natursteinverkleidung aus Travertin ab. Ihre Felder bestehen aus raumhohen Elementen in Stahl-Holz-Verbundkonstruktion mit Wendeflügelfenstern und dunklen Brüstungsplatten.

What is now the Norddeutsche Landesbank is a group of five buildings along the sides of two squares. A dominant nine-storey building is joined to a long six-storey one. The main entrance is under the protruding conference hall, which stands on pilotis; it leads to an elegantly furnished foyer to the hall at the back. The travertine-cladded grid façade emphasizes the structure of supports and ceilings. The façade is of high steel and wooden composite elements with vertically pivoted sash windows.

51

Landeszentralbank der Freien Hansestadt Bremen in Niedersachsen und Sachsen-Anhalt, Hauptverwaltung der Deutschen Bundesbank
Georgsplatz 5
1894–96
Emmerich, Max Hasak

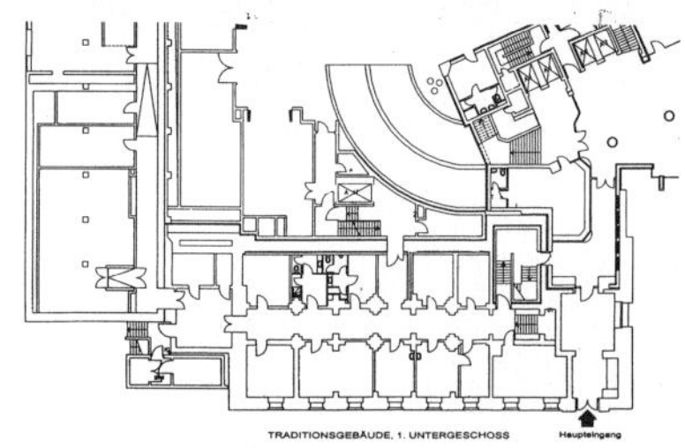

Das für die Reichsbank errichtete repräsentative Gebäude dominiert die Westseite des Georgsplatzes. Im Unterschied zur schräg gegenüberliegenden, nahezu zeitgleich errichteten ehem. Hannoverschen Bank (Nr. 52) wählte man hier Stilformen der italienischen Renaissance: Der dreigeschossige Sandsteinbau lehnt sich in seiner Gestalt an Florentiner Palazzi an. Auf ein hohes EG mit arkadenartig aneinander gereihten Rundbogenfenstern folgen zwei OG, die durch Gesimse voneinander abgesetzt sind. Das 1. OG, dessen Mitte durch einen Balkon akzentuiert wird, gliedern Rundbogenfenster mit Verdachungen; im 2. OG sind die Fenster gedoppelt ausgeführt. Ein umlaufender Pflanzenfries sowie ein kräftiges Kranzgesims schließen den Bau ab. Mitte der 80er Jahre (I. und F. Spengelin und Langer, Friess und Partner) sowie bis 1998 (Determann + Martinssen) wurden auf angrenzendem Areal mehrere Neubauten errichtet.

The imposing Landeszentralbank building was originally built for the Reichsbank. Its structure is based on that of Florentine palazzi. A tall ground floor with arched windows in arcade-like rows is surmounted by two upper stories separated by cornices. The first floor has arched windows; on the second floor there are two-light windows, with a broad cornice and ornamental frieze above.

52

Ehem. Hannoversche Bank, Deutsche Bank
Georgsplatz 20
1898–1900
Karl Börgemann

Das dreigeschossige repräsentative Eckgebäude wurde für die Hannoversche Bank errichtet; heute beherbergt es die Deutsche Bank. Ein kuppelbekrönter Eckturm mit Laterne bildet einen städtebaulichen Akzent. Risalite, Blendgiebel und reicher bauplastischer Schmuck (Bildhauer: Rummel) sorgen für ein malerisches Erscheinungsbild. Die Gestaltung der Sandsteinfassaden erfolgte in Stilformen der Gotik; ornamentale und florale Schmuckele-mente weisen – etwa im Kranzgesimsfries des Turmes – Jugendstileinflüsse auf. Gestalterisch hervorgehoben ist der ehem. Haupteingang am Georgsplatz: Der Risalit wurde durch ein Rundbogenportal mit Archivolten und einen zweigeschossigen, fialen-bekrönten Blendgiebel mit Schriftzug des Bauherrn und dem Relief eines Sachsenrosses zwischen zwei Löwen besonders aufwändig gestaltet.

The ornately structured Deutsche Bank building, with corner tower, cupola and lantern, also has rich ornamentation by the sculptor Rummel. The basic style of the sandstone façades is Gothic, with Jugendstil elements. The main feature is the former main entrance on Georgsplatz. Its projection is elaborately designed, with the name of the owner and the Saxon heraldic horse between two lions.

53

Haus Barnstorf
Warmbüchenstraße 21
um 1914
Otto Barnstorf

Das Wohnhaus des Architekten Barnstorf ist sowohl städtebaulich als auch architektonisch bemerkenswert. Der zweigeschossige Putzbau liegt exponiert auf einem spitzwinkligen Eckgrundstück. Ein eingeschossiger Vorbau an der Kreuzung Warmbüchen-/ Hedwigstr. betont diese Ecksituation zusätzlich. Entstanden ist ein überaus abwechslungsreich gestaltetes Gebäude, das durch Vorbauten, Giebel und Erker sowie eine bewegte Dachlandschaft gegliedert wird. Zum malerischen Erscheinungsbild trägt die Fassadengestaltung mit bossiertem Mauerwerk und z.T. ornamental verzierter Werksteingliederung bei. Außergewöhnlich ist das stilistische Erscheinungsbild: sind in der Fassadendisposition und den Teilen des Werksteinschmucks noch Elemente eines verspäteten Jugendstileinflusses vorhanden, lassen sich in dem spitzgiebligen Vorbau an der Warmbüchenstr. schon Elemente des Expressionismus erkennen.

This striking house, the home of the architect Barnstorf, stands between late Jugendstil and early Expressionism. The narrow triangular plot is emphasized by the projection on the corner. The construction shows great variety, with gables, oriels and an imaginative roof. The façade is partly plaster and partly rough-hewn masonry, with some ornamented ashlar.

54

Niedersächsischer Sparkassen- und Giroverband
Schiffgraben 6–8
1994–95
Schweger + Partner

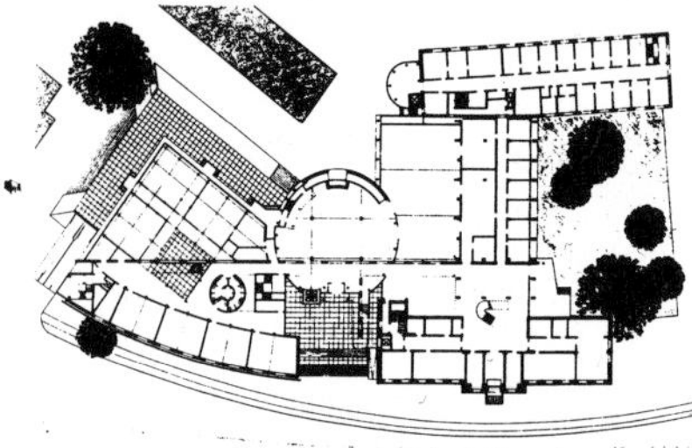

Die Grundfläche des Gebäudekomplexes wird durch Elemente des geometrischen Kanons wie Quadrat und Zylinder geformt. Die Architekten ließen sich dabei durch konstruktivistische Skizzen von László Moholy-Nagy oder El Lissitzky inspirieren. Im Zentrum steht als eine Art Achse, die 96 m lange in Nord-Süd-Richtung verlaufende „Farbwand" von Ulrich Erben. Sie besitzt außer der Erschließungsfunktion durch begleitende, einläufige Treppen auch ästhetisch-kommunikative Komponenten und schafft die Verbindung zwischen Alt- und Neubau. Erbens Komposition orientiert sich an einer homogenen Wandfläche und schließt zum Beispiel auch die Türen mit in die Farbgebung ein. Die 62 cm breiten Alu-Sandwichplatten wurden von Hand bemalt und mit Lack konserviert. Weitere Kennzeichen dieser unprätentiösen Architektur: überzeugende Raumaufteilung und tageslichthelle Kantinenräume im dritten und vierten OG.

The Niedersächsischer Sparkassen- und Giroverband building was inspired by constructivist sketches. The central feature is the 96 m north-south "colour wall", which is both functional (stairs) and also aesthetic. It is a homogeneous wall space, incorporating the doors in the colouring. The 62 cm thick aluminium sandwich panels are handpainted. On the third and fourth floors are daylighted canteens.

55

Palais Grote
Sophienstraße 7
1862–64
Otto Goetze

Ansicht, Lithographie von C. v. Castell, 1869
Elevation, lithography by C. von Castell, 1869

Das ehem. Adelspalais liegt städtebaulich exponiert auf einem dreieckigen, von Prinzen-, Sophienstraße und Schiffgraben begrenzten Grundstück. Der kompakte dreigeschossige Bau auf nahezu quadratischem Grundriss – ein bedeutendes Werk der hannoverschen Architekturschule – wird durch erhöhte Risalite gegliedert. Als Baumaterial wählte man gelben Backstein, zu dem die in Werkstein ausgeführten Gliederungs- und Schmuckelemente in den Formen englischer Neogotik einen reizvollen Kontrast bilden. Dem Haupteingang an der Nordseite zur Sophienstr. ist ein Portikus mit Rampe vorgelegt, die Südfront akzentuiert ein gestufter Risalit. Auffällig ist die Gestaltung der oberen Fenster, die mittels Konsolbögen zu Arkaden zusammengefasst wurden. Die Dachzone wird durch das dekorativ-filigrane Traufgesims sowie akroterienartige Aufsätze zusätzlich betont.

The Grote Palace is an important work of the Hannover architectural school. The ashlar neo-Gothic decorative elements contrast interestingly with the yellow brick walls. A portico and ramp mark the main entrance. The main structuring is by projections; the upper windows are strikingly grouped into shouldered-arch arcades, surmounted by filigree cornices.

56

Sophienhaus
Sophienstraße 6
1913–14
Alexander Koelliker

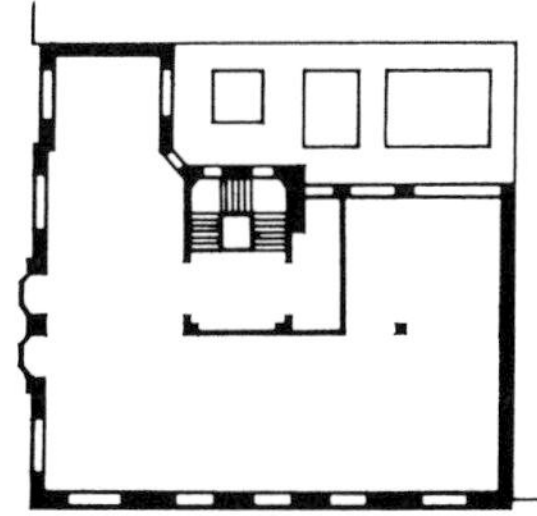

1. Obergeschoss
First floor

Das Sophienhaus ist ein bemerkenswertes Beispiel für die zahlreichen um 1900 im Bereich Prinzen- und Sophienstraße errichteten Verwaltungsbauten. Die Fassade des viergeschossigen, ursprünglich als Kontor und Weinstube genutzten Gebäudes wird durch dunkelbraune Klinker und Hausteinelemente vertikal gegliedert. Auffällig sind die dreifenstrigen, ursprünglich mit bekrönenden akroterienartigen Aufsätzen versehenen Dacherker. Richtungsweisend war die Innenraumaufteilung: Durch die tragenden Außenwände konnte man die einzelnen Geschossflächen um einen Treppen- und Nasszellenkern variabel unterteilen. Das Sophienhaus gilt somit als frühes Beispiel eines modernen Bürogebäudes.

The Sophienhaus, originally an office and wine tavern, is a noteworthy c. 1900 administrative building. It is vertically structured by dark brown clinker and ashlar elements. The floor plan was innovative: since the outer walls were load-bearing, the storeys could be individually divided around a service core. The Sophienhaus is therefore an early example of a modern office building.

57

Künstlerhaus
Sophienstraße 2
1853–55
Conrad Wilhelm Hase

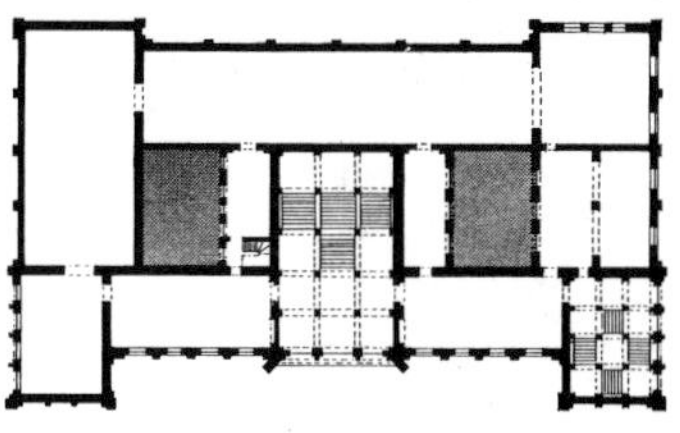

Der dreigeschossige Backsteinbau wurde als „Museum für Kunst und Wissenschaft" errichtet. Das Frühwerk Hases ist als Vierflügelbau angelegt; er gruppiert sich um ein zentrales Treppehaus zwischen zwei Lichthöfen. Dem zurückgesetzten Mittelteil ist ein übergiebelter Risalit mit durch Granitlöwen flankierter Freitreppe vorgelagert; er wird durch Rundbogenfenster sowie Skulpturen Dürers und Vischers akzentuiert. Arkadenreihen gliedern das EG, Blendbögen fassen die OG zusammen. Die flächige Fassade wird durch rote und gelbe Ziegel, mehrfarbigen Sandstein und Rosetten aus Keramikplatten akzentuiert. An den ebenfalls mit Blendbögen versehenen Seitenflügeln befinden sich Skulpturen von Leibniz und Humboldt. Die von Hase bis 1878 konzipierten rückwärtigen Anbauten wurden zerstört. Seine besondere Bedeutung erhält das Künstlerhaus als erster Museumsbau Hannovers sowie als eines der Hauptwerke des Hannoveraner Rundbogenstils. 1999/2000 fand eine fragmentarische Wiederherstellung des durch Nachkriegseinbauten veränderten Gebäudes statt (Architekten Pax u. Hadamczyk).

The Artists' House was built as a museum of art and science, Hannover's first museum and one of the main works in the Hannover round-arch style. It consists of four wings around a central staircase, with two atriums. Granite lions flank the outside staircase, and the central projection is further accentuated by sculptures by Dürer and Vischer. The façade is decorated with red and yellow bricks, multicoloured sandstone and ceramic rosette plaques. In 1999/2000 some of the postwar alterations were corrected.

58

Cumberland'sche Galerie
Prinzenstraße 9
1883–85
Otto Goetze

Großer Saal vor dem Abbruch, 1990
Large hall before demolition, 1990

Die Cumberland'sche Galerie wurde in Ergänzung zum „Museum für Kunst und Wissenschaft" (Künstlerhaus, Nr. 57) als Ausstellungsstätte konzipiert. 1903 bis 1966 beherbergte das Gebäude das Vaterländische/Historische Museum und wurde dann „Amerika-Haus". Die ursprünglich neunachsige Galerie besaß drei Saalgeschosse. Das Vorderhaus wurde im Zweiten Weltkrieg zerstört. Erhalten geblieben ist eine einfache Backsteinfassade in Formen der Hannoveraner Schule. Ebenfalls noch vorhanden: das aufwändig gestaltete Treppenhaus im polygonalen, chorartigen Anbau mit dreiläufiger Stiege, gusseisernen Stützen und Geländern. Der entkernte Hauptbau der Cumberland'schen Galerie ist heute ins Schauspielhaus (Nr. 59) integriert. Im historischen Treppenhaus, das 1999/2000 saniert wurde, finden Theaterinszenierungen statt.

The Cumberland Gallery was planned to supplement the Künstlerhaus as an exhibition hall. However, the front building was destroyed in WWII, leaving a simple brick façade. The main building, stripped of its interior, is now integrated into the Theatre (no. 59). Theatre performances are held in the historical staircase, renovated in 1999–2000, an elaborate three-flight structure with cast-iron supports and banisters.

59

Schauspielhaus
Prinzenstraße 9
1990–92
Paillard, Leemann und Partner

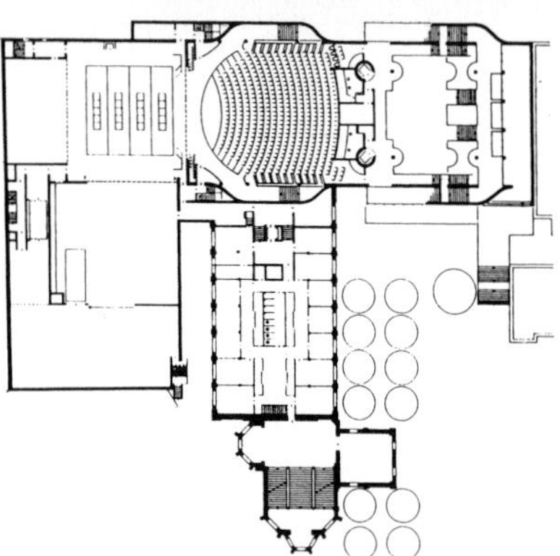

Bereits 1964 hatte es einen Wettbewerb zum Neubau der 1943 zerstörten Städtischen Bühnen gegeben, bei dem die Entwürfe von Dieter Oesterlen und Fritz Bornemann favorisiert wurden. Der Schweizer Claude Paillard, Angehöriger der gemäßigten Moderne, hatte sich bereits mit seinem Theater in St. Gallen (1968) und seinem Opernhaus in Zürich (1984) einen Namen gemacht. Sein Neubau des Schauspielhauses für 630 Plätze schließt eine Baulücke und schafft die Verbindung zum Baudenkmal der Cumberland'schen Galerie (Nr. 58) sowie zum Terrassenhof des Künstlerhauses (Nr. 57). Die Stahlbetonkonstruktion ist mit Aluminiumplatten verkleidet; vorgebaute Treppen zum Zuschauerraum gliedern die Fassade. Mit seinen weißen, orgelpfeifenartigen Dachaufbauten erinnert das Gebäude an ein Schiff, wirkt allerdings eingezwängt in der städtebauliche Situation.

Claude's design for a 630-seat Theatre was the second competition for a new Theatre after the former building was destroyed in 1943. It fills a space and succeeds in linking nos. 57 and 58. The reinforced concrete construction has aluminium panel cladding; projecting stairs and auditorium structure the façade. The building appears rather constricted by its surroundings.

60

Hausgruppe
Prinzenstraße 4–8
1868; 1870
Georg Hägemann; Ferdinand Wallbrecht

Häuser Prinzenstraße 4–8 (oben), Prinzenstraße 4 (unten)
Prinzenstrasse 4–8 (above);Prinzenstrasse 4 (below)

Die Doppelhausgruppe ist von der Straßenflucht der Prinzenstraße zurückgesetzt. Ursprünglich waren sie als 2 1/2-geschossige, traufständige Bauten mit Mittelgiebel konzipiert. Das Haus Prinzenstraße 6 stockte man kurz darauf auf. Es wird heute durch die hohe Giebelfront bestimmt. Stilistisch ist das aus weißen und roten Sandsteinquadern errichtete Ensemble dem Hannoveraner Rundbogenstil, verbunden mit gotisierenden Elementen, zuzuordnen. Die Terrassenvorbauten stammen aus späterer Zeit. Das formal ähnlich gestaltete Gebäude Prinzenstr. 8 wurde 1870 von F. Wallbrecht errichtet. Im Zuge der Tendenz zur erhöhten Raumausnutzung wurde das Grundstück extensiv bebaut, der Bau bis an die Straßenflucht geführt. Die Dachzone wurde nach Kriegsschäden mit einem 3. OG versehen.

The 1868 pair of buildings originally both had a centre gable, but no. 6 was raised by a storey. They are in the Hannover round-arch style, of white and red sandstone ashlar with Gothicizing elements. The terraces in front are of a later date. No. 8, of 1870, was built by another architect in a similar style, but not set back from the street. The third floor is post-WWII.

61

Deutsche Bahn AG
Joachimstraße 8
1871–72
Friedrich Hitzig

Die repräsentative Vierflügelanlage wurde als Sitz der Königlichen Eisenbahnverwaltung errichtet. Sie ist Bestandteil einer von Hitzig konzipierten Neubauplanung des Hauptbahnhofs, die nach öffentlichen Protesten gegen die vorgesehene Fassade im Berliner Neorenaissance-Stil nicht verwirklicht wurde. Das dreigeschossige Gebäude gliedern schwach hervortretende Eckrisalite. Die Fassade besteht aus gelbem Ziegelmauerwerk mit roter Bänderung und Sandsteingliederungen. Ein umlaufendes Gesims trennt die beiden einheitlich gestalteten unteren Geschosse vom aufwändigen 2. OG; es wird durch antikisierende Pilasterreihungen und Reliefs in den Bogenfeldern der Fenster (Minervenköpfe, Eulen) akzentuiert. Ein hohes, vorkragendes Gesims mit Akroterien leitet zum Dach über. Die im Zweiten Weltkrieg zerstörte Ostfront wurde im Rahmen der Errichtung der benachbarten Erweiterung der Bahnverwaltung (1969–73) rekonstruiert.

This imposing German Rail building was originally the seat of the Royal Railways. It formed part of an intended new main railway station, but the plan of a Berlin neo-Renaissance façade met with so much protest that it was never carried out. The second floor is elaborate, with Graeco-Roman elements: rows of pilasters, reliefs in the window tympana (heads of Minerva, owls). Above it is a high, projecting cornice with acroteria.

62

Hochhaus Lister Tor
Hamburger Allee 4
1973–75
Bahlo-Köhnke-Stosberg + Partner

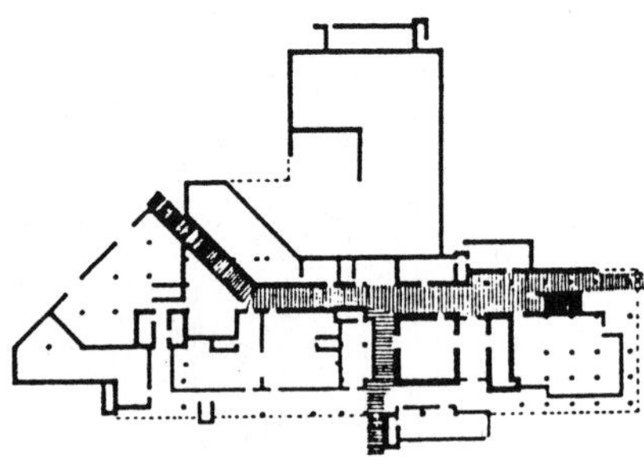

Die Stahlskelettkonstruktion mit 23 Stockwerken liegt an einem der Hauptverkehrsknotenpunkte Hannovers. Außerdem besteht eine städtebauliche Verbindung der Ladenpassage zur Fußgängerebene der Passerelle (Nr. 2). Die hinterlüftete Fassade wird durch Betonfertigteile und Alu-Fenster horizontal gegliedert. Die im Grundriss etwas zurückversetzten Wohnungen befinden sich im 17. bis 23. Stock und heben sich vom übrigen Gebäude optisch durch ein erhöhtes Zwischengeschoss und vertikal gliedernde Balkoneinschnitte ab. Interessant an dem Hochhaus ist die Schichtung und Bündelung unterschiedlicher Funktionen wie Einkaufen, Parken, Wohnen und Arbeiten. Dieses Konzept wird selten realisiert, da es als wirtschaftlich unrentabel gilt.

The Lister Tor building is a steel skeleton construction with a curtain wall. The residential 17th to 23rd storeys are retracted. What is interesting about this building is the way in which different functions such as shopping, parking, living and working are allocated to different groups of storeys – a concept that is rarely realized, because it is not profitable.

63

Deutsche Genossenschaftsbank
Berliner Allee 3–5, Andreas-Hermes-Platz 3
1990
Jürgen Böge und Ingeborg Lindner-Böge

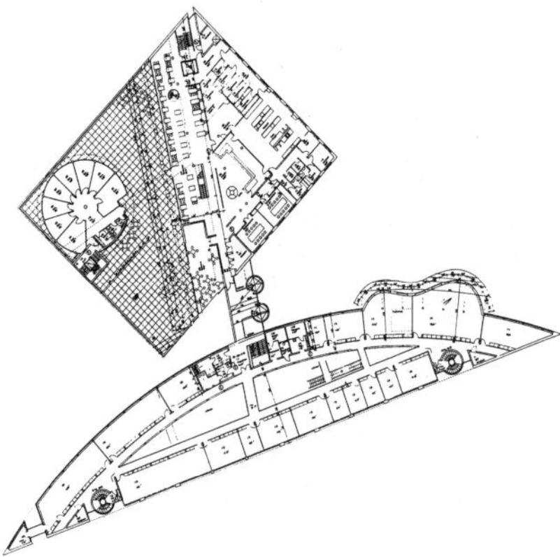

In zentraler Lage nahe dem Hauptbahnhof entstand ein bis zu fünfgeschossiger Komplex. Entlang der Berliner Allee erstreckt sich auf dem Grundriss eines Kreissegmentes ein 120m langer Bau mit dem Haupteingang. Zwei Drittel der Büros wenden sich zur ruhigen Rückseite oder sind in einem über Stege angebundenen Kubus untergebracht, dem eine Rotunde aufgesetzt ist. Helle Flächen aus Rachwitzer Sandstein und Fenster in dunkel-eloxierten Rahmen verleihen der Fassade Eleganz. Die Innenräume wurden großzügig und transparent, zum Teil über mehrere Stockwerke konzipiert. Die dreigeschossige Halle wird durch ein Oberlicht erhellt. Gestalterische Akzente setzen außerdem Brücken, Stege und Spindeltreppen, deren filigrane Stahlkonstruktionen die Flächigkeit des Stahlbetonbaus kontrastieren.

The long curved building contains the bank's main entrance. Offices are mainly away from the street or in a block with rotunda. Pale Rachwitz sandstone surfaces and dark anodized windowframes lend elegance to the façade. The rooms are large and transparent, sometimes over several storeys. Accents are set by bridges and spiral staircases in filigree steel.

64

Amtsgericht
Volgersweg 1
1907–11
Paul Thoemer

Das Amtsgericht ist Teil eines Justizkomplexes, der darüber hinaus das Landgericht und die Staatsanwaltschaft (Nr. 65) umfasst. Die vierflüglige Anlage mit Mansarddach ist in für Justizgebäude dieser Zeit oft gewählten barockisierenden Formen gestaltet. Bestimmender Bauteil ist der Eckrisalit am Volgersweg, der auch den Haupteingang mit Ehrfurcht gebietender Treppenhalle aufnimmt. Aufwändige bauplastische Ausschmückung (Otto Richter) unterstreicht den repräsentativen Charakter des Baus. Paul Thoemer war damals einer der führenden Architekten für die Bauaufgabe Justizgebäude, wovon u.a. das ehem. Land- und Amtsgericht Mitte (1896–1904, mit Rudolf Mönnich und Otto Schmalz) oder das Amtsgericht Wedding (1901–06, mit Rudolf Mönnich), beide in Berlin, zeugen. Das Amtsgericht wurde 1985 von Klaus Baesler und Bernhard Schmidt durch einen Westflügel erweitert.

The Amtsgericht (Local Court) is part of a complex also containing the Landsgericht (Regional Court) and the public prosecutor's office. The baroque style is typical of court buildings of this period. The corner projection with the main entrance and an awe-inspiring stairwell is the main feature. The imposing nature of the building is emphasized by sculptural ornamentation. The west wing was added in 1985.

65

Erweiterung Landgericht und Staatsanwaltschaft
Augustenstraße 67
1983–85
Storch Ehlers und Partner

Erweiterung Staatsanwaltschaft 1983–85

Blick auf Landgericht 1952–56

Die Erweiterung besteht aus einem siebenstöckigen konkaven Bau im Osten, der einen Platz zwischen Stadtsparkasse und Amtsgericht formt und außerdem unter einem auf zylindrischen Säulen ruhenden Rundbogen die Zufahrt in den Hof freigibt. Ein lang gestreckter Teil am Volgersweg und ein konkav gekrümmter Bau als Verbindung zum heutigen Landgerichtsgebäude (1952–56, Otto Hodler) komplettiert das Ensemble. Die Fassade wird bestimmt durch Elemente mit jeweils zwei Fenstern, die in einem geschosshohen, vorgefertigten Stahlbetongewände zusammengefasst sind. Die Farbe der Gewände und des Putzes orientieren sich am 50er-Jahre-Bau bzw. dem Amtsgericht. Die Erweiterung des Amtsgerichts zwischen Augustenstr. und Bahnlinie erfolgte 1985 durch Klaus Baesler und Bernhardt Schmidt.

This seven-storey annexe houses the Landgericht and the public prosecutor's office. A round arch forms the entry for cars. The group is completed by a long section on Volgersweg and a concave building connecting to the present Landgericht. The façade has two-window elements connected in a prefabricated reinforced concrete jamb. The colouring echoes that of the 1950s Amtsgericht.

66

Bürgerhäuser
Schiffgraben 53–57, Emmichplatz 4
1872–75
Heinrich Köhler

Schiffgraben 53, 55, 57

Emmichplatz 4

Heinrich Köhler konzipierte nördlich des 1861 zugeschütteten Schiffgrabens eine Villengruppe, die ursprünglich aus neun symmetrisch aufgeteilten Gebäuden bestand: Ein besonders hervorgehobener Mittelbau wurde flankiert von zwei Dreiergruppen. Daran schlossen freistehende Eckbauten an, von denen nur das Gebäude Emmichplatz 4 erhalten geblieben ist. Die zweigeschossigen Putzbauten werden durch Sandsteinelemente gegliedert; Giebelfelder, Rundsäulen, Rundbögen und Figurenschmuck verweisen auf spätklassizistische bzw. renaissancistische Formen. Einer ähnlichen Formensprache folgen auf der Südseite die Doppelvilla (Nr. 40–42) und die dreigeschossigen Reihenhäuser (Nr. 44–48), die um 1880 gebaut wurden. Eine weitere Villengruppe, entstanden 1863–72 aus Backstein und teilweise Sandstein, befindet sich am Schiffgraben 37–43. Ihr Architekt Otto Goetze verwendete hauptsächlich neogotische Stilelemente.

To the north of the Schiffgraben street, a canal filled in in 1861, Köhler designed a group of villas. Of one nine-building group, only Emmichplatz 4, a freestanding end villa, is preserved, a two-storey plaster building with late classicist and neo-Renaissance elements. Similar formal language is also seen in the double villa (nos. 40–42) and three-storey terraced houses (nos. 44–48). Another group, Schiffgraben 37–43, is neo-Gothic in style.

67

Ehem. Provinzial-Ständehaus, Niedersächsisches Finanzministerium
Schiffgraben 10
1879–81
Ferdinand Wallbrecht

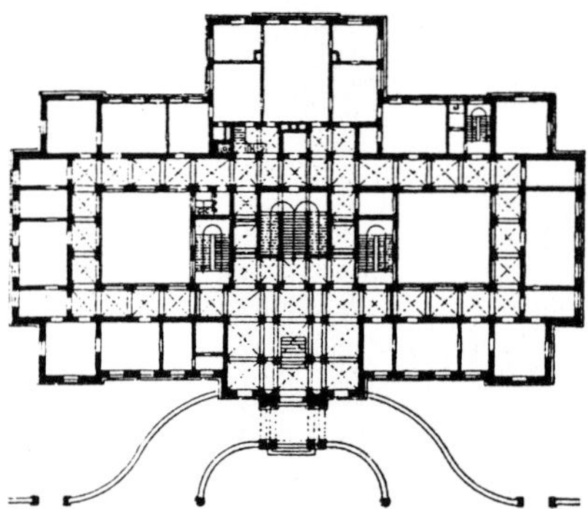

Da das ursprüngliche Haus der Ständeversammlung im Zuge des Durchbruchs der Karmarschstr. abgebrochen wurde, errichtete Wallbrecht 1879-81 einen monumentalen Neubau. Das dreigeschossige, an Formen der italienischen Renaissance angelehnte Gebäude erstreckt sich um zwei Innenhöfe. Die Fassade in hellem Sandstein und gelben Ziegeln ist stark plastisch ausgebildet: Rustikamauerwerk im EG und Teilen des 1. OG, Dreiecksgiebelverdachung im 1. OG sowie Wechsel der Fensterformen sorgen für ein abwechslungsreiches Erscheinungsbild. Den oberen Abschluss markiert eine mit Akroterien verzierte Balustrade. Die Fronten werden durch Eck- und Mittelrisalite gegliedert. Bestimmender Bauteil ist der überhöhte Mittelrisalit des Haupteingangs mit überdachter Vorfahrt und reichem bauplastischem Bildprogramm. Die ursprüngliche Innenraumgestaltung des Gebäudes hat sich nicht erhalten.

This monumental provincial diet building was erected to replace the earlier one. Only the exterior is preserved. The façade of sandstone and yellow brick is patterned by rustication on the ground floor and parts of the first floor, a triangular gable above the first floor, and varying window shapes. A balustrade with acroteria surmounts the building. The main entrance has a central projection with sculptural decoration.

68

Overlach'sches Haus
Lavesstraße 82
1663; 1884
n. bek.

Das Bürgerhaus stand ursprünglich am Markt 6. Als der Marktplatz 1884 vergrößert wurde, trug man die Fassade ab und verblendete mit ihr einen Neubau in der Lavesstr. 82. Die strenge Gliederung des dreistöckigen Gebäudes wird unterstützt durch das in die Mitte gesetzte Rundbogenportal. Es besitzt ornamentale Reliefs und ein Wappenfeld. Fensterreihen mit schmalen, hermenartigen Fensterpfosten von Adrian Siemerding durchbrechen die ausgeprägte horizontale Struktur der durchlaufenden Gurt- und Fensterbankgesimse. Die Schmuckreliefs an den Mauerfeldern zeigen Masken, Tiere und Fruchtgehänge. Das Overlach'sche Haus trägt die einzige erhalten gebliebene Steinfassade der bürgerlichen Renaissance in Hannover.

When the market square was enlarged, the stone façade of this burgher's house was removed to its present address, where it was used as the shell of a new building. There are ornamental reliefs and a coat of arms. The strongly horizontal structure is broken by herm-like window posts. Decorative reliefs show masks, animals and fruit garlands.

69

Verwaltungsgebäude der Industriegewerkschaft Bergbau, Chemie, Energie
Königsworther Platz 6
1955–56; 1992–95
Friedrich Lindau, Pysall, Stahrenberg & Partner

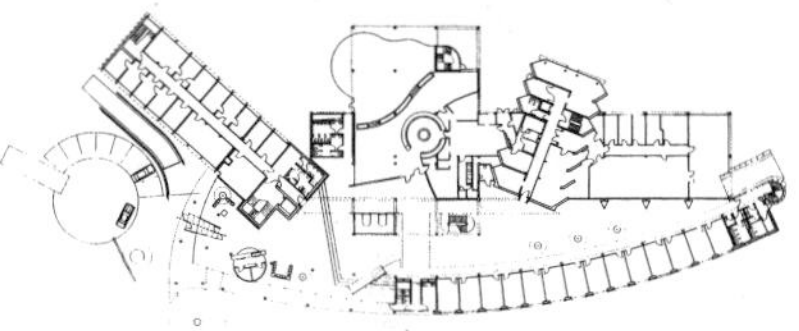

Friedrich Lindau errichtete für die IG Chemie, Papier, Keramik am Königsworther Platz ein qualitätvolles Ensemble im Stil der 50er Jahre. Der viergeschossige Hauptbau Lindaus wurde durch Pysall, Stahrenberg & Partner um zwei Geschosse erhöht, z.T. überbaut und zusammen mit einem Erweiterungsbau von 1964 in einen sechsgeschossigen Neubaukomplex integriert. Blickfang ist der zum Königsworther Platz weitgehend verglaste und geschwungene Kopfbau mit markant auskragendem Vordach im obersten Geschoss. Er stellt die Verbindung zwischen dem Altbau im Süden und der lang gestreckten, mit Granit verkleideten Fassadenfront des segmentbogenförmigen Bürotrakts entlang des Bremer Damms her. Dessen Herzstück ist eine großzügige, sichelförmige Innenhalle mit offenem Treppenhaus und frei stehenden Aufzügen.

Lindau's four-storey 1950s trade union building was raised and integrated into a new six-storey complex in 1992–95. Most striking is the curved, largely glazed section with a projecting roof. This connects the older building and the long, granite-cladded office section along Bremer Damm. The centrepiece of the latter is a large, crescent-shaped hall with an open staircases and freestanding lifts.

70

Ehem. Villa Simon; Universität Hannover, Fachbereich Architektur
Brühlstraße 27
1858–60
Heinrich Christian Tramm

Die für den Obergerichtsanwalt Eduard Simon errichtete Villa ist das einzige größtenteils erhaltene Wohnhaus des Hofbaumeisters Tramm in Hannover. Die Straßenfront des mit weit auskragendem Walmdach gedeckten Putzbaus akzentuiert ein dreiachsiger Balkon im OG. Flankiert wurde das Gebäude ehemals durch eine Durchfahrt sowie die zum Königsworther Platz gelegene eingeschossige Veranda, deren Pergola verloren gegangen ist. Bestimmender Bauteil ist der blockhafte, zweieinhalbgeschossige Risalit mit Belvedere im Nordwesten, der in Verbindung mit dem Verandaanbau dem Baukörper eine spannungsvolle Asymmetrie verleiht. Der ursprünglich mittige Eingang wurde durch einen gläsernen Eingangsbereich im Bereich der alten Durchfahrt ersetzt. Die Villa Simon ist in ihrer sorgfältigen Proportionierung ein herausragendes Beispiel der Architektur der Neorenaissance in Hannover.

The neo-Renaissance Villa Simon, built for an attorney, is the only largely preserved private home in Hannover built by Tramm, the court architect. At one end is a one-storey veranda, which, together with the NW projection with belvedere, gives the building an interesting asymmetrical quality. A glass entrance area where formerly there was a gate substitutes for the former central entrance.

71

Ehem. Oberrealschule am Clever Tor
Andertensche Wiese 26
1911–13
Johann de Jonge

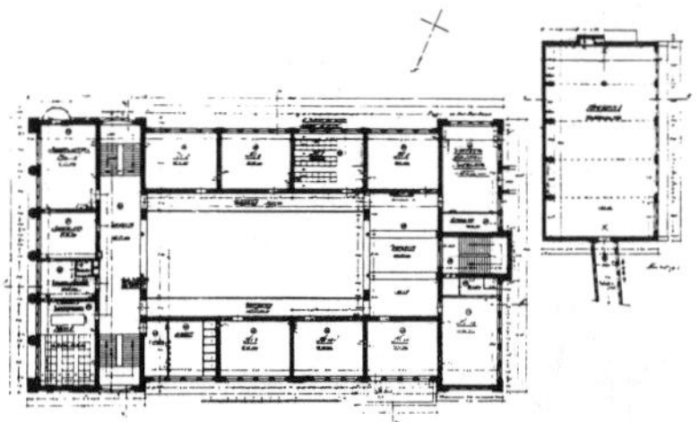

Die neoklassizistische heutige Handelslehranstalt wurde auf einem 5000 qm großen Areal einer ehemaligen Brauerei errichtet. Der viergeschossige, verputzte Bau besteht aus einem Längstrakt mit Satteldach und zurückgesetztem DG sowie einem jeweils erhöhten westlichen und östlichen Querriegel bzw. Kopfbau mit Dachreiter und Sattelwalmdach. Der Haupteingang befindet sich im schmalen Mittelrisalit des östlichen Gebäudeteils. Die Fassade ist klar durch Eckpilaster, ionische und dorische Halbsäulen sowie Kolossalordnung im Sinne des Neoklassizismus der Zeit vor dem Ersten Weltkrieg gegliedert. Neu in Deutschland war die durch sämtliche Geschosse verlaufende Halle mit Oberlicht im Innern (Typ „Hallenschule"), die das Zentrum des Grundrisses bildet und als Aula und Wandelgang genutzt wurde.

This former secondary school, now a commercial college, has W and E end sections raised above the long front. The façade is divided by corner pilasters, Ionic and Doric demi-columns and colossal order as used by neo-classicism before WWI. A new feature in Germany was the central hall, rising the height of all four storeys, with a skylight, used as an assembly hall and a concourse.

72

Brücke über die Leine
Königsworther Straße
1895–98
n. bek.

In sanftem Bogen spannt sich die mit Hausteinen verblendete Brücke über den Fluss. Sie entstand im Zuge des Ausbaus der Königsworther Straße als eine Hauptverkehrsader zwischen Nordstadt und Linden-Nord und zählt heute zu den schönsten Brücken der Stadt. Bemerkenswert sind das durchbrochene Steingeländer und die vier über den Widerlagern an den Basen mit Fabelwesen und pflanzlichem Dekor geschmückten Dreierkandelaber aus Kupferblech (Carl Dopmeyer). Sie wurden 1898 installiert.

The ashlar-cladded bridge was built when Königsworther Strasse became a main artery for city traffic. The stone parapet is noteworthy, as are the four sheet copper candelabra installed in 1898, decorated with fabulous creatures.

73

Ehem. Preussag-Verwaltungsgebäude, Niedersächsisches Ministerium für Wissenschaft und Kultur
Leibnizufer 9
1952
Gerhard Graubner

Die ehem. Preussag-Verwaltung ist Bestandteil der nach dem Krieg angelegten, offenen Bebauung am Leibnizufer (Verwaltungs- und Ministeriumsbereich). Der dreiteilige Gebäudekomplex ist gegliedert in ein achtgeschossiges Hochhaus (mit Speichergeschoss), einen viergeschossigen Längstrakt parallel zur Straße und einen weiteren viergeschossigen Querriegel. Die auskragenden Flachdächer, deutlich abgesetzt durch eine zurückspringende Schattenfuge, schließen den vertikal betonten Skelettbau nach oben ab. Das Sichtbetonraster der Fassade tritt durch tief zurückgesetzte Fenster aus schwarzgold eloxierten Leichtmetallprofilen und Brüstungen aus Anröchter Dolomit besonders hervor und bewirkt eine außergewöhnliche Plastizität. Die sehenswerte, lichtdurchflutete Eingangshalle mit einer frei aufschwingenden Treppe auf elliptischem Grundriss ist original erhalten.

The former Preussag Group head office building comprises one building of eight storeys and two lower buildings. The skeleton construction rises to projecting roofs with marked shadow zones. Retracted windows of black and gold anodized light metal and breasts of Anröchte dolomite create a sense of depth. The entrance hall is original, with a freestanding curved staircase on an elliptical plan.

74

St. Clemens
Goethestraße 33
1711–18; 1947–57
Tommaso Giusti; Otto Fiederling

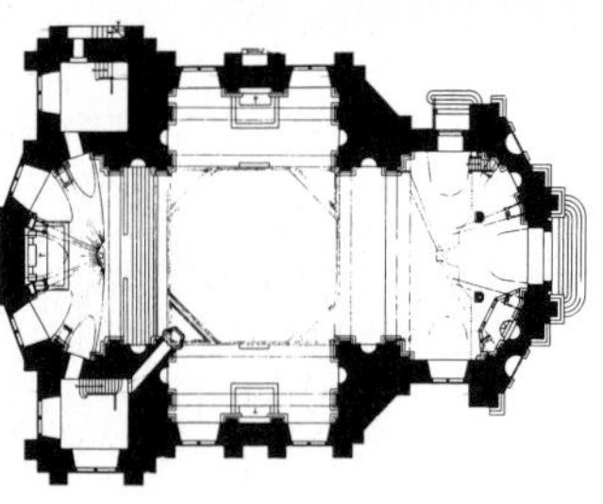

St. Clemens ist eine der wenigen – zumindest teilweise erhaltenen – barocken Grossbauten der Stadt. 1692 billigte Herzog Ernst August den Katholiken in Hannover aufgrund des Kurkontrakts die freie Religionsausübung und den Bau einer Kirche zu. Die Konzeption sah in Anlehnung an venezianische Kuppelkirchen (Bsp. Il Redentore von A. Palladio, 1576–92) einen Bau auf dem Grundriss eines griechischen Kreuzes mit zentraler Mittelkuppel und polygonalem Chor zwischen flankierenden Türmen vor. Wegen Geldmangels erfolgte die Weihe 1718 ohne die Kuppel und nur mit Turmstümpfen. 1943 wurde die Kirche bis auf ihre Umfassungsmauern zerstört. Bei ihrem Wiederaufbau ergänzte man die heute stadtbildprägende kupfergedeckte Kuppel in Stahlbauweise auf – vom ursprünglichen Plan abweichendem – hohem Tambour. Die ehemals aufwändige Innenraumgestaltung wurde vereinfacht wiederhergestellt.

St. Clement's is one of the few large baroque buildings in Hannover. In 1692 the Catholics were granted freedom of religion and permitted to build this church, a building in the style of a Venetian church with a Greek-cross ground plan and polygonal choir. The dome was omitted for lack of funds, but it was added in the post-WWII rebuilding, with a high drum. The interior has been simplified.

75

Ehem. Fürstenhof
Rote Reihe 6
um 1817/18
Georg Ludwig Friedrich Laves

Der über den Neustädter Kirchhof zugängliche ehem. Fürstenhof einer der letzten erhaltenen Adelspalais, die durch herzogliche und kurfürstliche Förderung in der Calenberger Neustadt entstanden sind. Seinen Namen erhielt er von dem ehem. nördlich angrenzenden „kleinen Fürstenhof". Das heutige Gebäude geht auf Pläne von G. L. F. Laves zurück: Der dreigeschossige Fachwerkbau mit waagerechter Bretterverschalung und Bandgesimsen wird durch einen zentralen Dacherker mit Dreiecksgiebel bestimmt. Der Fürstenhof ist heute Teil des Komplexes des Evangelisch-Lutherischen Landeskirchenamtes; die Ausstattung eines Saales mit Kassettendecke von Laves hat sich erhalten.

The former prince's palace, the last of a number of such buildings, is reached through the churchyard. It is a three-storey half-timbered building, based on plans by Laves, with wooden cladding and string courses, accentuated by a centre oriel with a triangular gable. One room has an original coffered ceiling by Laves.

76

Neustädter Hof- und Stadtkirche St. Johannis

Rote Reihe 8
1666–70; 1691–1700; 1870–72; 1956–58
Hieronymo Sartorio (?), Brand Westermann; n. bek.; Wilhelm Ziegeler

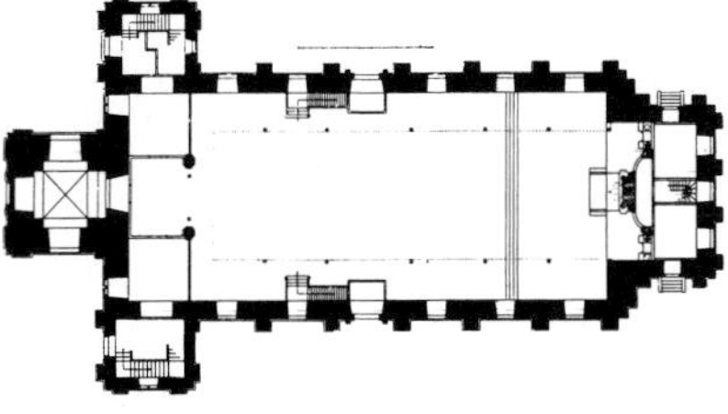

St. Johannis ist der erste Sakralbau in Niedersachsen, welcher, den protestantischen Vorstellungen gemäß, einen einheitlichen Predigt- und Andachtsraum mit Doppelempore und Kanzelaltar aufweist. Der Kirchenraum besteht aus einem siebenachsigen, durch flache Stützpfeiler gegliederten Rechtecksaal, dem im O eine eingezogene Altarnische vorgelagert ist. Im Westen erhebt sich, eingefasst von dreigeschossigen Treppenhausanbauten, der 1691–1700 erneuerte Turm mit gestufter welscher Haube. 1870–72 wurde die obere Saalempore zwecks besserer Belichtung entfernt und der ehem. dreigeschossige Aufriss durch geschossübergreifende, rundbogige Fenster ersetzt. Die urspr. Fassadengestaltung hat sich im Westen und Osten erhalten. Die Kirche brannte im Zweiten Weltkrieg aus und wurde außen im Zustand von 1872 wiederhergestellt. 1992–94 glich Ulfried Müller den Innenraum dem barocken Urzustand an.

St. John's was the first single-chamber church in Lower Saxony with a double gallery and an altar with pulpit, in the new Protestant style. The interior is a rectangular space divided by shallow supporting pillars, with an altar niche at the E. The tower has a stepped bulbous cupola. The church was burnt out in WWII and the 1872 exterior restored. In 1992–94, the interior was restored in the original baroque form.

77

Ehem. Regierungsgebäude, Nieders. Umweltministerium

Archivstraße 2
1837–45; 1862-67; 1876–79
Hermann Hunaeus

Regierungsgebäude, Südflügel. Lithographie von Wilhelm Kretschmer, um 1855
Government building, south wing. Lithography by Wilhelm Kretschmer, c. 1855

Nordflügel
North wing

Im Süden besteht die Vierflügelanlage aus einem lang gestreckten Bau mit einem Sockel aus hellem Sandstein. Dieses erste und bedeutendste Gebäude im Hannoveraner Rundbogenstil wird dominiert durch einen neunachsigen Mittelrisalit mit dreibogigem Portikus. Die zwei fünfachsigen Zwischentrakte stellen die Verbindung zu den dreiachsigen Seitenrisaliten her. Charakteristisch sind regelmäßige Reihung der Rundbogenfenster, flächig wirkende Wandfelder, sowie durchlaufende Traufen. Der West-Flügel (1862–67) orientiert sich in der Fassadengliederung am Süd-Flügel. Er besitzt kostbare Sandsteinelemente sowie reichen Reliefschmuck. Ebenso aus Naturstein ist die Fassade des Nord-Flügels (1876–79). Sie wird betont durch einen Mittelrisalit, in dessen Dreiecksgiebel der Reichsadler aus einem Tondo blickt. Der Ost-Flügel (1838–40) liegt am Brückmühlen-Arm der Leine und besitzt eine eher schlichte Fassade.

The former ministry building is the most important round-arch building in Hannover. A nine-axis central projection with portico dominates the S front, which is characterized by the regular spacing of the arched windows and the flat look of the wall areas. The W wing, with rich decoration, follows the divisions of the S wing. The N front, also with a centre projection, has the imperial eagle on a tondo in its triangular pediment.

78

Niedersächsisches Hauptstaatsarchiv
Am Archiv 1
1713–21; 1889–93
Brand Westermann, Johann Christian Boehme, Louis Remy de la Fosse; n. bek.

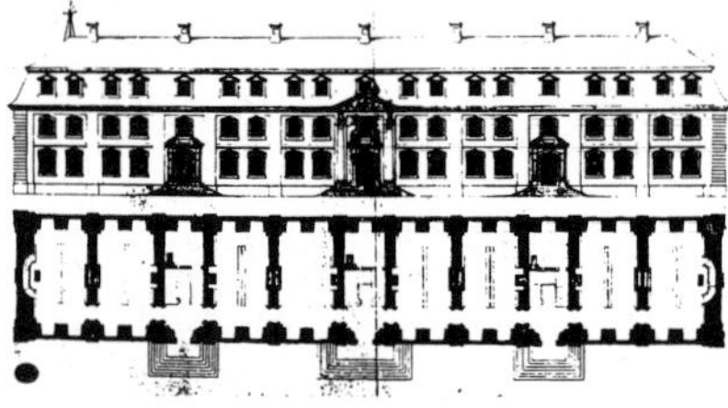

1712 beschloss die Regierung den Bau eines Archivs für die Bestände der vereinigten Fürstentümer Lüneburg und Calenberg. Man konzipierte einen zweigeschossigen, verputzten Massivbau mit Mansarddach, dessen Fassaden durch Sandsteinlisenen und -gesimse sparsam gegliedert werden. Drei Portale mit gesprengten Segmentgiebeln bestimmten die nördliche Hauptfront (südliches Portal nicht mehr vorhanden); rahmende Kolossalpilaster und ein Dreiecksgiebel mit königlichem Wappen betonen den Mitteleingang zusätzlich. 1889–93 erfolgte eine Aufstockung und der Anbau des für die Bibliothek bestimmten neobarocken Südflügels am Friederikenplatz; hier befindet sich seitdem der Haupteingang. Das Gebäude wurde im Zweiten Weltkrieg stark beschädigt und 1952 wiederhergestellt; von der alten Innenraumgestaltung hat sich das Treppenhaus aus dem späten 19. Jh. erhalten.

The State Archives Building, built for the possessions of the united princedoms of Lüneburg and Calenberg, is a massive plaster building with mansard roof and sparing sandstone lesenes and cornices. Above the centre entrance is a triangular gable with the royal arms. A storey was added in 1889–93, together with the neo-baroque south library wing. There was severe damage in WWII; the later 19th c. staircase is preserved.

79

Ehem. Militärbekleidungskommission, Gewerkschaftsakademie der DAG
Adolfstraße 8
1859–60
Hermann Hunaeus

Entwurfskizze von 1856, Federzeichnung
Design, 1856, pen-and-ink drawing

Das Gebäude zur Lagerung und Verwaltung der Truppenbekleidung bildete zusammen mit dem nicht erhaltenen Hospital (Ebeling, Hunaeus; 1844–56) die Eingangssituation zum ehem. von militärischen Bauten geprägten Waterlooplatz. Das dreigeschossige Gebäude auf Sandsteinsockel erhebt sich auf nahezu quadratischem Grundriss. Die durch verschiedenfarbige Ziegel belebte Fassade ist im Rundbogenstil gestaltet. Sie wird durch einen überhöhten, gestuften Mittelrisalit bestimmt; die galerieartige Verblendung des Kniestocks bildet den horizontalen Abschluss. Der Bau ist nahezu unverändert erhalten geblieben, so auch das bemalte hölzerne Treppenhaus mit seinen umlaufenden Galerien (sein Schacht wurde ursprünglich mithilfe eines Krans zum Warentransport genutzt). Er ist damit eines der wenigen authentischen Architekturbeispiele aus der Mitte des 19. Jh.s in Hannover.

The former Military Clothing Commission building stood near other military buildings. It has a high central projection and gallery-like facing at the top. Unlike most other mid-19th c. buildings in Hannover, this one is well preserved, including the painted wooden staircase with galleries (the shaft was originally used to move stores, with the help of a crane).

80

Ehem. Palais von Dachenhausen
Calenberger Straße 34
vor 1798; 1830
n. bek.

Rekonstruierte Straßenansicht um 1830
Reconstuction of the street elevation c. 1830

Das Palais wurde als Sitz des „Königlich Churfürstlichen Gerichtsschulzen-Amtes" gebaut; es diente 1836–56 als Wohnsitz des Landdrosten F. W. von Dachenhausen, der ihm seinen Namen gab. Mit dem Erwerb des Amtshauses durch Graf Adolph von Kielmannsegg im Jahr 1830 erhielt es sein bis heute im wesentlichen unverändertes Aussehen. Die östliche Seiten- sowie die Rückfassade bestehen aus geschlämmtem Fachwerk, die Westseite ist holzverschalt. Die repräsentative Straßenfront wird durch den fünfachsigen, leicht hervortretenden Mittelrisaltit mit Dreiecksgiebel bestimmt; eine Freitreppe mit darüber liegendem Balkon betont die Symmetrie. Im Rahmen einer umfassenden Restaurierung ist geplant, die ursprüngliche Putzstrukturierung der Fassade wiederherzustellen. Das Palais von Dachenhausen ist neben dem Fürstenhof (Nr. 75) der letzte erhaltene Adelssitz in der Calenberger Neustadt.

The Dachenhausen Palace was the seat of the royal mayor and later the residence of the bailiff F.W. von Dachenhausen. Its present appearance dates from 1830. The E side and back are of white-washed timber-framing, and the W side has wood cladding. The front has a centre projection with triangular gable and balcony. A thorough renovation is planned, which will include restoring the original stucco.

81

Calenberger Esplanade
Calenberger Esplanade 1–8, Humboldtstraße
1996–99
gmp Architekten von Gerkan, Marg und Partner

Die Bebauung des Straßenblockes besteht aus zwei miteinander verbundenen, kammartigen Gebäudekomplexen, deren Rücken einen Fussgängerbereich fassen: die Symmetrieachse der Gesamtanlage ist mittig auf das denkmalgeschützte Gebäude der ehem. Militärbekleidungskommission (Nr. 79) ausgerichtet. Von diesem Hauptweg mit Läden und Büroeingängen werden durch großzügige Treppenaufgänge die 4,50 m höher gelegenen und begrünten Innenhöfe zwischen den seitlichen Querriegeln erschlossen. Trotz des vielfältigen Nutzungsmixes mit Büros, Praxen, einer Reha-Klinik, Läden, Restaurants und Wohnungen ist eine durchaus homogen gestaltete Bebauung entstanden.

The street section accommodates and integrates a variety of uses: offices, practices, a clinic, shops, restaurants and flats; behind it is a pedestrian precinct, and wide staircases lead to raised courtyard gardens. The symmetrical axis of the complex is directed towards no. 79, classified as a historical monument.

82

Friederikenstift
Humboldtstraße 5
1876–77; 1928–30, 1946–51; 1954
Rudolph Berg, Heinrich Wegener; Paul Brandes; Rudolf Brandes

Der 1842 gegründete Frauenverein für Armen- und Krankenpflege ließ in den 1870er Jahren an der nicht mehr vorhandenen Straße „Am Friederikenstift" einen neogotischen Komplex errichten, von dem noch die Kapelle erhalten ist. Die drei- bis sechsgeschossige Anlage aus den 1920er Jahren ist in drei Bauteile gegliedert, die sich durch Vor- und Rücksprünge absetzen. Die Klinkerfassade ist sparsam ornamentiert. Eckerker, Schmuckgiebel und der über drei Geschosse vorspringende ehem. Eingang, der von figürlichen christlichen Darstellungen flankiert wird, sowie der kupferbeschlagene Dachreiter mit Glocke lassen eine gotisierende Formensprache im Stil des Backstein-Expressionismus erkennen. Das Krankenhaus wurde nach 1954 im Norden und später im Süden mit der Verlegung des Haupteingangs stark erweitert.

The Friederike Foundation was built in the 1870s for the poor and the sick. What we see today is the 1920s building. It displays a Gothicizing formal language in the brick Expressionism style, with corner oriels, decorative gables and the projecting original entrance, flanked by figurative Christian representations. The hospital has been much extended since 1954.

83

Ehem. Villa Rosa
Glockseestraße 1
1830; um 1900
Ernst Ludwig Täntzel, Georg Ludwig Friedrich Laves; n. bek.

Vorentwurf von Täntzel, 1830
Preliminary design by Täntzel, 1830

Der zweigeschossige, klassizistische Putzbau mit Walmdach ist eines der wenigen erhaltenen herrschaftlichen Gartenhäuser aus jener Zeit. Der ursprüngliche Entwurf stammte vom Hofmaurermeister E. L. Täntzel; G. L. F. Laves nahm eine Vereinfachung und Neugestaltung der Fassade vor. Die nach SO ausgerichtete Hauptfront dominiert ein dreiachsiger Mittelrisalit mit Dreiecksgiebel. Dessen Bogenstellung im EG wird durch Muschelbekrönungen über den an den nach außen anschließenden Fenstern aufgenommen; die Fenster im OG schließen jeweils durch eine Gesimsverdachung ab. In Kontrast zum glatt verputzten Risalit besitzen die anstoßenden Wände eine Putzbänderung. Um 1900 baute man die ehem. Villa Rosa zum Mehrfamilienhaus um.

The Villa Rosa was originally a summer house. The original design was simplified by Laves. The SE main front has a central projection and an arcade which is taken up by shell decoration on the windows to its right and left. The windows on the first floor have cornices above. C. 1900 the villa was converted into several flats.

84

Ehem. Gasbehälter
Glockseestraße 33
1859–60; 1979
Ludwig Droste (?); Rolf Wékel

Der ehemalige Gasbehälter ist der einzige bauliche Überrest der Gasfabrik „Imperial-Continental-Gas-Association", die sich hier ab 1825 angesiedelt hatte. Sie besaß lange Zeit das Monopol zur Belieferung Hannovers – der ersten Stadt mit Gasversorgung in Deutschland. Die fortschrittliche Nutzung verbarg man hinter einer repräsentativen Fassade in Anklängen an romanische Sakralarchitektur: Der zylindrische, an ein Baptisterium erinnernde Ziegelbau mit flachem Kegeldach und abschließendem laternenartigen Aufsatz wird durch Sockelgeschoss, Lisenen und hohe Rundbogenfenster untergliedert; ein Band kleiner runder Blendbögen, z.T. mit Fenstern, leitet zur breiten Dachtraufe über. Das Gebäude, ein bedeutendes Beispiel gründerzeitlicher Industriearchitektur, wurde 1979 durch R. Wékel restauriert und – u.a. durch das Einziehen von Geschossdecken – zur Kantine der Stadtwerke umgebaut.

This former gasometer is all that remains of the "Imperial-Continental-Gas-Association", established here in 1825. Hannover was the first city in Germany with a gas supply. A splendid façade recalling Roman church architecture hides the utilitarian innards. The cylindrical building recalls a baptistry. This is an important example of 19th c. industrial architecture. In 1979 it was restored and converted into the canteen of the Hannover department of works.

85

Atelier und Wohnhaus Kaulbach
Waterloostraße 1
1857–60
Christian Heinrich Tramm

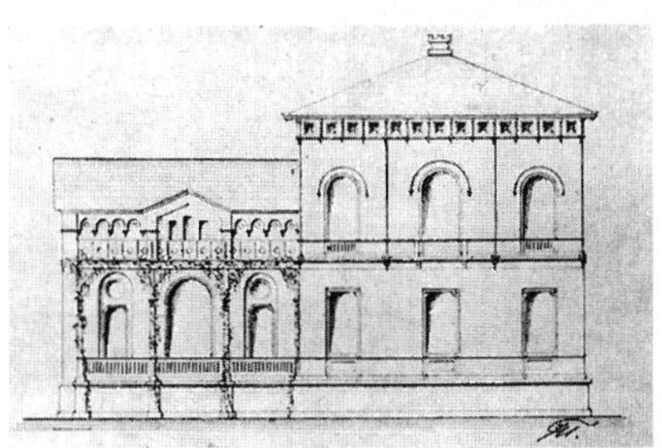

Entwurfszeichnung
Design

Atelier und Wohnhaus des Hofmalers Friedrich Kaulbach sind aufgrund schwerer Beschädigung während des Zweiten Weltkriegs nur noch als Torso erhalten. Das Atelier wurde als eingeschossiger Bau auf längsrechteckigem Grundriss konzipiert. Sein Blickfang war eine Eisen-Glaskonstruktion, symmetrisch eingefasst von zwei verputzten Gebäudeteilen. Das daran anschließende zweigeschossige kubische Wohnhaus mit flachem Walmdach besaß im EG Rechteckfenster mit Konsolbögen, im hohen OG Rundbogenfenster. Ein Ranken- und Figurenfries über dem EG und ein breites Kniestockfries unter der Traufe (zerstört) gliederten die Fassade horizontal. An der Nordseite setzte ein polygonaler Erker – nur als Fragment erhalten – ursprünglich einen malerischen Akzent. Heute wird das ehem. Wohnhaus als Büro, das stark veränderte ehem. Atelier als Biergarten genutzt.

Following damage in WWII, the studio and home of the court painter Friedrich Kaulbach survived only as a torso. The main feature of the studio was an iron and glass construction adjoining the two-storey house. The façade was divided horizontally by two friezes, the upper of which was destroyed. The house is now used as an office, the much altered studio as a beer garden.

86

Ehem Oberzolldirektion, Oberfinanzdirektion

Hardenbergstraße. 3–5, Waterloostraße 5 (Eingang)
1906–08
Friedrich Christian Delius

Ansicht Hardenbergstraße
Elevation Hardenbergstraße

Bei der gegenüber der Polizeidirektion (Nr. 87) gelegenen ehem. Oberzolldirektion wurde die strenge Fassadensymmetrie zugunsten eines moderneren, funktionalen Raumprogramms aufgelöst. In den Bauteilen Präsidentenvilla, Verwaltungstrakte und repräsentativer Eingang sind unterschiedliche Nutzungen ablesbar. Das viergeschossige verputzte Bauwerk erhebt sich über einem mächtigen Sockelgeschoss aus Haustein. Signifikant ist der vorgerückte Eingangsrisalit mit dreigeteiltem Portal, dessen Rundbogen auf gedrungenen Steinsäulen ruhen. Im 1. und 2. OG befinden sich Rundbogenfenster, die durch reliefartige Steinornamente verbunden werden und so die vertikale Gliederung des Risalits unterstützen. Der Giebel ist reich mit Voluten verziert. Sichtbar sind stilistische Anleihen an Renaissance und Jugenstil.

The Head Customs Office building shows a modern use of space. Different functions can be seen in the sections for the president, the offices and the entrance. The plaster building rises above a large ashlar base. Noteworthy is the tripartite portal with compact stone columns. The gable is richly ornamented with volutes. There are Renaissance and Jugendstil echoes.

87

Polizeidirektion

Waterloostraße 9, Hardenbergstraße 1
1900–03
Kieschke

Gefängnisblock, Innenhof
Cell block in courtyard

Der zweiflüglige Komplex auf winkelförmigen Grundriss mit Gefängnisblock im Innenhof entstand am Westufer der Leine als städtebauliches Gegenstück zum repräsentativen Rathaus (Nr. 151). Die ehem. Hauptfassade an der Hardenbergstr. wird geprägt durch einen groß dimensionierten Mittelrisalit, dessen Giebel zwei Turmhauben flankieren. Drei halbrunde, oben polygonale Ecktürme mit mehrfach abgestuften Zwiebelhauben, von denen nur noch das Beispiel im Osten komplett erhalten ist, markieren die Ecksituation der viergeschossigen Anlage. Unverkennbar ist der schlossartige Charakter, welcher durch figürliche Selbstdarstellungen der Obrigkeit noch verstärkt wird. Zeittypisch sind die sich vermischenden stilistischen Anleihen aus Renaissance, Barock und Manierismus. Die modernen Ergänzungsbauten stammen von Pysall, Stahrenberg & Partner (1998/99).

The predecessor of the police headquarters was built on the Leine as a complement to the town hall (no. 151). Typical of its time is the mixture of borrowings from Renaissance, Baroque and Mannerism. The main façade has a large-scale centre projection with two roof towers, and semicircular corner towers with bulbous cupolas mark the corners of the building. Additional parts date from 1998–99.

88

Niedersächsische Landesbibliothek
Waterloostraße 8
1973–76
Gerhard Brütt, Heinrich Matthies

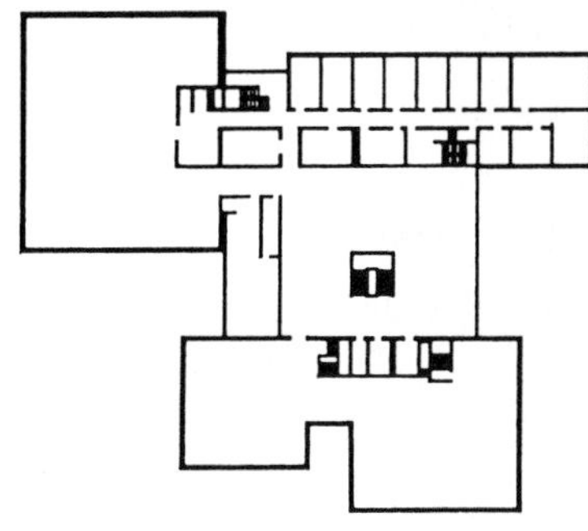

1. OG

Der institutionelle Vorgänger der Niedersächsischen Landesbibliothek wurde 1665 gegründet. Der Standort des Neubaues liegt im Regierungsviertel zwischen den Flüssen Leine und Ihme. Der Gebäudekomplex ist dreigeteilt in Magazin, Verwaltung (mit Bibliothekarschule) und Benut-zerbereich. Die zentrale Eingangshalle unterhalb der Lesesäle besitzt Zugänge von zwei Seiten. Das siebengeschossige Magazin (1 Million Bände) liegt z.T. unterirdisch. Seine Außenwände sind aus Mauerwerk mit vorgehängter Aluminiumfassade. Die Stahlbetonkonstruktion der Verwaltung ist teilweise mit gerippten Beton-fertigteilen verkleidet; die Fassade der Lesesäle besteht aus einer rot gestrichenen Stahlkonstruktion mit dahinter durchgehender Verglasung. Die Innenräume sind z.T. aus Sichtbeton gefertigt. Ein Wechselspiel von Fensterbändern, Betonbrüstungen und die zurückgesetzten OG des Verwaltungsbaues strahlen eine kühle Ästhetik aus.

The predecessor of the Lower Saxon State Library was founded in 1665. This new building has three sections: stock-room, offices (with training college) and borrowers' area. Each has a different façade: masonry with an aluminium curtain wall; ribbed pre-cast concrete cladding; and steel, painted red, with continuous glazing behind. Some of the interiors are of exposed concrete. A cold aesthetic quality is conveyed by the interplay of features.

89

Ehem. Preußische Kriegsschule
Waterloostraße 11
1842–43; 1893–94
Ernst Ebeling; n. bek.

Ehem. Preußische Kriegsschule, Detail (oben), Erweiterungsbau (unten)
Former Prussian War Academy, detail (above); annexe (below)

König Georg V. ließ von dem bekannten Hannoveraner Architekten Ernst Ebeling eine repräsentative „Cadettenanstalt" errichten. Die Dreiflügelanlage, ein verputzter Bau im Rundbogenstil mit Sandsteingliederung, fungierte seit 1868 als „Preussische Kriegsschule". Der im Lauf der Zeit mehrfach vergrößerte Komplex wurde im Zweiten Weltkrieg stark beschädigt. Vom Ursprungsbau erhalten hat sich das 15-achsige EG des ehemals dreigeschossigen Straßenflügels. Im Süden schließt sich der 1893–94 errichtete zwei- bis dreigeschossige Erweiterungstrakt an. Er passt sich stilistisch dem Gebäude Ebelings an; charakteristisch ist das hofseitige, halbrund vorspringende Treppenhaus.

Ebeling built the "Cadets' Institute". In 1868 it became the "Prussian War Academy". The building was enlarged several times and then severely damaged in WWII. The 15-axis ground floor remains (it had two more storeys). The adjoining annexe follows Ebeling's design, with the characteristic semicircular staircase projection in the courtyard.

90

Ehem. Ratsgymnasium

Waterloostraße 16
1952–54
Werner Dierschke, A. Bätjer (Hochbauamt der Stadt Hannover)

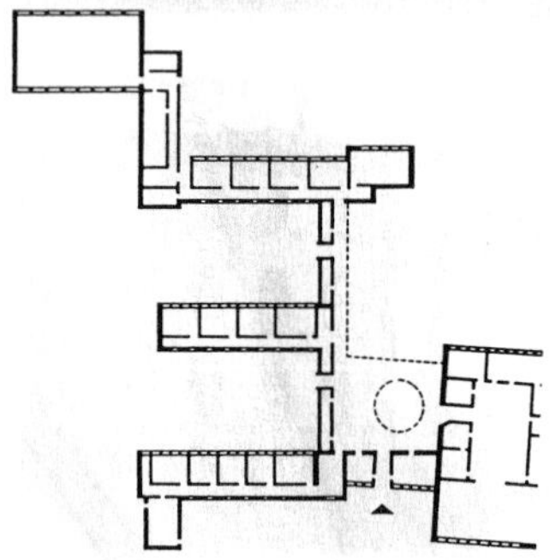

Der in Stahlbetonbauweise mit Klinkerverkleidung errichtete Komplex liegt inmitten des ehem. Gartens der im Krieg zerstörten Villa ‚Bella Vista'. Als Gelenkpunkt der weiträumigen, harmonisch gegliederten Baugruppe fungiert der Eingangsbau mit dem durch eine runde Deckenöffnung akzentuierten Atriumhof. Im Südwesten schließt sich das zweigeschossige, kubische Hauptgebäude an. In dessen Zentrum befindet sich eine durch filigrane Fachwerkbinder überdachte Pausenhalle, die durch ein Oberlichtband seitlich belichtet wird. Um sie gruppieren sich die Aula sowie Räume für Klassen und Verwaltung. Im Südosten liegen, durch einen offenen Gang an das Atrium angebunden, kammartig drei zwei- bzw. eingeschossige Klassentrakte. Die satteldachge-deckten Gebäude öffnen sich mittels großflächiger Fensterfronten der Parklandschaft. Der Turnhallenanbau im Nordwesten stammt von 1966. Das Ensemble zählt zu den bedeutendsten Schulbauten der 50er Jahre. 2000 wird eine Sanierung und Neunutzung durch die Internationale Schule Hannover geplant (Bertram Bünemann Partner).

The former grammar school, now a vocational college, is one of the most important school buildings of the 1950s. The axis of the complex is the entrance building, containing a courtyard. The two-storey main building has a central recess hall with filigree trussed beams, lit at the side by a row of skylights. The assembly hall, classrooms and offices are grouped around this. Three classroom wings are annexed at the SE.

91

Waterloosäule

Waterlooplatz
1829–32
Georg Ludwig Friedrich Laves

Der Waterlooplatz entstand 1828–30 nach Planung von Laves. Der neue Paradeplatz umfasste ein Rechteck von 800 : 100 Fuß mit eingezogenem Halbkreis an beiden Schmalseiten. Das Monument befand sich ursprünglich im südlichen Mittelpunkt auf der zum Leineschloss (Nr. 32) ausgerichteten Hauptachse. Auf einem Stufensockel mit würfelförmigem Postament erhebt sich eine kolossale dorische Säule (46,31 m Höhe, 3,75 m Durchmesser mit Innenspindeltreppe). Sie trägt einen auskragenden Abakus, der als Aussichtsplattform dient. Als Bekrönung balanciert die Figur der Victoria (Modell von A. Hengst) auf einer Kugel und wendet sich dem Schloss zu. Über der Eingangstür und zwischen erbeuteten Kanonenrohren befinden sich die Widmungsinschrift ‚Den Helden von Waterloo' und eine Gefallenenliste. 1953 wurde die symmetrische Platzform zugunsten einer neuen Verkehrskonzeption verändert.

The Waterlooplatz parade ground was a long rectangle, and originally the monument was on the main axis to the Leineschloss (no. 32), but in 1953 it was moved. A colossal Doric column with an inner spiral staircase rises to a height of 46.31 m. Above the observation platform, the figure of Victory faces the Leineschloss. Over the entrance are the dedication "To the heroes of Waterloo" and a list of the war dead.

92

Erweiterung des Dienstgebäudes der Bezirksregierung Hannover
Am Waterlooplatz 11
1968; 1992–95
Wolters (Staatshochbauamt); Kleine, Ripken, Teicher

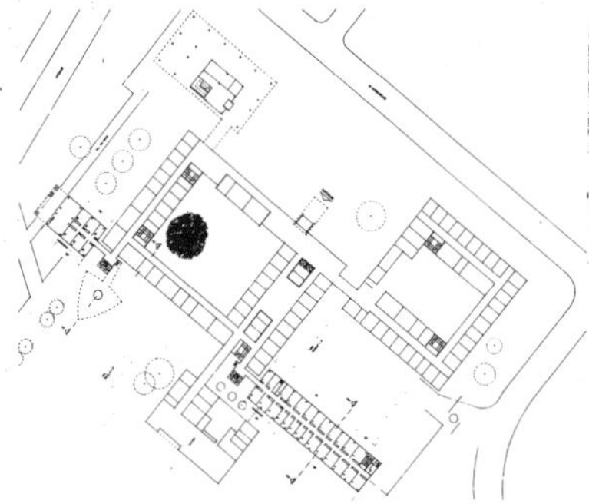

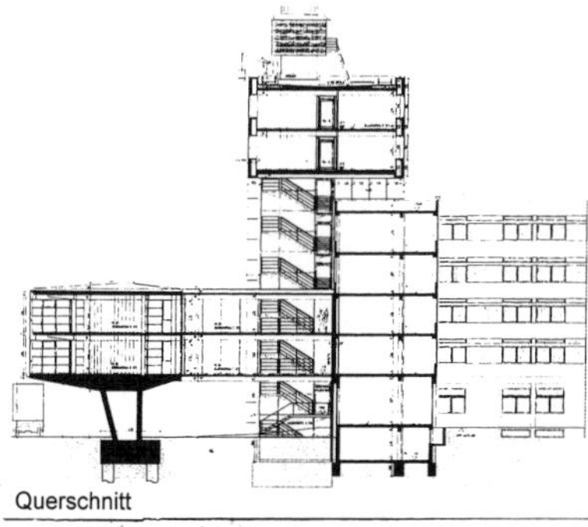
Querschnitt

Das Südende des lang gestreckten Waterlooplatzes fand im Bereich des sog. Regierungsviertels mit der Gebäudegruppierung aus den 1960er Jahren und dem achtgeschossigen Erweiterungsbau der Bezirksregierung einen neuen städtebaulichen Abschluss. Die Vorgabe von der engen räumlichen und funktionalen Verknüpfung mit dem vorhandenen Bestand führte beim Neubau zu der brückenartigen Überbauung des alten Komplexes, der dadurch erhalten werden konnte. Das insgesamt 144 m lange Gebäude bezieht sich mit seinen Endpunkten auf die Fluchten des Altbaus. Es ist als zweibündige Anlage konzipiert und wird in seiner Länge ausschließlich in den zwei obersten Geschossen wahrgenommen, deren lange Flure von Treppenhäusern und Aufzugsvorbereichen gegliedert sind. Auf der Südseite ist der zweigeschossige Konferenzbereich als aufgeständertes, separates Bauteil in 'Spatenform' dem Hauptbaukörper asymmetrisch vorgelagert. Das Gebäude ist in Stahlbetonskelettbauweise erstellt. Im Bereich der brückenartigen Überbauung wurde ein Stahltragwerk aus zwei Vierendeel-Trägern in den Fassadenebenen und Querunterzügen verwendet, das eine flexible Büroeinteilung in stützenfreien Räumen zuließ. Die flächige Fassade ist auf einem quadratischen Raster angelegt. Dabei werden immer zwei Stockwerke durch fenstergleiche Deckenplatten optisch gebündelt. Die vereinfachte Structural-Glazing-Konstruktion mit Dreh-Kipp-Flügeln verwendet polierte Edelstahlbleche und reflektierendes Sonnenschutzglas mit integriertem Schallschutz. Entstanden ist ein Gebäudeensemble, das in sich kontrastierende Architektursprachen vereint und eine gute Symbiose aus Alt und Neu darstellt.

The group of government buildings delimits a city district. The 1990s extension is built over the 1960s buildings like a bridge; it is 144 m in length, but only the two top storeys run the full length, broken by staircases and lift areas. On the south side, the conference area is set asymmetrically in front of the main building in a "spade" form, raised on columns. The bridge section uses two Vierendeel girders, which removes the need for internal supports and allows free partition of offices. On the exterior, storeys are optically grouped in pairs. The simplified structural glazing construction uses polished stainless steel sheets and reflecting glass with integrated soundproofing. The complex unites contrasting architectural languages and integrates old and new.

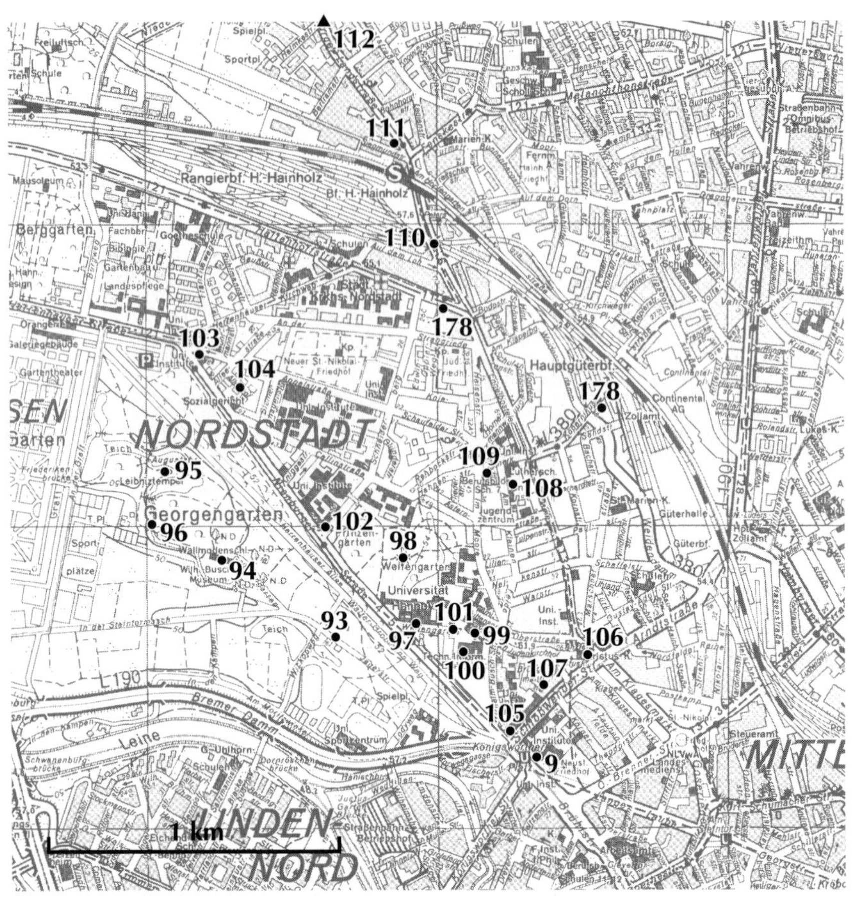
112
111
110
178
103
104
109
108
178
95
102
98
96
94
93
101
97
99
106
100
107
105
9
NORDSTADT
Georgengarten
Rangierbf. H.-Hainholz
Bf. H.-Hainholz
Hauptgüterbf.
Continental AG
Zollamt
Welfengarten
Universität
Leibniztempel
Berggarten
Goetheschule
Mausoleum
Sozialgericht
Neuer St.-Nikolai-Friedhof
Leine
Bremer Damm
Königsworther Pl.
Steueramt
LINDEN-NORD
MITTE
1 km

93

Gartenhäuser
Jägerstraße 15, 16
1825–26
Georg Ludwig Friedrich Laves

Ursprüngliche Innenansicht des ehem. Stallgebäudes
Original view of interior of stables

Die beiden zweigeschossigen Gebäude waren Bestandteil einer von Graf Georg von Wangenheim initiierten achsialsymmetrischen Ergänzung des heute nicht mehr vorhandenen, 1709 von Remy de la Fosse errichteten Schlösschens „Fantaisie". Die Längsseiten der verputzten Mauerwerksbauten mit Walmdach werden durch schwach hervortretende, übergiebelte Eckrisalite akzentuiert. Das EG betont eine die Fenster rahmende Rundbogenquaderung. Der östliche Bau diente ehemals als Stallgebäude und besaß im EG Lünettenfenster; der Pferdestall ist ursprünglich als dreischiffige Halle mit Kreuzgratgewölbe konzipiert worden. Das westliche Gebäude fungierte als Wohnhaus für Bedienstete. Heute werden die Bauten zu Wohnzwecken genutzt.

The two summer houses were part of an addition to the small palace "Fantaisie" that once stood here. The long sides have slight projections with gables. The eastern building was used as stables and had fanlights on the ground floor; the stables were originally a three-aisled hall with groined vaulting. Today the buildings are residential.

94

Ehem. Wallmodenschlösschen, Wilhelm-Busch-Museum
Georgengarten 1
1780–82; 1999–2000
Borchers, Johann Christoph Täntzel; Rossbach, Priesemann + Partner

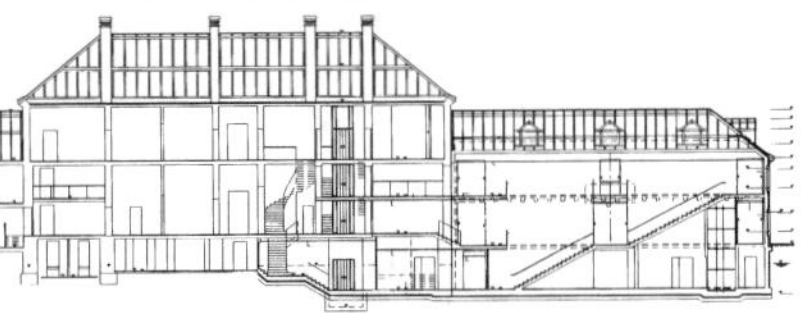

Das nach Ideen des Grafen von Wallmoden-Gimborn entstandene Palais markiert den baulichen Mittelpunkt des Georgengartens. Es wurde anstelle des Lusthauses „Fantaisie" (1707–09, R. de la Fosse) errichtet. Der Komplex besteht aus einem zweigeschossigen Mittelbau, den ebenfalls zweigeschossige – niedriger ausgeführte – Seitenflügel flankieren. Im Süden ist ein polygonaler Mittelrisalit vorgelagert; die gegenüberliegende Nordseite bestimmt der durch Quadermauerwerk eingefasste, übergiebelte Eingang. Ihm ist eine geschwungene, durch vier Kandelaber (G. L. F. Laves, 1840) betonte Auffahrt vorgelagert. Heute beherbergt das Gebäude das Wilhelm-Busch-Museum, Deutsches Museum für Karikatur und kritische Graphik. 1999-2000 erfolgte eine grundlegende Sanierung, wobei u.a. der nach Kriegszerstörung 1967 rekonstruierte Westflügel ein zweites Mal neu aufgebaut wurde.

The palace replaced the earlier "Fantaisie" in the Georgengarten park. A two-storey central building is flanked by lower two-storey wings. On the N side, the entrance is gabled and surrounded by square-stone masonry. A curved driveway with four candelabra leads up to it. Today the building is the home of the Wilhelm-Busch-Museum, the German Museum of Caricature and Critical Graphic Arts. It was thoroughly restored in 1999–2000.

95

Leibniz-Tempel
Georgengarten
1790
Johann Daniel Ramberg

Ursprünglicher Standort
Original location

Der Tempelbau, 1934/35 vom Waterlooplatz in den Georgengarten transloziert, erhebt sich malerisch an einem Teich nahe der Augustabrücke. Das zu Ehren des berühmten Philosophen Gottfried Wilhelm Leibniz geschaffene Bauwerk ist als offener Rundtempel mit zwölf Säulen ionischer Ordnung gestaltet. Ein breites Gebälk, auf dem die Inschrift „Genio Leibnitii" zu lesen ist, leitet zum Kuppeldach über. Leibniz starb am 14. 11. 1716 in Hannover und wurde in der Neustädter St. Johannis-Kirche (Nr. 76) begraben. Seine ursprünglich im Tempel aufgestellte Büste aus Carraramarmor (Christopher Hewetson, 1790) befindet sich heute im ehem. Verwaltungsgebäude der Continental Gummi-Werke (Nr. 224).

In 1934–35, the temple, built in honour of the philosopher Leibniz, was moved from Waterlooplatz to the Georgengarten, where it is located picturesquely by a pond near the Augusta Bridge. It is an open round temple with twelve Ionic columns. Leibniz died on 14.11.1716 in Hannover and is buried in St. John's church in the Neustadt. His Carrara marble bust, once in the temple, is now in no. 224.

96

Eiserne Fahrbrücke
Georgengarten
1837
Georg Ludwig Friedrich Laves

G. L. F. Laves, Entwurfszeichnung, 1837
G. L. F. Laves, design, 1837

Bei einer Reise nach England ließ sich Laves zur Fahrbrücke im Georgengarten inspirieren, eine von insgesamt 30, die er später realisierte. Den Eisenbau begrenzen je zwei Sandsteinpfeiler, ursprünglich gedacht als Standfläche für Agavenkübel. Der Brückengrundriss ist fast quadratisch; zierliche Geländer mit eng stehenden Eisenstäben, am Handlauf mit einem Blütenornament bekrönt, fassen den Fahrweg ein. Das Bauwerk besteht aus fünf sog. Laves- oder Fischbauchträgern. Ober- und Untergurt sind durch vertikale Stäbe und kreisförmige Füllelemente verbunden. Holzbohlen dienen als Fahrbahn. Die Eisenkonstruktion ist ein herausragendes Beispiel des frühen Ingenieurbaus in Deutschland. Ebenfalls im Georgengarten steht Laves' Augustenbrücke, eine geschwungene Steinkonstruktion aus dem Jahr 1840.

Laves was inspired to design this road bridge, one of a total of 30 he made, on a visit to England. The road, of wooden boards, is edged by delicate iron parapets with flower ornamentation. Five fish-bellied girders combine the functions of arch and suspension bridge. The iron construction is an outstanding example of early German engineering.

97

Ehem. Welfenschloss, Hauptgebäude der Universität Hannover

Welfengarten 1
1857–66; 1875–79; 1956
Christian Heinrich Tramm, Eduard Heldberg; Hermann Hunaeus; Ernst Zinsser

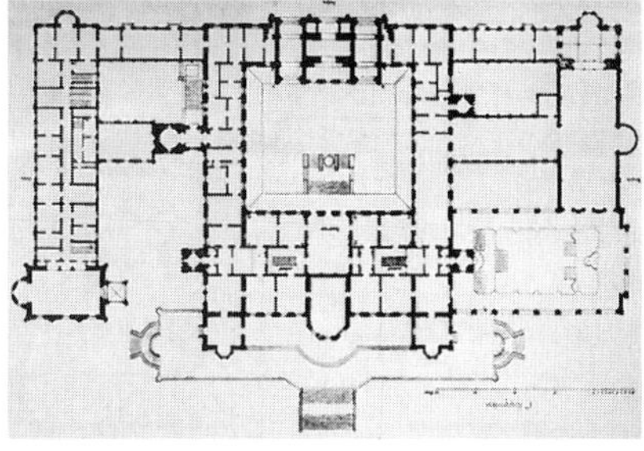

Vorderansicht (oben), ursprüngl. Grundriss EG (unten)
Front (above); original ground floor ground plan (below)

Gartenfront (oben), Federzeichnung 1874 (unten)
Garden front (above); pen-and-ink drawing 1874 (below)

Der Komplex wurde ursprünglich als Sommerresidenz Georgs V. in der Form einer Vierflügelanlage mit seitlichen Annexen geplant. 1859 wurde er vom König zum Hauptwohnsitz bestimmt, was eine Erweiterung des Raumprogramms um zwei Seitentrakte notwenig machte. Aufgrund des Einmarschs der Preußen 1866 blieb der Bau im Inneren unvollendet. 1875–79 wurde das Ensemble unter weitgehender Beibehaltung des Äußeren zur „Königlich Technischen Hochschule" umgebaut. Hunaeus verlegte hierbei u. a. den Haupteingang vom Innenhof an die Vorderfront und erweiterte das Raumangebot durch den Einzug von Zwischendecken; den ehem. Ballsaal gestaltete er zur Bibliothek, den Wintergarten zu Zeichensälen mit angeschlossenem zusätzlichem Hörsaalbau um. Die ehem. Schlosskapelle im Nordosten, von Hunaeus zur Aula umgewidmet, sowie der angrenzende Neubautrakt für Chemie und Physik wurden im Zweiten Weltkrieg beschädigt und anschließend abgerissen. Der 158 m lange und 82 m tiefe Baukörper wird durch eine Höhenstaffelung der einzelnen Bauteile, polygonale Vorbauten und Erker sowie fünf Türme wirkungsvoll untergliedert. Mittelbau und Türme sind mit Sandstein verblendet, Flügel und hofseitige Teile bestehen aus z.T. gelbem Ziegelmauerwerk mit Sandsteingliederungen. Das ehem. Welfenschloss weist Elemente englischer Landhausarchitektur auf, verbunden mit malerisch-romanischen Elementen. Den dynastischen Anspruch, welchen der Bauherr mit der neuen Residenz demonstrieren wollte, versinnbildlichen die Skulpuren von Welfenfürsten am Hauptportal und an der Rückfront (z.B. Heinrich der Löwe, Otto IV.). 1956 erfolgte ein Umbau des Gebäudes, u. a. des mittleren Hofs in einen glasgedeckten Mehrzwecksaal.

The main Technological University building became the main residence of King Georg V. The interior remained incomplete when the Prussians invaded and the monarchy came to an end. The building was converted into the "Royal Technological University" in 1875–79: more rooms were created by adding ceilings, the ballroom was converted into a library and the conservatory into art rooms. The building is characterized by the staggered height of the individual sections, by polygonal annexes and oriels and by five towers. As a former Guelph palace, it has stylistic elements of English stately homes together with Romanesque elements. The original owner's dynastic claims are shown in the sculptures of Guelph rulers on the main portal and on the back. Some alterations were carried out in 1956, including the conversion of the centre courtyard into a glass-roofed multi-purpose hall.

98

Eisenbrücke

Welfengarten
1843–44
Georg Ludwig Friedrich Laves

Für den Übergang eines Wassergrabens verwendete Laves lediglich zwei eiserne Fischbauchträger, auf die er Holzbohlen legen ließ. Ähnlich wie die Fahrbrücke im Georgengarten (Nr. 96) besteht der Träger hier aus Ober- und Untergurten, deren Krümmung allerdings weniger stark ausgebildet ist. Wie bei der Friederikenbrücke (Nr. 203) richtete Laves die Füllstäbe vertikal und diagonal als Fachwerk aus. Die Geländer bestehen aus jeweils 19 eisernen Kreuzmustern, die an den Kreuzpunkten von Ringen durchbrochen werden. Den Brückenkopf markieren jeweils zwei filigrane pfeilerartige und mit Rautenornamenten bestückte Eisenelemente. 1956 und 1988 wurde die Brücke im Zuge der Umgestaltung des Gartens neu gesetzt. Sie gilt als die ästhetisch ausgewogenste des Baumeisters in Hannover.

Laves used two fish-bellied girders with wooden boards for this bridge, regarded as the most balanced of his Hannover bridges. The construction is similar to no. 96, but with less curvature. The boards are laid in a timber-frame pattern. Each parapet has nineteen iron cross patterns with rings at the intersections, and two elaborate iron pillars mark each end of the bridge.

99

Ehem. Marstall des Welfenschlosses

Welfengarten 1a
1863–66; 1913; 1982–86
Christian Heinrich Tramm, Eduard Heldberg; n. bek.; Friedrich und Ingeborg Spengelin, Staatshochbauamt

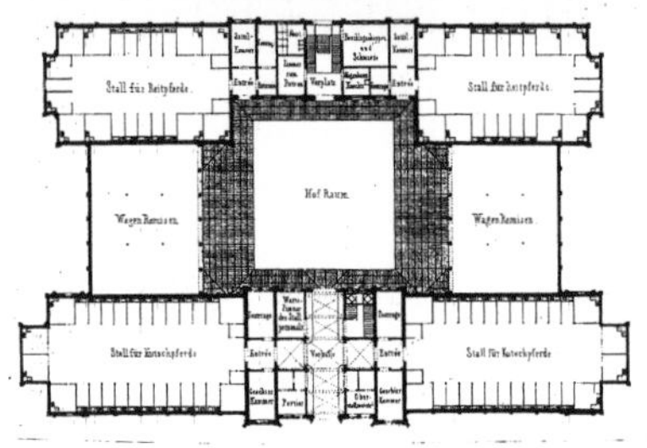

Grundriss Erdgeschoss, 1868
Ground floor ground plan, 1868

Die ursprüngliche Anlage wurde von Eduard Heldberg nach Plänen von Christian Heinrich Tramm realisiert. Sie diente 1866–1912 u. a. als Stall der Königs-Ulanen. 1913 erfolgte der Abbruch der drei nördlichen Flügel zugunsten eines Laboratoriums-Neubaues (heute Heizwerk). 1960 wurde auch der südöstliche Teil abgetragen, der 1922–1953 als Mensa gedient hatte. Die Restaurierung des Restbaues erfolgte in den 1980er Jahren. Dabei wurde ein neues Treppenhaus angefügt. Das Gebäude gehört heute zur Technischen Informationsbibliothek (Nr. 101). Erhalten geblieben ist die symmetrische zweigeschossige Südfront mit zwei Seitenrisaliten und einem mittelrisalitartigen Eingangsbereich. Charakteristisch sind die gelben Ziegelwände sowie die großformatigen Bogenfenster, die im EG der Seitenrisalite mit dezentem Sandsteinmaßwerk versehen sind. Auch die Fensterverdachungen im Stil der englischen Neogotik im 1. OG und die reliefartigen Ornamente im Mittelteil bestehen aus hellem Sandstein.

The Royal Stables were built by Heldberg after plans by Tramm. They were used from 1866–1912 as the stables of the royal uhlans. The three N wings were demolished in 1913, the SE part in 1960. In the 1980s, the remainder was renovated and a new staircase was added. Today the building is part of no. 101. The S front is preserved. The yellow brick walls and large arch windows, on the first floor with sandstone entablatures in the English neo-Gothic style, are typical.

100

Zentralbibliothek der Universität Hannover
Welfengarten 1
1963–1964
K. Krüger, W. Burghard, T. v. Zimmermann (Staatshochbauamt)

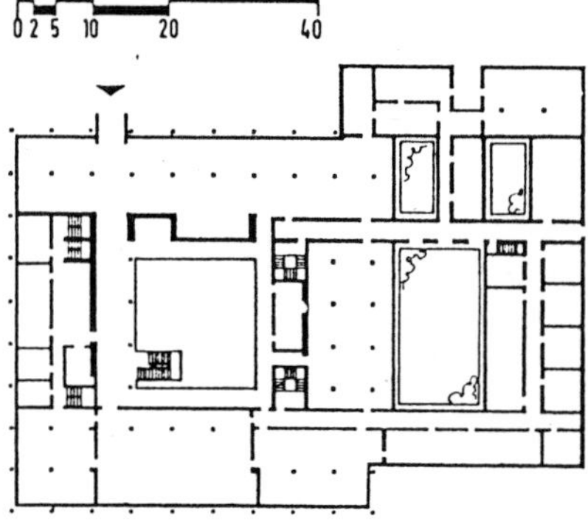

Der Komplex besteht aus einem dreigeschossigen Gebäudeteil auf quadratischem Grundriss und einem eingeschossigen Verwaltungstrakt mit drei Innenhöfen. Im EG des Hauptbaus befinden sich Ausleihe und Katalog und in den OG die Lesesäle; die zwei Kellergeschosse nehmen die Magazine auf. Das EG wird durch eine außen liegende Pfeilerstellung vor leicht zurückgesetzten Wänden mit Lichtband gegliedert. Die OG des Stahlbetonskelettbaus besitzen eine vorgefertigte Curtain-Wall-Fassade aus Leichtmetall und Glas. Die klare und lichtdurchlässige, kubische Form des Baukörpers erinnert an Entwürfe von Ludwig Mies van der Rohe. Die Zentralbibliothek ist ein charakteristisches Beispiel für Transparenz als prägendes Gestaltungsmoment öffentlicher Bauaufgaben der frühen 1960er Jahre.

The university central library has the clarity of design typical of 1960s public buildings. The three floors accommodate lending area and catalogue; reading rooms; and stacks; the administrative offices are in the one-storey section. The building is a steel-frame construction, with a prefabricated curtain wall of light metal and glass on the upper storeys.

101

Wilhelm-Grunwald-Haus, Erweiterungsbau der Technischen Informationsbibliothek und Akademisches Auslandsamt der Universität Hannover
Welfengarten 1a
1990–91
Ernst-Otto Rossbach, Hans H. Priesemann, Wolfgang-Michael Pax, Thomas Hadamczik

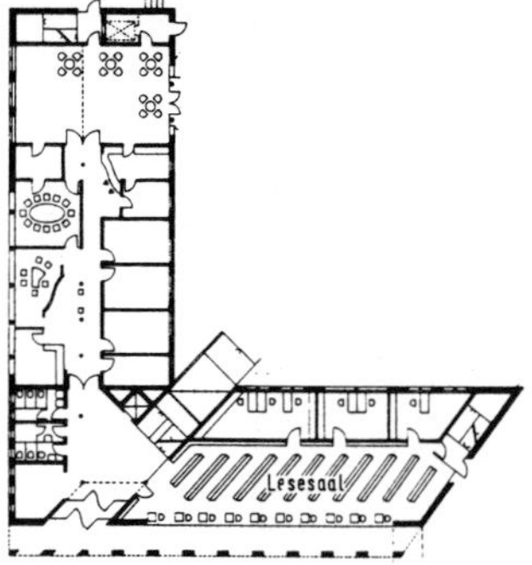

Grundriss, Erdgeschoss
Ground floor ground plan

Laut Wettbewerbsausschreibung (1986) sollte sich der Erweiterungsbau vor allem neben das, ebenfalls von der TIB genutzte, neugotische Marstallgebäude einfügen. Auf winkelförmigen Grundriss setzten die Architekten eine Stahlbetonkonstruktion mit zweischaligen Außenwänden in gelbem Ziegel-Sichtmauerwerk. Sockel, geschossdifferenzierende Bänder und Fenstersohlbänke bestehen aus massivem Sandstein. Die zweigeschossige Eingangshalle mit Galerie durchschneidet den Baukörper im Eckbereich und nimmt Bezug auf die Herrenhäuser Allee bzw. Marstall und gestattet den Durchblick zum Hof. Die Dachkante, ein markantes, horizontales Stahlprofil, korrespondiert mit den Stahlprofilen der Fensterbänke und dient gleichzeitig zur Querlüftung des Kaltdaches.

The Technological Library extension had to fit in with the neo-Gothic Marstall. The architects used a steel-frame construction with cavity walls on an angled ground plan, with a view into the courtyard from the entrance hall at the angle of the building. The eaves are steel profile, echoing the windowsills and at the same time ventilating the cold roof.

102

Franzius-Institut für Wasserbau und Küsteningenieurwesen
Nienburger Straße 1–5
1926
Franz-Erich Kassbaum

Treppenhaus
Staircase

Der erhöht stehende, ca. 120 m lange, zweigeschossige Baukörper wird durch einen überhöhten, risalitartig vorgeschobenen Mittelteil gegliedert. Ähnlich wie beim Anzeiger-Haus (Nr. 10) und beim Capitolhaus (Nr. 191) ist die Vertikale durch die Fassadenstrukturierung mittels lisenenartigen Klinkervorsprüngen in Keilform betont. Auf dem Dach des Mittelbaues befinden sich schiffsartige Aufbauten, u.a. zwei Sternwarten. Die paarweise angeordneten quergesprossten Fenster sind z.T. durch einteilige ersetzt worden, die den expressionistischen „Ziehharmonika-Effekt" beeinträchtigen. Die Treppenhäuser und Türen im Innern sind z.T. original erhalten. Eine im Norden angebaute Halle besitzt eine weitgespannte, frei tragende Bogenkonstruktion mit einer beeindruckenden Raumwirkung.

The Hydraulic Engineering institute resembles the Anzeiger-Hochhaus (no 10): the vertical is emphasized by lesene-like clinker projections. The Expressionist "concertina" effect is unfortunately broken where some of the horizontally divided windows have been replaced by undivided ones. Some of the staircases and doors are original. There is an impressive arch construction in a hall attached at the N.

103

Villenviertel
Nienburger Straße, Alleestraße, Callinstraße, Blumenhagenstraße
1880–1900
Max Küster u. a.

Parkhaus
Park House

Nieburgerstr. 9

Auf dem Weg von der Innenstadt nach Herrenhausen steht an prominenter Stelle, nordöstlich des Georgengartens an der Nienburger Str. 17, das sog. „Parkhaus" (Max Küster, 1894–95). Ins Auge sticht die gelungene Ecklösung, welche die städtebauliche Bedeutung des zweigeschossigen Putzbaus akzentuiert sowie ein zweigeschossiger turmartiger Aufbau mit Rundbogenfester und Pyramidendach. Die benachbarte Villa Nr. 15, bis 1999 Sozialgericht, mit von einem gesprengten Volutengiebel bekrönten Eckrisalit, entstand 1886. Sie repräsentiert eines der wenigen Gebäude in Hannover mit fast homogener neobarocker Architektur. Neoklassizistische Villen mit symmetrischem Aufbau und Mittelrisalit sind die Gebäude Nienburger Str. 9, 10, 11. In der Alleestr. 36 verbindet die Villa Knoevenhagel klassizistische und Renaissance-Elemente. Entlang der Callin- und Blumenhagenstr. befinden sich frei stehende Einzel- und Doppelhäuser mit reichem Fassadendekor.

Interesting villas include: the "Park House" at Nienburger Str. 17, with an ingenious treatment of the corner and a two-storey tower with a pyramid roof; the adjoining no. 15, until 1999 the Social Security Court, with a corner projection and broken scroll gable, one of the few homogeneous neobaroque buildings in Hannover; nos. 9, 10 and 11, symmetrical neo-classicist villas; Villa Knoevenhagel, Alleestr. 36, combining classicist and Renaissance elements; and Blumenhagenstr., numerous buildings with richly decorated façades.

104

Haus Stichweh
Alleehof 4
1952–53
Walter Gropius

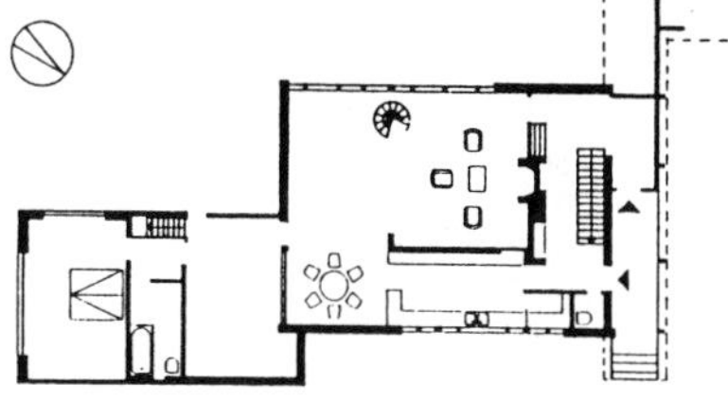

Das zweigeschossige, kubische Häuschen für den Färbereibesitzer und Kunstmäzen Stichweh ist das erste Gebäude, welches Walter Gropius, herausragender Vertreter des Neuen Bauens, nach dem Zweiten Weltkrieg in Deutschland gebaut hat. Auch hier werden mit dem Flachdach sowie schmalen, die Horizontale betonenden Fensterbändern typische Elemente der Moderne eingesetzt. Charakteristisch ist der spannungsreiche Wechsel zwischen hell geputzten Wandscheiben und gelben Ziegelflächen. Im EG befindet sich die Küche sowie die großzügige Wohnzone. Das OG nahm Schlafzimmer, Bäder und eine Bibliothek auf, die durch eine Wendeltreppe an den Wohnbereich angebunden sind. 1974 erfolgte durch die Architektengemeinschaft Hübotter-Ledeboer-Busch, welche schon die Bauleitung des Gropius-Baus innehatten, im Südosten ein eingeschossiger Annex. Das Gebäude ist heute Sitz des BDA Niedersachsen und des Vereins zur Förderung der Baukunst.

This house, built for the patron of the arts, Stichweh, and now the seat of architectural associations, was Gropius' first German building after WWII. Typical modernist elements are the flat roof and narrow ribbon windows emphasizing the horizontal. The alternation between pale plaster areas and yellow brick is typical. The kitchen and large living area were on the ground floor, and on the first floor were bedrooms, bathrooms and a library, reached by a spiral staircase.

105

Ehem. Geschäftsbücherfabrik König & Eberhardt, Architekturgebäude der Universität Hannover
Schloßwender Straße 1–4
1874–76; 1891–93; 1965–66
Ludwig Frühling; n. bek.; Friedrich Spengelin, Horst Wunderlich

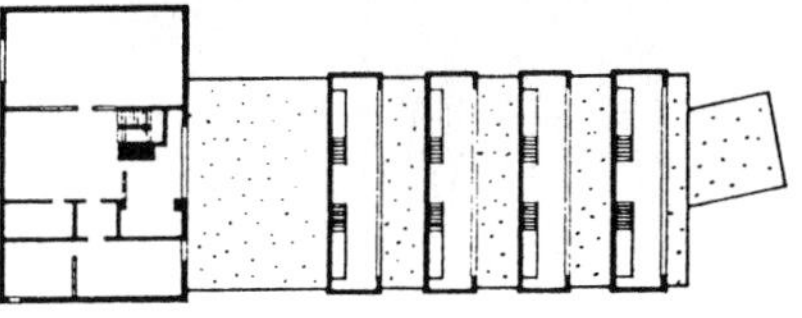

Grundriss Emporengeschoss
Ground plan, top floor

Der neogotische Bau wurde Ende 1874 als Druckereigebäude errichtet. Er bestand aus einer repräsentativen Anlage mit langen Mittelflügeln (Arbeitssäle) und turmartig erhöhten Eckbauten (Verwaltung). Im linken Flügel richtete die Hochschule ab 1937 ihre Architekturabteilung ein. Der dreigeschossige Backsteinbau brannte während des Krieges aus. Die teilweise zweigeschossige Aufstockung aus den 60er Jahren erfolgte durch eine leichte Stahlkonstruktion. Mit den vier quergestellten sheddachartigen Geschossemporen nimmt sie 160 studentische Arbeitsplätze auf. Ins Auge springt der starke bauliche Kontrast zwischen den alten historisierenden Stilelementen – dominiert durch Pilastergliederung, Blendbögen, Zwillings- und Drillingsbogenfenster – und dem kupferblechverkleideten, z.T. flachgedeckten Dachabschluss auf dem umlaufenden Fensterband.

Originally a printing works, the university architecture building was burnt out in WWII. A light steel construction was used to add two part storeys in the 1960s. The four transverse new sections, like a sawtooth roof, increase the number of student workplaces to 160. There is a stark architectural contrast between the old historical elements and the copper-cladded roof edge above the windows.

106

Christuskirche
An der Christuskirche 15
1859–64
Conrad Wilhelm Hase

Seitenansicht, Lithographie von 1867
Side view, lithography of 1867

Ansicht von Westen, Lithographie von 1867
View from the west, lithography of 1867

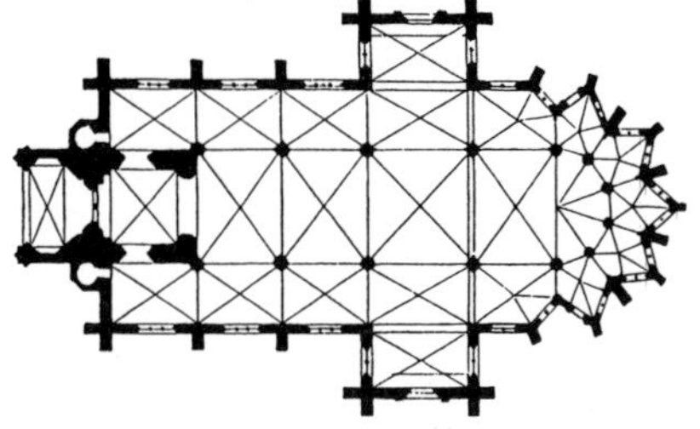

Die von König Georg V. gestiftete Christuskirche ist der erste sakrale Großbau der Hannoverschen Schule. Zugleich gilt sie als das bedeutendste neogotische Bauwerk Hases. Die Kirche ist aufgrund ihrer Ostung schräg zum Klagesmarkt platziert. Den dreischiffigen, filigranen Backsteinbau mit Sandsteingliederungen bestimmt die imposante Westfassade, welche Einflüsse verschiedener Vorläufer (u. a. Münchener Mariahilfkirche von Joseph Daniel Ohlmüller, 1832–38) verarbeitet. Der eingezogene, viereckige Turm wird über der mächtigen Fensterrosette als Achteck weitergeführt; ihn bekrönt ein spitzer Helm, dessen Sandsteingitter farbig glasierte Ziegel füllen. Dem Turm ist eine gewölbte, offene Halle mit Wimperg vorgelagert. Der vierjochige Kirchenraum weist ein schwach hervortretendes Querschiff auf. Ein polygonaler Chor mit umlaufenden fünf Kapellen – bis dahin ohne Vorbild – schließt nach Osten ab. Die Gewölbeabfolge in Langhaus und Chor wird an der Fassade über die durch Strebepfeiler unterbrochenen Giebel kenntlich gemacht. Auffallend ist der reiche bauplastische Schmuck. Das Tympanon des geschlossenen nördlichen Querhausportals thematisiert Szenen aus dem Alten Testament, das Bogenfeld des zugesetzten Südportals ist dem Neuen Testament gewidmet. Die Kirche wurde im Zweiten Weltkrieg schwer beschädigt und 1951–59 wiederhergestellt. Von der ursprünglichen Ausstattung haben sich Altar, Taufbecken und Kanzel, alle nach Entwürfen Hases, sowie Teile des alten Gestühls und zwei Radleuchter in den Querhausarmen erhalten. 1986–96 erfolgte eine grundlegende Renovierung, bei der u. a. die Taufkapelle umgestaltet wurde. Gegenüber dem Westportal errichtete Karl Börgemann 1906 das Pfarramt, welches stilistisch der Kirche angeglichen ist. Die ursprünglich geplante Straße zum zeitgleich entstandenen Welfenschloss (Nr. 97) wurde nicht verwirklicht.

King Georg V donated the Christuskirche, the first large sacred building of the Hannover school and Hase's most important neo-Gothic structure. It is a filigree brick structure subdivided by sandstone elements on the imposing W façade. The square tower continues as an octagon over the rose window. The four-bay interior has a vestigial transept; on the exterior, gables and buttresses mark the vaulting sections. At the E there is a polygonal choir with five radial chapels. The church has a great deal of architectural sculpture. The N transept portal shows scenes from the Old Testament, the S portal scenes from the New Testament. After war damage, the church was restored in 1951–59. Many of the furnishings have been preserved. There was a thorough renovation in 1986–96, during which the baptistry was altered.

107

Wohnanlage Brüggemannhof
Brüggemannhof 1–22
1912–24
Franz Hoffmann

Teilgrundriss der Siedlung, 1914–17
Ground plan of part of the housing estate, 1914–17

Durch den Spar- und Bauverein entstand auf tiefem, unregelmäßigem Grundstück ein qualitativ hochwertiger Komplex von Kleinwohnungen (3- oder 4-Zimmer) mit gehobener Ausstattung (Badenischen, z.T. Balkone). Die aneinander gereihten 22 vier- und an den Eckpunkten fünfgeschossigen Häuser umschließen einen durch Vor- und Rücksprünge gegliederten Hof. Franz Hoffmann, der in Groß-Buchholz (Sielmerdingstr.) 1920 eine Reihenhaussiedlung geplant hatte, orientierte sich beim Brüggemannhof – später auch „Rote Burg" genannt – an Burgenromantik in Kombination mit sparsamen Jugendstilformen. Unterstützt wird dies u.a. durch Versatzstücke wie eine Zwerggalerie (im 4. OG) mit lebensgroßen vollplastischen Reliefs, verschieden gestaltete Hauseingänge, Erker, Fachwerk und figürliche Handwerksszenen.

This group of apartments with exclusive fittings was built by a savings association on a steep, irregular plot. Twenty-two four- and five-storey buildings surround a courtyard. Hoffmann was inspired by romantic images of fortresses, combined with some Jugendstil forms. Set pieces such as dwarf galleries with life-size reliefs, oriels, timber-framing and figures of craftsmen emphasize the style.

108

Ehem. Bürgerschule (verschiedene Universitätsinstitute); Lutherschule (ehem. Realschule III)
Am Kleinen Felde 30; An der Lutherkirche 18
1896–98; 1901
Otto Ruprecht

Ehem. Bürgerschule
Former Bürger School

Lutherschule
Luther School

Zwischen 1890 und 1903 entstanden in der Nordstadt sechs Schulen. Ruprecht entwarf die ehem. Bürgerschule mit gotisierenden, dreigeschossigen Sandsteinfassaden und risalitartigen, asymmetrischen Vorsprüngen. Ein Rundturm korrespondiert mit der Ecklage. Durch tief eingeschnittene Fensteröffnungen und Fialen entsteht eine vertikale Gliederung. Ebenfalls von Otto Ruprecht gebaut wurde im direkten Anschluss zur ehem. Bürgerschule die heutige Lutherschule (An der Lutherkirche 18). Der dreigeschossige Putzbau orientiert sich mit seinem zentrierten Mansardgiebel, den flankierenden turmartigen, etwas vorgezogenen Bauteilen sowie roten Sandsteinornamenten und giebelartigen Fensterverdachungen an der deutschen Renaissance. Ein Repertoire von Renaissance-Formen vermittelt auch die benachbarte zweigeschossige Feuerwache (1897–1900, Am Kleinen Felde 28) desselben Architekten.

Six schools were built in this district between 1890 and 1903. The Bürger School has a Gothicizing sandstone exterior with asymmetrical projections and a round tower marking its corner setting. Deepset windows and pinnacles emphasize the vertical. The Luther School, also by Ruprecht, has a central gable, flanking tower-like projections and red sandstone ornamentation, in the German Renaissance style.

109

Anna-Siemsen-Schule
Im Moore 38
um 1930
Karl Elkart

Die Anna-Siemsen-Schule befindet sich im selben Quartier wie auch die Lutherschule (Nr. 108) und die ehem. Bürgerschule (Nr. 108). Während diese beiden Gebäude in einer Straßenzeile errichtet wurden, wählte Baurat Elkart für die westlich anschließende Anna-Siemsen-Schule als Grundriss mehrere Trakte, die um einen Innenhof entlang den Straßen Im Moore, An der Lutherkirche und Am Kleinen Felde gruppiert sind. Der viergeschossige Putzbau mit seinem überhöhten DG erhebt sich auf einem Sockel aus Naturstein. Der Eingang ist aus der Mittelachse genommen und wird durch waagrechte, über Eck geführte Bänderungen aus Travertin betont. Die Fassade wirkt durch das flach geneigte Walmdach sowie Fensterbänder und umlaufende Gesimse stark horizonal gestreckt.

The Anna Siemsen School consists of several sections grouped around a courtyard. The four-storey plaster building with a larger attic storey has a natural stone base. Horizontal travertine string courses emphasize the entrance, and the façade too is strongly horizontal, enhanced by the shallow hipped roof, ribbon windows and mouldings.

110

S-Bahnstation Hannover-Nordstadt
Brücke Engelbosteler Damm
1996–97
Hansjörg Göritz

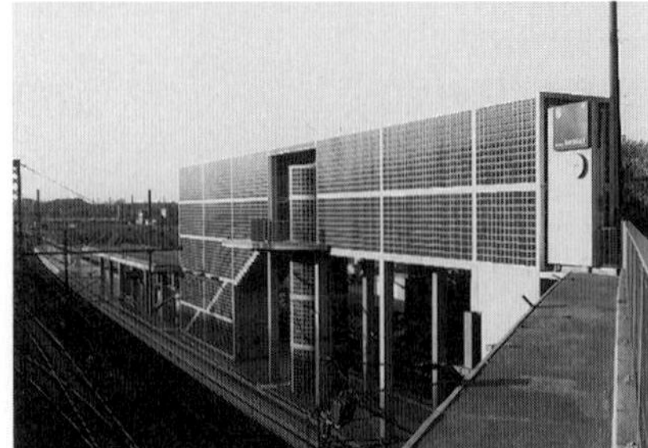

Der Bahnhof wurde als erster von neun Haltepunkten der neuen S-Bahn-Strecke zwischen Flughafen und Expo-Gelände gebaut. Die von der Brücke nach Westen ausgerichtete Station ist eine Komposition aus drei Grundkörpern: Das Eingangsbauwerk mit Treppe wird als stehende Scheibe vom Zylinder des Aufzugs durchbrochen. Beide dienen zur Überwindung des Höhenunterschiedes vom Brückenscheitel bis auf den Perron. Das dritte Element bildet das liegende Dach über dem Bahnsteig. Tragende und begehbare Bauteile bestehen aus blau pigmentierten Sichtbeton-Fertigteilen. Vorgefertigte Glasstein-Betontafeln dienen als Gebäudehülle. In der Tradition des experimentierfreudigen Pierre Chareau und in Anlehnung an dessen Pariser 'maison de verre' (1928) verwendet Göritz das Material blauer Glasstein: ein Effekt, der das Gebäude tags als „kühlen Kristall" und nachts als „leuchtende Laterne" (Göritz) weithin sichtbar wirken lässt.

The Hannover-Nordstadt suburban railway station was the first of nine built on the new line to the Expo grounds. The entrance and stairs are a flat plate, pierced by the lift cylinder. The platforms and supports are of blue pigmented pre-cast exposed concrete sections. The skin of the building is of prefabricated glass block and concrete panels. Göritz uses blue glass blocks, saying the building is visible as a "cool crystal" at daytime and a "shining lantern" at night.

111

Verwaltungsgebäude der Vereinigten Schmirgel- und Maschinenfabriken AG
Siegmundstraße 17
1922
Paul Kanold

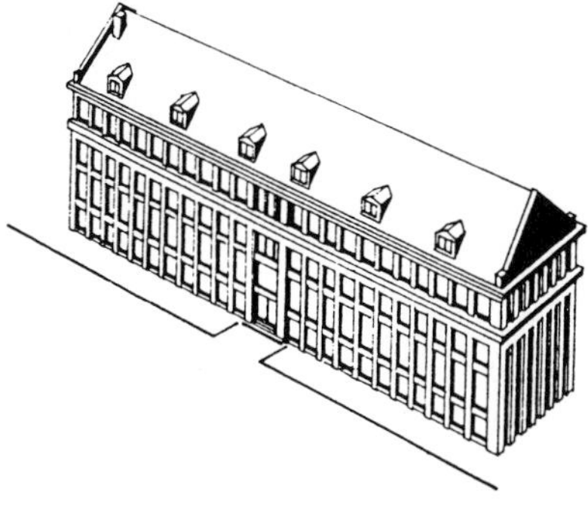

Der lang gestreckte viergeschossige Baukörper ist durch die strenge Vertikalgliederung seiner Fassade bestimmt. Die Geschosse des verputzten Eisenbetonbaus werden durch pfeilerartige Stützen optisch zusammengefasst. Das 3. OG schließt mit einem kräftigen Gesims ab. Schmale, zwischen den Pilastern liegende Fenster betonen die senkrechte Ausrichtung des Gebäudes. Abgeschlossen wird es durch ein mit kleinen Gauben versehenes Satteldach. Die mittige Eingangsfront betont ein Relief. Der axialsymmetrische Bau wird durch bis zum 1. OG geführte Sandstein-Pilaster eingerahmt. Ist die Außengestaltung einer funktionalen Architektursprache verpflichtet, so lassen sich in der Gesamtanlage klassizistische Vorbilder erkennen.

The factory administration building has severe vertical divisions; pillar-like supports optically link the storeys, and a relief emphasizes the entrance. The third floor is surmounted by a powerful moulding; above the fourth is a saddleback roof with small dormers. The exterior is deliberately functional in character, but it clearly had classicist models too.

112

Siedlung Schulenburger Landstraße
Schulenburger Landstraße 167–225
1921–23
Paul Wolf

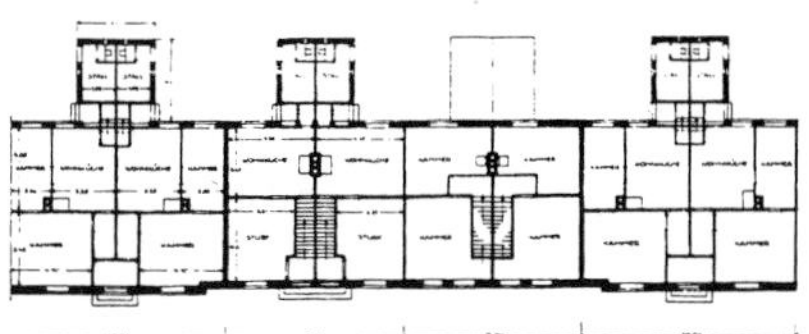

Stadtbaurat Wolf, der fast gleichzeitig die Planungen der Wohnbebauung in Oberricklingen (Nr. 183) und in der Dorotheenstr. (Nr. 210) durchführte, konzipierte die Backsteinsiedlung an der Schulenburger Landstraße unter sparsamsten finanziellen Mitteln: nach seinem Plan ermöglichen kleine Stallanbauten und Gärten die Selbstversorgung der Bewohner. Die 26 eingeschossigen Reihenhäuser haben jeweils 38 qm, die 20 zweigeschossigen je 54 qm Wohnfläche. Der Komplex ist streng symmetrisch. Zwischen den zurückgesetzten Mittelbauten der straßenbegleitenden Zeile führt ein Weg zu den hinteren Gebäuden, die sich um einen länglichen Hof gruppieren. Die Fassaden sind schlicht, mit dezentem Schmuck durch besondere Ziegelverbände. Bogentüren, Sattel- und Walmdächer sowie Zwerchhäuser verweisen auf eine an holländische Bautradition erinnernde Architektursprache.

The head of the planning department, Wolf, had to economize when this brick estate was planned, and with the same thrift, small animal pens and gardens were planned so the occupants could support themselves. There are 26 one-storey and 20 two-storey terraced houses. The estate is strictly symmetrical: behind the row along the street, the other houses are grouped around a long courtyard. Roof forms, arched doors and lucarnes take up traditional Dutch formal language.

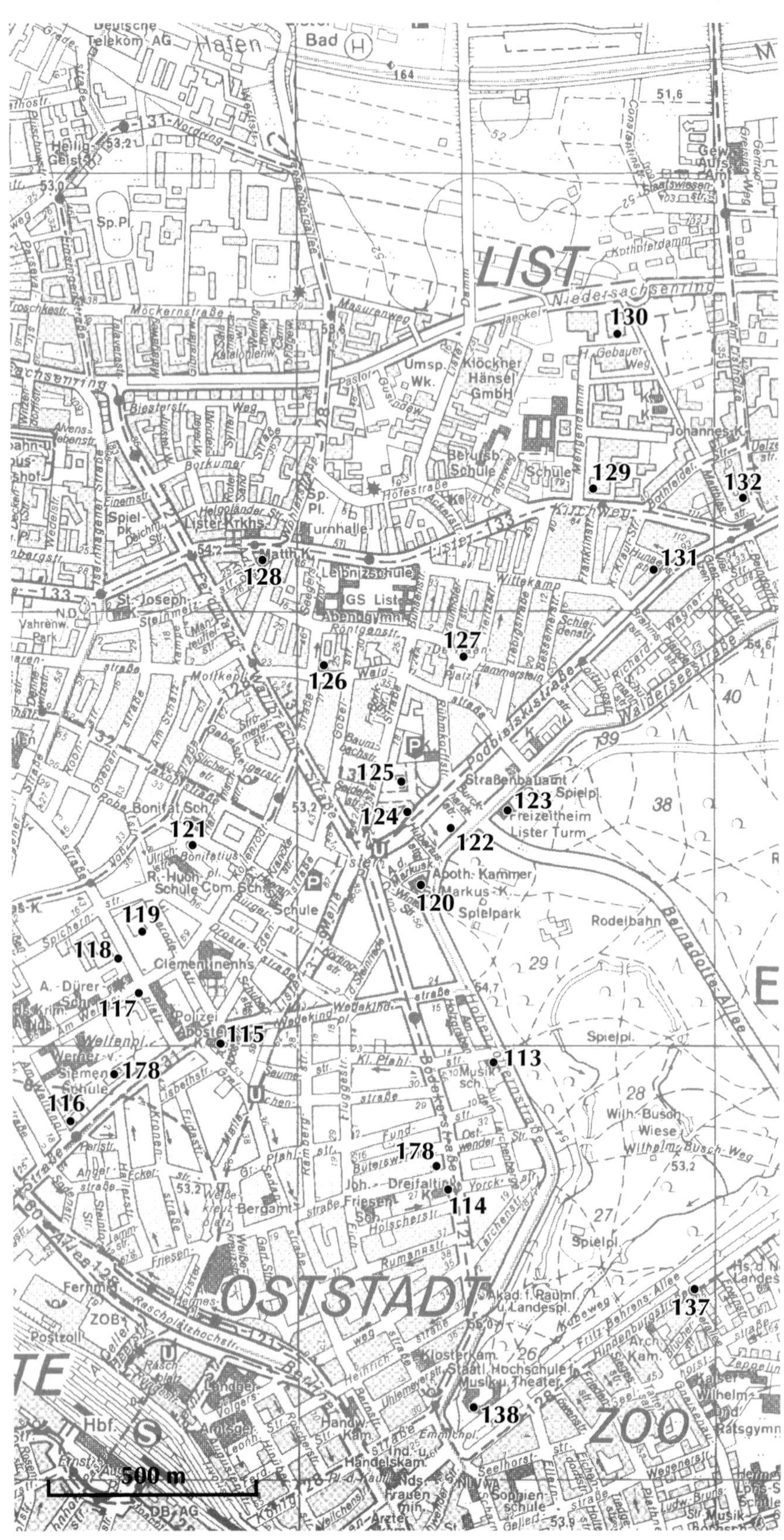
LIST
OSTSTADT
ZOO
Bad
Niedersachsenring
Möckernstraße
Masurenweg
Höfestraße
Lister Kirchweg
Lister Krkhs.
Leibnizschule
Podbielskistraße
Walderseestraße
Straßenbauamt
Freizeitheim Lister Turm
Apoth. Kammer
Markus-K.
Spielpark
Rodelbahn
Bernadotte-Allee
Wilh.-Busch-Wiese
Wilhelm-Busch-Weg
Clementinenhs.
Polizei
Bergamt
Akad. f. Raumf. u. Landespl.
Fritz-Behrens-Allee
Hindenburgstraße
Klosterkam.
Staatl. Hochschule f. Musik u. Theater
Seelhorststr.
Sophienschule
Hbf.
ZOB
Raschplatzhochstr.
Berufsb. Schule
Klöckner Hänsel GmbH
Johannes-K.
St. Joseph-K.
Abendgymn.
Röntgenstr.
Moltkeplatz
Jakobistraße
Bonifat. Sch.
Schule
Spielpl.
500 m
113
114
115
116
117
118
119
120
121
122
123
124
125
126
127
128
129
130
131
132
137
138
178

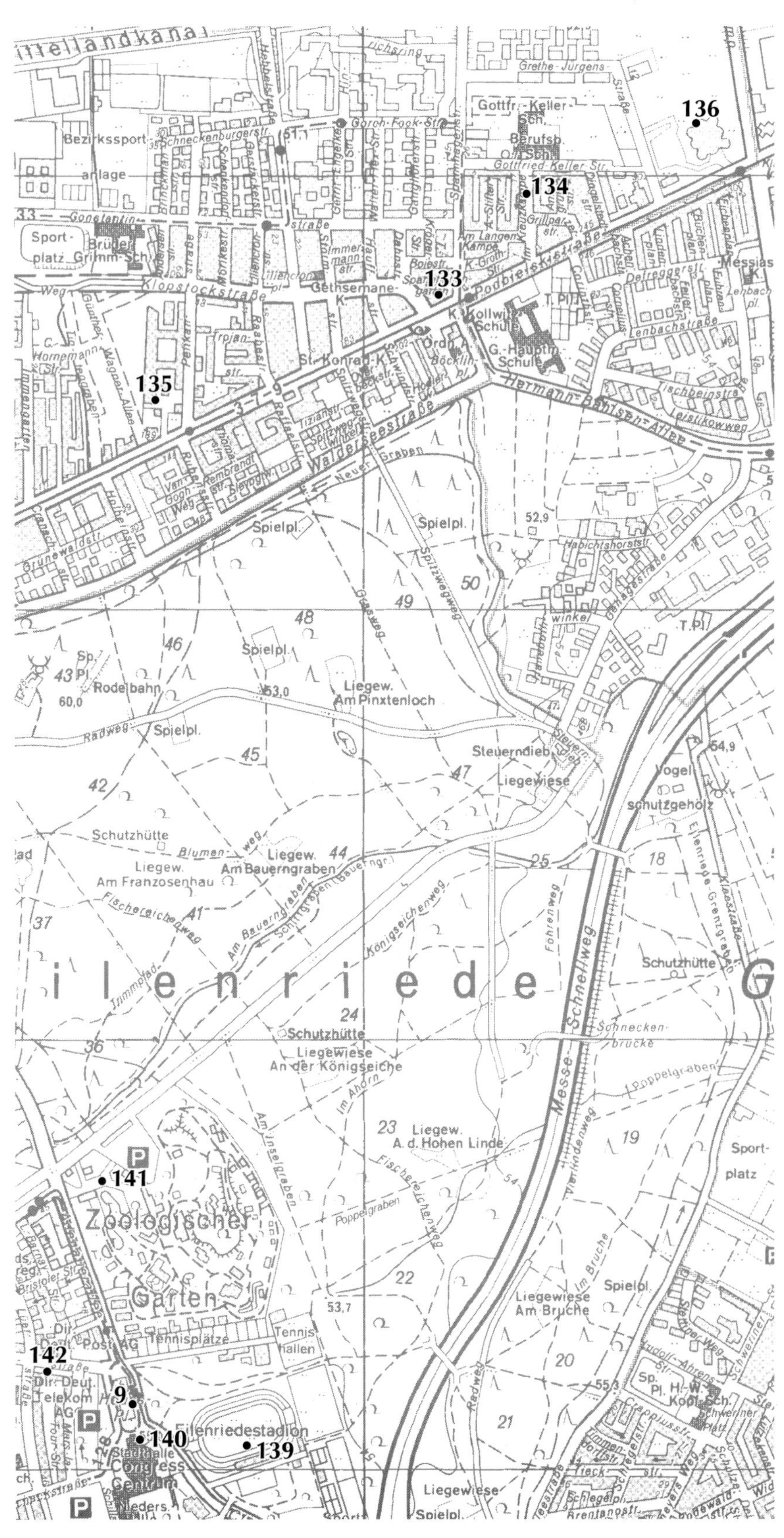
136
134
133
135
141
142
9
140
139
Zoologischer Garten
Eilenriede
Eilenriedestadion
Congress Centrum
Messe-Schnellweg
Podbielskistraße
Hermann-Bahlsen-Allee
Walderseestraße
Klopstockstraße
Liegew. Am Pinxtenloch
Liegewiese An der Königseiche
Liegew. Am Bauerngraben
Liegew. Am Franzosenhau
Liegewiese Am Bruche
Vogelschutzgehölz
Schutzhütte
Rodelbahn
Spielpl.
Tennisplätze
Tennishallen
Sportplatz

113

Villa Seligmann
Hohenzollernstraße 39
1903-06
Hermann Schaedtler

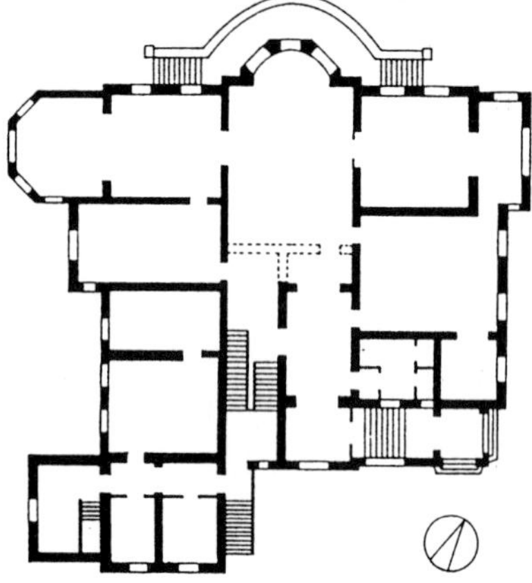

Besondere Beachtung bei der ab 1888 entstandenen landhausartigen Bebauung der Hohenzollernstraße verdient die Villa Seligmann. Das ehemalige Wohnhaus des Direktors der Continental-Gummiwerke (vgl. Nr. 224, 225), Siegmund Seligmann, liegt inmitten eines parkartigen Eckgrundstücks. Der zweigeschossige, repräsentative Bau in neobarocker Formensprache wird über eine großzügige, halbkreisförmige Vorfahrt erschlossen. Er besitzt eine reich gegliederte Fassade aus Sandsteinquadern, den Abschluss bildet ein hohes Mansarddach. Die ursprüngliche wandfeste Ausstattung hat sich erhalten, ebenso die alten Fenster. 1931 wurde das Gebäude der Stadt Hannover vermacht und dient heute als städtische Musikschule.

The Villa Seligmann is a particularly fine example of the country house building in this street from 1888 on. The owner was the director of Continental Gummiwerke. In a park-like corner plot, with a semicircular drive, the neo-baroque villa has squarestone sandstone facing and a high mansard roof. The windows and decoration are original.

114

Dreifaltigkeitskirche
Bödekerstraße 23
1880–83
Christoph Hehl

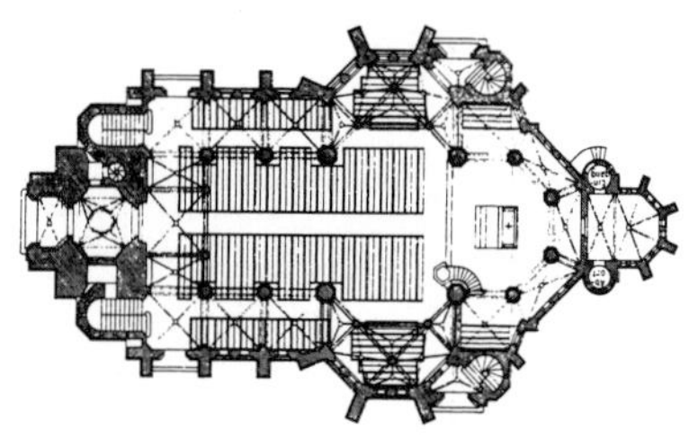

Zeitgleich mit der Apostelkirche (Nr. 115) wurde in der Oststadt mit dem Bau der Dreifaltigkeitskirche begonnen. C. Hehl, ein Schüler Conrad Wilhelm Hases, entwarf eine dreischiffige, neogotische Basilika mit polygonalem Querhaus; der Altarraum besitzt einen 5/8-Schluss mit Chorumgang und axial angeordneter Sakristei. Der Turm wurde aus städtebaulichen Gründen im Osten platziert; ihn bekrönt ein spitzer, oktogonaler Helm, flankiert von vier Ecktürmchen. Das Äußere der Backsteinkirche wird durch Strebepfeiler gegliedert. Im Gegensatz zum basilikalen Fassadenaufbau vermittelt ihr Inneres den Raumeindruck einer Predigtkirche (kurzes, zweijochiges Langhaus, breites Mittelschiff sowie ausladendes Querschiff). Emporen und das überhöhte Sternengewölbe in der Vierung betonen diese zentralisierende Tendenz zusätzlich. Die reiche Ausmalung wurde 1982–83 wieder hergestellt.

The Holy Trinity church is a three-aisle neo-Gothic basilica with a polygonal transept, ambulatory and vestry. Town planning requirements meant the tower was put at the E end; it has a pointed octagonal spire with 4 corner turrets. The brick church is structured by buttresses. In contrast to the basilical exterior, the interior conveys the impression of a single-chamber church. This is accentuated by galleries and the high star vaulting. The colouring was restored in 1982–83.

115

Apostelkirche
Celler Straße 78
1880–84
Conrad Wilhelm Hase, Karl Börgemann

Ansichtszeichnung, 1879
Scenic view, 1879

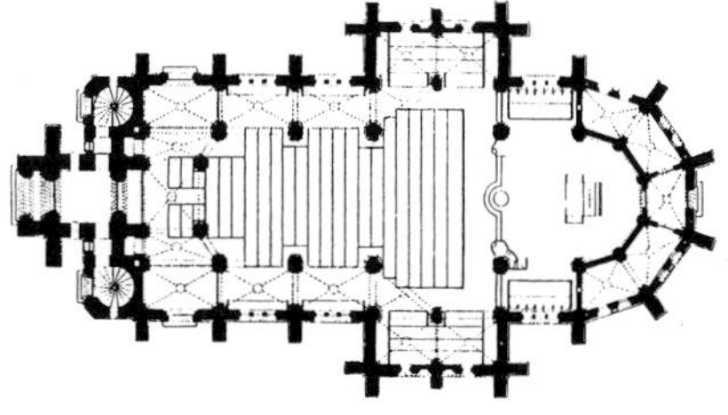

Die städtebaulich exponiert auf einem dreieckigen Grundstück errichtete Kirche ist ein bedeutendes Spätwerk des einflussreichen Architekten C. W. Hase in Hannover. Der dreischiffige, neogotische Backsteinbau mit abgetrenntem östlichen Chorumgang entstand nach Plänen Hases und wurde von dessen Schüler Börgemann ausgeführt. Ähnlich der zeitgleich erbauten Dreifaltigkeitskirche von C. Hehl (Nr. 114) besitzt die Basilika ein neuartiges Raumkonzept: Das Innere bestimmen steinerne Emporen, die an den Vierungspfeilern polygonartig in die Querhausarme abknicken; zusammen mit dem breiten Querhaus bewirken sie die Tendenz einer Zentralisierung des Kirchenraums im Sinne der evangelischen Liturgie. Der Westturm wird durch einen spitzen Helm (ursprünglich Backstein) mit flankierenden Ecktürmchen bestimmt. Im Norden wurde an den Chor eine Sakristei auf sechseckigem Grundriss angefügt.

The Apostelkirche is an important late work by C. W. Hase: a three-aisle, neo-Gothic brick church with a separate ambulatory at the E. As in no. 114, the basilica has a new spatial concept. Stone galleries extend polygonally into the transept, giving the church a centralized character in accord with Protestant liturgy. The W tower has a pointed spire with flanking corner turrets. A sacristy adjoins at the N.

116

Tankstelle Welfenplatz
Am Welfenplatz 19
1996
Storch Ehlers und Partner

Das größte Tankstellendach Hannovers legt sich leicht gefaltet über nadelartig-schräg gestellte Stützen und will sich damit thematisch auf den dahinterliegenden Park mit seinen Bäumen beziehen. Zwei untergeschobene Pavillonbauten nehmen den kreisrunden Verkaufsraum und die rechteckige Werkhalle mit Waschstraße und städtischem Transformatorenhaus auf. Zwischen den beiden Körpern befindet sich der diagonal durch die Stützen geführte Bereich der Zapfsäulenanlage, der den Blick zum Welfenplatz frei lässt. Die Stahlkonstruktion des Daches mit ihren regelmäßig angeordneten Oberlichtern sorgt tagsüber für eine diffuse natürliche Belichtung. Bei nächtlicher Beleuchtung wird die Decke zum funkelnd-illuminierten Lichtobjekt. Die außergewöhnliche Tankstelle sollte ermuntern, von den heute üblichen Standard-Entwürfen abzusehen und prägnante Lösungen für einzelne Orte zu finden.

The largest petrol station canopy in Hannover, slightly slanted and on oblique supports, refers visually to the adjoining park and trees; the shop, car wash and transformer are stowed underneath in two pavilions. Between them, the diagonal line of petrol pumps leaves the view to the square free. Diffuse natural light filters through the skylights in daytime, while at night the roof becomes a glittering light object.

117

Ehem. Kasernen
Am Welfenplatz 1, 2
1858–60; 1867–70
Heinrich Jüngst

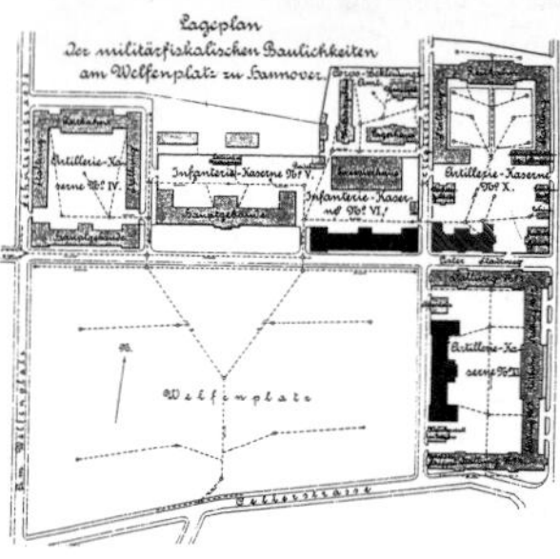

Ursprüngliche Bebauung des Welfenplatzes
Original arrangement of buildings on Welfenplatz

Die nördliche Begrenzung des 1858 angelegten ehem. Exerzierplatzes bildeten drei symmetrisch angelegte Kasernen, von denen nur die östliche (Nr. 2) als Torso den Zweiten Weltkrieg überdauert hat. Die ehem. Infanterie-Kaserne, heute Polizeirevier, ist ein dreigeschossiges Ziegelgebäude auf geböschtem Sockel. Der Eckbau mit arkadenartigen Rundbogenfenstern in der Dachzone und Ecktürmchen wurde vereinfacht wiederhergestellt. Die östliche Begrenzung des Platzes markiert die ehem. Kaserne für reitende Artillerie (1867–70; Nr. 1), heute Sitz verschiedener Polizeidienststellen. Der wie der Nachbarbau in neoromanischem Stil errichtete Backsteinkomplex besteht aus einem dreigeschossigen Hauptgebäude mit Eckrisaliten und übergiebeltem Mittelrisalit. Im Norden und Osten schließen sich Nebengebäude (südlicher Teil zerstört) mit Reithalle an. Sie sind über eine reich verzierte Tordurchfahrt zugänglich.

Of three symmetrically arranged barracks that bordered the parade ground to the north, only the torso of one (no. 2), for infantry, survived WWII. It is a three-storey brick building on a sloping base. The corner building, with corner turrets, has been rebuilt in a simplified form. The former mounted artillery building (no. 2) is, like its neighbour, a neo-Romanesque brick complex with projections. Annexes and a riding school can be reached through a richly decorated gateway.

118

Bürogebäude
Kriegerstraße 44
1993–94
Bertram Bünemann Partner

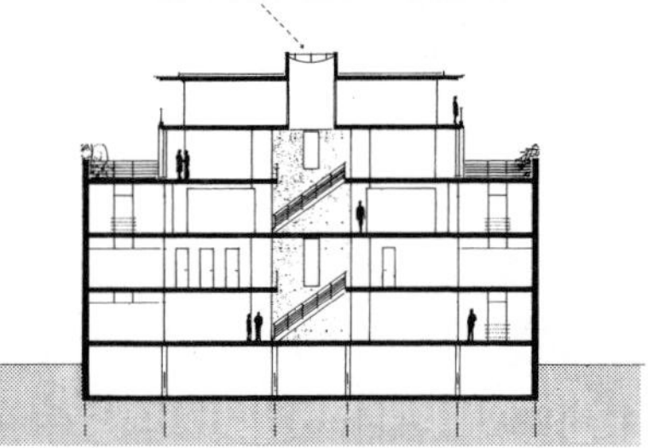

Die Front des fünfstöckigen Bürogebäudes ist streng symmetrisch gegliedert. Die Fassade der Stahlbetonkonstruktion wird in der Mitte durch ein risalitartiges, sich leicht aus der Fassade herausrundendes Treppenhaus mit Glasbausteinen durchbrochen; das weit auskragende, mehrschichtige Dach nimmt die Rundung auf. Über ein sog. „Lichtrohr" gelangt Tageslicht vom Dach aus in die OG. Richtung Norden bindet ein zurückgezogener, dreige-schossiger Flügelbau an die vorhandene Nachbarbebauung an. Die seitlichen tragenden Scheiben aus Betonmauerwerk wurden nicht bis an die vordere Fassadenfront geführt. Zur Straßenseite sind die offenen Innenräume voll verglast. Das Gebäude an der Kriegerstraße bildet in seinen Außenmaßen ein Pendant zu den gegenüberstehenden Einzelkuben des Büroparks Welfenplatz (Nr. 119). In seiner angenehmen Leichtigkeit repräsentiert er eine ansprechende Büroarchitektur der 1990er Jahre in Hannover.

The office building is of reinforced steel; at the centre of its symmetrical front is a projecting staircase fronted with glass bricks, and the curve of the projection is echoed by the cantilevered roof. Daylight reaches the top storey through a round light well (light tube). The street front inner rooms are fully glazed. This individualistic building, representing good 1990s office architecture, is a complement to the single blocks opposite (no. 119).

119

Büropark Welfenplatz
Kriegerstraße, Spichernstraße
1992–93
Axel Schultes

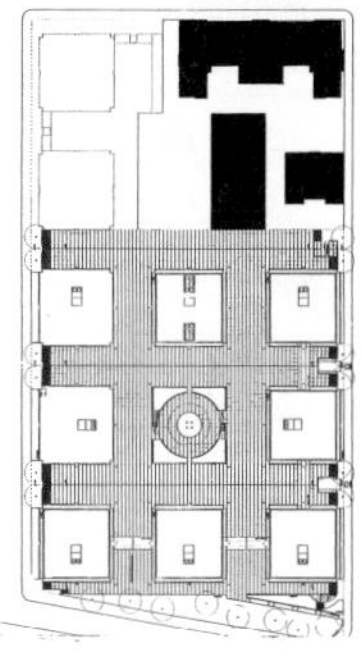

Die Decke der über das Gesamtareal reichenden Tiefgarage ist gegenüber dem Straßenniveau um ca.1,50 m erhöht und schafft das gepflasterte, schachbrettartige Podium für zehn gleichmäßig verteilte, kubische Einzelbaukörper. Ihre quadratischen Grundflächen (24 x 24 m) beinhalten einen inneren, künstlich belichteten Kern mit Nebenräumen und Vertikalerschließung sowie außen liegende Büroräume. Die Gestaltung der bis zu siebengeschossigen Kuben wirkt zweischichtig: hinter der viergeschossigen, stark farbig (mauve) verputzten Lochfassade erheben sich ab dem 3.OG zurückgesetzte weiße Außenwände. Das Zentrum der Anlage bildet ein quadratischer, baumbestandener Platz, der über 12 m breite, im Raster verlaufende und unbegrünte Fußgängerstraßen erreicht wird. Die kühle Atmosphäre des Quartiers wirkt wie ein idealistischer Stadtentwurf.

The raised ceiling of the underground car park forms the podium for the ten evenly spaced block-like office buildings. Each has a central artificially lighted core, while the offices are on the outer faces. The buildings have mauve punctuated facades on the lower floors, and from the 3rd floor up white exterior walls. The complex evokes the cool atmosphere of an idealized town plan.

120

Markuskirche
Oskar-Winter-Straße 7
1902–06
Otto Lüer

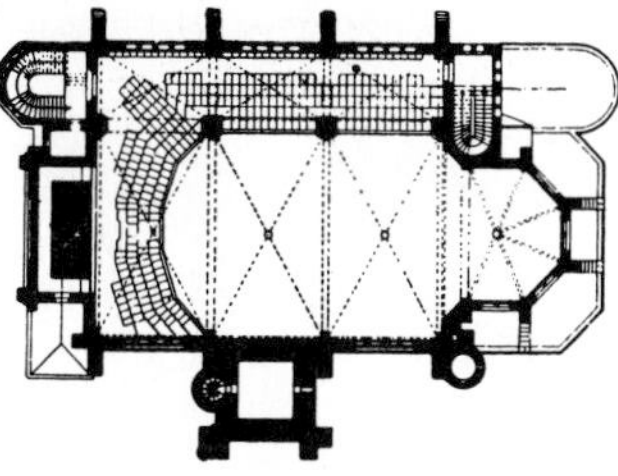

Der romanisierende Kirchenbau weist eine ungewöhnliche Disposition auf: Der Turm wurde nicht in der Längsachse des Baus, sondern an seiner Breitseite platziert und somit auf die Achse der Hohenzollernstraße ausgerichtet. Der zweischiffige Sandsteinquaderbau besitzt eine dreijochige, kreuzrippengewölbte Halle mit polygonalem Chorabschluss im Osten. Bestimmende Elemente des mit aufwändigen Kapitellen versehenen Innenraums sind die Emporen im Westen und im schmalen Nordschiff. An den zweischiffigen Zentralraum sind im Norden, nach außen sichtbar, diverse Nebenräume (Vorhalle, Treppenturm) angefügt. Das Wandmosaik über dem Hauptportal stellt den triumphierenden Christus als Weltenherrscher dar (Entwurf: Oskar Wichtendahl): ein Geschenk Kaiser Wilhelms II. Die ursprüngliche Innenausmalung ist nicht erhalten. Die Fenster im Altarraum stammen von Helge Breig (1967).

The Romanesque-style St. Mark's Church has an unusual feature: the tower is at the side, not the end. The interior has three rib-vaulted bays, ornate capitals and a polygonal choir termination. Distinctive features are the galleries at the west and in the north aisle. A wall mosaic over the main portal shows Christ Triumphant (design by Oskar Wichtendahl), a present from Kaiser Wilhelm II. The chancel windows are by Helge Breig.

121

Schulensemble Bonifatiusplatz
Kollenrodtstraße 3, Bonifatiusplatz 3, 6
1898–um 1907
Carl Wolff, Paul Rowald

Comeniusschule (oben), Bonifatiusschule (unten)
Comenius School (above), Bonifatius School (below)

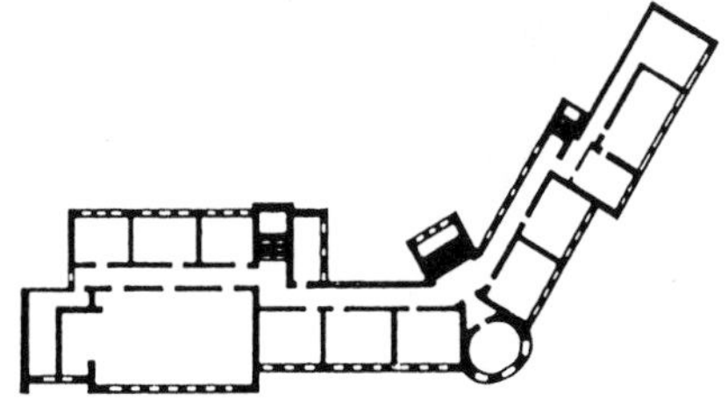

Ricarda-Huch-Schule
Ricarda Huch School

Um den Bonifatiusplatz wurden ab 1898 nach den Plänen von Wolff und Rowald drei Schulgebäude gebaut. 1898–1900 entstand in der Kollenrodtstr. die Comeniusschule in Renaissance-Stilformen. Der hell verputzte, dreigeschossige Massivbau mit symmetrisch gegliederter Fassade wird von einem Mansarddach abgeschlossen. An den Seitenrisaliten sind zweigeschossige Erker appliziert. Fenstergewände und geschweifte Giebelabschlüsse bestehen aus rotem Wesersandstein. Die ehem. katholische Bürgerschule und heutige Bonifatiusschule (Bonifatiusplatz 6) wurde 1902 gebaut. Über einem niedrigen Sockel erheben sich vier Geschosse, die durch ein flaches Walmdach abgeschlossen werden. Die mit Buntsandstein versehene Putzfassade ist symmetrisch gegliedert. Im übergiebelten Mittelrisalit wird das Gebäude durch einen gewölbten Doppeleingang erschlossen, der auf die ehem. getrennte Nutzung als Knaben- und Mädchenschule verweist. Die Fenster sind durch romanisierende Elemente wie Säulen und Bogen in Dreiergruppen zusammengefaßt. Der viergeschossige Komplex der Ricarda-Huch-Schule (Bonifatiusplatz 3) entstand um 1907. Die Architekten nutzten das stumpfwinklige Grundstück zum Bau einer zweiflügeligen Anlage. Die Verbindung zwischen den beiden Gebäudeteilen stellt ein repräsentativer Eckturm auf ovalem Grundriss mit Vorhalle her. Die Fassade des Eingangsvorbaus wird durch reiche Natursteinverzierungen sowie Schmuckelemente in den Formen barockisierenden Jugendstils bestimmt. Den Flügel am Bonifatiusplatz betont ein mächtiger Risalit, der ursprünglich Turnhalle, Aula und Räumlichkeiten für die Lehrerausbildung aufnahm. Im Zweiten Weltkrieg trug die Schule schwere Schäden davon und wurde anschließend vereinfacht wiederhergestellt.

From 1898 on, three schools were built around Bonifatiusplatz. The Comenius School is a Renaissance-style pale plaster building with red Weser sandstone window jambs and curved gable edges. The Bonifatius School dates from 1906. The entrance is through a vaulted double entrance, formerly dividing the school into a girls' school and a boys' school, in the gabled centre projection. The Ricarda Huch School dates from 1907. The architects followed the shape of the plot in creating a two-wing building. The two wings are joined by an imposing oval corner tower with entrance, richly decorated in natural stone with ornamental elements in Jugendstil baroque style. The large projection on the wing originally contained the gymnasium, assembly hall and rooms for teacher training. After WWII, the school was rebuilt in a simpler style.

122

Haus Madsack
Walderseestraße 3
1928
Fritz Höger

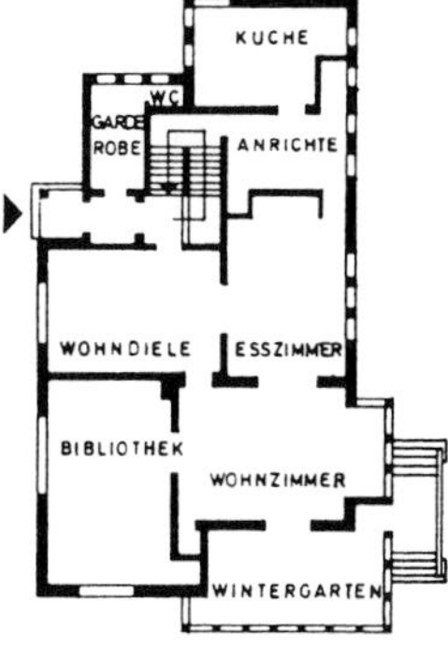

Fritz Höger, herausragender Vertreter der Architektur des Expressionismus, errichtete zeitgleich mit dem Anzeiger-Hochhaus (Nr. 10) für den damaligen Chefredakteur und späteren Verleger des „Hannoverschen Anzeigers", Erich Madsack, ein repräsentatives Wohnhaus. Es besteht aus einem zweigeschossigen Kubus mit Zeltdach sowie mehreren eingeschossigen flachen Anbauten. Die Fassade des Gebäudes wird durch horizontale Gestaltungselemente wie hervortretende Lagerfugen beim Ziegelmauerwerk und Gesimse, weite Dachüberstände bei Gauben und Dächern sowie die liegende Sprossenteilung der Fenster betont. Damit steht es in deutlichem Gegensatz zum stark vertikal gegliederten Anzeiger-Hochhaus.

Fritz Höger, the outstanding expressionist architect, built this residence for Madsack, the editor of the „Hannoversche Anzeiger", at the same time as the office building for that newspaper (no. 10). But in contrast, this building, a cube with pavilion roof, has a strong emphasis on the horizontal, with projecting joints, mouldings and windows with lay bars.

123

Lister Turm
Walderseestraße 100
1894–96
Hermann Schaedtler

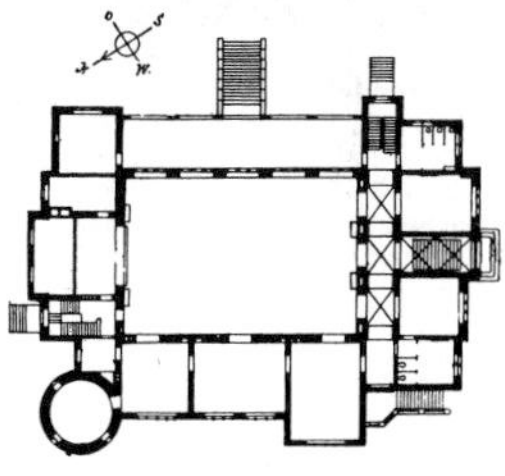

Erdgeschoss
Ground floor

Das Ensemble in Stilformen der deutschen Renaissance wurde als Ausflugslokal am Rand des Stadtwalds Eilenriede errichtet. Über einem Sockel erhebt sich das verputzte EG; die Gebäudeecken werden durch Quaderungen aus rotem Sandstein betont. Das OG und die Ausbauten der DG sind in reichem Fachwerk ausgeführt. Zahlreiche Vorbauten, Erker und ein Türmchen mit Glockenhaube verleihen dem Gebäude eine überaus malerische Wirkung. Im Inneren gruppieren sich diverse Nebenräume um einen großen, zweigeschossigen Saal mit gewölbter Stuckdecke; er öffnet sich über eine großzügige Veranda nach Südosten zur Eilenriede. An der Nordwest-Ecke erhebt sich ein markanter Rundturm aus rotem Backstein mit aufgesetztem Fachwerkgeschoss und spitzem Helm (vgl. Döhrener Turm, Nr. 264) – eine Erinnerung an den früheren Landwehrturm im Bereich der heutigen Burckhardtstraße. Heute wird der Lister Turm als städtisches Freizeitheim und Gaststätte genutzt.

The Lister Tower complex in the German Renaissance style, with timber-framing and a picturesque tower with bell roof, on the edge of the Eilenriede wood, was built as a restaurant for excursionists. Inside is a large, two-storey room with vaulted stucco ceiling and a large veranda facing SE. At the NW a striking red-brick round tower recalls the former Landwehrturm. Today, the building is used as a city recreation centre and restaurant.

124

Ehem. Verwaltungsgebäude der Keksfabrik Bahlsen
Podbielskistraße 11
1910–11
Brüder Siebrecht

Der Verwaltungskomplex gilt als herausragendes Beispiel des späten Jugendstils in Hannover. Das stadtbildprägende, viergeschossige Hauptgebäude mit seinem mächtigen Walmdach folgt mit Versprüngen dem Straßenverlauf. Die Travertinfassade wird durch die Bogenstellung im EG, das durch Gesimse abgesetzte 3. OG sowie figürliche und pflanzliche Reliefs (Georg Herting) gegliedert. Ein mächtiger Turm, der als Wasserreservoir diente, begrenzt den Mittelteil nach Osten; sein Pendant im Westen ist als markanter Dachreiter ausgebildet. Die reiche Innenausstattung (u. a. Fenster des mit drei zweigeschossigen Erkern akzentuierten Sitzungssaals durch Adolf Hoelzel, 1917) ist größtenteils erhalten. Ein Seitenflügel stellt im Westen die Anbindung zu den Nachbarbauten her; im Osten beschließt das Ensemble – durch einen kleinen Vorhof abgesetzt – der dreigeschossige Putzbau der Feuerwache List.

The former administrative building of the Bahlsen biscuit factory is an outstanding example of the late Jugendstil and one of the distinctive features of the urban landscape. The main building is stepped to follow the course of the road. The travertine façade is divided by arches on the ground floor, mouldings setting off the third floors, and figurative and plant reliefs. To the east is a massive tower once used as a water reservoir. The ornate interior furnishings are largely preserved.

125

Ehem. Produktionsgebäude der Bahlsen-Keksfabrik
Lister Straße 6, 11, 12, 15, 17, 18
1910–11
Brüder Siebrecht

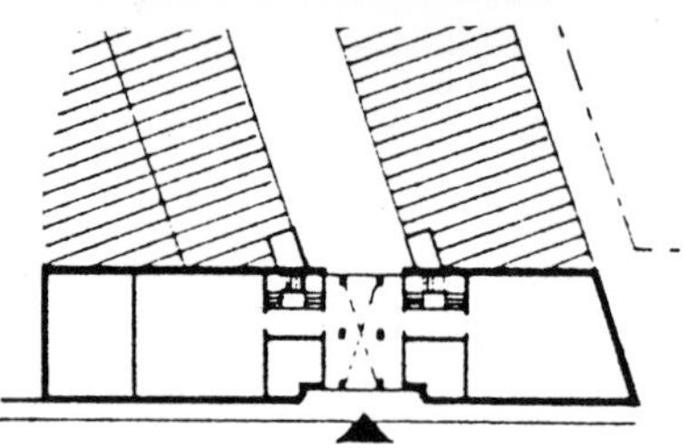

Die 1889 von Hermann Bahlsen gegründete Fabrik ließ sich 1893 in der Lister Str. nieder und dehnte sich im Lauf der Zeit bis zur Podbielskistr. aus. Der viergeschossige Fabrikbau aus rotbraunen Ziegeln wird durch einen leicht zurückgesetzten, sechsgeschossigen Mittelteil bestimmt; geschossübergreifende, zurückliegende Fensterbahnen sorgen für eine vertikale Betonung. Über dem durch Rundbogenportale gegliederten Haupteingang ist ein Majolikafries mit Kinderfiguren angebracht. Die Seitenflügel verlängerte man 1938/39 sowie um 1950. Das Gebäude – ein bedeutendes Beispiel des späten Jugendstils in Hannover – wurde im Zweiten Weltkrieg beschädigt, die Dachzone anschließend vereinfacht wiederhergestellt. Heute fungiert der Komplex nach Sanierung und Umbau seit 1992 als Dienstleistungszentrum „Podbi-Park“ und als Sitz von Forschungseinrichtungen.

The former Bahlsen production building is a four-storey factory of reddish-brown brick with a slightly retracted six-storey centre section, the arrangement of the windows emphasizing the vertical. Above the main entrance is a maiolica frieze with figures of children. The building is an important example of late Jugendstil architecture in Hannover. After damage in WWII, the roof area was restored in a simpler form.

126

Wohnwirtschaftsgebäude
Waldstraße 18
Ende 18. Jh.
n. bek.

Von der städtebaulichen Struktur des 1304 erstmals urkundlich erwähnten ehem. Dorfes List zeugt heute nur noch der Verlauf der Höfe-, Wald-, Acker- und Liebigstraße. Zu den ältesten erhaltenen Gebäuden gehören einige ehemalige Hofstellen. Ein Beispiel hierfür ist das Ensemble in der Waldstraße 18: ein lang gestreckter, eingeschossiger Fachwerkbau mit mächtigem Krüppelwalmdach sowie ähnlich gestaltetem, benachbartem Nebengebäude. Die beiden ländlichen Gebäude nehmen sich inmitten der umgebenden mehrgeschossigen Bebauung des 20. Jh.s wie eine „Insel" aus vergangener Zeit aus.

The village of List is first documented in 1304. The course of four streets is the only record of its structure today, but some farm buildings remain. The two residential and working buildings at Waldstrasse 18, a long, one-storey timber-frame building and a similar annexe, are like an island from the past amid the multi-storey 20th c. buildings.

127

Wohnquartier De-Haën-Platz
De-Haën-Platz, Hertzstraße, Bunsenstraße
um 1927–1929
Karl Elkart, Wilhelm Kröger, Jürgens und Mencke, Friedrich Wilhelm Schick, Franz Kühnemann, Ernst Stille, Brüder Siebrecht

De-Haën-Platz 3

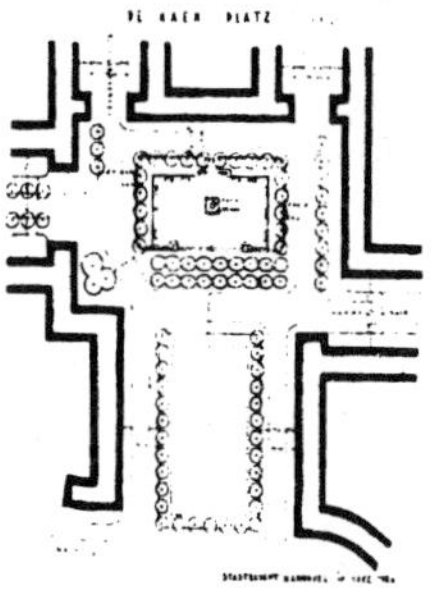

Lageplan De-Haën-Platz, 1928
Location plan, De-Haën-Platz, 1928

Die Wohnbebauung um den symmetrischen, zweiteiligen Grünflächenplatz begann 1927 nach Vorgaben des Stadtbauamtes, nachdem die chemische Fabrik De-Haën 1901 nach Seelze verlegt worden war. Die Blockrandbebauung der viergeschossigen Bauten mit flachen Dächern über Speichergeschossen wird durch torartige Verengungen und Laubengänge sowie vorgezogene höhere Gebäude an den Ecken lebhaft gestaltet. Die flächigen Fassaden der Kuben wirken durch gleichmäßige Fensterreihen, Gesimse, Klinkerreihen und den Flachdachabschluss stark horizontal gegliedert. Brechungen ergeben sich durch Erker, leicht vorgelagerte Treppenhäuser und schräg gestellte Klinkerornamente. Die abstrakte, vom Kubismus beeinflusste Ziegel- und Kupferplastik (De-Haën-Platz 3) ragt markant an der westlichen Platzecke über die Dächer auf.

After the De Haën factory moved out, the area around the square and park was designed for residential use. The four-storey buildings edging the blocks are varied by higher, projecting buildings at the corners. The emphasis on the horizontal (windows, mouldings, the flat roofs) is broken by bay windows, slightly projecting staircases and clinker ornamentation. The brick and copper sculpture (no. 3) is influenced by cubism.

128

Matthäuskirche
Wöhlerstraße 22
1903–06; 1971–72
Eduard Wendebourg; Gudrun und Klaus Vogel

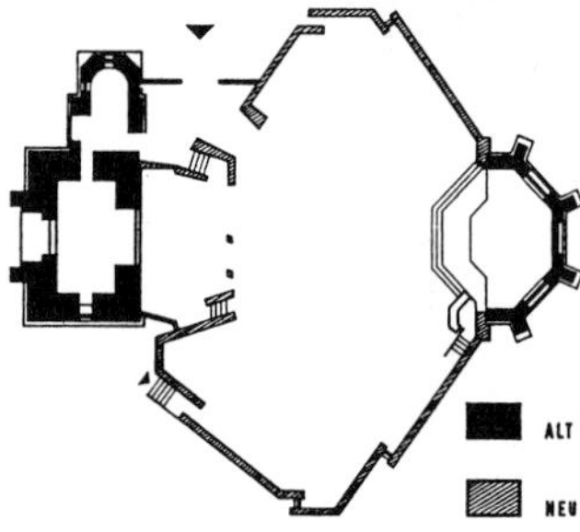

Aufgrund der zunehmenden Bevölkerung im Stadtteil List sah sich die lutherische Landeskirche zu einem Kirchenneubau veranlasst. E. Wendebourg konzipierte auf einem dreieckigen Platz eine repräsentative Kirche in gotisierendem Stil. Sie wurde im Zweiten Weltkrieg stark beschädigt; erhalten haben sich der Turm mit Kreuzdach und bekrönendem spitzen Dachaufsatz sowie der polygonale Ostchor. Das zerstörte Langhaus wurde 1971–72 durch einen Baukörper auf fächerartigem Grundriss in zeitgenössischer Form ersetzt. Seine Fassade besteht aus geschlossenen Ortbeton-Wandscheiben, das Dach wurde als Stahlbinderkonstruktion mit indirekter Lichtführung errichtet. Spannungsvoll ist die Eingangssituation, welche das neue Kirchenschiff an den Kirchturm anbindet. Die Matthäuskirche ist ein gelungenes Beispiel einer architektonischen Synthese aus Alt und Neu.

The Lutheran St. Matthew's Church was originally an imposing church in the Gothic style. The tower with cross-gable roof and spire and the polygonal east choir survived WWII, but, in a successful synthesis of old and new, the nave and aisles were replaced by a contemporary building on a fan-shaped ground plan. Its walls are of in situ cast concrete panels, and the roof is reinforced frame giving indirect light.

129

BMW-Niederlassung Hannover
Lister Kirchweg 87
1992–94
Kleine, Ripken, Teicher

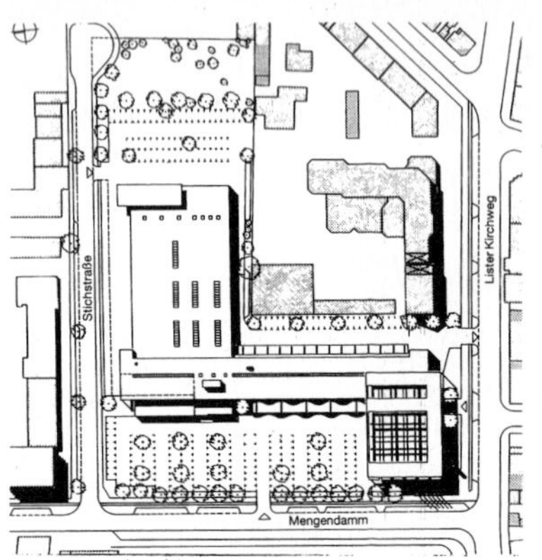

Der Ausstellungs- und Verkaufsbereich der BMW-Niederlassung liegt straßenparallel und eckbetont unter einem signifikanten Überdach. Darunter schiebt sich die zweigeschossige, völlig verglaste Gebrauchtwagenhalle. Ein wellenförmiges Vordach führt den Kunden zur rückwärtig liegenden Werkstatt mit Lager, vor der sich ein großer Parkplatz und die Hauptzufahrt befinden. Ausstellungs-, Kunden- und Werkstattbereich sind als reiner Stahlbau ohne Brandschutzverkleidung mit aussteifenden Wandscheiben errichtet. Die sichtbare Stahlkonstruktion des frei tragenden Flachdaches ist als Stahlträgerrost mit teilweiser Trapezblech- und Foliendeckung ausgebildet und gelenkig auf eingespannten Stahlrundstützen aufgelagert. Das Gebäude ist ein seltenes Beispiel für einen qualitätvoll durchdetaillierten Stahlbau.

The front areas of BMW Hannover lie under a large lantern light. An undulating canopy leads the customer to the garage and stockroom behind. The display, customer and garage areas are of steel without fire protection encasement, with shear walls: a steel construction unusual in having been designed in every detail. The visible part of the flat roof is a grid of steel girders, in part covered by trapezoidal metal plates and foil.

130

Großwäscherei boco
Hermann-Gebauer-Weg 3
1983
Schuwirth, Erman & Partner

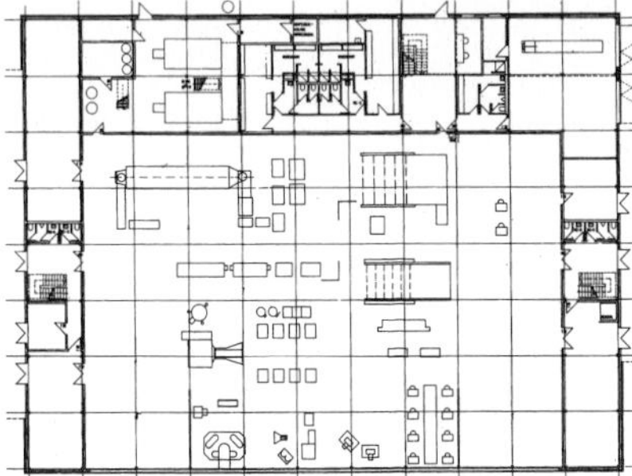

Die Großwäscherei präsentiert sich als nüchterner, breit gelagerter Kubus mit teilweise außen liegendem Tragwerk. Vier markante weiße Rahmen aus doppelten Stahlrundstützen und weißen Stahlrohr-Dreigurtbindern überspannen die abgehängte, stützenfreie Hallenkonstruktion. Die voll verspiegelte Fassade wird durch eine kräftige Rasterung der Pressverglasung gegliedert. Im Zentrum des Gebäudes befindet sich die eingeschossige Waschhalle, dreiseitig umgeben von zweigeschossigen Nebenräumen. Die High-Tech-Architektur der Großwäscherei ist ein für Industriebauten in Hannover eher seltenes Beispiel der gelungenen Verbindung von Ästhetik und Funktionalität.

The laundry is a broad block. Four white frames of steel columns span the building, which is supported only by being suspended from them. The fully silvered façade is divided by a marked grid structure. In the centre of the building is the one-storey laundry hall, with other two-storey rooms adjoining. The successful synthesis of aesthetics and functionality is unusual in Hannover.

131

Hochhaus mit Blockrandbebauuung
Hunaeusstraße 1, Podbielskistraße
1921
Paul Kanold

Das verputzte Hochhaus schließt ein Ensemble von Wohn- und Geschäftshäusern an der Ecke Podbielski-/Hunaeusstr. ab. Der Architekt setzte damit an der Westgrenze des von Stadtbaurat Karl Elkart 1928 konzipierten Klinkerbaugebiets „Vier Grenzen" einen markanten städtebaulichen Akzent. Über einem nach 1945 mehrfach veränderten Laden im Parterre erheben sich sechs Geschosse. Signifikant sind die über das abgerundete Hauseck gezogenen dreiteiligen Fenster mit Laibung und massiver Sohlbank sowie ein Dreieckserker von 1.–4. OG. Das leicht zurückgesetzte Abschlußgeschoss mit Flachdach ist durch einen umlaufenden Keramikstreifen abgesetzt. Kleinformatige Fenster verstärken hier die optische Vertikalität.

The multi-storey building, the corner of a group of residential and office buildings, was planned to mark the end of the clinker building area "Four Borders". On the rounded corner, there are tripartite windows with jambs and massive sills and a triangular bay window from 1st to 4th storey. A ceramic strip sets off the retracted top storey.

132

Listhof
Podbielskistraße 99-103
um 1928
Wilhelm Mackensen, Fritz Torno

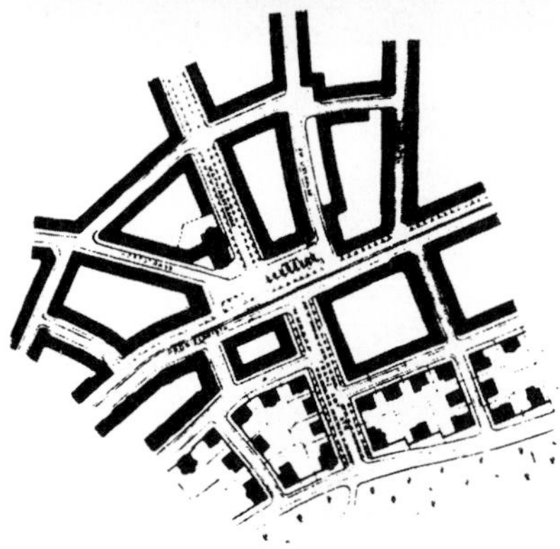

Lageplan „Vier Grenzen", 1928
Location plan "Four Borders", 1928

Der Listhof ist Teil des von Stadtbaurat Karl Elkart konzipierten städtebaulichen Zentrums um die Einmündung des Lister Kirchwegs in die Podbielskistraße. Hier trafen ehemals die Feldmarken der Dörfer List sowie Klein- und Groß-Buchholz zusammen, was dem Areal den Namen „Vier Grenzen" gab. Der Listhof ist ein an der Podbielskistraße fünfgeschossiger, an den Nebenstraßen viergeschossiger, verputzter Baublock mit Walmdach. Die Schaufront, deren Mitte ein flacher giebelartiger Aufsatz betont, wird durch kielförmige Fenstererker sparsam rhythmisiert; ein breites Dachgesims sorgt, ebenso wie das abgesetzte EG, für einen horizontalen Akzent. Die Eingänge sind von den Straßen aus zugänglich, sodass ein privater Hofbereich entstand.

The name of this area comes from the village borders that once met here. An urban nucleus was planned here, of which the Listhof is part. The main façade is structured by wedge-shaped bay windows; the retracted ground floor and a broad roof cornice mark the horizontal. The courtyard is private, as all entrances are on the street side.

133

Wohnsiedlung „Spannhagengarten"
Spannhagengarten 1–16
1913–15, 1927–31
Richard Koch

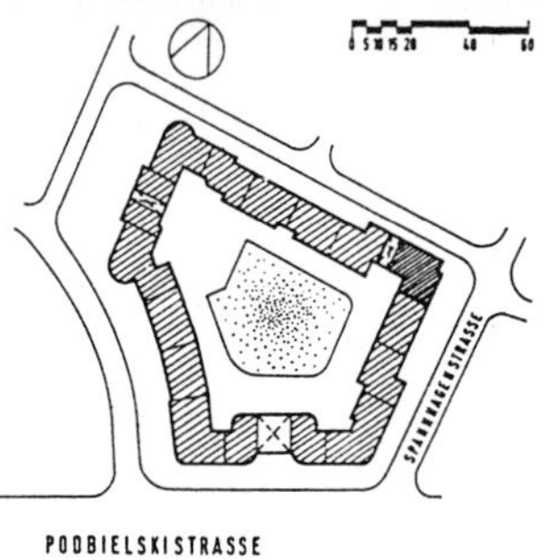

Lageplan
Location plan

Den Industriebetrieben entlang der Podbielskistraße folgten in der Nähe Arbeiterwohnungen. Die in Architektur und Geschlossenheit mit dem Brüggemannhof in der Nordstadt (Nr. 107) vergleichbare unregelmäßig fünfeckige Blockrandbebauung ist ein Genossenschaftsbau für ca. 185 Wohnungen, Gemeinschaftseinrichtungen und ein Lokal. Drei Gebäude im Norden (Nr. 3–6) wurden in den 1930er Jahren ergänzt. Die Fassaden sind geprägt durch turmartig gestaltete Eckbastionen, aus der Fluchtlinie zurückgesetzte, repräsentative Flügel und zentrierte dreigeteilte Toreinfahrten. Signifikant ist außerdem eine rhythmische Vertikalgliederung, die durch Farbstreifen im Putz und vignettenähnlichen Stuckapplikationen in den OG hervorgerufen wird. Die eigentlichen Schauseiten der „Arbeiterburg" mit Loggien, Erkern, zwerchdachänlichen Vorbauten und Fassadenreliefs liegen im großzügigen Innenhof, wo sich auch die Hauseingänge befinden.

This complex of c. 185 workers' apartments and communal facilities was built by a cooperative (cf. no. 107). The street fronts have tower-like corner bastions and central tripartite gateways. There is a rhythmic vertical division by coloured strips in the plaster and applied stucco decorations in the upper storeys. The real main facades, with loggias, bay windows and façade reliefs, are in the courtyard, as are the entrances.

134

Siedlung Im Kreuzkampe
Im Kreuzkampe, Gottfried-Keller-Straße, Adalbert-Stifter-Straße, Spannhagenstraße
1927–29
Brüder Siebrecht, Friedrich Wilhelm Schick

Eingangsdetail
Entrance detail

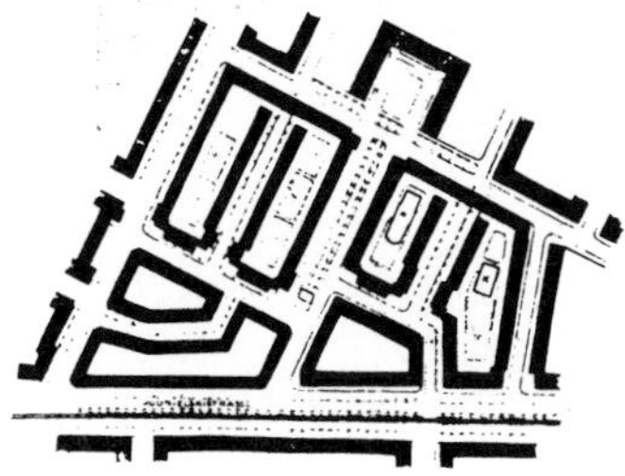

Lageplan „Im Kreuzkampe", 1928
Location plan, "Im Kreuzkampe", 1928

Programmatisches Ziel des streng gegliederten Komplexes war Wohnen in Licht, Abgeschlossenheit und Ruhe. Siedlungsinterne Wege und Straßen erschließen von Norden nach Süden vier paarweise plazierte, dreigeschossige Blöcke mit Randbebauung. Kubische, vor die Flucht gerückte und um ein Stockwerk erhöhte Eckbauten rahmen die flach gedeckten Backsteinzeilen. Die Fassadengliederung ergibt sich durch zurückversetzte Treppenhäuser (Spannhagenstr. 14), Dreieckserker (Im Kreuzkampe 17; Gottfried-Keller-Str.), weiße fortlaufende Betongesimse, über Eck gelegte Fenster (Am Langen Kampe 8) sowie Klinkerstreifen in der EG-Zone und teilweise auch zwischen den Fenstern der OG. Die eindrucksvoll homogene Siedlung gehört zu den herausragenden Beispielen des Neuen Bauens in Hannover.

The programme of the housing estate was living in light, seclusion and peace. There are two pairs of three-storey blocks with courtyards, the facades variously structured by slightly retracted staircases, triangular bay windows, white concrete cornices, windows at an angle or clinker bands. This is modernist architecture of outstanding quality.

135

Hauptverwaltung der H. Bahlsen Keksfabrik KG
Podbielskistraße 289
1972–74
Bahlo-Köhnke-Stosberg & Partner

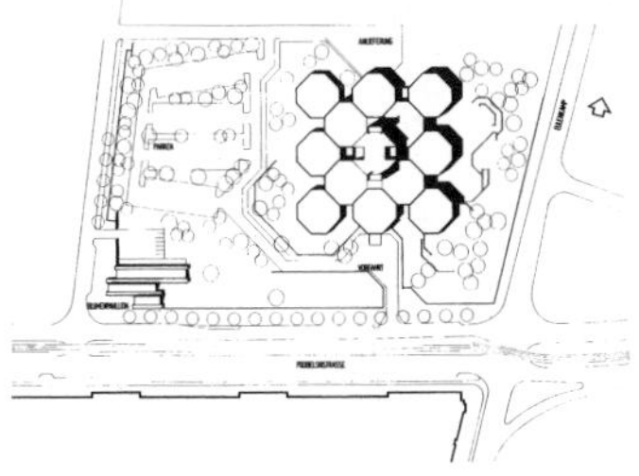

Das zweigeschossige, mit dunkelbronze eloxierten Alu-Blechen verkleidete Gebäude ist aus Modulen miteinander verbundener Oktaeder aufgebaut; die quadratischen Restflächen werden als Innenhöfe oder Erschließungszonen genutzt. Die Staffelung von ein- bis zweigescshossigen Baukörpern erreicht ihren Höhepunkt im zweigeschossig aufgesetzten Technikbereich; sie sorgt mit den abgeschrägten Attikaaufkantungen der Dächer für ein abwechslungsreiches Erscheinungsbild. In dem aus 13 Achteckmodulen zusammengesetzten EG befinden sich u. a. Empfang, Besucher- und Konferenzräume. Technikgeschosse und EG sind in Stahlbetonskelettbauweise errichtet. Das in zehn Großraumbüros unterteilte OG besteht aus einer stützenfrei überspannten Stahlkonstruktion. Die orangenen Jalousien vermitteln zusammen mit der original erhaltenen Eingangshalle ein typisches 70er-Jahre-Flair.

The Bahlsen headquarters, cladded in dark-bronze anodized aluminium, consists of linked octahedral modules. The apparatus area is the highest point, with sloping upturns on the roofs. The ground floor and apparatus floors are steel-frame constructions, while the upper storey, comprising ten open-plan offices, is a steel construction without supports. The original entrance hall and orange blinds convey a 1970s feel.

136

PelikanViertel

Podbielskistraße 139–141, Günther-Wagner-Allee
1904–06; 1991–2000
Otto Christian Taaks; Architektur Neikes

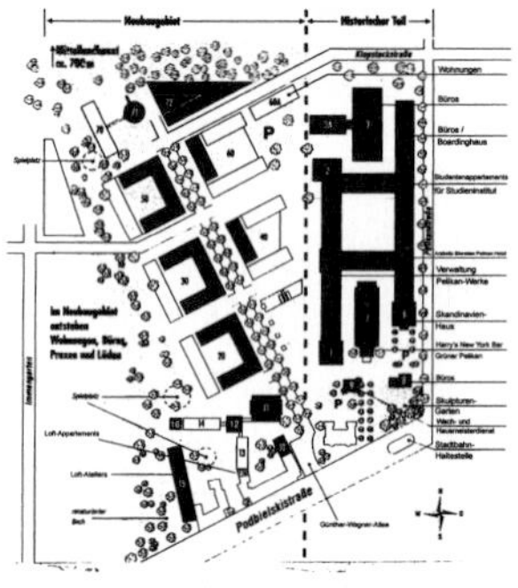

Ehem. Pelikan-Werksgelände, 1906 (oben)
Former Pelikan factory grounds, 1906 (above)

Für die 1838 gegründete Künstlerfarben- und Schreibwarenfabrik entwarf O. C. Taaks auf freiem Feld einen neuen, großzügig angelegten Firmenstandort. Das 1913/14 nach Norden erweiterte Areal besteht aus zwei lang gestreckten, dreigeschossigen Produktionsgebäuden, die mit einer Querspange verbunden sind. Die U-förmige Anlage gruppiert sich um einen nach Süden offenen Hof. Die symmetrischen Kopfbauten des Produktionstrakts mit Kreuzdach und glockenförmigen Dachreiter verleihen der Anlage einen malerischen Charakter. Das Ensemble in Skelettbauweise mit rotem Ziegelsichtwerk und davon abgesetzten weißen Putzflächen zeigt sich in gemäßigtem Jugendstil. Zwei torhausartige, zweigeschossige Gebäude im Landhausstil (Architekten: Brüder Siebrecht) schließen den Komplex zur Podbielskistr. ab. Nachdem die Pelikan-Werke ihre Produktion ausgelagert hatten, wurden die ehem. Werksgebäude 1991–95 durch Dieter Neikes saniert und einer neuen Nutzung (u.a. Büros und Wohnungen) zugeführt. In diesem Zusammenhang baute man das Heiz- und Maschinenhaus zu einem Restaurant um. Ein Hotel wurde im östlichen Gebäudeteil und im vorderen Querriegel des Altbaus eingerichtet. Der ehem. westliche Produktionsflügel dient heute als Verwaltungssitz der Pelikan-Werke. Westlich vom Altbaukomplex entstand beidseitig der neu angelegten Günther-Wagner-Allee in mehreren Bauabschnitten ein 100.000 qm großes Wohn- und Dienstleistungsareal. Die blockartigen, siebengeschossigen Gebäude setzen sich in ihrer modernen Formensprache demonstrativ vom ehem. Werksgelände ab. Mit dem PelikanViertel ist ein citynahes Stadtquartier entstanden, das sich durch seine gelungene Nutzungsmischung, den spannungsvollen Kontrast zwischen Alt und Neu sowie die vorbildliche Restaurierung denkmalgeschützter Bausubstanz auszeichnet.

This complex was designed as a new headquarters for the Pelikan company, producing artists' materials and pens. A U-shaped production building has picturesque features. The style is restrained Jugendstil, with red fair-faced brickwork and white plaster areas. After production was moved away, the buildings were renovated. The heating and machinery building was converted into a restaurant and a hotel was established. Pelikan uses the west production wing as its administrative headquarters. Adjoining, a residential and services area of 100,000 m² was built in several stages. In their modern formal language, the block-like seven-storey buildings are deliberately set off from the older buildings. The Pelikan district is a successful mix of functions, showing exemplary restoration of listed buildings.

137

Villenviertel am Zoologischen Garten

Seelhorststraße, Hindenburgstraße, Ellernstraße, Kaiserallee, Bristoler Straße u.a.
1898–1910
Ferdinand Eichwede, Franz Hoffmann, Paul Wolf, Emil Lorenz, Fritz Usadel, u. a.

Lageplan
Location plan

Ellernstr. Ecke Seelhorststr.

Villa Ebeling

Bis um 1800 wurde das heutige Zoo-Viertel noch als Stadtweide genutzt. Aus der Zeit der frühen Wohnbauung (um 1860) steht an der Kirchwenderstraße 16 noch ein zweistöckiges, hell verputztes Haus mit zentriertem Zwerchgiebel und Rundbogenfenster. Als der Zoologische Garten 1865 gegründet worden war, folgte bis um 1900 die innenstadtnahe Wohnbebauung südlich der heutigen Hindenburgstr. Sie ist weitgehend als Blockrand oder Zeilenbau ausgeführt. Im Osten befinden sich fast ausschließlich Einzelvillen in großen Gärten. Das Ensemble repräsentiert heute einen Querschnitt der Villenarchitektur des frühen 20. Jh.s. Besonders charakteristisch ist die Formensprache der ehemaligen Villa Ebeling (Ferdinand Eichwede, 1903, Hindenburgstr. 42) mit Loggien, Turm, Risaliten, Vorbauten, Balkonen sowie Werksteinfassaden und reliefartiger Ornamentik. Eher schlichte Gestaltungselemente wählte Franz Hoffmann für sein Haus in der Ludwig-Barney-Str. 3: Ein Putzbau, dem zwei halbrunde, turmartige und mit Hausteinquadern gemauerte Vorbauten einen wehrhaften Charakter verleihen. Die Villen im westlichen Teil der Bebauung sind Zeilenbauten. Sie stammen von Fritz Usadel (Ellern-str. 23) und Paul Wolf (Seelhorststr. 14, 16, 18, 20; Ellernstr. 11, 12, 13, 15, 17, 20). Als öffentliche Bauten entstanden u. a. die St. Elisabethkirche, das St. Vinzenzstift (Scharnhorststr. 1, 1882 von Christoph Hehl umgebaut, heute Niedersächsisches Landesamt für Denkmalpflege, das ehemalige israelitische Krankenhaus (Ellernstr. 39, um 1895) und die Sophienschule (Paul Rowald, 1898–00).

Today's Zoo district was used as pastureland till c. 1800. A c. 1860 two-storey house with transverse gable remains. In 1865, the Zoological Garden was founded, and there followed the building of villas south of Hindenburgstrasse. Building towards the city centre was largely along street edges, and in the east most buildings are villas with big gardens. Today, the district is a cross-section of early 20th-c. villa architecture. The Villa Ebeling (42 Hindenburgstrasse) has distinctive formal elements: loggias, tower, projections and relief-like ornamentation. A simpler style is shown in 3 Ludwig-Barney-Strasse, a plaster building given a fortified appearance by two towerlike projections. The villas at the west are linear buildings. Public buildings in the district include St. Elisabeth's church, the St. Vincent Foundation, a hospital and a school.

138

Hochschule für Musik und Theater
Emmichplatz 1
1970–73
Hochbauamt der Stadt Hannover (Rolf-Dieter Ramcke)

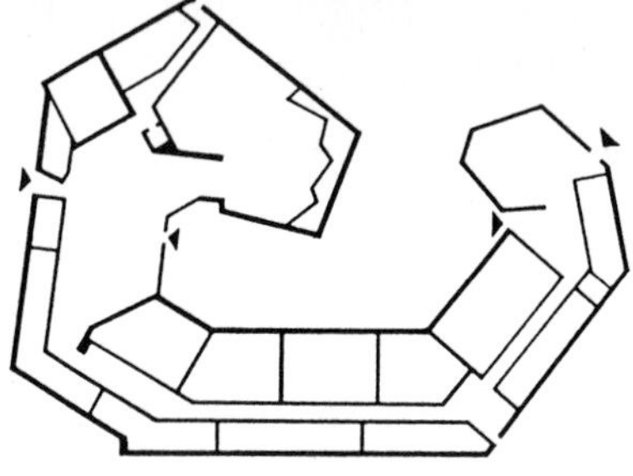

Der mehrfach geknickte, blockhafte Baukörper in Form einer Schnecke umschließt einen terrassierten Innenhof. Dieser öffnet sich nach Nordosten zur Eilenriede und kann als Freilufttheater genutzt werden. Die Fassade des vier- bis füngeschossig gestaffelten Gebäudes aus weißem Kalksandsteinmauerwerk und schalungsrau belassenem Sichtbeton besticht durch ihre skulptural anmutende Gestaltung; unterschiedliche Fensterformen sowie zahlreiche überraschende Vor- und Rücksprünge sorgen für ein abwechslungsreiches und doch nobel-zurückhaltendes Erscheinungsbild. Das Raumprogramm umfasst Abteilungen für Musik, Oper, Schauspiel und Ballett, dazu einen Konzertsaal mit 468 Plätzen sowie Übungsräume, Bibliothek, Hörsaal und Mensa. Auf dem Vorplatz befindet sich ein Überrest der 1970 anlässlich des Baus der Hochschule abgebrochenen Gaststätte „Neues Haus" (1894, Paul Rowald).

The Music and Theatre Academy building has a spiral form surrounding a terraced courtyard-cum-open-air theatre. The façade of chalky sandstone and unpainted concrete has a sculptural quality, with varying window forms and surprising projections and retractions. There are departments for music, opera, theatre and ballet, a concert hall with 468 seats, library, lecture room and cafeteria.

139

Eilenriedestadion
Clausewitzstraße 4a
1920–22; um 1930
Paul Wolf; Karl Elkart

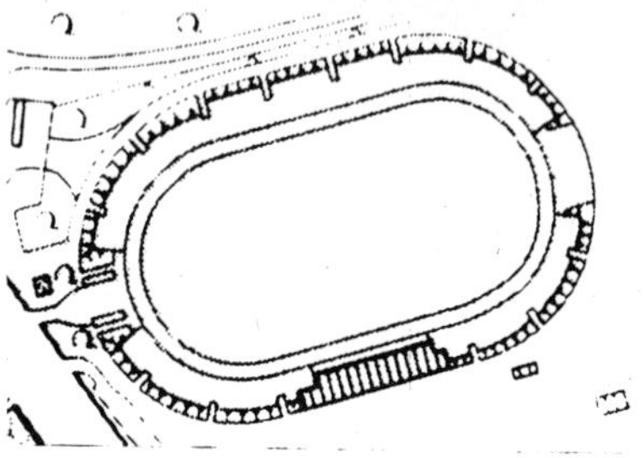

Die auf dem Gelände eines ehemaligen Militärschießplatzes errichtete ehem. „Hindenburg-Kampfbahn" ist ein bedeutendes Baudenkmal der Sportbewegung Hannovers. Die ovale Anlage ist in ihrer Längsachse auf den Kuppelsaal der Stadthalle (Nr. 140) ausgerichtet. Zwei würfelförmige, symmetrisch angelegte Putzbauten markieren die repräsentative Eingangssituation an der Clausewitzstraße. Die Schauseite der mit Pyramiddächern gedeckten Pavillons betont eine Bogenstellung im EG. Die Südtribüne des Stadions wurde um 1930 von Karl Elkart errichtet. Sie wird durch ein weit auskragendes, leicht ansteigendes Dach in genieteter Eisenkonstruktion bestimmt.

The stadium, formerly the Hindenburg Stadium, is an important monument to Hannover's sports movement. Two plaster buildings mark the entrance on Clausesitzstrasse. The main façade of the pavilions is emphasized by a ground-floor arcade, and the south grandstand is distinguished by a strongly projecting, slightly rising riveted iron roof.

140

Stadthalle
Theodor-Heuss-Platz 1–3
1912–13; 1962
Paul Bonatz, Friedrich E. Scholer; Ernst Zinsser

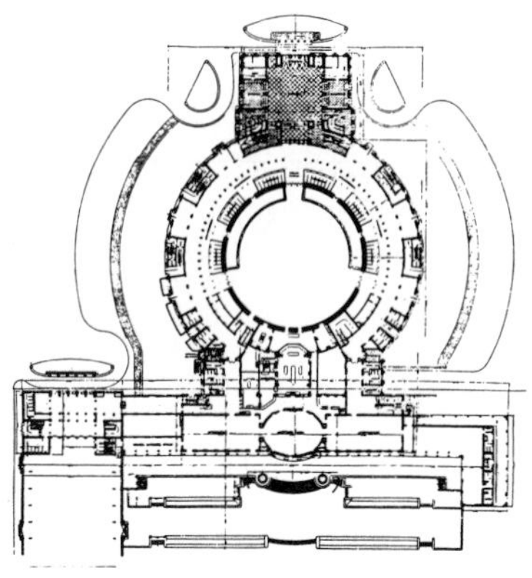

Markantester Bauteil des Komplexes ist ein monumentaler Kuppelbau mit Kupferdach. Seine Eingangsfront am Theodor-Heuss-Platz wird durch eine säulengegliederte Vorhalle bestimmt. Als Blickfang dient das darüber liegende, monumentale Relief der Athene in einem Bogenfeld, das bis in den Dreiecksgiebel des Portikus reicht. Die Rotunde der Konzerthalle wird im EG durch Halbsäulen, im OG durch Lisenen und Blendbögen sparsam strukturiert. Die Stadthalle, ein Frühwerk des bedeutenden Architekten Bonatz – wichtigster Vertreter der einflußreichen konservativen Stuttgarter Architekturschule (u.a. Hauptbahnhof in Stuttgart, 1914–28; vgl. auch Nr. 255) – zeigt in ihrer Anlehnung an das Pantheon in Rom klassizistische Stilelemente. Im Zweiten Weltkrieg weitgehend zerstört wurde das Äußere durch Bonatz leicht verändert (u.a. Erhöhung des Tambours) rekonstruiert. 1962 stellte Zinsser das Innere der 3.660 Plätze fassenden Halle in neuer Gestaltung mit Zeltdach in der Kuppel wieder her. Ein zweigeschossiger Gebäudetrakt für Gastronomie und Repräsentationsräume verbindet den Kuppelsaal mit den Ausstellungshallen im Süden (Niedersachsenhalle, 1949 verändert wiederhergestellt, Eilenriedehalle, 1975 errichtet); beides 1999–2000 verändert und baulich zu einem Kongresscentrum (HCC) erweitert durch das Architekturbüro Schweger + Partner.

The most striking part of the Civic Hall complex is a building with monumental copper dome. The entrance is through a porch annexe with columns, beneath a tympanum with a monumental relief of Athene. The concert hall rotunda has demi-columns below and lesenes and blind arches on the first floor. The Civic Hall was an early work of Bonatz, the most important representative of the influential conservative Stuttgart school of architecture, see also no. 255, and has classicist elements, such as its reference to the Pantheon in Rome. After the building was almost destroyed in WWII, Bonatz reconstructed the exterior in a slightly altered form. In 1962 the interior of the 3,660-seat hall was restored, with a pavilion roof in the dome.
A 2-storey wing links the domed hall with the 2 exibition halls, altered and combined as a congress centre in 1999–2000 (Schweger+Partner).

141

Urwaldhaus und Dschungelpalast im Zoo Hannover

Adenauerallee 3
1979–82; 1996–2000
Architekten LSM; HJW + Partner

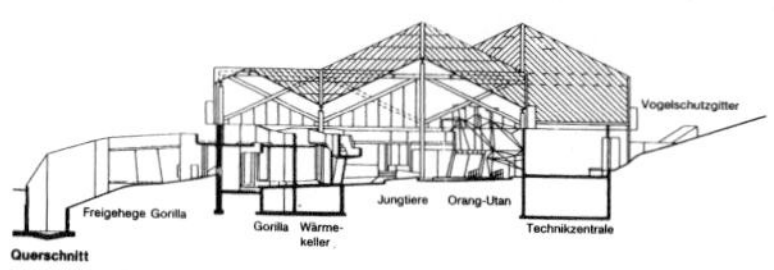

Urwaldhaus
Primeval Forest House

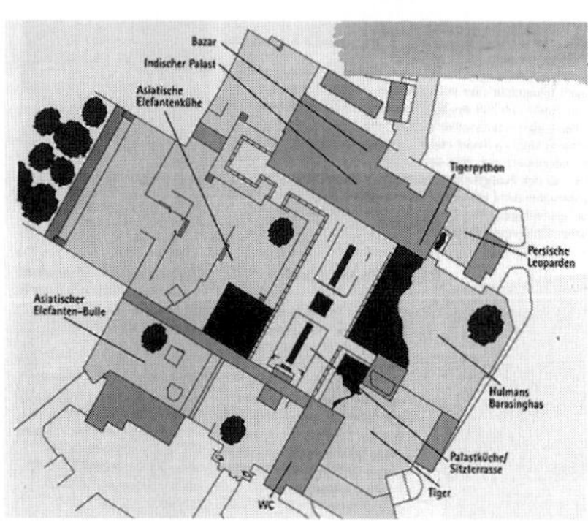

Dschungelpalast, Ansicht und Grundriss
Jungle Palace, view and ground plan

Der 1865 gegründete Zoo erfuhr seit den 1980er Jahren eine grundlegende architektonische und konzeptionelle Umgestaltung. Das 1982 eröffnete Urwaldhaus hat den Anspruch, die Menschenaffen des Zoos dem Publikum in einem möglichst naturnahen Ambiente zu präsentieren. Die Architekten standen hierbei vor der Herausforderung, so unterschiedliche Vorgaben wie z.B. Sicherheitsbelange für Mensch und Tier, optimales Raumklima oder Hygienevorschriften in einem ästhetisch ansprechenden und zugleich funktionalen Gebäude zu vereinen. Das Urwaldhaus, das einen Stahlbetonsockel besitzt, passt sich durch teilweises Eingraben in einen Hang bzw. durch Aufschüttungen harmonisch in die vorhandenen Grünanlagen ein. Charakteristisch ist die kristalline, gefaltete Stahl-Glas-Konstruktion der Dachlandschaft; sie knüpft demonstrativ an Vorbilder zoologischer und botanischer Gärten des 19. Jahrhunderts an. Seit 1996 wurde das Gelände offiziell registriertes Expo-Projekt und vom herkömmlichen Stadtparkzoo zum Zoo-Erlebnispark umgestaltet. Landschaftlich und architektonisch inszenierte Lebensräume ermöglichen dem Publikum eine wirklichkeitsnahe Begegnung mit den Tieren. Ein Beispiel hierfür ist der 1997 eröffnete, von altindischen Palästen inspirierte Dschungelpalast. Orientiert er sich zwar an vom Exotismus geprägte Zoobauten des 19. Jahrhunderts, ist das Konzept der Anlage jedoch überaus modern: Im Vordergrund steht die artgerechte Unterbringung der Tiere und die Vermittlung ihrer ursprünglichen Lebensweisen – verbunden mit der Befriedigung der Sehnsucht des Publikums nach fremden Welten und exotischer Fauna.

The 1865 Zoo has been radically rethought since the 1980s. The Primeval Forest House, opened in 1982, shows the primates in as natural a setting as possible. The architects had to reconcile safety, climate, and hygiene, in a building both attractive and functional. The house is set into a slope. The distinctive roof, a folded steel and glass construction, recalls 19th-c. botanical gardens. The Zoo is an official Expo project and is being converted from a traditional city zoo to a zoo-cum-theme park. Habitats created through architecture and landscape allow the public to encounter the animals in realistic settings. One example is the Jungle Palace, inspired by an old Indian palace. It follows the exoticism of 19th-c. zoo buildings, but its concept is modern, creating surroundings appropriate for the animals and conveying their natural way of life to the public.

142

Oberpostdirektion Hannover/Braunschweig
Zeppelinstraße 24
1909–12
Schäffer

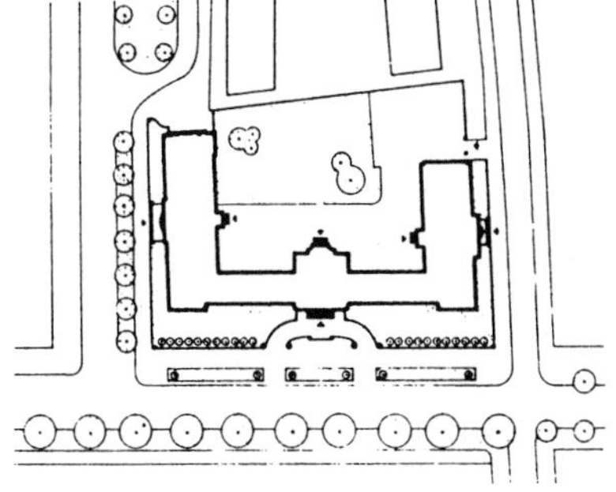

Die Hauptfassade des dreiflügligen monumentalen Komplexes ist nach Norden ausgerichtet. Das dreigeschossige Bauwerk erhebt sich über einem gefugten, mit Rundbogenfenstern versehenen EG und wird von einem hohen Mansardwalmdach abgeschlossen. Die Hauptfassade dominieren dreigeteilte Mittel- und Seitenrisalite, deren Säulen- und Pilasterstellungen die vertikale Ordnung der einfach gefassten Fenster zusätzlich unterstützen. Der Mittelrisalit ist durch einen Dreicksgiebel mit Adler im Tympanon besonders akzentuiert. Die symmetische Gliederung setzt sich in den Mittelrisaliten der beiden Seitenflügel mit ihren Dreiecksgiebeln fort. Postbaurat Schäffer verwendete als Baumaterial Tuffstein (EG, OG) und schwarzen Basalt (Sockel, Eingänge), was die für einen größeren Verwaltungsbau zeittypische neobarocke Ästhetik unterstützt.

The regional post office headquarters is a monumental building with hipped mansard roof. The main façade is divided by tripartite projections whose columns and pilasters support the vertical arrangement of the windows. The materials are tuff (ground floor, first floor) and black basalt (base, entrances), emphasizing the neo-baroque typical of a large administrative building.

9
149
150
151
152
153
154
155
156
157
158
159
160
161
162
163
164
165
170
Landtag
Rathaus
Maschteich
Maschpark
Börse
Stadtbibliothek
SÜDSTADT
Casino am Maschsee
Saisonbetrieb April–Oktober
Landesfunkhaus Niedersachsen
Niedersachsenstadion
Stadionbad
Sportpark
Bundesleistungszentrum Nord
Sportplätze
Jugendherberge
Kraftwerk
Bootshäuser
Masch-
see
Karl-Thiele-Weg
Rudolf-von-Bennigsen-Ufer
Leine
Ihme
Teiche
Kurteiche
Sp. Pl.
Pumpwerk
Strandbad Maschsee
Stadtfriedhof
Ricklingen
Edelhof
500 m

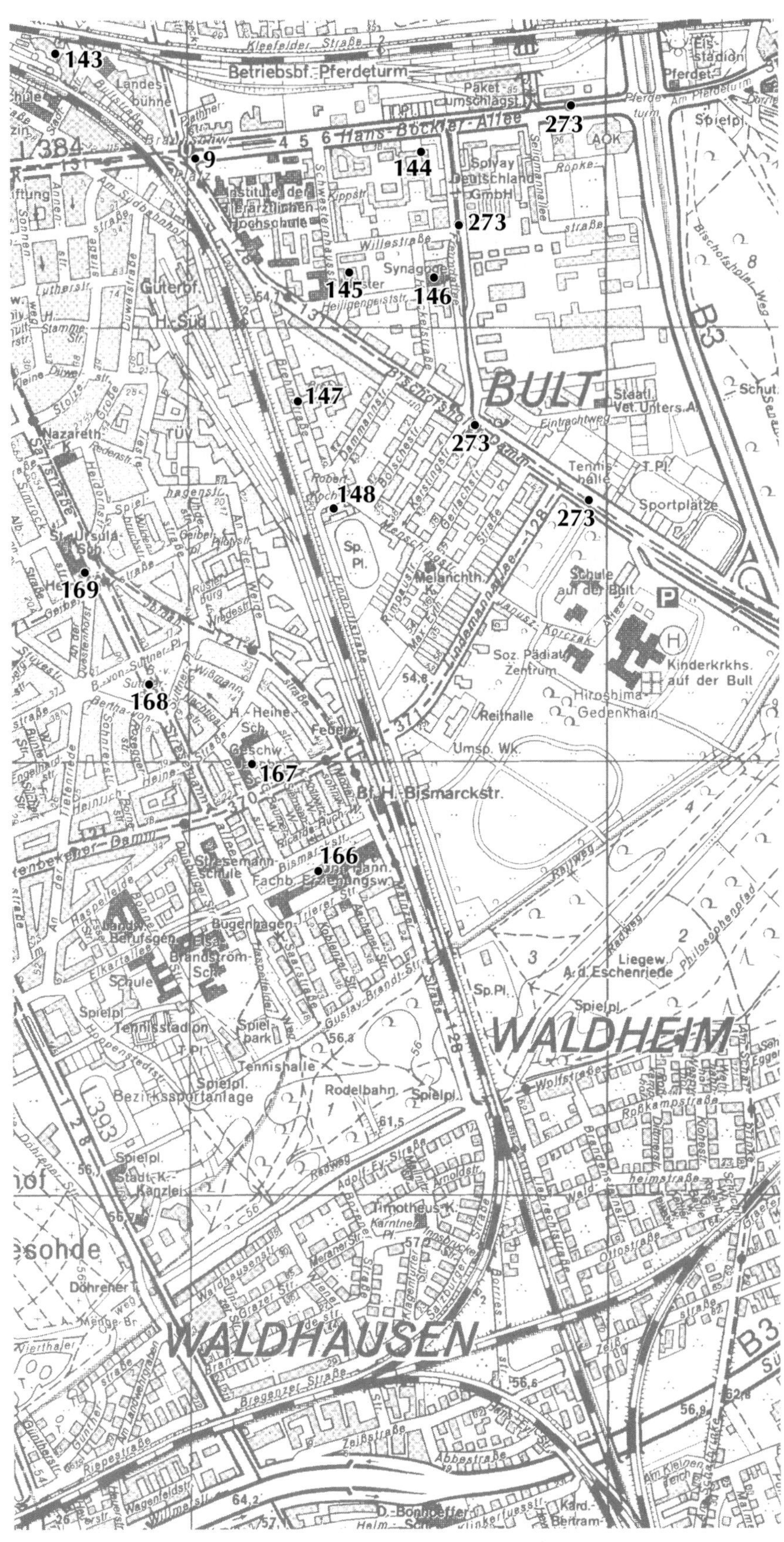
143
9
144
273
145
146
147
273
148
273
169
168
167
166
BULT
WALDHEIM
WALDHAUSEN
Betriebsbf. Pferdeturm
Hans-Böckler-Allee
Bischofsholer Damm
Kinderkrkhs. auf der Bult
Schule auf der Bult
Hiroshima-Gedenkhain
Bf. H.-Bismarckstr.
Tennisstadion
Bezirkssportanlage
Rodelbahn
Timotheus-K.
Eisstadion
Synagoge
Sportplätze

143

Lokschuppen
Stadtstraße
um 1890
n. bek.

Zustand 2000
State 2000

Das Gebiet auf der früheren Gemarkung „Große Bult" war stark hochwassergefährdet und wurde um 1890 erschlossen. Aus dieser Zeit stammt der bemerkenswerte Backsteinbau. Er fügt sich in die Kurve Stadtstr./Bultstr. ein. Die Halle umschrieb zunächst einen Halbkreis und wurde noch im 19. Jh. um einen viertelkreisförmigen Bau erweitert. Die Fassade ist über einem hohen Steinsockel aus rotem Sandsteinquadermauerwerk durch paarweise angeordnete, gesprosste Rundbogenfenster, Lisenen mit Dreiecksabschluss und Blendbogen strukturiert. Den Abschluss zum Dach bilden im Attikageschoss kleinere Rundbogenfensterpaare, die jeweils mit einem der darunter liegenden Fenster korrespondieren. Der Lokschuppen ist einer der wenigen noch erhaltenen Beispiele seiner Art in Deutschland. Die benachbarte Eisenbahnbrücke über die Bultstr. – eine markante Eisenkonstruktion – stammt aus dem Jahr 1910.

The striking brick engine shed dates from c. 1890, when this area was first developed. The originally semicircular hall was extended by a quarter circle in the 19th c. The façade, on a high red sandstone square-stone base, is structured by paired windows, with smaller paired windows above them, lesenes and blind arches. This three-quarter-circle building is one of few preserved in Germany. The nearby iron railway bridge dates from 1910.

144

Kurt-Schumacher-Kaserne
Hans-Böckler-Allee 18
1936–37
n. bek.

Portaldetail
Portal detail

Ursprünglich für das ehemalige Generalkommando der Deutschen Wehrmacht gebaut, dient die streng gegliederte Anlage heute dem Wehrbereichskommando II, der Wehrbereichsverwaltung II und der 1. Panzerdivision der Bundeswehr. Der viergeschossige Backsteinkomplex ist eine nach hinten offene Zwei-Hof-Anlage mit Empfangshof, offener Vorhalle und ehem. Ehren- und Fahnenhalle. Die Fassade zur Hans-Böckler-Allee wird im Wesentlichen durch vier gleiche Fensterreihen sowie einem zentrierten dreigeteilten Eingangsbereich strukturiert. Das Portal hat eine Höhe von drei Geschossen und ist wie alle Fenster durch leicht vorkragenden Werkstein eingefasst. Den Abschluss bilden drei heroisierende Figurenreliefs von Ludwig Vierthaler. Die monumentalisierende Ästhetik des festungsartigen Blocks sollte die Autorität und Macht des NS-Regimes vermitteln. Das Bauwerk gehört zu wenigen realisierten Großprojekten des Nationalsozialismus in Hannover.

This barracks was originally built for the Wehrmacht and is today used by the German Federal Armed Forces. It has two side wings and a courtyard. The main façade has four identical rows of windows and a central entrance with three-storey portal. Above the portal are three figurative reliefs by Ludwig Vierthaler. The fortress-like block was intended to convey the authority and power of the National Socialist regime.

145

Stift zum Heiligen Geist, Rats- und Von-Soden-Kloster

Heiligengeiststraße 20, Willestraße 9, 9a
1892–95
Karl Börgemann

Die dreigeschossige Anlage in neogotischen Formen wurde zur Versorgung Notleidender erbaut: Sie zählt mit ihrer reichen Ziegelarchitektur zu den eindrucksvollsten erhaltenen Profanbauten der Hannoverschen Schule. Das Stiftsgebäude richtet seine durch einen Mittelrisalit mit Fialengiebel betonte Schauseite zur Heiligengeiststr.; verschiedenfarbige Backsteinbänder und Gesimse sowie Blendarkaden sorgen für ein malerisches Erscheinungsbild. Rückwärtig schließen sich zwei Flügelbauten an. Ein Solitärbau nimmt in der Willestr. das ehem. Ratskloster und Von-Soden-Kloster auf und schließt damit den Innenhof. Er lehnt sich in Form und Fassadengestaltung an das Stift an; die Hauptfassade wird durch eingeschnittene Loggien mit zwei Seitenrisaliten und dem dominierenden Mittelrisalit akzentuiert. Das Ensemble wird heute als Seniorenwohn-heim genutzt.

The neo-Gothic Holy Ghost Foundation was built to care for the needy; it is among the most impressive secular buildings of the Hannover School. The central projection has a pinnacled gable, and brick bands and cornices in various colours add a picturesque quality. Two wings and the former monastery building, with inset loggias and projections, close the quadrangle.

146

Synagoge

Haeckelstraße 8
1961–1963
Hermann Guttmann

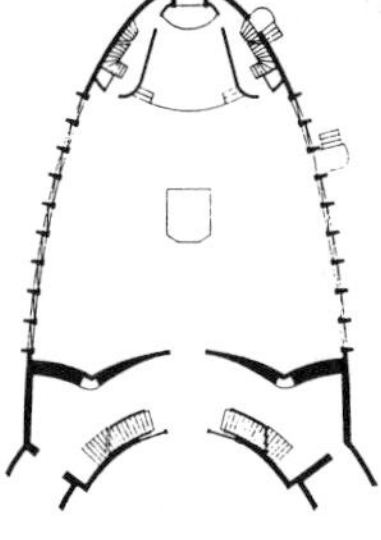

In der Reichspogromnacht am 9. November 1938 wurde die von Edwin Oppler 1864–70 errichtete neoromanische Neue Synagoge in der Bergstraße (Calenberger Neustadt) zerstört. Nach dem Zweiten Weltkrieg besaß die jüdische Gemeinde lange Zeit kein Gemeindezentrum; erst 1960 wurde im Zuge der Wiedergutmachung in Bult ein Grundstück zur Verfügung gestellt. Der Neubau, dem ein geschützter ovaler Hof vorgelagert ist, erhebt sich auf parabolischem Grundriss. An den Längsseiten wird der Bau durch schlanke, hervortretende Betonstützen gegliedert. Sie tragen das nach Osten dynamisch ansteigende, leicht überkragende Flachdach mit Kupferdeckung. Die geschlossene, mit Travertin verkleidete Fassade der Apsis an der Freundallee wird durch das Relief eines siebenarmigen Leuchters akzentuiert. Raumhohe, bleiverglaste Fenster zwischen den seitlichen Stützen belichten den raffiniert ausgestalteten Innenraum.

The synagogue in Bergstrasse was destroyed on 9 November 1938. Only in 1960 was the Jewish community given a plot of land in Bult. The new building, on a parabolic ground plan, has slender projecting concrete supports, with tall windows between them, on its long sides. The flat roof rises dynamically towards the east. The plain apse façade is accentuated by a relief of a seven-arm candelabrum.

147

Reihenhäuser und Beamtenwohnhäuser
Bischofsholer Damm, Brehmstraße, Brehmhof
1924– Ende 1930er Jahre
Friedrich Wilhelm Schick, Karl Elkart

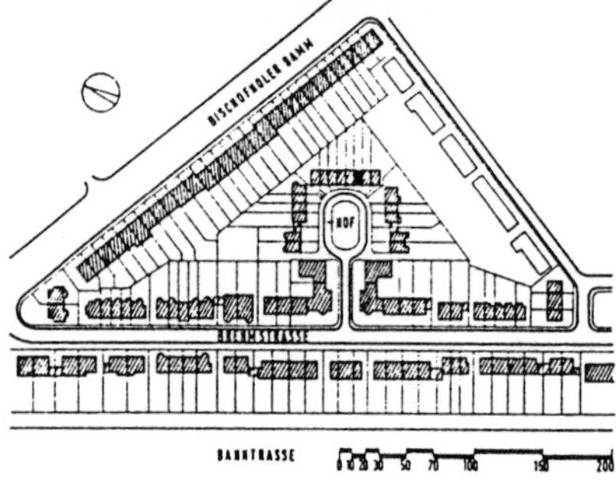

Lageplan
Location plan

Friedrich Wilhelm Schick und Stadtbaurat Karl Elkart entwarfen gemeinsam den Bebauungsplan für das im Dreieck zwischen der Bahnlinie nach Kassel, Bischofsholer Damm und Robert-Koch-Platz gelegene Siedlungsgebiet. Die ursprüngliche Idee einer hufeisenförmigen Bebauung innerhalb des Areals entsprach städtebaulichen Vorstellungen des Neuen Bauens (vgl. Hufeisensiedlung Berlin-Britz von Bruno Taut und Martin Wagner). Verwirklicht wurde dann die bestehende, um ein Hofkarree geführte, geschlossene Wohnsiedlung, mit einer konservativen architektonischen Formensprache (Walmdächer, Dachhäuschen, Risalite, Werksteinschmuck). An einigen Häusern erinnern Reliefs mit Tierdarstellungen an den Zoologen und Namensgeber der Straße, Alfred Brehm.

The terraced houses and civil servants' homes on this triangular segment of land were designed by Schick and Elkart. The original modernist plan of a horseshoe building was abandoned for the present design, in conservative formal language (hipped roofs, gabled dormers, projections, ashlar decoration). Animal reliefs recall Brehm, the zoologist after whom the street is named.

148

Turnhalle und Mensa der Tierärztlichen Hochschule
Robert-Koch-Platz 10
1929–30
Karl Grabenhorst, Franz-Erich Kassbaum

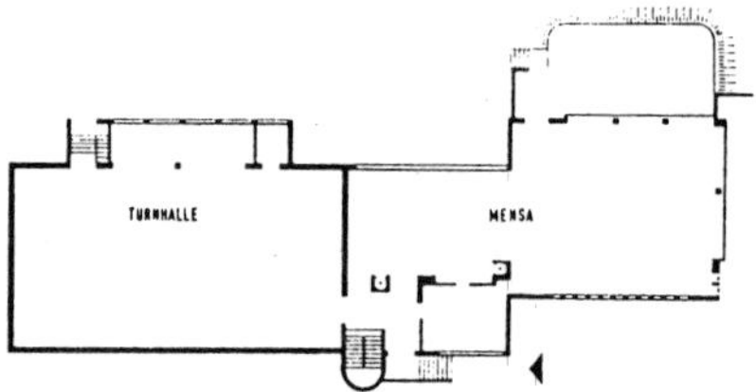

Grundriß Erdgeschoss
Ground floor ground plan

Das breit gelagerte, weiß verputzte Gebäude bestand ursprünglich aus einem länglichen ein- sowie einem leicht erhöhten zweigeschossigen Kubus. Es wird zum Robert-Koch-Platz hin durch ein halbrundes Treppenhaus mit höher gelegenem Eingang und Treppe gegliedert. Die Turnhalle im Osten ist durch ein mit der Wandfläche außenbündiges Fensterband aus vier länglichen, gleichmäßig fein profilierten Fensterelementen erkennbar. Sie bestehen aus je zehn fast quadratischen Gläsern mit Stahlrahmen in zwei Reihen. Das Motiv des Quadrats kehrt über dem Erdboden bei den in die Fassade eingeschnittenen Kellerfenstern sowie beim senkrechten gewölbt ausgeführten Fensterband im Treppenhaus wieder. Die Mensa grenzt den Robert-Koch-Platz städtebaulich nach Süden ab. Das Gebäude gilt als das einzige im Internationalen Stil errichtete Bauwerk in Hannover.

The gymnasium and cafeteria of the veterinary university was originally one long one-storey block and a slightly raised two-storey block. The gymnasium, at the east, has a row of four windows, flush with the wall, each with ten almost square panes. The square is repeated in the vertical staircase window row. This is the only building in Hannover in the International Style.

149

Städtische Bauverwaltung
Friedrichswall 4 (Rudolf-Hillebrecht-Platz 1)
1954–55
Werner Dierschke, Fritz Eggeling, Alfred Müller-Hoeppe

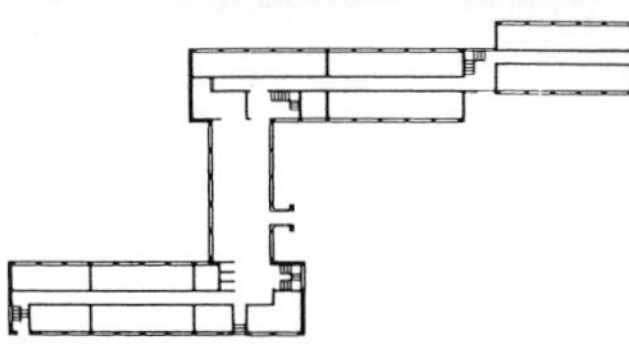

Der erste größere städtische Verwaltungsneubau nach dem Krieg wurde als Ensemble aus drei versetzten Riegeln von acht, drei und vier Geschossen gebildet. Zwei nordsüdlich ausgerichtete Baukörper sind durch einen niedrigeren Mittelbau mit leicht abgesenkter Eingangshalle und darüber liegender zweigeschossiger Treppenhalle mit Galerie verbunden. Vor dem Haupteingang steht das translozierte barocke Portal (mit britischem Königswappen) von der kriegszerstörten Garde-du Corps-Kaserne am Königsworther Platz. Die Stirnseiten des Stahlbetonskelettbaus sind mit Natursteinplatten verkleidet, die Längsseiten zeigen vor den Büroräumen eine durch Materialwechsel differenzierte Rasterfassade: tragende Stützen und Decken werden durch das dunkelgraue Hauptraster abgebildet, in dessen Feldern je ein vierteiliges Fenster-Element mit hervortretender Travertinfassung eingesetzt ist.

The Building Administration offices are a group of three long blocks of eight, three and four storeys. A lower building with slightly sunken entrance hall links two others at right angles. In front of the entrance is the transplanted baroque portal (with the British royal coat of arms) from a barracks destroyed in WWII. The ends have natural stone cladding, while the sides have travertine window dressings.

150

Kestner-Museum
Trammplatz 3
1889; 1958–61; 1973–76
Wilhelm Manchot; Werner Dierschke; Thilo Mucke

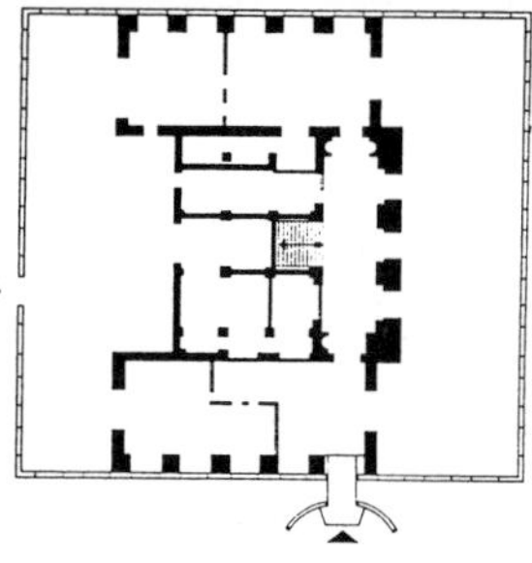

Die ehemalige Grünanlage vor dem Neuen Rathaus wurde Anfang der 1960er Jahre durch Pflaster, Bäume, Beete und einige Plastiken (Moritz Gagger, Bogenschütze 1939) in den heutigen Trammplatz umgestaltet. Gleichzeitig erfolgte linker Hand des Rathauses der Wiederaufbau das Kestnermuseums. Manchots, mit einem kolossalen palladinischen Portikus ausgestatteter, Bau war im Zweiten Weltkrieg, ebenso wie das nicht mehr existierende ehem. Stadtbauamt im Osten, stark beschädigt worden. Werner Dierschke ummantelte die Fassadenreste des Altbaues über einem dunklen Sockelgeschoss zum Friedrichswall mit einer würfelförmigen, transparenten Hülle aus Glasbetonrastern und Vitrinenfenstern. Innen entstand eine zweigeschossige, lichte Ausstellungshalle mit Empore, die durch die Säulen und Kolonnaden des Altbaues konterkariert wird. In den 1970er Jahren konzipierte Thilo Mucke den Neubau der ägyptischen Abteilung im 2. OG.

The Kestner Museum, with a colossal Palladian portico, was damaged in WWII. In the early 1960s, the Neues Rathaus park became a square with sculptures and the museum was rebuilt: the remaining façade was encased in a transparent cover of glass and concrete grids and showcase windows. The interior is a two-storey, bright exhibition hall and gallery, counteracted by the columns of the old building.

151

Neues Rathaus
Trammplatz 2
1901–1913
Hermann Eggert, Gustav Halmhuber

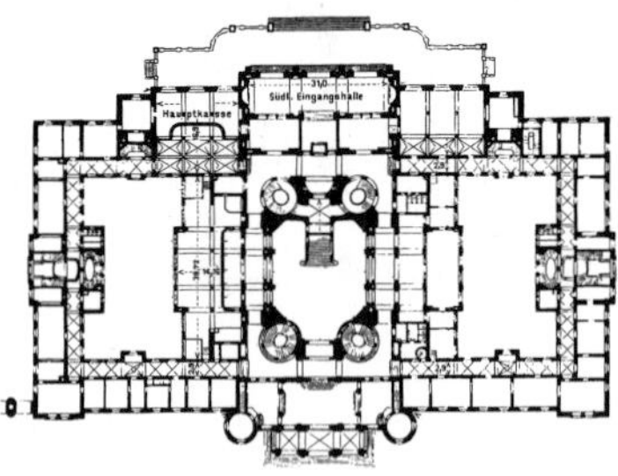

Der monumentale Rathauspalast in Formen des Neobarock und der Neorenaissance versinnbildlicht eindrucksvoll das wirtschaftliche und politische Selbstbewusstsein des hannoverschen Bürgertums jener Zeit. Der dreigeschossige Komplex auf rustizierendem Sockelgeschoss ist um zwei Innenhöfe angeordnet. Die Nordfront bestimmt ein vortretender Bauteil, der von zwei runden Türmchen gerahmt wird. Das Pendant an der Südseite bildet ein dreiachsiger Mittelrisalit. Zwei schlanke Türme auf quadratischem Grundriss leiten zu den hier symmetrisch zurückspringenden Seitenflügeln über. Zahlreiche Giebel, Dacherker, rundbogige Fenster sowie reicher bauplastischer Schmuck, vorwiegend zur Geschichte Hannovers, gliedern die lang gestreckten Fassadenfronten. Weithin sichtbarer Blickpunkt ist die 98 m hohe Mittelkuppel auf hohem, quadratischem Schaft, die von einer zweigeschossigen Laterne bekrönt wird. Sie stellt ein Novum in der Rathaustypologie des Historismus dar: bis dahin waren Kuppelbauten auf Parlamentsgebäude beschränkt (Bsp.: Reichstag in Berlin; 1884–94 von Paul Wallot), die Rathäuser hingegen durch einen Turm charakterisiert. Das durch G. Halmhuber in gemäßigten Jugendstilformen gestaltete Innere wird durch die 38 m hohe zentrale Halle bestimmt. An ihrer Ostseite befindet sich das ehem. Sitzungszimmer des Rats mit dem Wandgemälde „Einmütigkeit" von Ferdinand Hodler, welches das Bekenntnis der hannoverschen Bürger zur Reformation zum Thema hat. Offene Wendeltreppen, die durch umlaufende Galerien verbunden sind, akzentuieren die Ecken der Halle. Im Süden führt eine repräsentative Freitreppe in den ehem. Festsaal, der heute als Ratssaal dient. Sämtliche Prunksäle im 1. OG wurden im Zweiten Weltkrieg stark beschädigt und 1959 neu gestaltet. 1998–2000 erfolgte durch das Architekturbüro Pax und Hadamczik eine umfassende Sanierung des Inneren, wobei vor allem die Wiederherstellung des Gartensaals als öffentliches Restaurant erwähnenswert ist.

The neo-baroque and neo-Renaissance New Town Hall symbolizes Hannover's confidence at the time it was built. A projecting section of the north front with two turrets has its counterpart on the south front, a three-axis projection. The façades have gables, dormers, arch windows and sculpture showing Hannover's history. The 98 m high dome, crowned by a two-storey lantern, was the first dome on a town hall: domes were previously the prerogative of parliament buildings (e.g. Berlin Reichstag). Halmhuber's restrained Jugendstil interior has a 38 m high central hall, and to its east the former council chamber with the wall painting "Unanimity" by Hodler, showing the citizens of Hannover professing the Reformation. Open spiral staircases accentuate the corners of the hall. To the south is the former banqueting hall, today used as the council chamber. All the formal rooms on the first floor were badly damaged in WWII and rebuilt.

152

Norddeutsche Landesbank
Friedrichswall 1, Willy-Brandt-Allee 1
1998–2001
Behnisch, Behnisch & Partner

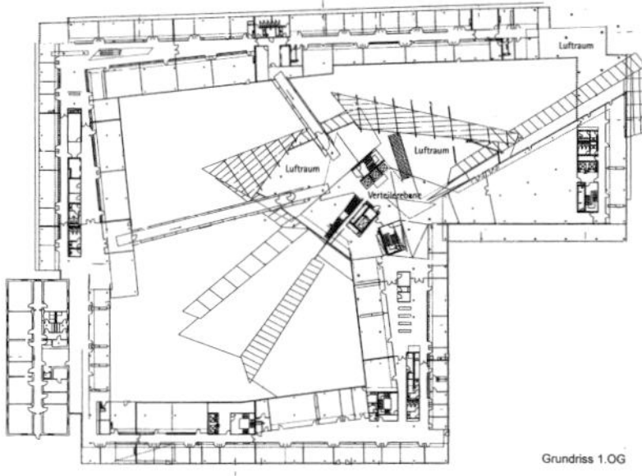

Grundriss 1. OG
Ground plan first floor

Der Gebäudekomplex der Norddeutschen Landesbank besteht aus einer fünf- bis sechsgeschossigen Blockrandbebauung, die den Altbau des ehem. Siemenshauses von Hans Hertlein (1922–24) an der Willy-Brandt-Allee 1 integriert und den bestehenden Bauten der Stadtwerke Hannover an der Maschstraße ausweicht. Im rückwärtigen Bereich türmen sich die Baumassen in verdreht-verschachtelten, unregelmäßigen Kuben bis zu einem 17-geschossigen Hochhaus auf. Der Haupteingang öffnet sich trichterförmig zum Aegidientorplatz hinter der zweigeschossig-aufgeständerten Gebäudeecke. Durch eine transparente Eingangshalle mit Foyer blickt man in den lebendig gestalteten Innenbereich des Blockes: von hier erschließen sich Cafeteria sowie angrenzendes Betriebsrestaurant, die als dreieckige Kuben auf ausladenden Plattformen über mehreren Wasserbecken 'schweben'.

The Norddeutsche Landesbank is a five- to six-storey block periphery building integrating Hertlein's former Siemens building. Behind, the building masses are piled in irregular blocks to a height of 17 storeys. Through a transparent entrance hall the interior of the block can be seen: the cafeteria and restaurant are triangular section 'hovering' on platforms above several water basins.

153

Theater am Aegi
Aegidientorplatz 2
1953; 1965–67
Hans Klüppelberg, Gerd Lichtenhahn; Hans Klüppelberg, Rolf Herzog

An der südlichen Platzkante wurde das 'Theater am Aegi' im Auftrag der Ufa als Erstaufführungskino mit Theaterbühne für Varieté und Kabarett gebaut. Es fasst heute 1168 Plätze im Parkett und Rang. Den Zuschauerraum und die Foyers überdeckt eine flache, kupfergedeckte Netzkuppel, Bühne und Büros werden in dem kompakten, rückwärtigen Baukörper aufgenommen. Der weitgehend geschlossene, kantige Block des Solitärbaues öffnet sich mit Eingang und vorspringend-gerahmtem OG-Foyer durch große Glasflächen zum Platz. Das Gebäude inszeniert sich selbst und seine Besucher bei abendlicher Beleuchtung als Bühne. Der 'black-box'-Charakter wird durch die Fassadengestaltung mit schwarzem Schiefer verstärkt. Das Gebäude ist Beispiel für eine an Zweck und Funktion orientierte Architektur. Das nach einem Brand zerstörte Interieur wurde 1965–67 neu ausgebaut. 1994 erfolgte eine weitere Umgestaltung des Innern.

The Theater am Aegi was built as a first-run cinema with a stage for variety and cabaret. It has a shallow copper dome; the stage and offices are in the compact back building. Large glass areas face the square, and night illumination turns the building into a stage. The "black box" look is enhanced by the use of black slate on the façade. The building is an example of purpose-oriented architecture.

154

Stadtbibliothek
Hildesheimer Straße 12
1929–31; 1955–56; 1978
Hans Bettex, Karl Elkart; n. bek.; Rolf-Dieter Ramcke

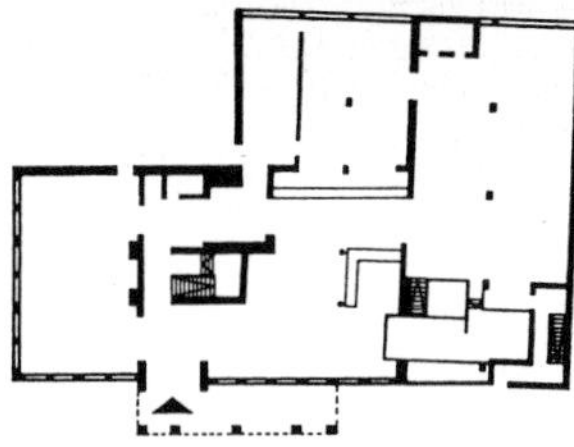

Mit seinen zehn Geschossen markiert der Magazinturm mit integrierten Bibliotheksräumen – der erste seiner Art in Europa – den Rand der Innenstadt. Die Stahlkonstruktion wird außen durch Lisenen aus Klinkern abgebildet. Dazwischen betonen in den fünf obersten Stockwerken senkrechte Fensterbänder die vertikale Wirkung. Nach Kriegszerstörungen wurde der Eingangsbereich durch einen angepassten fünfgeschossigen Anbau vergrößert und die Hochhauswirkung so zurückgenommen. Die Erweiterung konzipierte 1974 R.-D. Ramcke, dessen Lesehalle sich mit einer schrägen Glaswand nach Norden zum Aegi-dientorplatz öffnet. Zum Komplex gehört ein Wohnhaus sowie das z.T. original erhaltene Bühnenmagazin (1928) auf dem rückwärtigen Teil des Grundstücks. Die Stadtbibliothek zählt zu den herausragenden Beispielen expressionistischer Architektur in Hannover.

The City Library has a ten-storey stack tower with integrated library rooms, the first of its kind in Europe; it marks the end of the inner city. Clinker lesenes follow the outlines of the steel construction. After WWII, the entrance was enlarged by a five-storey annexe, reducing the tower effect. The 1974 reading hall has a sloping N glass wall. The library is one of the outstanding examples of expressionist architecture in Hannover.

155

Turnhalle
Maschstraße 16
1864–65
Wilhelm Schultz, Wilhelm Hauers

Ursprünglicher Zustand
Original state

Das Gebäude wurde als Turnhalle für den „Turn-Klubb zu Hannover" errichtet. Die Fassade des zweigeschossigen, neogotischen Backsteinbaus wird durch einen seitlich aus der Mittelachse versetzten Eingangsrisalit bestimmt: Über dem Stufenportal springt ein laubenartiger Balkon hervor, der durch einen Wimperg sowie zurückgesetzten abschließenden Fialengiebel bekrönt wird. Im rückwärtig hervortretenden Baukörper befand sich der Turnsaal. Dessen imposante Hallendecke, eine verbretterte Spitztonne mit sichtbarer Holzkonstruktion, ist heute abgehängt und deshalb nicht mehr sichtbar. Das Bauwerk erhält seine herausragende Bedeutung als frühes architektonisches Zeugnis der Turnbewegung und als eines der wenigen erhaltenen Profanbauten der Hannoveraner Architekturschule. Das steile Satteldach wurde nach Kriegszerstörung nicht wiederhergestellt; statt dessen stockte man ein 2. OG auf.

The neo-Gothic brick gymnasium has an entrance projection with balcony, canopy and pinnacled gable. The gymnasium was in the back building, but its pointed barrel vault ceiling has been removed. The building is an important architectural record of the 19th-c. German gymnastics movement, and one of the few secular buildings of the Hannover School preserved. The postwar 3rd floor replaces the former steep roof.

156

Haus Gröne
Sextrostraße 1
1899
Karl Börgemann

Das dreigeschossige Wohnhaus wurde für den Prokuristen der Ziegelei H. B. Röhrs, Simon Gröne, errichtet. Durch die formen- und farbenreiche Fassadengestaltung wirkt es wie ein Demonstrationsobjekt für die Leistungsfähigkeit der zeitgenössischen Ziegelindustrie. Die fantasievolle Verwendung von Formsteinen sowie backsteinroten und grün glasierten Ziegeln und Kacheln sorgt für ein überaus malerisches Gesamtbild. Unter dem aufwändigen mittigen Fialgiebel befinden sich ein polygonaler, asymmetrisch gesetzter Vorbau und ein seitlicher, über zwei Geschosse geführter filigraner Eisenbalkon auf Stützen. Das Haus Gröne gehört zu den herausragenden Beispielen der Hannoverschen Schule im Übergang zum Jugendstil. Das Gebäude brannte im Zweiten Weltkrieg aus; die Fassade wurde 1945–49 wiederhergestellt.

The three-storey building, the home of the chief clerk of a brickyard, has a façade showing imaginative use of special bricks and red and green glazed bricks and tiles. Beneath the pinnacled gable, there is a polygonal projection and a filigree iron balcony. This is one of the outstanding examples of the Hannover school. The building was gutted in WWII, and the façade restored in 1945-49.

157

Constructa-Block
Hildesheimer Straße 73, Krausenstraße 2a–8d, Bandelstraße 7–13g
1950–52
Friedrich Wilhelm Kraemer, Konstanty Gutschow, G. Seewald

Die Siedlungsanlage mit ihren 500 Wohnungen wurde im Rahmen der Constructa-Bauaustellung geplant und im Auftrag der Aufbaugenossenschaft und der Stadt Hannover errichtet. Der Constructa-Block ist Beispiel für großzügige Wiederaufbauarchitektur. Er umfasst ein neungeschossiges Laubenganghaus, fünfgeschossige Mehrfamilienhäuser und Einfamilienreihenhäuser mit zwei Stockwerken sowie ein Ladenzentrum und Garagen. Die Gebäudeteile sind zumeist mit hellem Putz versehen und besitzen flach geneigte Satteldächer. Die Wohnsiedlung ist Teil einer städtebaulichen Grünverbindung aus der Südstadt zum Maschsee.

The 500-dwelling housing estate was built for the Constructa building exhibition and is an example of the large-scale architecture of postwar reconstruction. There are a nine-storey balcony-access block, five-storey apartment blocks, terraced houses, a shopping centre and garages. Most of the buildings are plaster, with shallow saddleback roofs.

158

Landesmuseum
Willy-Brandt-Allee 5
1897–1902; 1997–99
Hubert Stier; Hoppe, Sommer und Partner

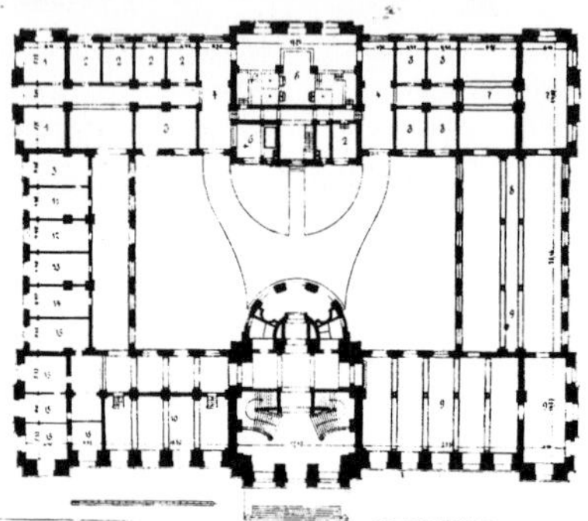

Die monumentale, neorenaissancistische Vierflügelanlage mit ihrem großen Innenhof bezieht sich auf das Neue Rathaus (Nr. 151) auf der gegenüberliegenden Seite des Maschparks. Deshalb liegt die Hauptfassade im Westen und nicht Richtung Stadt. Der breit gelagerte, durch 15 Fensterachsen untergliederte Bau hatte ursprünglich über dem vorderen überhöhten Mittelrisalit eine Glaskuppel, die nach der Kriegszerstörung nicht rekonstruiert worden ist. Über einem hohen rustizierenden Sockelgeschoss verbinden frei vor der Fassade stehende Säulen die zwei OG. Den Abschluss markiert eine Attika. Oberhalb der Rundbogenfenster des EG zeigt ein zehnteiliger Reliefries die Entwicklung der Menschheit. Signifikant ist die Kolossalgliederung der Fassade . Das Museum wurde 1997–99 im Innern umgebaut.

The museum, a building with neo-Renaissance element, faces west, towards the Neues Rathaus (no. 151), to which it refers. The original glass dome over the front projection was not reconstructed after WWII. The building has two storeys, linked by freestanding columns, and above the ground-floor round-arch windows is a relief frieze showing the development of mankind. The façade has marked cornices. In 1997–99 the museum interior was altered.

159

Sprengel Museum
Kurt-Schwitters-Platz
1975–79, 1989–92
Ursula und Peter Trint, Dieter Quast

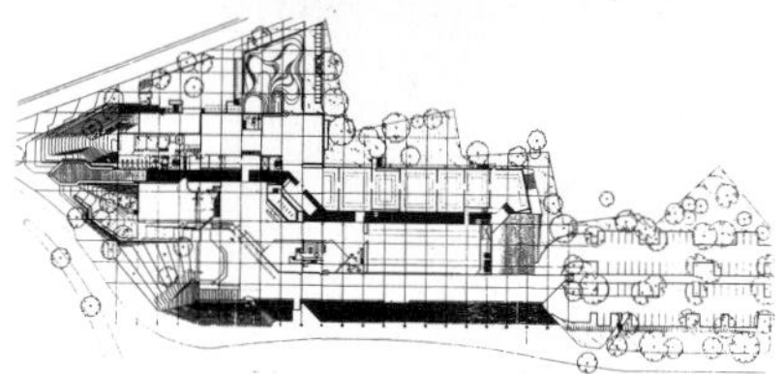

Die Schenkung der bedeutenden Sammlung moderner Kunst des Unternehmers Bernhard Sprengel bildete den Anlass zum Bau des Museums. Es erhebt sich auf einem künstlichen Landschaftsrelief, welches die UG aufnimmt. Über eine Rampe wird das Publikum in das großzügige, durch ein breites Vordach akzentuierte Foyer geführt. Eine 120 m lange „Museumsstraße" trennt den öffentlichen Bereich von den Ausstellungsräumen. Die fantasievolle Gliederung des in verschiedenen Rundgängen organisierten Innenbereichs sorgt zusammen mit einer überraschenden Lichtführung für abwechslungsreiche Raumerlebnisse. Der lang gestreckte Baukörper ist als Stahlbetonkonstruktion ausgeführt. Die mit weißen Aluminiumblechen verkleidete Fassade wird durch das Spiel von Kuben, Scheiben und Öffnungen belebt. Der 1992 vollendete 2. Bauabschnitt verdoppelte die Ausstellungsfläche nahezu auf nunmehr 5373 qm.

The museum was built to house the Sprengel modern art collection, and later expanded to 5373 m². The public and exhibition areas are separated by a 120 m long "museum road". The imaginative organization of the interior, in various walks, and the lighting, creates variety in the rooms. The white sheet aluminium façade is enlivened by the interplay of blocks, plates and openings.

160
Funkhaus des NDR
Rudolf-von-Bennigsen-Ufer 22
1949–52, 1960–63
Friedrich Wilhelm Kraemer, Gerd Lichtenhahn, Dieter Oesterlen

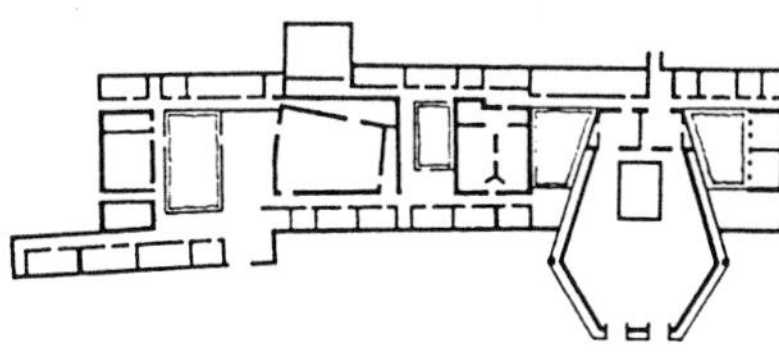

Auf Initiative von Stadtbaurat Rudolf Hillebrecht entstand am Maschsee als erster öffentlicher Großbau nach 1945 das neue Funkhaus. Der dreischiffige, in der Mitte durch Höfe getrennte Komplex besteht aus zwei Flachbauzeilen und Studios; zum Maschsee liegt ein dreigeschossiger Verwaltungsbau mit Lochfassaden aus gelben Spaltklinkern sowie der mit emailliertem Profilblech verkleidete große Sendesaal. Die rechte Seite des Verwaltungsgebäudes wird durch Haupteingang und Dachaufsatz asymmetrisch betont. Von Kurt Lehmann stammt die Plastik „Badende" im Schmuckhof, der durch eine Lichtzeile vom Foyer abgetrennt ist. Der große Sendesaal ‚schwebt' über einem gläsernen Foyer und wurde auf sechseckigem Grundriss als weißer Block in Anlehnung an einen Kontrabass konzipiert. Der kleine Sendesaal mit schwingend-fließenden Wandgestaltung und farbigen Wellen gehört zu den herausragensten Raumschöpfungen der 1950er Jahre.

The NDR broadcasting centre was the first large public building project after 1945. The three-aisle complex comprises two blocks and studios; towards the lake is a three-storey administrative building with punctuated façade and the large studio, cladded with enamelled profile sheet. The sculpture in the atrium is by Lehmann. The large studio, a hexagonal white block, "hovers" above a glass foyer. The small studio is an outstanding 1950s room.

161
Bismarckschule
An der Bismarckschule 5
1911
Johann de Jonge

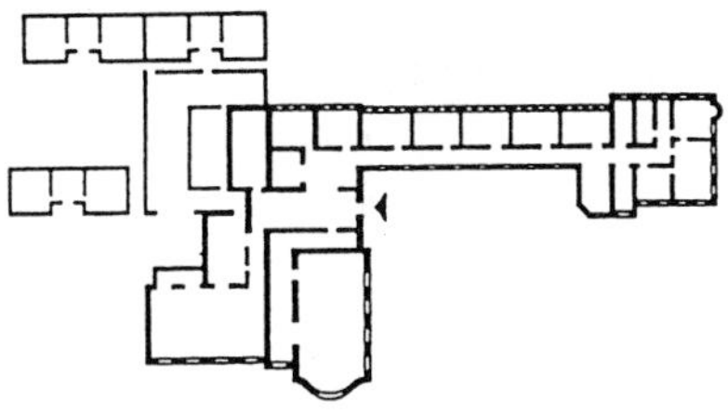

Auf L-förmigem Grundriss entstand ein stark gegliedertes, mit Naturstein verblendetes und teilweise verputztes Gebäude auf einem Sockel-geschoss aus grob behauenem Quadermauerwerk. Vor der nach Osten gerichteten Hauptfassade liegt ein hofartiger Platz. Der dreigeschossige Hauptbau nimmt die Klassenräume auf. Der Eingang wird durch einen danebenliegenden oktogonalen, vorgezogenen Treppenturm mit kupferbedeckter Haube und Laterne akzentuiert. Weitere Besonderheiten sind ein viergeschossiger, geschwungener Bautrakt, welcher über einer ebenerdigen Turnhalle die Aula aufnimmt sowie der zum Maschsee gelegene turmartige Kuppelaufbau der Sternwarte. In ihrer architektonischen Gliederung, Ästhetik und Ornamen-tik zählt die Bismarkschule zu den späten Beispielen des Jugendstils.

The Bismarck School is an L-shaped brick building on a base of rough-hewn square-stone masonry. The classrooms are in the main building, while entry is by way of an octagonal projecting staircase turret with copper dome and lantern. Towards the lake is the tower-like dome of the observatory. Its structure and ornamentation mark the school as late Jugendstil.

162

Restaurant und Yachtschule am Maschsee
Rudolf-von-Bennigsen-Ufer 51
1998–99
Bertram Bünemann Partner

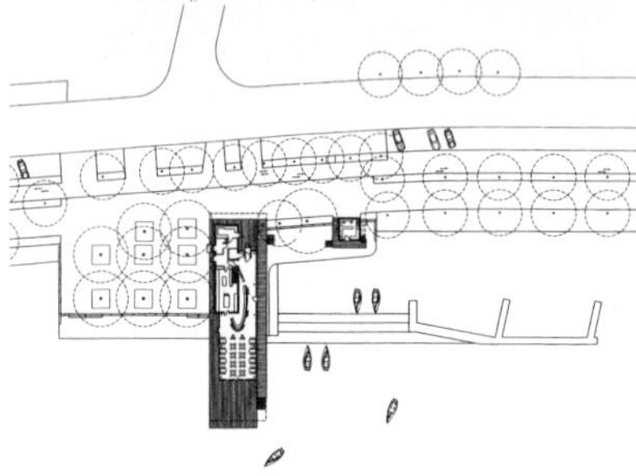

Gleich einem Pier ragt der aufgeständerte, lang gestreckte Stahlskelettbau des Restaurants kühn in den See hinein und lenkt den Blick auf das gegenüberliegende Ufer. Dem flachen, weitgehend verglasten Gebäude ist eine umlaufende, großzügige Außenterrasse mit relingartigem Geländer vorgelagert, welche seinen maritimen Charakter unterstreicht. Die weit auskragende Dachplatte wird durch eine rechteckige Öffnung mit Sonnenlamellen akzentuiert. Ein mit rot lasiertem Holz verkleideter Baukörper nimmt die Nebenräume und einen Kiosk auf. In reizvollem Kontrast zum transparenten Restaurant präsentiert sich die zweigeschossige, ebenfalls mit roten Holztafeln verschalte solitäre „Box" der Yachtschule. Das Ensemble besticht durch seine schlichte Eleganz: Mit ihm hat das Maschseeufer einen weiteren markanten architektonischen Bezugspunkt erhalten.

Like a jetty, the long steel-frame restaurant building, mainly glazed, extends into the lake. Its maritime nature is underlined by the surrounding terrace and railing. The side rooms and a kiosk are in a building cladded with wood varnished red, and the yacht school is a box shape, also cladded with red wood, contrasting interestingly with the transparent restaurant. The combination is impressive in its simple elegance.

163

Strandbad Maschsee
Rudolf-von-Bennigsen-Ufer 81
1936
Karl Elkart, Robert Barlinghaus

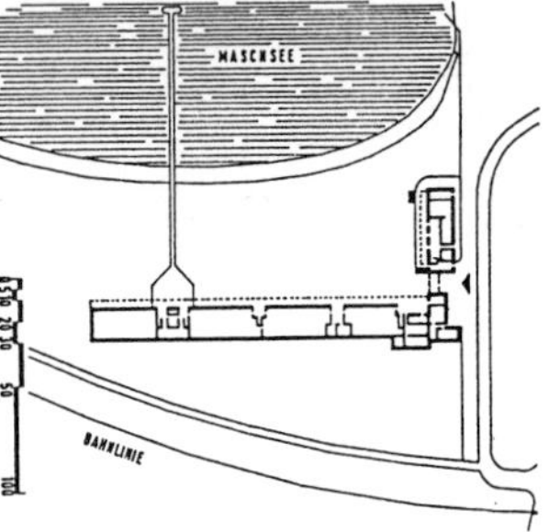

Lageplan
Location plan

Stadtbaurat Elkart projektierte für das überschwemmungsgefährdete Maschgebiet u.a. einen 80 ha großen See, eine Promenade im Norden als städtebauliche Verbindung zu Maschpark mit Rathaus sowie breiten z.T. baumbestandenen Grünanlagen im Osten und Westen. Figürliche Darstellungen an den befestigten Ufern des Maschsees aus der NS-Zeit, wie „Menschenpaar" (Georg Kolbe, 1939), „Löwenpaar" (Arno Breker, 1938) und die 18 m hohe „Fackelträgersäule" (Hermann Scheuerstuhl, 1936), treten heute in Kontrast zur modernen Plastik „Hellebardier" (Alexander Calder, 1972). Das Strandbad im Süden entwarf Robert Barlinghaus. Ein monumentales Dreierportal aus Travertin wird von zwei zweistöckigen abgewalmten holzverschalten Häusern eingerahmt. Daran anschließend erstrecken sich rechtwinklig die lang gezogenen Umkleidekabinen. Das weitläufige Strandbad ist eine der wenigen fast unverändert erhalten gebliebenen Freizeiteinrichtungen aus der Zeit des Nationalsozialismus.

Elkart planned the man-made Masch lake, a promenade, and park areas. Figurative National Socialist sculptures, ("Couple", "Two Lions" and the 18 m high torchbearer) contrast with the modern sculpture "Halberdier" (Calder, 1972). The beach swimming pool in the S is fronted by a triple travertine portal, between timber-frame houses. A long row of cubicles adjoins. This is one of the few almost unchanged National Socialist recreation facilities.

164

Gilde Brauerei AG
Hildesheimer Straße 132
um 1895; 1991–94
n. bek.; Bertram Bünemann Partner

Ehem. Lagerbierkeller (oben); Neubauten von Bertram Bünemann Partner (unten)
Former lager cellar (above); new buildings by Bertram Bünemann Partner (below)

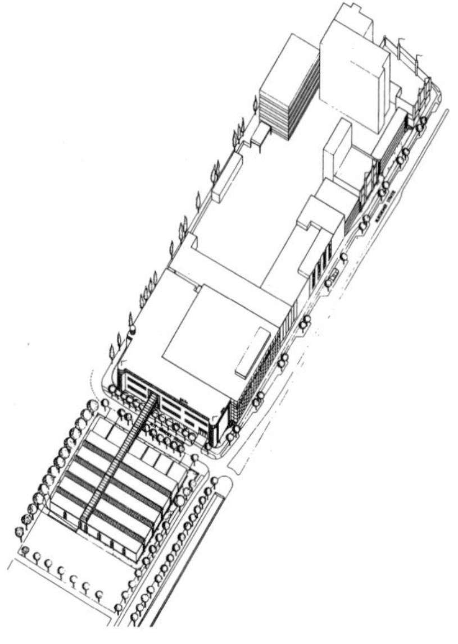

Isometrie der Gesamtanlage
Isometric projection of the whole complex

Ab 1872 ließ sich auf dem Areal zwischen Hildesheimer Straße, Altenbekener Damm und Alter Döhrener Straße die Lagerbierbrauerei der ehem. Brauergilde Hannover nieder. Die ersten Gebäude schuf Hofbaurat Frühling zwischen 1872 und 1878 in neogotischem Stil. In den darauf folgenden Jahren wurde die Fabrik beträchtlich erweitert. Aus dieser Bauphase haben sich nur wenige Bauten erhalten: Von besonderer Bedeutung ist der ehem. Lagerbierkeller. Der kastellartige, blockhafte Klinkerbaukörper, im EG verändert, wird im OG durch schlanke, halbrunde Ecktürmchen und spitzbogige Blendfenster gegliedert; Blendarkaden und Zinnen bekrönen die Dachzone. Im Süden des architektonisch heterogenen Brauereigeländes errichtete das Architekturbüro Bertram Bünemann Partner mehrere Neubauten. Der Komplex der Fassfüllerei und der Leerguthalle orientiert sich in der Materialwahl Klinker am ehem. Lagerbierkeller. Durchlaufende Fensterbänder und ein zurückgesetztes DG mit überstehender Dachkante aus Stahl betonen die horizontale Ausrichtung des Gebäudes; den südlichen Abschluss bilden zwei markante halbrunde Ecktürme. Eine Stahl-Glas-Brücke stellt die Verbindung über die Alte Döhrener Straße zum lang gestreckten, niedrigen Hallenbau in Nachbarschaft zum Engesohder Friedhof (Nr. 165) her. Er verdeutlicht seine Konstruktion in der Fassade: Die weit spannenden Stahlgitterträger der Sheddachkonstruktion liegen auf sichtbaren Stahlstützen, die das Klinkermauerwerk nach außen gliedern.

From 1872, the lager brewery of the former Hannover Brewers' Guild was here. The former lager cellar, one of the few early buildings preserved, is interesting. It is a fortress-like clinker block, with corner turrets and pointed-arch blind windows in the upper storey. At the S of the grounds are a number of new buildings by Bertram Bünemann Partner. The filling plant and the empties store take up the clinker of the lager cellar. Continuous strip windows and a retracted attic storey emphasize the horizontal, and there are two striking semicircular corner towers. A bridge connects this building to the long, low hall building. The steel lattice girders of the sawtooth roof construction are on visible steel supports.

165

Eingangsbau des Engesohder Friedhofs
Alte Döhrener Straße 96
1873–74
Ludwig Droste

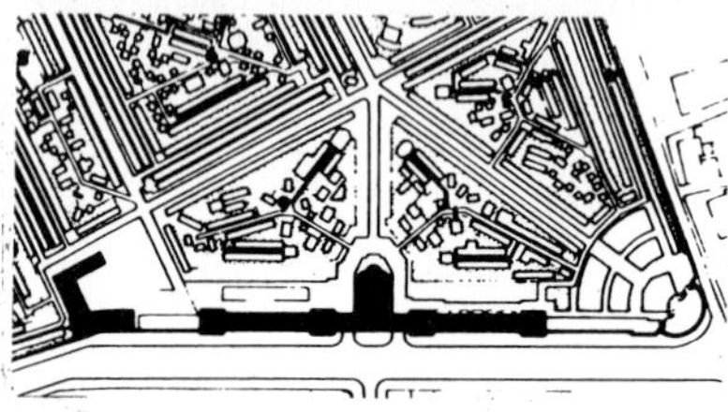

Der älteste kommunale Friedhof Hannovers wurde nach der Schließung der Gemeindefriedhöfe 1861–64 von Stadtbaumeister Droste angelegt. Er konzipierte auch den imposanten, im Rundbogenstil mit gotisierenden Details gestalteten, symmetrischen Eingangsbau. Das aus farbigen Ziegeln sowie hellem Sandstein errichtete Gebäude präsentiert sich durch eine eingeschossige Arkadenwand mit vorgezogenen Pavillons. Vorspringende Pfeiler gliedern die lang gestreckte Fassade. Der Glockenturm der ehem. Kapelle erhebt sich mittig über den Arkaden der Torhalle. Auffälligster Schmuck des Ensembles ist der Rautenfries am Dachansatz sowie die Balustraden der Pavillons. Auf der Friedhofsseite springt die 1910 von Otto Barnstorf errichtete neue Friedhofskapelle vor, eine Basilika in neoromanischen Formen und Apsis mit 5/8-Schluss.

Hannover's oldest communal cemetery was opened after the municipal cemeteries closed. The entrance building, in the Gothic style, is of coloured bricks and pale sandstone, with an arcaded wall. In the centre, the belfry of the former chapel rises above the gateway. The lozenge frieze at the edge of the roof and the balustrades are the most striking decoration. The new chapel is a neo-Romanesque basilica.

166

Ehemalige Pädagogische Hochschule, heute Universität Hannover, FB Erziehungswissenschaften und Hochschule für Musik und Theater
Bismarckstraße 2
1929–35
Franz-Erich Kassbaum, Willi Palaschewski

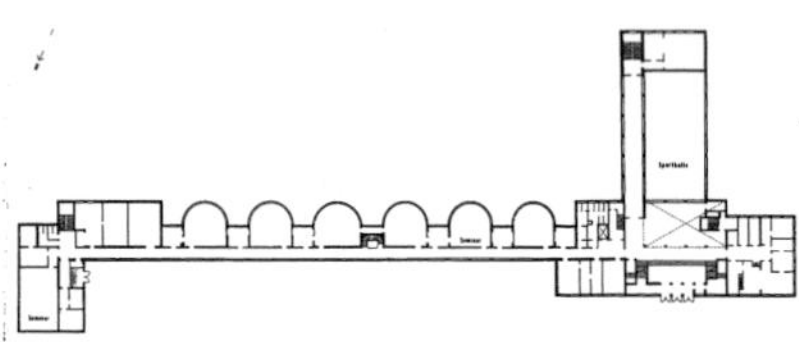

Grundriss Erdgeschoss
Ground plan ground floor

Die flach gedeckte Stahlbetonskelettkonstruktion besteht aus fünf ineinandergeschobenen Kuben auf L-förmigem Grundriß; die Fenstereinteilung der klinkerverkleideten Außenfront variiert vom Fensterband bis zur regelmäßigen Lochfassade. Den Blickfang bildet ein neungeschossiges Hochhaus. Die Fassade des dreieinhalbgeschossigen Hauptbaus wird zur Straße durch Fensterbänder horizontal betont. Besonders signifikant sind im Süden die sechs auf dem UG ruhenden, aneinander gereihten, halbzylindrisch geformten Baukörper, welche die Seminarräume aufnehmen. Ihr außergewöhnliches Erscheinungsbild folgte einem pädagogischen Konzept, nach dem sich alle Schüler um Lehrer und Tafel gruppieren. Die qualitätvolle Architekur zählt zu den herausragenden Beispielen des Neuen Bauens in Hannover. In den 1970er Jahren sind neue Fenster mit unproportionierten Aluprofilen und z.T. getöntem Glas eingebaut worden, die den Gesamteindruck empfindlich stören.

The former teacher training college is a frame building with five sections. At the S, the six semicylindrical units for the seminar rooms were designed on the principle that all students should be grouped around the teacher and the blackboard. Unfortunately, the overall effect of this high-quality Neues Bauen architecture is seriously impaired by the new 1970s windows with out-of-proportion aluminium trim and in part with tinted glass.

167

Heinrich-Heine-Schule
Altenbekener Damm 20
1929–31
Hans Bettex, Karl Elkart

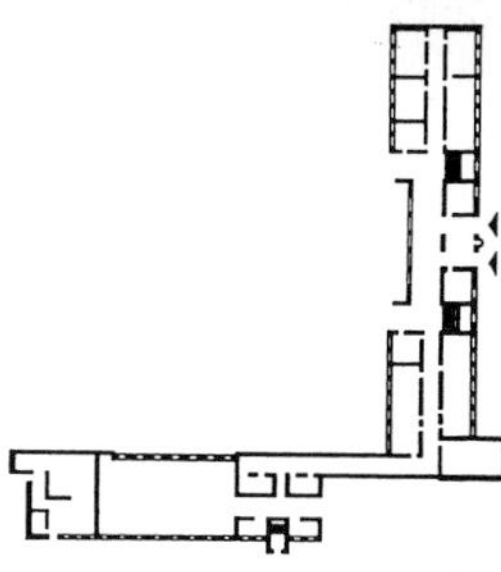

Die Volksschule entstand im Rahmen des unter Stadtbaurat Elkart konzipierten umliegenden Wohnviertels (Nr. 168). Entworfen wurde sie als U-förmige Anlage in verklinkerter Stahlbetonskelettbauweise, von der man jedoch nur den viergeschossigen Westflügel und einen nördlich daran anschließenden, viergeschossigen Turnhallentrakt mit Flachdach verwirklichte. Die lang gestreckte westliche Hauptfront wird an der Straße durch leicht zurücktretende Treppenhäuser, zur Hofseite durch den zurückgesetzten Mittelteil gegliedert. Die mit Werkstein eingefassten Fenster sowie Fischgrätdekor in den Brüstungsfeldern und der südlichen Giebelwand sorgen für einen sparsamen Schmuck der schlichten, horizontal betonten Fassade. Das Gebäude ist eines der wenigen Hannoveraner Schulbauten der Weimarer Republik und zugleich ein bedeutendes Beispiel der Architektur der Neuen Sachlichkeit.

The elementary school was planned as part of the surrounding district. The long west front is divided by slightly retracted staircases; the façade is sparingly decorated by the ashlar window dressings and the herringbone decoration in the spandrels. The building is one of the few Hannover schools built in the Weimar Republic and an important example of Neue Sachlichkeit architecture.

168

Wohnbebauung
Geibelplatz 5, Geibelhof, Bertha-von-Suttner-Platz, Tiestestraße. 21, 32, Stresemannallee 1–11
1927–29
Wilhelm Ziegler, Jürgens und Mencke, Genschel und Bulach, Willi Michaelis u. a.

Geibelplatz 5

Das Wohngebiet um den Geibelplatz und um den Bertha-von-Suttner-Platz erfuhr nach den Vorstellungen des Neuen Bauens eine Aufteilung durch lang gestreckte, leicht gekrümmte, rechteckige und dreieckige möglichst nordsüdgerichtete Baublöcke auf achsialsymmetrischem Straßenplan (um 1890). Die Fassadengestaltung der viergeschossigen Klinkerbauten erfolgte u. a. durch Backsteinornamentik, polygonale Erker, Dreieckserker (Tiestestr. 32). Besonders markant erscheint das neungeschossige Hochhaus von Ziegler (Geibelplatz 5): Auf einer vorgelagerten Spitzbogenarkade erhebt sich die fünfachsige Fassade mit Dreieckserker (2.–7. OG) und Flachdachabschluss. Das Wohnviertel an der Stresemannallee besteht aus viergeschossigen Klinkerbauten. Die Torsituation im Norden wird akzentuiert durch zwei gegenüberstehende flach gedeckte siebenstöckige Hochhäuser. Horizontal und vertikal gebänderte Klinker in den Brüstungsfeldern, Schmuckterrakotten und Rautenfriese sorgen für einen dezenten Fassadenschmuck der expressiven Bebauung.

The Geibelplatz residential district was designed in the Neues Bauen style, with long, slightly curved, rectangular and triangular buildings, on a N–S axis where possible. The clinker buildings have brick ornamentation and oriels. Ziegler's nine-storey building is particularly striking with its arcade and triangular oriel. On Stresemannallee there are four- and seven-storey clinker buildings. The expressive complex has restrained decoration of clinker bands, terracotta ornaments and lozenge friezes.

169

St. Heinrich-Kirche
Sallstraße 72
1928-29
Eduard Endler

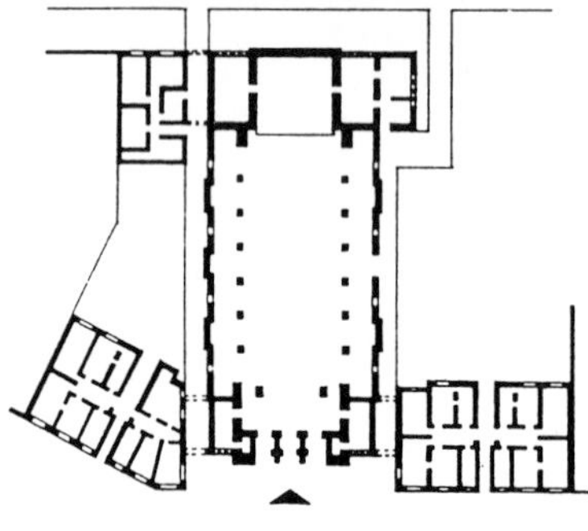

Die Kirche mit ihren flankierenden viergeschossigen Wohngebäuden wurde im Rahmen der unter Stadtbaurat Karl Elkart durchgeführten Südstadt-Erweiterung errichtet. Der dominierende, monumentale Kirchturm des Ensembles im Stil des Backsteinexpressionismus ist aus der Straßenflucht zurückgesetzt, so daß ein schmaler Vorplatz entsteht. Die blockhafte Straßenfront des Turms wird in der Mitte durch drei steile, schmale Arkaden vertikal gegliedert; den horizontalen Abschluss bildet ein breites Ornamentband in Zickzack-Muster. Zur Simrockstraße schließt sich ein dreischiffiger basilikaler Kirchenraum an, der einen eingezogenen Chor mit geradem Abschluss aufweist. Die ursprüngliche Innenraumgestaltung ist erhalten geblieben.

The church was part of Elkart's expansion of the Südstadt. The monumental brick expressionist tower is retracted, leaving a small forecourt. The block-like street front of the tower is divided vertically by three narrow arcades and horizontally by a broad zigzag ornamental band; behind is a basilica with retracted choir. The original interior is preserved.

170

Hochhaus
Oesterleystraße 5
um 1928
Fritz Höger

Die Bebauung des Stephansplatzes begann kurz nach 1900. Im Zuge der Erweiterung der Südstadt wurde das Areal in Marktplatz, Spielplatz mit Kiosk und Pissoir umgestaltet. Fritz Höger setzte mit seinem achtstöckigen Klinkerbau an der nördlich einmündenden Ecke zur Oesterleystraße einen asymmetrischen Akzent. Signifikant an dem von der Platzkante etwas zurückgezogenen, flach gedeckten Gebäude sind die vorgelegten spitzbogigen Arkaden im EG, die eckumgreifenden Balkone im 2.–6. OG sowie im DG ein Fensterband. Klinkerbänder und Fischgrätornamente unterstreichen die Horizontale. Der Gesamteindruck des expressionistischen Bauwerks ist seit den 1970er Jahren beeinträchtigt worden, nachdem die ursprünglich dreigeteilten Sprossen-Kastenfenster durch ein- bzw. zweiflüglige Modelle ersetzt wurden.

Distinctive features of Höger's eight-storey clinker building are the detached arcades on the ground floor, the corner balconies and the top window strip. Clinker bands and herringbone ornamentation emphasize the horizontal. The overall appearance of the expressionist building has suffered since the 1970s as a result of tripartite windows being replaced by one- and two-pane ones.

MITTE
9
171
174
173
172
178
176
177
175
LINDEN-SÜD
Komatsu Hanomag-AG
Sportpark
Niedersachsen-stadion
Schützenplatz
Maschpark
Rathaus
Güterbf. H.-Linden
Bf. H.-Linden
RNUM
179
178
180
Thomson Consumer Electronics Sales GmbH
B65
182
181
RICKLIN
OBERRICKLINGEN
183
Stadtfriedhof Ricklingen
Ricklinger Holz
Ricklinger Bad
Hemmi
1 km

171

Wohnhaus
Deisterstraße 31
um 1830; 1875
Johann Christoph Täntzel; n. bek.

Bereits im Mittelalter war die Deisterstraße eine bedeutende Verbindung zwischen der Brücke von Hannover (am Schwarzen Bär) und den Chausseen nach Hameln und Göttingen. Die städtebauliche Erschließung begann im ersten Drittel des 19. Jh.s. Aus dieser Zeit stammt das zweigeschossige, hell verputzte Wohnhaus. Ursprünglich mit einem Walmdach ausgestattet, bekam es seine heutige Form mit dem südlichen Anbau im Jahr 1875. Die Fassadengliederung auf Straßen- und Gartenseite ist symmetrisch. Eingang und Terrassenzugang liegen in der Mitte. Straßenseitig erheben sich auf einem waagerecht mit Putz strukturierten Sockelgeschoss zwei fünfachsige Fensterfronten sowie drei zentrierte Zwerchgiebel. Die Gartenfassade besteht aus einem übergiebelten Zwerchhaus, fünf Fensterachsen, Terrassentür, kräftig profiliertem Traufgesims und Fensterbänken. Die drei Mittelachsen des in seiner Schlichtheit bestechenden klassizistischen Baus sind leicht vorgezogen.

It was only in the first third of the 19th c. that Deisterstrasse was first developed. The two-storey dwelling-house, with pale stucco, dates from this period, although the roof is of 1875. This is a classicist building of captivating simplicity. Above a ground floor with horizontally patterned plaster, there are two storeys with five windows, with three dormers above. The garden façade has a strongly marked eaves cornice and window sills.

172

Wasserhochbehälter
Am Lindener Berge 27
1876–78
Otto Wilsdorff

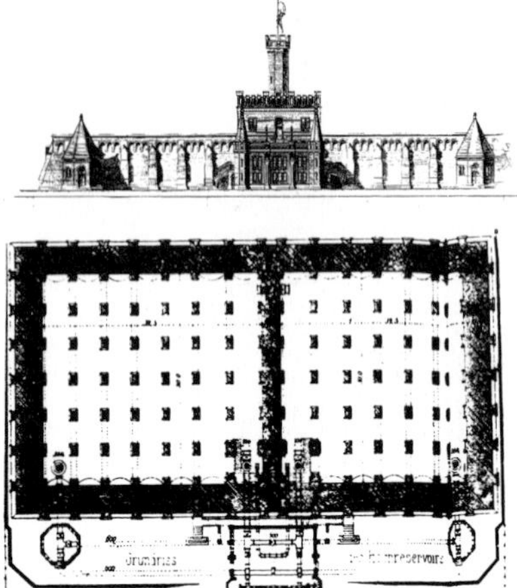

Fassadenzeichnung, ursprünglicher Zustand (oben); Grundriss (unten)
Facade drawing, original state (above); Ground plan (below)

Auf einem geböschten Natursteinsockel erhebt sich auf 3.200 qm Grundfläche weithin sichtbar der 8,5 m hohe Wasserbehälter mit einem Fassungsvermögen von 11.000 m³. Dieser ebenfalls geböschte Bauteil wird durch verputzte strebepfeilerartige Vorlagen gegliedert und von einem wehrgangartigen, auf Rundbögen ruhendem Aufsatz in Ziegelmauerwerk abgeschlossen. Die symmetrische Schauseite ist in der Mitte durch einen zweigeschossigen kastellartigen Vorbau sowie zwei vorspringende polygonale Pavillonbauten an den Ecken in neogotischen Architekturformen betont. Trotz des Verlusts an Bausubstanz (etwa des „Burgfrieds", des zentralen Aussichtsturms) und des im Rahmen von Um- und Erneuerungsarbeiten vorgenommenen Austauschs der Technik (1981–83) ist der Hochbehälter bis heute eines der herausragenden Bauwerke der Wasserversorgung und technischen Denkmäler in Norddeutschland.

The elevated water storage tank, 3,200 m² in area, 8.5 m high and with a capacity of 1,000 m³, rises on a sloping base. The sides are divided by buttress-like projections and surmounted by a brick superstructure resting on round arches. The front has neo-Gothic elements. Despite the loss of some sections and the change in technology (1981-83), this is one of the outstanding water utility buildings in North Germany.

173

Villa Osmers
Am Lindener Berge 36
um 1900
Carl Arend

Einen reizvollen Kontrast zum benachbarten kastellartigen Wasserhochbehälter (Nr. 172) bildet die malerische Villa Osmers. Bestimmender Bauteil des asymmetrisch gegliederten Baus ist der hoch aufragende Aussichtsturm mit seinem mehrfach gestuftem Helm. Zahlreiche Vor- und Ausbauten und die fantasievolle Dachlandschaft sorgen für ein abwechslungsreiches Erscheinungsbild. Hierzu trägt auch die Verwendung unterschiedlicher Baumaterialien – Sockel aus Naturstein, Backsteinverkleidungen, verputze Flächen sowie Zierfachwerk in den Giebeln – bei. Die Villa Osmers weist für ihre Zeit überaus moderne Züge auf: Wenn sie auch in ihrer Anlage dem Historismus zuzuordnen ist, lassen sich in der Fassadengestaltung, v.a. beim Turm, schon Jugendstilelemente erkennen.

A distinctive feature of the picturesque Villa Osmers is the tall observation tower with stepped helm. The building has numerous projections and annexes and imaginative roof structures, and it uses a variety of materials. Some of its features were modern for its time: it is in the historicist style, but has Jugendstil elements.

174

Ehem. Küchengarten-Pavillon
Am Lindener Berge 44
um 1748; 1976–80
Johann Paul Heumann; Hochbauamt der Stadt Hannover

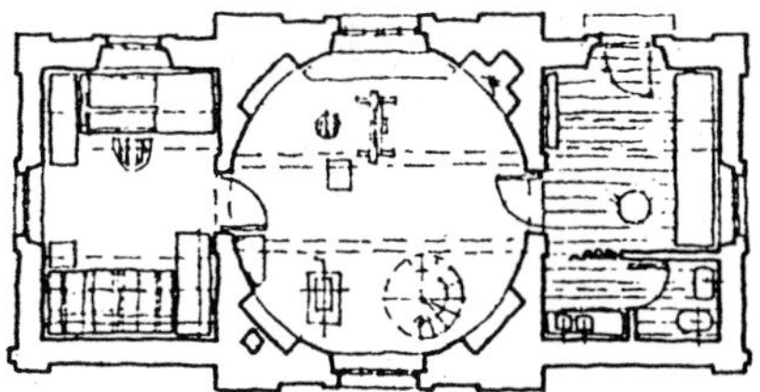

In der Hauptachse des aufgelassenen Friedhofs am Lindener Berge liegt ein kleiner Pavillon, der eine ungewöhnliche Geschichte aufweist. Ursprünglich stand er als Point de Vue an der Nordgrenze des vor dem Ersten Weltkrieg aufgelösten ehem. herzoglichen Küchengartens. Das Gebäude wurde 1911 abgetragen und 1914 auf dem Friedhof wieder aufgebaut; es diente in den zwanziger Jahren als Gefallenendenkmal. Das schlanke, kuppelbekrönte Belvedere erhebt sich auf quadratischem Grundriss. EG und hohes OG werden durch symmetrische niedrige Seitenbauten mit Altanen flankiert. Pilaster und feingliedrige, qualitätvolle Rahmungen aus Sandstein schmücken den verputzen Backsteinbau. Der Pavillon, in mehreren Bauabschnitten durch das Hochbauamt saniert, steht seit Jahren leer. Das barocke Alleeportal am Haupteingang des Friedhofs wurde ebenfalls vom Küchengarten hierher transloziert.

This pavilion in the cemetery was built as an ornamental feature of the ducal kitchen garden, was dismantled in 1911 and moved to the cemetery in 1914 when the garden ceased to exist, and in the 1920s was a monument to the war dead. A slender belvedere rises from a square ground plan; on the ground and first floor, there are symmetrical side buildings with platforms.

175

Ehem. Hanomag-Werksgelände
Hanomagstraße, Göttinger Straße, Deisterplatz
Ende 19. Jh.–1943
Georg Philips, Alfred Sasse, Emil Rudolf Mewes u.a.

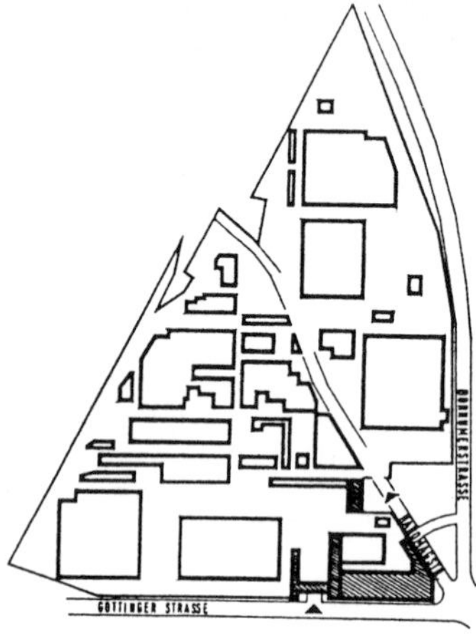

Historische Ansicht des Hanomag-Geländes (oben)
Historical view of the Hanomag grounds (above)

Fabrikgebäude, Hanomagstr./Deisterplatz (oben); Göttinger Str./Deisterplatz (unten)
Factory building, Hanomagstrasse / Deisterplatz (above); Göttinger Strasse / Deisterplatz (below)

Die Gebäude der ehem. Maschinenfabrik Hanomag sind ein bedeutendes Zeugnis der Industriearchitektur des 19. und 20. Jh.s. Das weitläufige Fabrikareal erstreckte sich ursprünglich zwischen der Bornumer und Göttinger Straße bis zu den Gleiskörpern des Lindener Güterbahnhofs. Die Hanomag entwikkelte sich aus einer kleinen, von Georg Egestorff 1835 gegründeten Gießerei und Maschinenfabrik zu einem mächtigen Industrieunternehmen, das seine herausragende Bedeutung als Rüstungsbetrieb während des Ersten und v.a. Zweiten Weltkriegs erlangte. Zu den ältesten erhaltenen Gebäuden zählt die ehem. Lokomotiv-Dreherei (Hanomagstr. 11). Die Stahltragwerkkonstruktion wird durch eine vorgeblendete Klinkerfront aus elf Giebelbauten bestimmt, ein polygonaler Eckturm setzt einen zusätzlichen Akzent. Östlich schließt das ehem. Verwaltungsgebäude (Hanomagstr. 9; 1903 von G. Philips) an. Den repräsentativen zweigeschossigen Bau mit Jugendstilanklängen gliedert ein breiter Mittelrisalit mit offener, dreibogiger Säulenvorhalle sowie zwei übergiebelte Eckrisalite. Prägend ist die mächtige, zentrale Glockenkuppel mit Laterne, die sich über einem prunkvollen Treppenhaus befindet: Mit ihr wird selbstbewusst an öffentliche Repräsentationsgebäude – etwa an das zeitgleich errichtete Neue Rathaus (Nr. 151) – angeknüpft. Am Deisterplatz entstand 1916 die Kanonenwerkstatt (A. Sasse), ein Komplex aus zwei stumpfwinklig zusammenstoßenden Flügelbauten. Das überwiegend viergeschossige, flach gedeckte Gebäude ist in Stahlskelettbauweise mit hofseitiger Ziegelausfachung ausgeführt. Die Fassaden werden durch über vier Geschosse geführte Vorlagen mit abschließendem Gesims sowie ein attikaähnliches 3. OG gegliedert. Die Front zum Deisterplatz betont ein dekorativ-monumentales Rahmenwerk aus farbiger Ziegel- und Majolika-Verkleidung. Die Gebäudeecken werden durch Personifikationen der Industrie und der Arbeit akzentuiert. Die Gebäudegruppe an der Göttinger Str. 14 (1939/40, E. R. Mewes) nahm u.a. Sozial- und Feuerwehrräume auf. Dominierender Bauteil ist der wuchtige Haupteingang mit seiner durch Pfeiler gegliederten sechsgeschossigen Vorhalle; über dem EG ragen vier Blöcke mit den Darstellungen der Elemente hervor. Die von der Göttinger Str. zurückgesetzte dreischiffige Halle in Stahlskelettbauweise mit Ziegelverkleidung (1943, E. R. Mewes) war ursprünglich in Wilhelmshaven als U-Boot-Halle konzipiert und wurde von dort im Rohbau hierher transloziert.

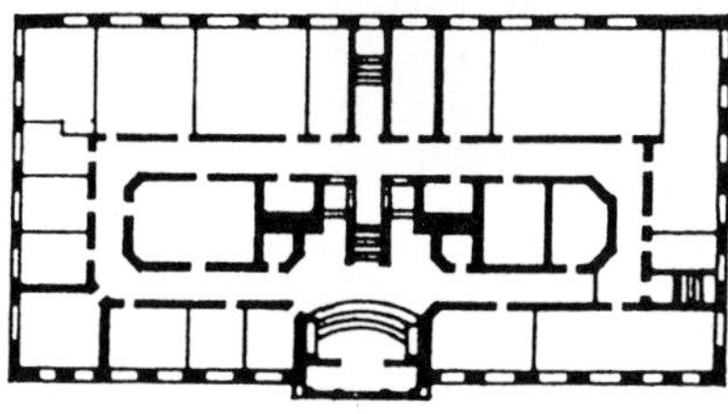

Grundriss Verwaltungsgebäude
Groundplan administrative building

The buildings of the former Hanomag engineering works are an important example of 19th- and 20th-c. industrial architecture. Hanomag was founded in 1835 and became a big armaments factory in WWI and WWII. The railway workshop is one of the oldest original buildings. The steel load-bearing structure has a clinker curtain wall with eleven gables and a polygonal corner tower. The administrative building (Hanomagstrasse 9) has Jugendstil touches and a distinctive broad bell-shaped dome above a splendid staircase. The cannon workshop on Deisterplatz (1916) is a complex of two wings joining at a slight angle. It is a flat-roofed steel-frame building with brick nogging on the courtyard side and a decorative framework of coloured tiles and majolica on the street side. Personifications of Industry and Labour accentuate the corners. The buildings at Göttingerstrasse 14 contained social rooms and the fire brigade. The powerful main entrance and six-storey porch is dominant, with four blocks, showing the elements, above the ground floor. The three-aisle hall set back from Göttinger Strasse was originally designed in Wilhelmshaven as a submarine hall and moved here later.

176

Niedersachsenstadion

Arthur-Menge-Ufer 5
1954; 1974; 1999–2000
Rudolf Hillebrecht; Richard Konwiarz, Heinz Goesmann; Stefan Ebel (Hochbauamt)

Zustand um 1960
State c. 1960

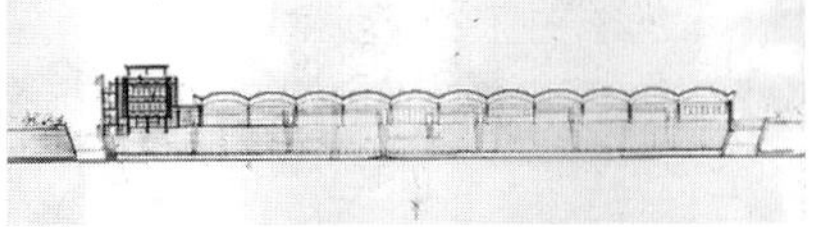

Das Niedersachsenstadion ist Teil des Volksportparks, zwischen Leine und Ihme in unmittelbarer Nähe des Maschsees und der Innenstadt gelegen. Die Tribüne wurde 1954 aus 1,5 Mio. Kubikmeter Trümmern aufgeschüttet. Ursprünglich fanden im Stadion ca. 75.000 Zuschauer Platz. Wie die meisten anderen großen Arenen in Deutschland wurde auch das Niedersachsenstadion anlässlich der Fußball-WM 1974 umgebaut. Die Haupttribüne mit ihren zwei Rängen bekam ein sichelförmiges, kühn geschwungenes Betonschalendach. Nach der Sanierung 1999–2000 im Innenbereich fasst das Stadion ca. 55.000 Zuschauer auf blauen Plastikschalensitzen. Eine Komplettüberdachung ist in Planung. In dem 45 ha großen Areal liegen außerdem: das Stadionbad (Nr. 177), die Sporthalle von Werner Dierschke und Harald Leonhard (1964) sowie das Bundesleistungszentrum, die Jugendherberge und verschiedene Clubhäuser und Spielfelder einiger Sportvereine.

The Lower Saxony Stadium is part of a public sports park. Built in 1954 (the stand used 1.5 m m^3 of rubble), it was redesigned, like most other big German sports grounds, for the 1974 soccer World Cup: a crescent-shaped concrete shell roof was installed. Since the 1999–2000 renovation, the capacity is 55,000 (formerly 75,000). In the grounds there are also the Stadium Pool (no. 177), the 1964 sports hall and various club and other facilities.

177

Stadionbad
Arthur-Menge-Ufer 5 g
1965–72
Friedrich Florian Grünberger

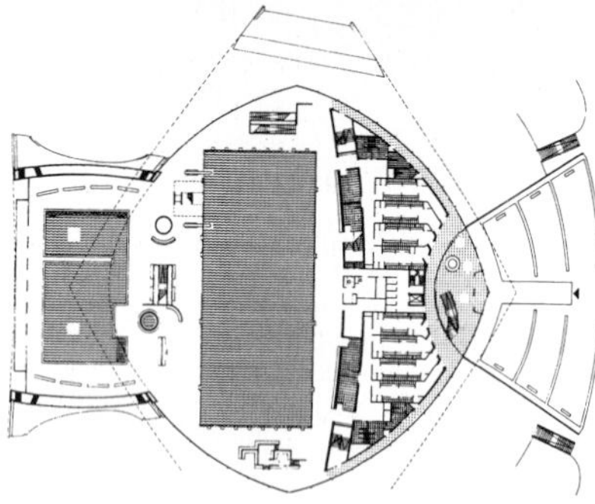

Das größte Hallenbad in Hannover bietet durch imposante Fensterflächen einen optisch nahtlosen Übergang in die Umgebung. Mit seinem Durchmesser von ca. 70 m orientiert sich der Grundriss an einer Kreisform. Überdacht wird die Halle von zwei parabolisch geschwungenen Betonschalen, deren größte das 50 Meter-Schwimmbecken überspannt. Die Stahlbetonskelettkonstruktion des Innenausbaues erfolgte unabhängig von der Dachfläche. Um den Raum für die Wasserflächen optimal zu nutzen, wurden die Umkleidezonen auf zwei Stockwerke verteilt. Das Stadionbad zählt zu den bundesweit herausragenden Hallenarchitekturen der 1960er Jahre. Seine Form erinnert an die ehem. Kongresshalle in Berlin.

Hannover's biggest indoor swimming pool has a circular ground plan and huge windows that blend optically into the surroundings. The larger concrete shell roof spans the 50-m pool. The interior skeleton construction was independent of the roof area. This is among Germany's best 1960s hall designs.

178

Bunker
Deisterplatz 12, u.a. Orte im Stadtgebiet
1940–45
Karl Elkart

Rundbunker am Deisterplatz 12 (oben), Hochbunker mit Aufstockung: Leinau-, Ecke Ottenstraße (unten)
Round tower shelter, Deisterplatz 12 (above); tower shelter later heightened: junction of Leinaustrasse/Ottenstrasse (below)

Mit dem 1940 von Hitler erlassenen 'Führer-Sofortbauprogramm' begann der Bunkerbau auch in Hannover. Für die 471.000 Einwohner waren ursprünglich 64 Bunker mit 40.000 Schutzplätzen geplant, ausgeführt wurden 58. Die Standardserien entwickelten sieben Bunkertypen: 1. unterirdische Bunker (z.B. 'Ernst-August-Platz', 12.000 Pers.); 2. runde Hochbunker mit Kegeldach (u.a. Deisterplatz 12); 3.–5. Hochbunker auf quadratischem Grundriss mit ein bis drei OG, Zeltdächern und Kaminen (Typenreihen H I, H II, H III); 6. Hochbunker auf Rechteckgrundriss 50 x 20 m, viergeschossig mit Flachdach (Typenreihen B und C); 7. Sonderformen. Teilweise sollten die Bunker mit Klinkern verblendet werden, aus Kostengründen wurde jedoch Sichtbeton oder Spritzputz ausgeführt. Als Beispiel für eine außergewöhnliche Nachnutzung gilt der Bunker Leinau-, Ecke Ottenstraße (Linden-Nord), der in einen Wohnungsneubau integriert und aufgestockt wurde.

Under Hitler's 1940 programme, 58 bunkers were built in Hannover. The seven types were 1. underground bunkers, 2. round towers with conical spire, 3. - 5. square towers of various heights and roof types, 6. rectangular towers with four storeys and flat roof, and 7. special types. The shelter at the junction of Leinaustr. and Ottenstr. was later incorporated into a new block of apartments.

179

Wohnviertel
Friedrich-Ebert-Platz
1926–36
Friedrich Wilhelm Schick, Adolf Haro

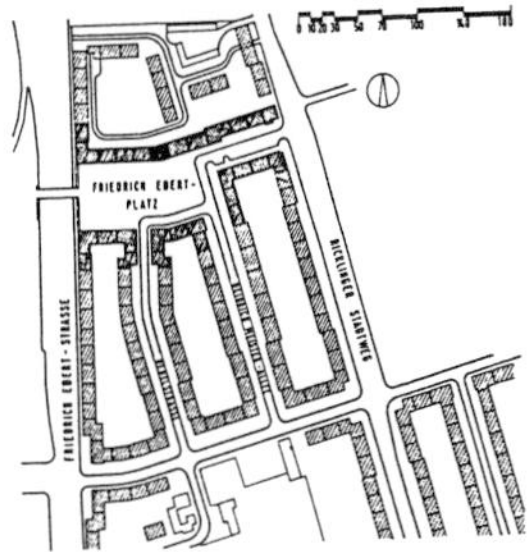

Lageplan
Location plan

Im Norden wurde der Friedrich-Ebert-Platz 1927–29 von einer viergeschossigen Zeilenbebauung mit Walmdächern eingefaßt. Die Wohnungen waren für einkommensschwache, kinderreiche Mieter vorgesehen und besitzen überwiegend drei Zimmer mit bereits integriertem Bad und WC. Vorgesehen waren zudem begrünte Innenhöfe, Spielplätze und ein Wäschetrockenplatz. Signifikant an der Fassadengestaltung der Klinkerbauten sind arkadenartige Fensterbögen im EG, lang gezogene Fenstersimse und -stürze sowie Dreieckserker, welche die Einmündungen der Seitenstraßen kennzeichnen sollen. Die horizontale Optik wird durch Klinkerornamente in Andreaskreuzmuster zwischen den nahezu quadratischen Fenstern rhythmisch belebt; sie wird von schmalen vertikalen Fensterbändern und Klinkerreliefs der symmetrisch in der Mitte liegenden Treppenhäuser (Friedrich-Ebert-Platz 14) gebrochen. Der fünfgeschossige Mittelbau im Norden ist risalitartig aus der Bauflucht vorgezogen.

This apartment complex with hipped roofs was built for large low-income families. Most apartments have three rooms, and each has its own bath and WC. The clinker façades have window arches on the ground floor, long windowsills and lintels, and triangular oriels marking side road junctions. Clinker saltire ornaments between the windows vary the horizontal emphasis. The five-storey central building in the N projects out of the alignment.

180

Hochhaus
Ricklinger Stadtweg 50, 52
um 1927
Schmidt, Niendecker

Das Hochhaus wurde in unmittelbarer Nachbarschaft der Stadtteilerweiterung Hannoversche Waggonfabrik (HAWA) gebaut. Der symmetrische, flach gedeckte Klinkerbau besteht aus zwei seitlichen Baukörpern mit sieben Geschossen und einem sechsgeschossigen Mittelteil. Die Fassade der Außenbauten ist über einem EG mit Ladenfronten stockwerksweise durch jeweils drei Fenster in fast quadratischer Form sowie durch ein Attikageschoss mit umlaufendem Zickzackbandrelief gegliedert. Der Mittelbau besteht aus laubengangähnlichen Loggien und nimmt im EG eine breite Durchfahrt, rechts und links zwei schmälere Durchgänge mit Dreiecksgewölbe auf. Er besitzt ein hohes Attikageschoss mit X-förmigem Ziegelrelief und kleinen Fenstern an den Schnittpunkten, die das Muster optisch verstärken. Das Gebäude zählt mit seiner dezent expressiven Formensprache zu den herausragenden Einzelobjekten der zwanziger und frühen dreißiger Jahre in Hannover.

The multi-storey building has two seven-storey side sections, with a zig-zag relief on the projecting attic storey, and a six-storey middle section with corridor-like loggias and three passageways on the ground floor, with an X-shaped tile relief emphasized by small windows in the attic storey. Its restrained formal language makes the building an outstanding example of Hannover architecture in the 1920s and early 1930s.

181

Kapelle
Am Edelhofe 6
um 1340; 1963–66
n. bek.

Die ehem. Marienkapelle ist das älteste erhaltene Gebäude des 1124 erstmals urkundlich erwähnten Ricklingen und zugleich Mittelpunkt des alten Dorfkerns. Sie wurde vom Grundherrn, der Familie von Alten, auf dem Areal des Edelhofs errichtet. Der bescheidene, rechteckige Bau aus Kalkbruchsteinmauerwerk mit Eckquaderung wird durch ein steiles Schopfwalmdach gedeckt; dieses bekrönt ein schlichter Dachreiter mit Pyramidendach und Wetterhahn. Schmale, rundbogige Fenster gliedern die Fassade, das ebenfalls rundbogige Portal an der südlichen Traufseite akzentuiert eine spitzbogige Blendnische. Nach beträchtlicher Beschädigung im Zweiten Weltkrieg wurde die Kapelle 1963–66 wiederaufgebaut.

The former Virgin Mary Chapel, the oldest building preserved in Ricklingen, rebuilt after WWII damage, was originally on the land of the local nobility. It is a simple limestone building with ashlar quoins and a half-hipped roof with a simple ridge turret and weathercock. There are narrow round-arch windows and a round-arch portal.

182

Wilhelm-Busch-Schule
Munzeler Straße 23
1956–58
Dieter Oesterlen

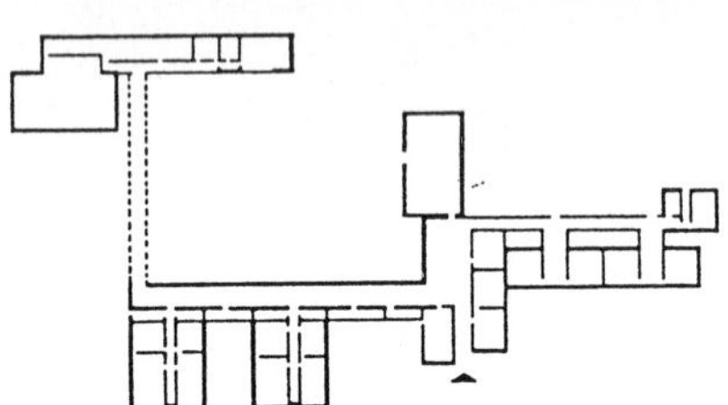

Die Wilhelm-Busch-Schule wurde während der 1950er Jahre im schnell gewachsenen Stadtteil Oberricklingen zwischen einer Wohnsiedung und der Bundesstraße nach Hameln erbaut. Der Schulkomplex zeigt ein im Hannover der 50er Jahre häufig anzutreffendes architektonisches System: ein- bis zweigeschossige Pavillons dienen als Klassenräume, ein mehrstöckiges Hauptgebäude nimmt die Verwaltung auf. Die Baukörper gliedern sich in einzelne Trakte, die Unterstufe (8 Klassen), Oberstufe (12 Klassen) mit Sonderklassen, Foyer und Aula aufnehmen. Die Konstruktion mit Betonschotten wurde in Sichtbauweise ausgeführt und gestattete großflächige Fenster auf beiden Seiten der Bauteile. Die Ausfachung erfolgte in Holz, Glas und gelben Ziegeln. Die Turnhalle und der Jugendpflegeraum sind als Solitäre durch einen gedeckten Gang zu erreichen. Die Wandmosaiken stammen von Klaus Arnold.

The 1950s Wilhelm Busch school is of a type common in Hannover at that time: one- to two-storey pavilions are used as classrooms, while the offices are in a multi-storey main building. There are separate sections for various classes, foyer and assembly hall. The cross-wall construction with exposed concrete allowed large window panes on both sides of the sections. Infilling was with wood, glass and yellow tile.

183
Genossenschaftssiedlung
Schnabel-, Menzel-, Mansfeld-, Gredelfeldstraße
ab 1901; 1920
n. bek; Paul Wolf

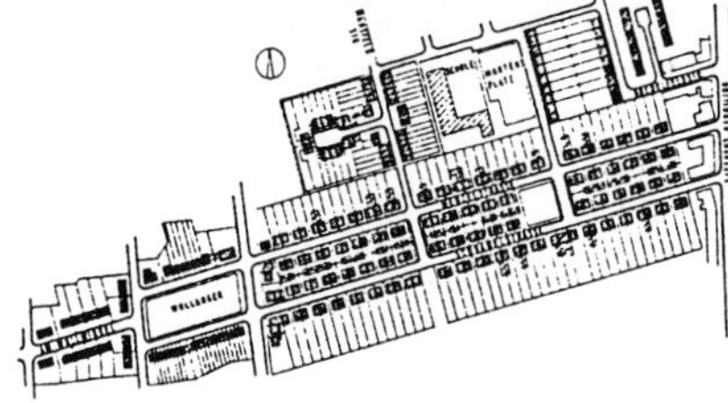

Lageplan
Location plan

Der Wohnungsbau in Oberricklingen begann ab 1901 an der Menzelstr./Schnabelstr. mit 78 Doppelhäusern des Gemeinnützigen Bauvereins. Die Gebäude sind zumeist zweigeschossig, haben einen Vorgarten und bestehen aus einem traufständigen Mittelteil sowie aus zwei risalitartig vorgezogenen Seitenflügeln mit hohen Satteldächern (Schnabelstr.). Paul Wolf führte 1920 die Erweiterung durch die Siedlung „Im Gredelfelde" im Heimatschutzstil aus. Die Häuserzeilen Gredelfeldstr. (W) und Martensplatz (O) sind identisch und werden von eingeschossigen Wohnbauten mit hohen Halbwalmdächern und Dachhäusern an den Enden flankiert. Letztere sind der Bauflucht vorgestellt und wirken dadurch gliedernd. Das Ensemble teilt ein ähnliches Schicksal wie viele privatisierte Arbeitersiedlungen: Das ehemals geschlossene und einheitliche Erscheinungsbild kann durch Einzelgestaltungsinteressen und zahllose Veränderungen kaum bewahrt werden.

Building on this workers' housing estate began with 78 twin houses. Most have a front garden and a retracted lower section between two wings with saddleback roofs. Wolf's "Im Gredenfelde" estate in country style was built in 1920: two identical rows are flanked by one-storey houses with high half-hipped roofs and dormers. Like many estates, this suffers from piecemeal alterations.

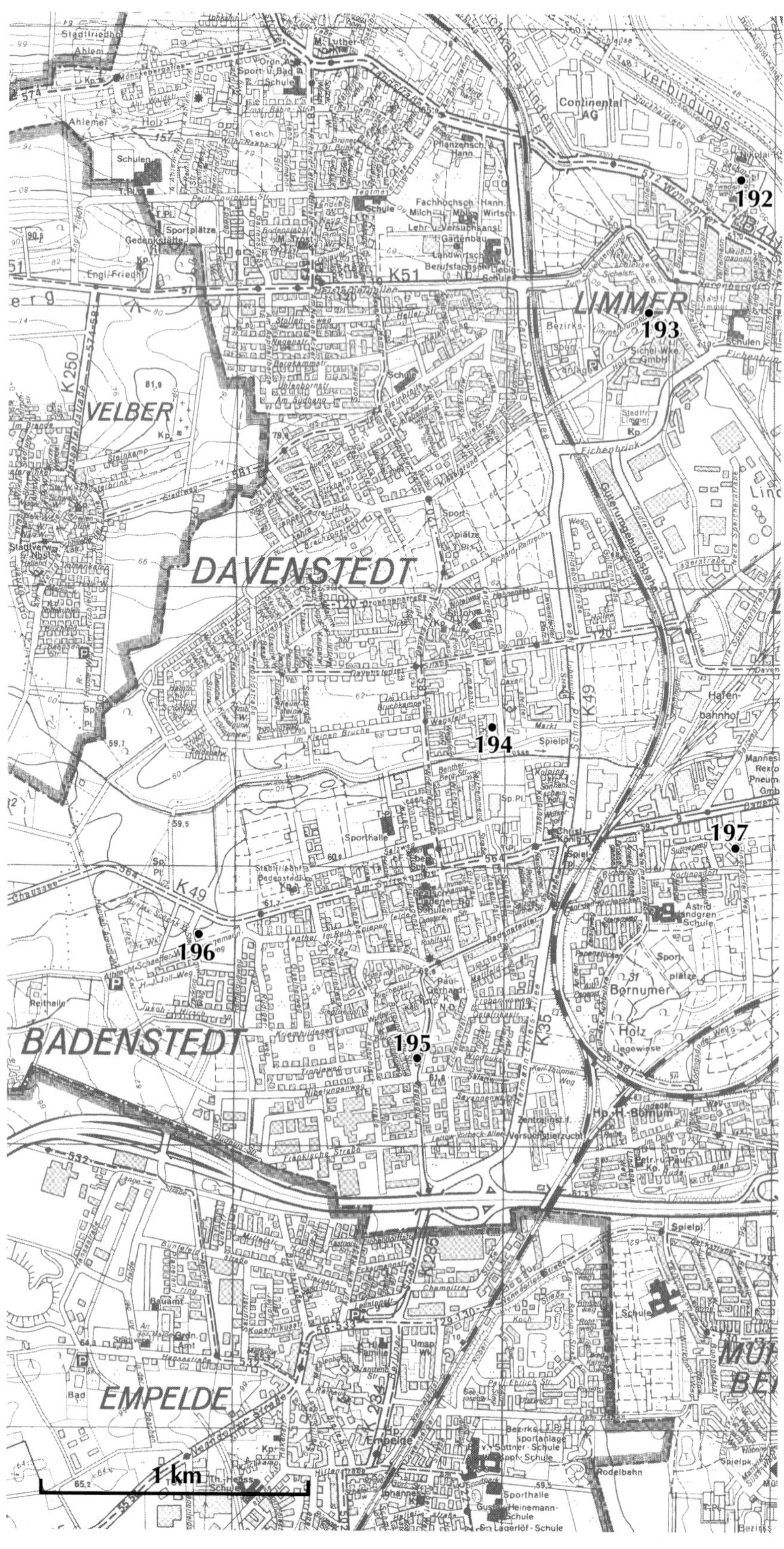

LIMMER
193
192
VELBER
DAVENSTEDT
194
197
BADENSTEDT
196
195
EMPELDE
Continental AG
Bornumer Holz
1 km

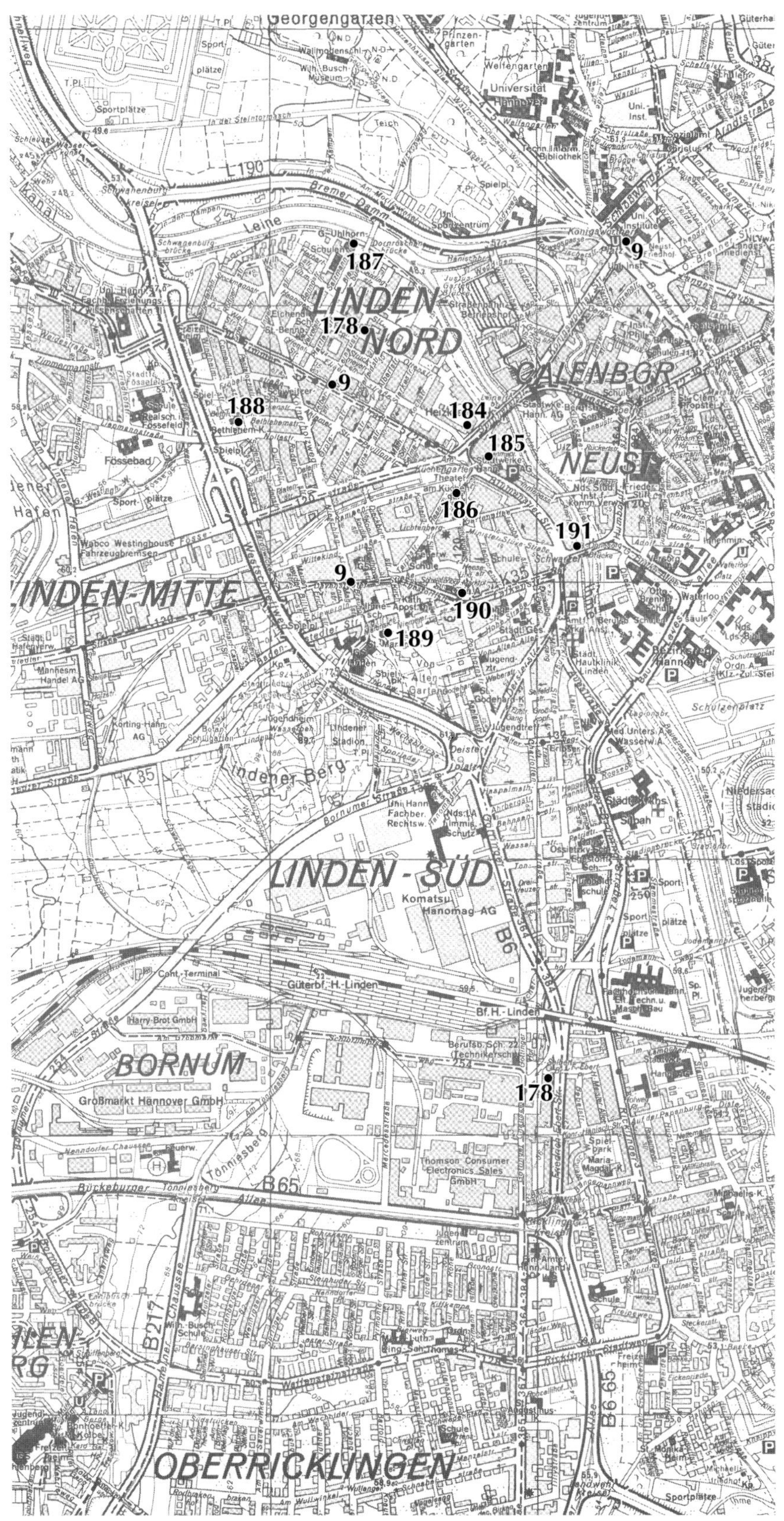
LINDEN-NORD
LINDEN-MITTE
LINDEN-SÜD
BORNUM
OBERRICKLINGEN
CALENBGR
NEUST
187
178
9
188
184
185
186
191
9
190
189
178
9

184

Heizkraftwerk
Spinnereistraße 7–9
1960–63
Rudolf Christfreund (Hochbauamt der Stadt Hannover), Karl Senftleben, Hans-Günter Möller (Stadtwerke Hannover AG)

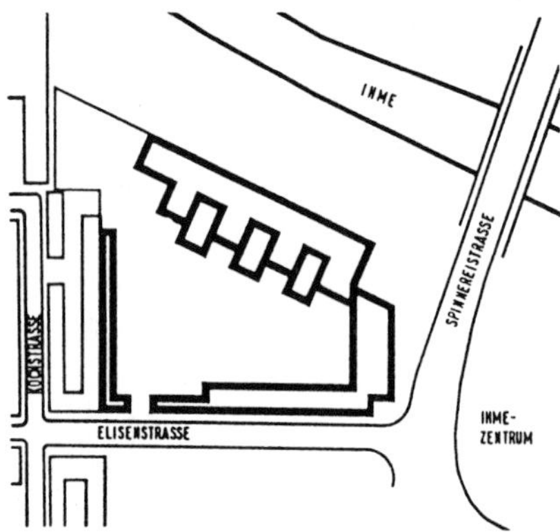

Bestimmende Bauteile des an der Ihme gelegenen Heizkraftwerks sind die drei mächtigen Blöcke der Kesselhäuser. Sie fassen mit mehreren bis zu sechsgeschossigen Flachbauten, welche Umspannwerk, Turbinenhaus, Sozialgebäude und Verwaltung aufnehmen, einen Betriebshof ein. Die kubischen Kesselbauten bestehen aus einer Stahlkonstruktion mit ausgefachtem Mauerwerk. Ihr ist eine quadratisch gerasterte Opakglasfassade vorgehängt; abgesetzte gelbe Klinkerscheiben an den Flanken sorgen für einen farbigen Akzent. Das Bauwerk, das einen markanten städtebaulichen Bezugspunkt schafft, besticht durch seine plastische, wohlproportionierte Komposition. Im Zuge einer Nachrüstung 1975 erhielten die Kessel des Kraftwerks schlanke Rundschornsteine, die 125 m hoch aus den Sockelkonstruktionen emporwachsen; der nördliche Schlot wurde in späterer Zeit verändert.

The thermal power station on the River Ihme has three steel boiler houses with infilled masonry and an opaque glass curtain wall, and several flat buildings for the transformer, the turbine room, staff room and administration, all surrounding a service yard. The building is a focal point in the city with a pleasingly sculptural design. The 125 m chimneys were added in the 1975 modernization.

185

Ihme-Zentrum
Blumenauer Straße, Spinnereistraße
1971-75
Helmut Kloss, Peter Kolb, Gustav Schröder

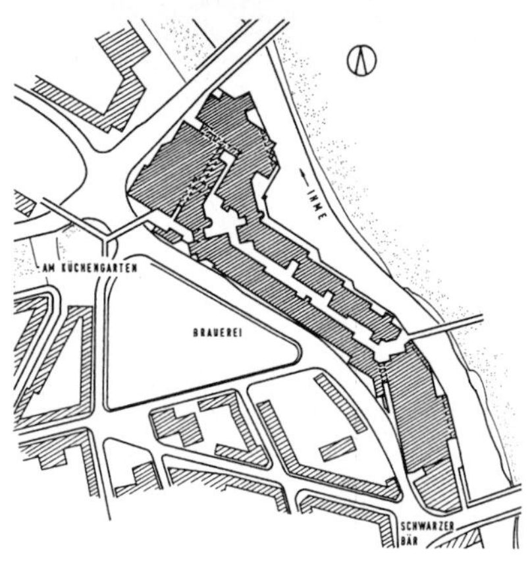

Für das ehem. Industriegelände am Ufer der Ihme fand 1966–67 ein verwaltungsinterner Wettbewerb unter der Maxime der 'starken Verdichtung' statt. Im Zuge der Realisierung wurde das innerstädtische Entwicklungskonzept zusätzlich um zwei Drittel auf ca. 285.000 qm Fläche vergrößert. Das störungsfreie Miteinander von fließendem und ruhendem Verkehr sowie der fußläufigen Erschließung von Verkaufsflächen, Büros und Wohnungen erfolgt durch die Höhenschichtung der einzelnen Funktionsbereiche: über einer Anlieferstraße und 2300 Parkplätzen liegt im 2.OG eine größtenteils wettergeschützte, nach oben offene Einkaufspassage. Die Anbindung an die Umgebung erfolgt über skulpturale Brücken mit überdachten Treppenaufgängen zum Küchengarten und über die Ihme. Oberhalb der Geschäfte stapeln sich 1200 Wohnungen und 110 Studentenappartements sowie Verwaltungsgebäude mit ca. 1800 Arbeitsplätzen.

The Ihme Centre realized a winning design for "increased density" in the inner city, with a final floor space of c. 285,000 m^2. The areas for shops, offices and apartments, including an open-roof 2nd-storey shopping centre and over 1200 apartments, are on different levels, facilitating unimpeded traffic and parking, and giving access to pedestrians. Sculptural bridges link the centre to its surroundings.

186

Ehem. Städtische Bäder
Am Küchengarten 3, Stephanusstraße 29, Haasemannstraße 14
1927
Karl Elkart

Die Südkante des Platzes Am Küchengarten markiert den historischen Eingang zur Stadt Linden. Repräsentativ orientiert sich die Hauptfassade des siebengeschossigen Kopfbaus mit dreiteilig überhöhtem Bädertor und zurückliegendem, offenem Aufgang. Das oberste Geschoss mit Walmdach ist über einem Gesims attikaähnlich zurückgesetzt. Es gestaltet damit den Übergang zu den niedrigeren fünf- bzw. sechsgeschossigen Seitentrakten, die traufhöhig an die Nachbarbebauung anbinden. Die Gebäudeecken des Backsteinbaus werden durch schräg ausgestellte Vorlagen betont. Scharrierte Doppelgewände aus Betonstein fassen die Fenster der Wohngeschosse zu horizontalen Bändern zusammen. Die vertikalen Fenster der Treppenhäuser markieren die darunterliegenden Hauseingänge. Heute werden die ehemaligen Räumlichkeiten der ‚Städtischen Bäder' durch die Kabarett-Bühne ‚Theater am Küchengarten' genutzt.

Standing at the entry to the town of Linden, the former Municipal Swimming Baths is an imposing building with a tripartite entrance to the baths and a retracted attic storey with hipped roof, creating a transition to the lower wings. The corners are emphasized by oblique projections. The windows in the residential floors have boasted double concrete jambs. The vertical staircase windows mark the entrances.

187

Gerhard-Uhlhorn-Kirche
Salzmannstraße 5
1963
Reinhard Riemerschmid

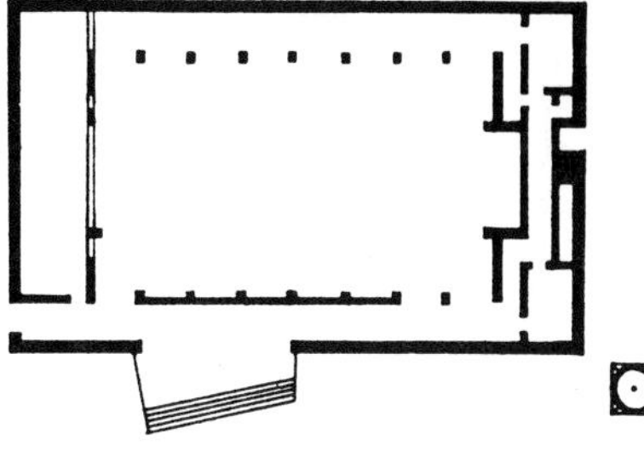

Das eigenwillige Gebäude ist ein Beispiel für zahlreiche bundesdeutsche Kirchenbauten der 60er Jahre, die durch eine betont individuelle Formensprache gekennzeichnet sind (vgl. auch Bugenhagen-Kirche, Stresemannallee 34, 1960-63 durch Werner Dierschke). Der rechteckige, kubische Baukörper des Kirchenraums wird durch ein steiles abgewalmtes Dach überragt. Die kupfergedeckte Dachfläche besitzt langgezogen-sechseckige Dachfenster mit bleigefassten Motiven. Die Fassade des EG besteht aus Stahlbeton-Fertigteilen mit strukturierten, schlitzartigen Glasornamenten. Charakteristisch ist der schlanke Glockenturm – einer der ersten freistehenden Kirchtürme in Hannover –, welcher von vier Kreuzen bekrönt wird und gleich einer Fackel einen markanten städtebaulichen Akzent setzt.

This church is typical of many 1960s churches in its deliberately idiosyncratic formal language: the steep hipped roof has hexagonal roof windows with lead-edged motifs, and the ground floor walls are of precast reinforced concrete sections with slit-like glass ornaments. The belfry, surmounted by four crosses, was one of the first freestanding church towers in Hannover.

188

Bethlehemkirche mit Pfarrhaus
Bethlehemplatz 1
1904-06, 1914-15
Karl Mohrmann

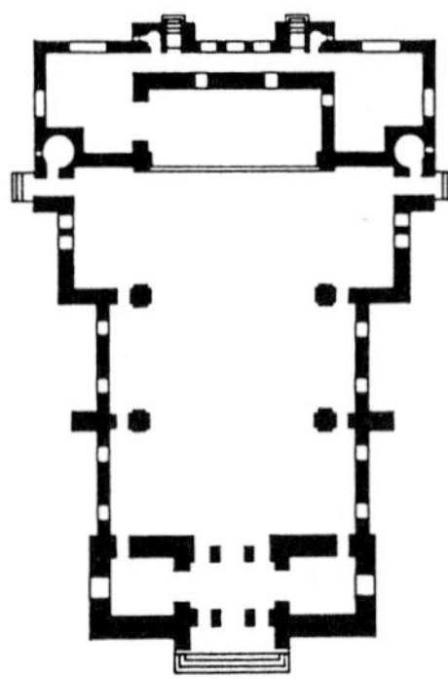

Die aus Kalk- und Sandstein errichtete Kirche in neoromanischen Formen liegt exponiert in der Mitte des Bethlehemplatzes. Im S schließt das 1914–15 errichtete Pfarrhaus über einen niedrigen Verbindungstrakt mit ummauerten Hof an; das Ensemble weckt damit Assoziationen an mittelalterliche Klosteranlagen. Die rippengewölbte Basilika erhebt sich auf dem Grundriss eines lateinischen Kreuzes. Sie besitzt schmale Seitenschiffe mit Emporen sowie ein kurzes, ebenfalls mit Emporen ausgestattetes Querschiff. Im O liegt der rechteckige Chor mit Umgang. Dem Langhaus ist im W eine Halle zwischen Treppenhäusern vorgelagert. Darüber erhebt sich die massige Turmfassade. Die bis auf das große Radfenster und Schallöffnungen geschlossene W-Front wird durch drei hohe Achteckhelme bestimmt. Einen Akzent setzt das Stufenportal mit Tympanonmosaik, flankiert durch galerieartige Figurennischen.

The neo-Romanesque Bethlehem Church with adjoining vicarage and walled courtyard recalls a medieval monastery. The church has a rib-vaulted basilica, with galleries in the aisles and transept. The massive tower with three tall octagonal helms has a front plain except for the rose window and louvres; the stepped portal with tympanum mosaic is flanked by gallery-like niches with figures.

189

St.-Martinskirche
An der Martinskirche 15
1853–54; 1955–57
Conrad Wilhelm Hase; Dieter Oesterlen

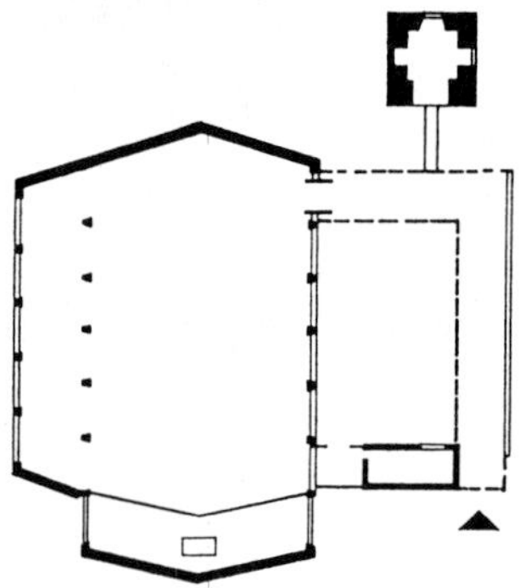

1727 entstand durch Johann Christian Boehme eine barocke Saalkirche, welche aus Geldmangel nur einen Turmstumpf aufwies; sie wurde 1943 zerstört. Von dem Vorkriegsbau hat sich der 1852–54 errichtete Turm von C. W. Hase – sein erster Entwurf in neogotischen Formen – großteils erhalten. Er konzipierte einen schlanken Aufsatz mit Ziegelhelm. Bei der Wiederherstellung nach Kriegsschäden erfolgte eine Erhöhung des massiven Unterbaus, der zusätzlich mit einem Umgang versehen wurde. Den demonstrativ modernen Neubau auf längssechseckigem Grundriss errichtete D. Oesterlen abgerückt vom Turm. Er besteht aus einer unter dem Dach aufgefächerten Sichtbetonbinderkonstruktion; die Stirnseiten sind aus Ziegelmauerwerk, die Seitenwände aus Betonformsteinen. Die betonte Freistellung des Turms ist ein Mahnmal gegen Krieg und Zerstörung.

The original baroque church had only a rudimentary tower. Only Hase's neo-Gothic tower largely survived WWII, although the lower section has been raised and given an ambulatory. Oesterlen's demonstratively modern hexagonal new building has an exposed concrete girder roof construction and brick and concrete block masonry. The deliberate separation of the tower is a memorial to the war.

190

Ehem. Lindener Rathaus
Lindener Marktplatz 1
1897-99
Emil Seydel

Für Linden, das 1885 das Stadtrecht erhielt, errichtete Christoph Hehl 1883/84 in der Deisterstr. 19 ein repräsentatives Rathaus. Das dreigeschossige Backsteingebäude ist in neogotischer Formensprache gestaltet; der ehem. Rathaussaal wird nach außen durch zweigeschossige spitzgieblige Fenster sichtbar gemacht (Fialengiebel und hoher Dachreiter am Eingangserker gingen im Zweiten Weltkrieg verloren). Schon 1897 erfolgte der Baubeginn eines zweiten, wesentlich größeren Rathauses am ebenfalls in jener Zeit angelegten Lindener Marktplatz. Die aufwendige, an märkischer Backsteingotik orientierte Architektur mit den repräsentativen Treppengiebeln und dem bekrönenden Dachreiter wurde im Zweiten Weltkrieg weitgehend zerstört. Der Wiederaufbau erfolgte 1954–56 in stark reduzierter Form.

The former Linden Town Hall is a neo-Gothic brick building. Two-storey gabled windows indicate the position of the former hall (1885). In 1897 building began on an even larger town hall, but the brick Gothic architecture with imposing staircase gables and ridge turret was largely destroyed in WWII. Rebuilding was in a greatly reduced form.

191

Capitolhaus
Schwarzer Bär 2
1930
Friedrich Hartjenstein

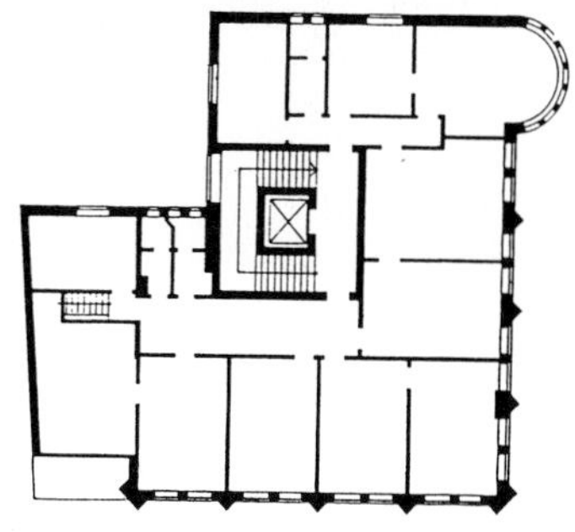

Der kubische Klinkerbau erhebt sich auf L-förmigem Grundriss über zehn Geschosse und trat als erstes und lange Zeit einziges Hochhaus in einen formalen und städtebaulichen Kontrast zur Umgebung. Keilförmige Klinkervorsprünge zwischen den paarweise angeordneten Fenstern, schmale über eine Höhe von zwei OG zusammengefasste Rundbogenfenster in den obersten Stockwerken sowie der an einer Ecke über die gesamte Höhe halbrund vorgezogene Erker schaffen eine vertikale Fassadenstruktur, wie sie auch beim Anzeiger-Hochhaus (Nr. 10) signifikant ist. Die romantisierende Backsteinästhetik ist leider mittlerweile durch den Einbau von ungegliederten Fenstern empfindlich gestört.

The ten-storey clinker Capitol building was once the only high building in the area. The vertical is accented by wedge-shaped clinker projections, round-arch windows linked in vertical pairs at the top, and the semi-circular oriel. Unfortunately, plain windows have been installed, detracting from the slightly romanticized brick aesthetic.

192

Wohnwirtschaftsgebäude
Sackmannstraße 1, 23, 24; Tvedenweg 7
1805-1818
n. bek.

Wohnwirtschaftsgebäude Sackmannstraße 1 (oben), Sackmannstraße 23 (unten)
House with stalls, Sackmannstrasse 1 (above) Sackmannstrasse 23 (below)

Um den Kirchhof von Limmer haben sich einige architektonische Zeugnisse erhalten, die an die bäuerlichen Vergangenheit des ursprünglichen Haufendorfs erinnern. Östlich der Kirche (Sackmannstr. 24; um 1808) liegt beispielsweise ein ehem. Wohnwirtschaftsgebäude. Das Fachwerkhaus besteht aus einem erhöhten, zweistöckigen Wohnteil mit Stallraum und Quereinfahrt. Das ehem. Bauernhaus Sackmannstr. 23 (1808) mit mächtigem Krüppelwalmdach wird durch die breite, mittige Längsdiele bestimmt; charakteristisch ist das große Tor an der Giebelseite. In der Sackmannstr. 1 befindet sich ein weiteres ehem. Bauernhaus, welches 1805 errichtet worden ist. Das ehem. Leibzuchthaus Twedenweg 7 (1818) – im Bereich der Toreinfahrt verändert – ist der baulicher Überrest des herrschaftlichen Hofs „im Pott".

The timber-frame dwelling house (Sackmannstr. 24; c. 1808) with integrated stalls is one of a number of buildings recalling Limmer's rural past as a scattered village. The former farmhouse at Sackmannstr. 23 has the typical Lower Saxon long hall and a gate on the gable side. There is an 1805 farmhouse at Sackmannstr. 1. The former prison at Twedenweg 7 is the remains of a manor house.

193

Haus Beckedorf
Limmerbrunnen 11
1817; 1873; um 1897
Georg Ludwig Friedrich Laves; n. bek.

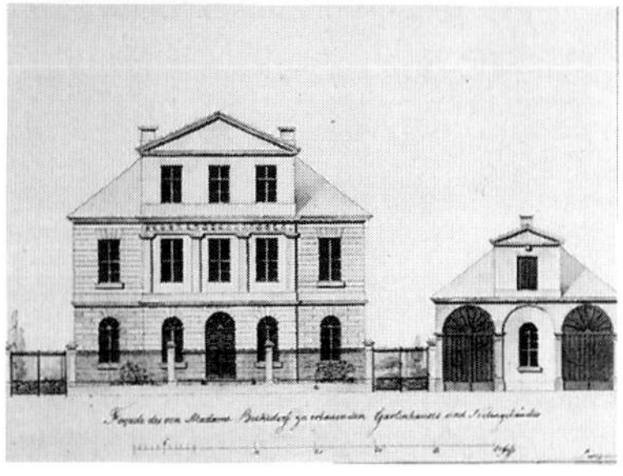

Fassadenansicht, ursprünglicher Zustand (unten)
View of facade, original state (below)

Das vermutlich älteste erhaltene klassizistische Wohngebäude Hannovers wurde als Gartenhaus für die Kammerfrau Charlotte Beckedorf errichtet. Ursprünglich befand sich das zweigeschossige Haus in der Jägerstraße in Herrenhausen, 1873 wurde es leicht verändert an seinen heutigen Standort transloziert. Das teils holzverschalte, teils verputzte Fachwerkgebäude akzentuiert ein dreigeschossiger, übergiebelter Mittelrisalit. Dieser wird bis zum 1. OG durch flache Pilaster mit ionischen Kapitellen gegliedert. Der vorgelagerte filigrane Balkon aus Gusseisen stammt aus späterer Zeit. Um 1897 erfolgte die Erweiterung um einen seitlichen Treppenturm. Bei einer Restaurierung in den 1980er Jahren wurde die ursprünglich horizontale Gliederung verändert.

What is probably Hannover's earliest preserved classicist dwelling house was built as a summerhouse, and later moved to its present location. The timber-frame building, with wood cladding and plaster, has a three-storey centre projection with gable. The filigree balcony is later in date. The original horizontal division was altered in the 1980s.

194

Terrassenbau Davenstedt
Wegsfeld 40–40k, Lehmannstraße. 11–21b,
Langreder Straße
1971–73
Horst Küthe

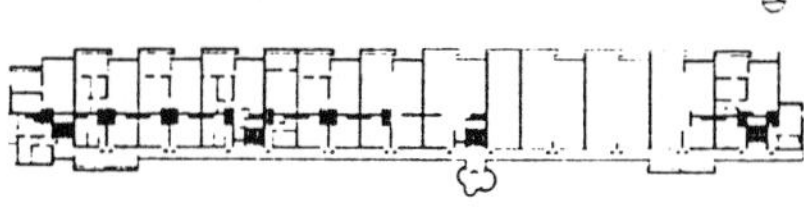

Der elfgeschossige, im Westen abgetreppte, Stahlbetonschottenbau staffelt sich nach oben um etwa ein Drittel seiner Tiefe zurück. Das nordsüdlich ausgerichtete, im Osten, Norden und Süden, mit schwarzem Eternit verkleidete Terrassengebäude ermöglicht eine gleichmäßige Besonnung aller Wohnungen. Die Anordnung der über die östlichen Laubengänge versetzt erschlossenenen Maisonette-Wohnungen schließt die gegenseitige Einsicht aus. Die Westfassade ist weitgehend verglast und durch große bauseitige Pflanztröge begrünt. Das Gebäude besitzt eine Tiefgarage und Läden sowie Schwimmbad und Clubräume als Gemeinschaftseinrichtungen auf dem Dach. Auf der Westseite des Wohnriegels schließt sich ein Bereich mit ein- und zweigeschossigen, flach gedeckten Atriumreihenhäusern an.

The eleven-storey stepped reinforced cross-wall building is staggered back by about 1/3 of its depth. The terrace construction allows all apartments to receive the same amount of sunlight, and none is overlooked by another. The west front is mainly glazed and has plant troughs that are part of the building. There is an underground car park and shops, and swimming pool and club rooms on the roof.

195

Tankstelle
Burgundische Straße 25
1957
n. bek.

In der Hauptsichtachse der Empelder Str. stehend, nutzt die Tankstelle die prägnante städtebauliche Lage des spitz zulaufenden Grundstückes. Blickfang ist das 13 m weit auskragende, bogenförmige und mit 12 cm extrem schlanke Stahlbetondach. Es wird durch zwei sich verjüngende und gekrümmte, eingespannte Betonträger getragen, die als Unter- bzw. Überzüge die Dachfläche durchstoßen. Darunter schiebt sich das nach vorne schräg abgewinkelte Tankwarthäuschen mit eigenem Dachabschluss. Die Verglasung des Kassenraumes unterstreicht durch ihre schräg gestellten Scheiben die kanzelähnliche Form des kleinen Körpers. Die ehemals mit zwei Zapfsäulen bestückte Tankstelle war ein Standardentwurf (Typ 3 „Tankwarthaus mit langem Dach") der Fa. CALTEX. Sie stellt mit ihrer zeittypischen Eleganz und der Verkörperung von Dynamik und Leichtigkeit ein Kleinod der 50er-Jahre-Architektur Hannovers dar.

The petrol station lies in the main axis of Empelder Str. The main feature is the only 12 cm thick concrete shell roof, which projects 13 m and is borne on two tapering concrete girders. The kiosk, with its own roof, is glazed, emphasizing its pulpit form. This was a standard design produced by CALTEX and originally had two petrol pumps. It is a jewel of 1950s Hannover architecture, with its elegance, dynamism and lightness.

196

Kindertagesstätte Badenstedt-West
Sternheimweg 16
1996–97
Günther Despang

Der eingeschossige Stahlskelettbau schirmt sich zur Straße durch eine weitgehend geschlossene Lochfassade aus vorgehängten roten Klinkern mit unregelmäßigen Fensteröffnungen ab. Nach Osten (Morgensonne) orientieren sich großzügig verglaste Gruppenräume zur Freispielfläche. Markante, metallgedeckte Pultdächer bieten Raum für obere Spielebenen. Sie wenden sich hinter dem schräg gestellten, fest installierten Sonnenschutz aus naturbelassenem, silbrig-schimmerndem Holz Richtung W. Auffällig ist die ungewöhnlich sorgfältige Detaillierung, wie z.B. bei der Materialwahl für Fenster- und Türkonstruktionen mit ihren Fassungen und Rahmen.

The one-storey reinforced concrete skeleton day nursery has a punctuated red clinker curtain wall. Playrooms looking east have generous glazing to catch the morning sun. Striking pent roofs provide higher playing levels; they face west and have untreated wood sunshading. The building shows an unusual attention to detail, for example the choice of materials for windows and doors.

197

Altenwohnungen Körtingsdorf
Körtingsdorfer Weg
1967
Hans Siegfried Laessig

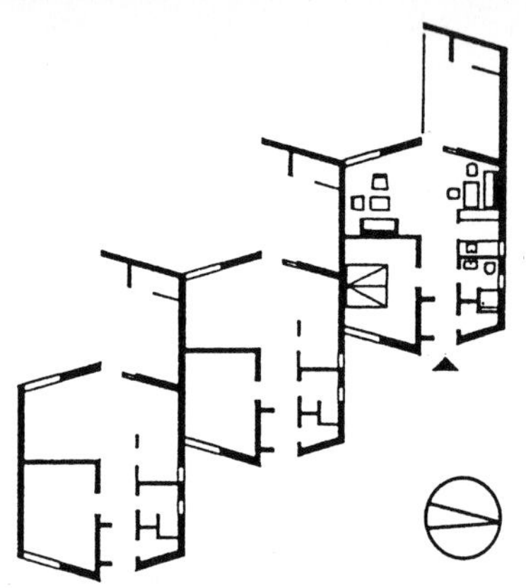

Die einstöckigen, ca. 52 qm großen Hauseinheiten sind wabenförmig versetzt aneinander gereiht. Zu jeder Einheit gehören zwei Zimmer, Küche, Bad, eine Terrasse und ein Gartenanteil. Die Gebäude sind ein frühes Beispiel des gehobenen altengerechten sozialen Wohnungsbaues der 1960er Jahre unter dem Motto: „Wohnen mit Nachbarschaft". Charakteristisch an den aus Kalksteinmauerwerk errichteten Reihenhäusern sind große Fenster, die bis unter das flache Satteldach reichen. Laessig baute in Hannover mehrere Wohnsiedlungen und Altenwohnanlagen, wie zum Beispiel 1973–1974 das Nikolaistift (Nordstadt, Appelstraße 16), ein fünfstöckiges Gebäude für 50 Wohneinheiten.

The one-storey c. 52 m^2 old people's apartments are set in a honeycomb pattern. Each has two rooms, kitchen, bath and terrace, and each owns a garden plot. The complex is an early example of low-cost municipal housing for old people under the motto, "Living with neighbours". Laessig built a number of other estates in Hannover.

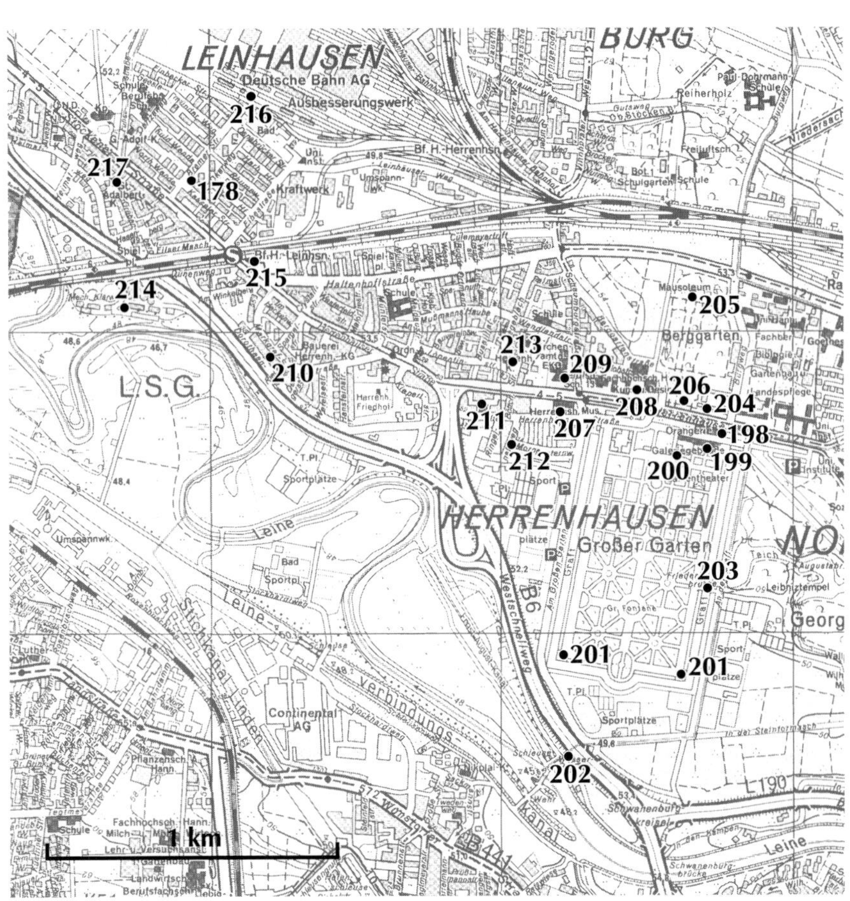
LEINHAUSEN
Deutsche Bahn AG
Ausbesserungswerk
216
217
178
Kraftwerk
Bf. H.-Herrenhsn.
Bf. H.-Leinhsn.
215
214
210
L.S.G.
213
209
206
204
208
205
Mausoleum
Berggarten
211
207
198
212
200
199
HERRENHAUSEN
Großer Garten
203
201
201
Leine
Continental AG
202
B6
Westschnellweg
Leinhausen
Leibniztempel
Sportplätze
1 km

198

Orangerie
Großer Garten
1720–23; 1739; 1823
Johann Christian Boehme; Johann Paul Heumann; Georg Ludwig Friedrich Laves

Anfänglich überwinterten die königlichen Orangenbäume im Orangeriesaal des Galeriegebäudes (Nr.199); der ständig wachsende Bestand machte 1720 die Errichtung eines speziellen Orangeriebaus erforderlich. Boehme entwarf ein lang gestrecktes, schlichtes Fachwerkgebäude, das durch einen vorgezogenen Mittelteil sowie durch Eckrisalite akzentuiert wird. Johann Paul Heumann ersetzte 1739 die Nordwand durch verputzten Backstein mit Sandsteingliederungen. Seine heutige klassizistische Putzfassade mit Lisenengliederung und rundbogigen Fensterabschlüssen erhielt die Orangerie 1823 durch Hofbaumeister Laves. Das Gebäude diente bis zum 1969 errichteten Neubau eines Gewächshauses westlich der Graft der Überwinterung von Kübelpflanzen; heute wird es als Ort für Festlichkeiten und Ausstellungen genutzt.

In 1720 it became necessary to build a special orangery for the increasing number of royal orange trees. Boehme's simple timber-frame building is accentuated by a projecting central section and corner projections. Laves created the present classicist plaster walls with lesenes and round-arch window borders in 1823. The building was used to overwinter plants until 1969.

199

Galeriegebäude
Großer Garten
1694–98; 1965–66
Brand Westermann, Johann Peter Wachter; Arne Jacobsen

Der lang gestreckte Putzbau mit Sandsteinumrahmungen und Mansarddach wird an seinen Kopfenden durch pavillonartige Vorbauten eingefasst. Die Gartenseite betont ein figurenbekrönter Mittelrisalit mit übergiebeltem Portal. Ursprünglich als Orangerie geplant, führte man nach Fertigstellung des Rohbaus 1696 auf Anregung der Kurfürstin Sophie eine v. a. die Innenraumgestaltung betreffende Umgestaltung durch. So wurden die Kopfbauten zu Wohnräumen umgebaut, der Mittelteil mit Musikemporen als Festsaal genutzt. Die Konzeption der Innenräume stammt von T. Giusti. Von besonderer Bedeutung ist der Festsaal, der u. a. mit Fresken der Aeneas-Sage ausgeschmückt ist. Dieser größte barocke Freskenzyklus sowie die beschädigten Stuckaturen sind 1999/2000 aufwändig restauriert worden. 1965–66 wurde an der Westseite durch A. Jacobsen ein zurückhaltender gläserner Foyerbau angefügt, welcher eine gusseiserne Arkade in gotisierenden Formen (1862, G. H. Schuster) einbezieht.

The stucco gallery building has pavilion-like end sections. It was to be an orangery, but at Electress Sophie's suggestion the end pavilions were used as residential rooms and the centre as orangery and banqueting hall, the latter with frescos illustrating the Aeneid. Giusti planned the interior. A glass foyer annexe with a cast-iron arcade was added on the W side in 1965–66. The frescos and stuccowork were thoroughly restored in 1999–2000.

200

Große Kaskade
Großer Garten
1676
Cadart

Die Große Kaskade ist das älteste im Originalzustand erhaltene Bauwerk des Großen Gartens. Sie bildete mit der ebenfalls durch Cadart errichteten Grotte (ursprüngliche Ausstattung verloren, Äußeres 1848/49 umgestaltet, 1966 wiederhergestellt) die seitliche Einfassung des 1943 zerstörten Schlosses. Die Kaskade wird durch symmetrische Freitreppen erschlossen. Auf der Brüstung der Terrasse stehen Skulpturen, welche 1680/81 durch J. A. Villers geschaffen wurden und mythologische Figuren (u. a. Hermes, Luna, Zeus) darstellen. Die Kaskadenflächen sind mit Muscheln, Tropfsteinen und Mineralien versehen. In den ab 1878 durch Pieter van Empthusen gestalteten Wandnischen befinden sich alternierend Felsen und Figuren (Flussgötter, Leda, Venus). Die Kleine Kaskade an der Rückseite des Gartentheaters (1689/90, Cadart, J. P. Wachter), des ältesten barocken Heckentheaters, wurde 1690 von Johann de Münter ausgeführt.

The Great Cascade is the oldest original building in the Great Garden. Together with the grotto it formed the side of the palace, destroyed in 1943. Villers' sculptures on the terrace parapet show mythological figures. The surfaces have shells, dripstones and minerals, and in the wall niches (from 1878) rocks and figures alternate. Münter's Small Cascade at the back of the Garden Theatre dates from 1690.

201

Gartenpavillons
Großer Garten
1708–09;1752–54
Louis Remy de la Fosse, Brand Westermann; Johann Paul Heumann

Pavillon West (oben), Pavillon Ost (unten)
West pavilion (above), East pavilion (below)

An der Südost- und Südwest-Ecke des durch den künstlichen Wasserlauf der Graft begrenzten Großen Gartens errichtete B. Westermann nach den Plänen von Remy de la Fosse in Sichtverbindung miteinander zwei identisch gestaltete Gartenpavillons. Sie erheben sich auf kreisrundem Sandsteinsockel; an den vier Seiten befinden sich rundbogige Öffnungen, die durch Doppelpilaster korinthischer Ordnung eingefasst werden. Eine Balustrade mit akroterionartigen Aufsätzen leitet zum hohen Kuppeldach mit zylinderförmigem Aufsatz über. Der westliche Holzpavillon brannte 1752 ab; J. P. Heumann baute ihn anschließend in alter Form massiv wieder auf. Die in den Nischen dieses Pavillons aufgestellten Büsten (Cicero, Zenon, Karneades, Marc-Aurel, Epikur, Aristoteles, Platon, Sokrates) schuf 1757 Johann Friedrich Ziesenis.

Two round garden pavilions with round-arch openings and double pilasters stand at the SE and SW corners of the Great Garden, which is enclosed by the artificial channel of the Graft. Each has a balustrade with acroterion-like constructions leading to high domed roofs. The western pavilion burnt down in 1752 and was rebuilt. The busts of Greek philosophers are by Ziesenis.

202

Wasserkunst
Am Großen Garten 70
1861–63; 1977–79
Georg Heinrich Schuster, Richard Auhagen; Bauverwaltung der Stadt Hannover

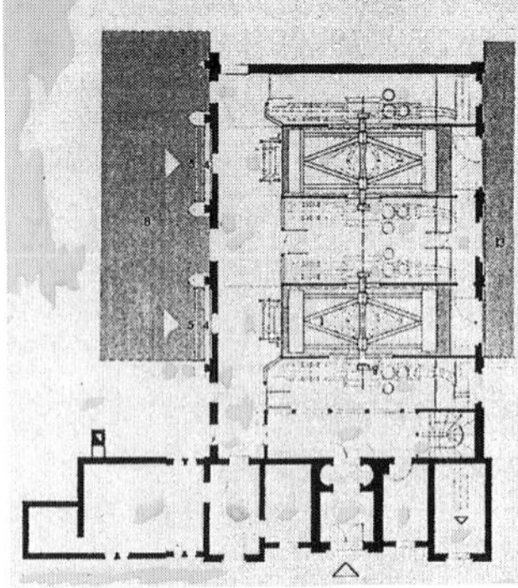

Das zum Betrieb der Wasserspiele des Großen Gartens (u. a. der mit 82 m höchsten Fontäne Eurpoas) errichtete Gebäude ist ein herausragendes Beispiel früher Ingenieurkunst. Bereits 1718–20 konzipierte hier J. Benson nach einer Idee von G. W. Leibniz eine wassertechnische Anlage an dem zu diesem Zweck angelegten Umflutkanal der Leine (Ernst-August-Kanal). 1861–63 wurde die hölzerne Konstruktion durch zwei unterschlächtige Wasserräder und vier Pumpenmaschinen der Fabrik Georg Egestorff (später Hanomag) ersetzt und ein Ziegelneubau errichtet. Das Ensemble besteht aus der Maschinenhalle und einem Kopfbau im Rundbogenstil mit neogotischem Dekor. Die repräsentative Dreiturmfassade wird durch den überhöhten Mittelteil akzentuiert. Die ursprünglichen Maschinen dienen heute zum Auffüllen der Gracht; die Fontänen werden seit 1956 elektrisch betrieben.

The waterworks building is an outstanding example of early engineering. The original wooden construction on the purpose-dug Ernst August Canal was replaced by two water wheels and four pumps and a new brick building with machine hall and three towers. The original machinery is used today to fill the canal; the fountains have been powered by electricity since 1956.

203

Friederikenbrücke
Großer Garten
1839–40
Georg Ludwig Friedrich Laves

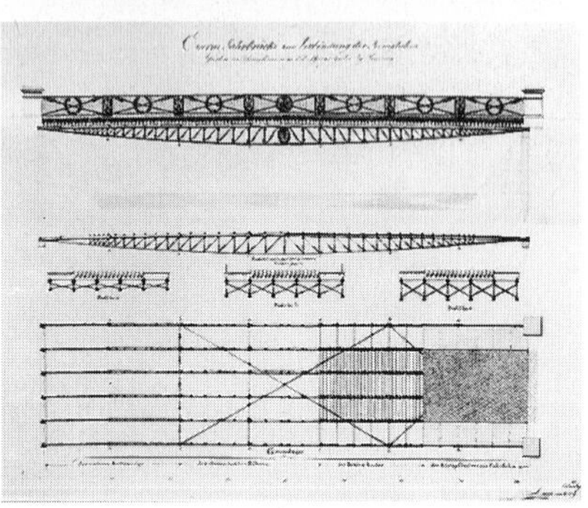

G. L. F. Laves, Entwurfszeichnung 1839
G. L. F. Laves, Design 1839

Zwei Jahre nach der eisernen Fahrbrücke im Georgengarten (Nr. 99) begann Laves mit den Arbeiten an der Brücke über die Graft zwischen Georgengarten und Großem Garten. Die sechs Träger wurden jeweils aus einem fast geraden Ober- und einem in der Seillinie verlaufenden Untergurt gefertigt. Die vier innen liegenden Träger hatten vertikale und diagonale Füllstäbe. Die aussteifenden Diagonalen der beiden äußeren, sichtbaren Wangenträger sind S-förmig ornamental geschwungen. Die Geländer der Brücke bestehen aus jeweils 7 gekreuzten Eisenstabsegmenten mit aufgesetzten, kranzförmigen Emblemen, einem Monogramm der Königin Friederike und verzierten Zwischenstücken. Letztere bilden die vertikale Fortsetzung der Gelenke, der aus zwei Flacheisen konstruierten Zuggurte. 1936 wurden die vier inneren Fachwerkträger durch Vollwandträger ersetzt.

Laves' bridge over the Graft has six girders, with flat top chord and curved lower chord. The four inside girders had vertical and diagonal bars, and the load-bearing diagonals of the two visible outside girders had an ornamental S-curve, 1936. Each parapet has seven crossed iron bar sections with a monogram of Queen Friederike and other ornaments.

204
Bibliothekspavillon
Berggarten
1817–20
Georg Ludwig Friedrich Laves

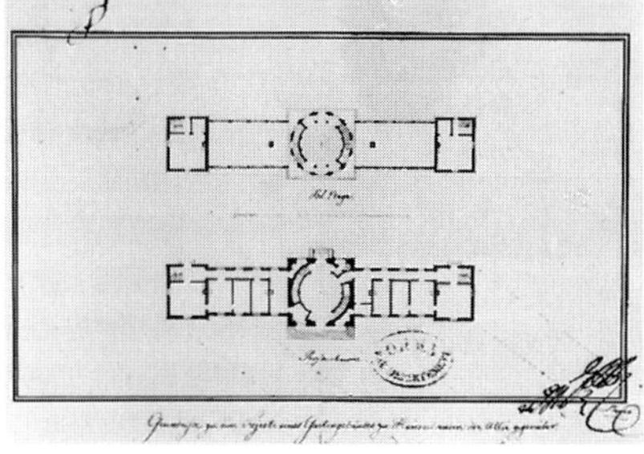

Der eingeschossige verputzte Mauerwerksbau wurde als Wohnhaus des Gartenmeisters errichtet. Zweigeschossige Eckbauten mit flachem Pyramidendach begrenzen die lang gestreckten, mit Balustraden versehenen Fassadenfronten. Blickpunkt des Gebäudes ist der risalitartig vorspringende, quadratische Mittelteil mit Rundbogenfenstern, über dem sich ein zylindrisches OG erhebt. Die Rotunde wird durch zwölf Fenstertüren mit Rundbogenabschluss sowie Pilaster gegliedert und von einer flachen Kuppel überwölbt. Sie ist auf die Mittelachse von Orangerie- und Galeriegebäude ausgerichtet und damit zugleich optischer Endpunkt der Herrenhäuser Allee. In der Rotunde fand 1852 die Wendlandsche Gartenbibliothek ihren Platz, die dem Pavillon seinen Namen gab. Das OG wird durch zwei repräsentative, konzentrisch den runden EG-Saal einfassende Treppenläufe erschlossen. Das Gebäude dient heute als Verwaltungssitz der Herrenhäuser Gärten.

The one-storey stucco library pavilion was built as a dwelling-house for the master gardener. The main feature is the square centre projection with round-arch windows and cylindrical upper storey. The rotunda has twelve French windows and a shallow dome and forms the end point of the Herrenhaus avenue. The pavilion was named after the Wendland Garden Library it housed. Two staircases lead to the upper storey.

205
Mausoleum
Berggarten
1842–47
Georg Ludwig Friedrich Laves

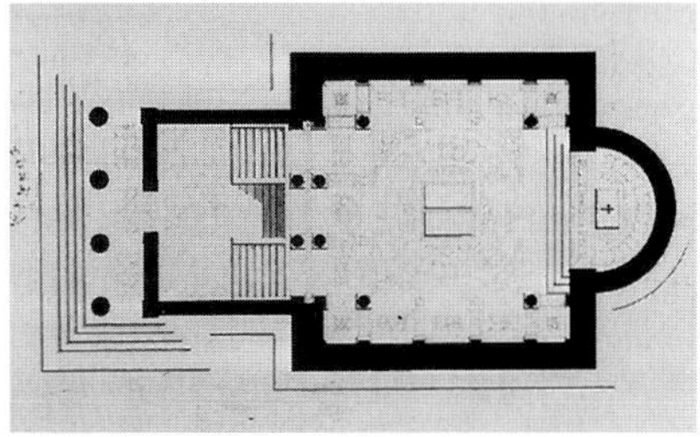

Das Mausoleum wurde unmittelbar nach dem Tod Königin Friederikes in Auftrag gegeben. Dem nahezu geschlossenen, kubischen Sandsteinquaderbau mit Zeltdach ist zur Schauseite eine Halle mit dorischem Viersäulenportikus vorgelagert; an der Rückfront tritt eine halbrunde Apsis hervor. Die Schaufront befindet sich in der Verlängerung der nördlichen Hauptachse des Großen Gartens. Die mit Carraramarmor verkleidete Grabkapelle nimmt die Marmorsarkophage von Friederike (1844–47; C. D. Rauch) und ihrem Mann Ernst August (1852-55; Werkstatt Rauch) auf. Sie wird von einer flachen, mit Stuckmarmor versehenen Holzkuppel überwölbt. In der Gruft befinden sich die 1957 aus der Kirche des Leineschlosses überführten Sarkophage des Hannoveraner Herrscherhauses. Auffällig ist die stilistische Nähe des Bauwerks zum Berliner Mausoleum der preußischen Königin Luise, der Schwester Friederikes, im Park des Charlottenburger Schlosses (1810–42; u. a. K. F. Schinkel).

The Mausoleum was commissioned after Queen Friederike's death. The sandstone ashlar building has a hall with four-column portico. The sepulchral chapel, cladded in Carrara marble, contains the marble sarcophagi of Friederike and her husband Ernst. In the crypt are the sarcophagi of the House of Hanover, moved here in 1957. The Mausoleum is strikingly similar to that of Queen Luise of Prussia, Friederike's sister, in the park of Schloss Charlottenburg.

206

Regenwaldhaus Hannover-Herrenhausen
Berggarten, Herrenhäuser Straße 4
1998–2000
Gordon Wilson und Ray Hole, Bertram Bünemann Partner

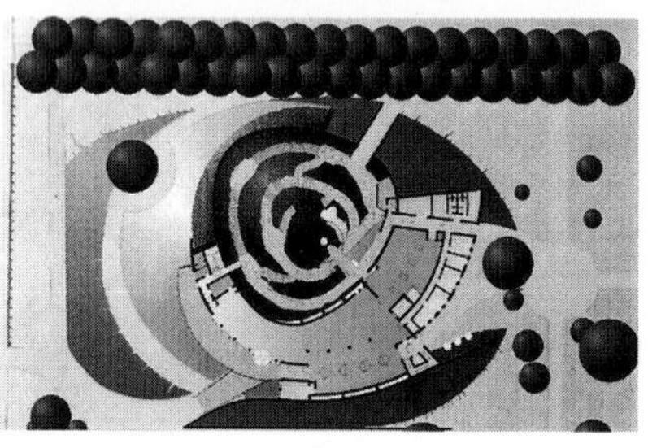

Das Regenwaldhaus im Berggarten von Herrenhausen wurde anlässlich der Expo 2000 im Rahmen des Projekts 'Stadt als Garten' errichtet. Es steht in unmittelbarer Nähe der von Siegfried Erloff 1956 errichteten Pflanzenschauhäuser. Zum Teil in die Erde eingegraben, beinhaltet das Regenwaldhaus neben dem eigentlichen 'Schauraum' mit einer Fläche von ca. 1.000 qm Bereiche für unterhaltende Information, Gastronomie und Verwaltung. Die Nebenräume legen sich schneckenförmig um den lichtdurchfluteten 16,50 m hohen Kuppeldom, der von einem außen liegenden, verwindungssteifen Stahlrohr-Dreibein und einer darunter liegenden pneumatischen Konstruktion aus hoch transparenter Folie überdeckt wird. Die Landschaft ist als grüner Hügel über einen Teil des Gebäudes hinweg angeböscht, wodurch die sich spektakulär über den künstlichen Regenwald erhebende Kuppel zusätzlich betont wird.

The Rain Forest House was built as part of the Expo 2000 "City as Garden" project. It has a c.1000 m^2 display room and areas for infotainment, gastronomy and administration. The ancillary rooms lie in a spiral round the bright 16.5 m high dome, covered by a tubular steel tripod and a pneumatic construction of transparent foil. A green landscaped hill rises over part of the building, accenting the spectacular dome.

207

Fürstenhaus, Herrenhausen-Museum Hannover
Alte Herrenhäuser Straße 14
1721; um 1770; 1864–65
n. bek.; Georg Heinrich Schuster

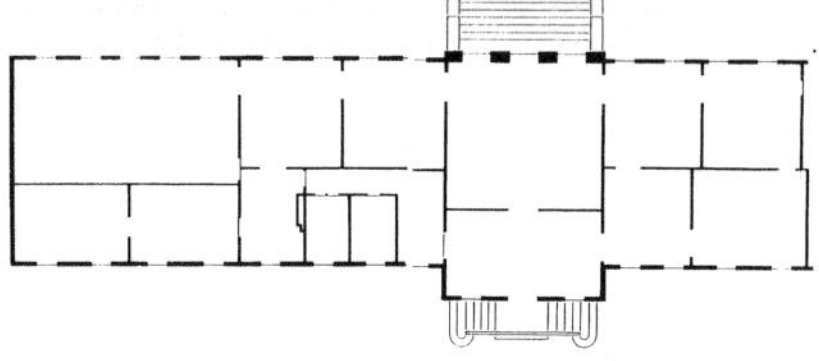

Das zweigeschossige Lusthaus wurde für die Gräfin Louise von Delitz, Tochter Georgs I. von Hannover, errichtet. 1836 ging das „Delitzsche Palais" in königlichen Besitz über und trägt seit 1865 den Namen Fürstenhaus. Um 1770 erhielt das neunachsige Fachwerkgebäude einen übergiebelten Mittelrisalit und wurde um eingeschossige Seitenflügel erweitert. G. H. Schuster gestaltete 1864/65 die Fassade in sparsamer neoklassizistischer Formensprache, bei welcher der Außenbau u.a. einen gelben Rustikaverputz erhielt. Die ursprüngliche Dekoration des Vestibüls und des Gartensaals blieben erhalten. Seit 1955 befindet sich in dem Gebäude das Herrenhausen-Museum, das u. a. eine Porträtsammlung des Hannoveraner Königshauses sowie Exponate zur höfischen Wohnkultur aufnimmt. 1984/85 erfolgte eine umfassende Restaurierung.

The Fürstenhaus was built as a summer residence for the daughter of George I of Hanover. The centre projection with gable and the wings were added c. 1770, the yellow rusticated rendering and neoclassicist facade in 1864–65. The original decoration of the vestibule and the garden room are preserved. The building is now a museum, with portraits of the House of Hanover and exhibits on courtly life.

208

Fachhochschule Hannover, Fachbereich Bildende Kunst (ehem. Werkkunstschule)
Herrenhäuser Straße 8
1962–65
Ernst Zietschmann, Jobst von Nordheim

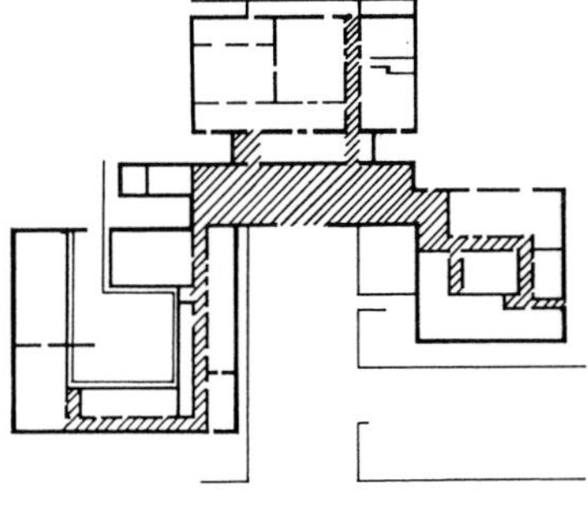

Ein großzügiger Vorplatz wird von drei unterschiedlich hohen Bauteilen mit Flachdach gebildet und öffnet sich zur Herrenhäuser Straße. Die Haupterschließung des viergeschossigen Klassentraktes erfolgt über eine breit gelagerte Freitreppe und ein tischähnliches Vordach mit untergeschobenen Windfangboxen. Die Offenheit des flexibel nutzbaren Foyers wird durch zwei verglaste Treppenhäuser auf der Rückseite aufgenommen; sie sind zugleich Verbindungselemente zum dahinter liegenden Ateliergebäude mit Hausmeisterwohnung. Die Struktur des Stahlbetonskelettbaus ist durch den Einsatz von weitgehend vorproduzierten Elementen wie Brüstungsfeldern aus Betonfertigteilen oder rückseitig lackierten Glastafeln und Aluminium-Schiebefenstern ablesbar. Die betont nüchtern gegliederte und gut proportionierte Fassade steht im Einklang mit der qualitätvollen Ausarbeitung der Details (Eingangswindfang, Fluchttreppen etc.).

The polytechnic university of the visual arts has three sections. A canopy with draught excluders leads to the main entrance. The reinforced concrete skeleton structure can be seen through the use of mainly prefabricated elements: pre-cast concrete window breasts, painted glass panels and aluminium sash windows.The sober, well-proportioned facade is in harmony with to the high-quality details.

209

Kirchenamt der Evangelischen Kirche in Deutschland
Herrenhäuser Straße 12
1981–85
Bangert, Jansen, Scholz, Schultes

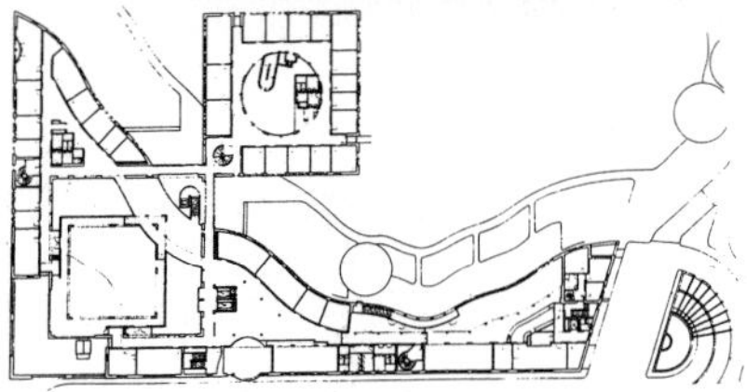

Die streng gegliederten, lang gestreckten Lochfassaden des mit roten Klinkern verkleideten Stahlbetonskelettbaus werden an der SW-Ecke durch zwei große, kreuzförmige Öffnungen aufgebrochen. Sie stellen den städtebaulichen Bezug zum gegenüberliegenden Fürstenhaus her (Nr. 207). Hinter der Gebäudeecke liegt zurückgesetzt ein weiß verputzter Kubus. Er erschließt über einen geduckten Eingang das niedrige Foyer der Halle mit Kapelle. Die schwingende Gartenfront wird von der Ecke des in den Hauptbau eingeschobenen Würfels durchstoßen. Diesen touchiert ein weiterer Kubus, in dessen Zentrum sich ein runder Lichthof mit eingestelltem Treppenhauszylinder befindet. Zahlreiche Galerien und Durchblicke sorgen für abwechslungsreiche Raumerlebnisse. Entstanden ist ein zeichenhaftes Gebäude, das in seiner Verbindung von Schlichtheit und Eleganz als architektonisches Aushängeschild der EKD gelten darf.

The Protestant Church office building has a red clinker punctuated façade, with two large cruciform openings. A white cube around the corner leads to the low foyer and the hall and chapel. The curved garden façade is pierced by a corner of the cube inserted into the main building, and a further cube has a round atrium and cylindrical staircase. Numerous galleries and through views vary the interior, giving a symbolic quality to the simple, elegant building.

210

Wohnanlage
Dorotheenstraße, Markgrafstraße, Spargelstraße
1920–22
Paul Wolf; Ewald Zenker, G. Hartmann, G. Balzer, K.-H. v. Hofen

Tordurchfahrt Spargelstraße
Gateway, Spargelstrasse

Ansicht Markgrafstraße
View of Markgrafstrasse

Nach dem Ersten Weltkrieg herrschte in Hannover große Wohnungsnot. Den öffentlichen Bauträgern ging es vor allem darum, Wohnraum für möglichst viele Familien zu schaffen. Paul Wolf plante in den fast zeitgleich entstandenen Siedlungen Schnabel-/Menzelstr. (Nr. 183) und Schulenburger Landstr. (Nr. 112) ländlich anmutende Einzel- oder Doppelhäuser. Für die Kleinwohnungen der Wohnanlage Dorotheenstr. wählte er großzügige drei- bis viergeschossige Riegel mit einem Mansardgeschoss als Abschluss. Dachform, risalitartige Vorsprünge, eine bogenförmige Durchfahrt und die dreieckförmigen Fensterver-dachungen lassen eine schlichte Architektursprache erkennen. Sie erinnert an den süddeutschen Wohnungsbau (München); Putzbauten dieser Art sind in Hannover selten.

After WWI, the building authorities tried to create homes for as many families as possible. For the small apartments in this estate, Wolf chose large three-storey blocks with an attic storey. The roof, projections and other features reveal a simple architectural language and recall South German apartment buildings: plaster buildings of this type are rare in Hannover.

211

Altenheim St. Nicolaistift mit Ev.-Reformierter Kirche
Alte Herrenhäuser Straße 40
1971
Hans Siegfried Laessig

Das Altenheim liegt südlich der stark befahrenen Herrenhäuser Straße und wendet ihr eine weitgehend geschlossene Fassade zu. Schmale vertikale Fensterschlitze belichten die dahinter liegenden Erschließungsgänge. Die Wohnräume orientieren sich nach Süden, Osten bzw. Westen zu den ruhigen und begrünten (Innen-) Hofbereichen. Der Gemeinschaftsraum ist ebenso wie der Kirchenbau als solitäre 'Box' frei vor das Gebäude gestellt und lediglich durch Glasgänge mit ihm verbunden. Die starke Farbigkeit einzelner Bauteile bildet als bewusst gesetzter Akzent einen lebendigen Kontrast zum Sichtbeton der Fertigteilkonstruktion. Durch unterschiedlichen Einsatz gleicher Elemente werden die Fassaden abwechslungsreich gegliedert. Der Kirchenbau stellt sich als einfacher Kubus, nicht als 'Kirche' dar (ohne Glockenturm, Kreuzsymbol etc.) und ist auch im Inneren mit der Möglichkeit zur multifunktionalen Nutzung seiner Zeit weit voraus.

The old people's home has narrow windows in corridors towards the busy street; the residential parts face the quiet courtyard areas. The communal room and the church are freestanding blocks with corridors to the main building. The bold colours of some components is in deliberate contrast to the pre-cast exposed-concrete sections. The church, without belfry or cross, with a multifunctional interior, is far ahead of its time.

212
„Architektenviertel“

Morgensternweg, Ringelnatzweg, Alte Herrenhäuser Straße
1958–61
Friedrich Lindau, Siegfried Erlhoff, Rolf Wékel, Walter Hämer, Linda Bluta-Mehmel, u. a.

Ringelnatzweg/Ecke Morgensternweg
Ringelnatzweg/corner of Morgensternweg

Ringelnatzweg 5

Morgensternweg

Das sog. „Architektenviertel“ mit seinen über 50 Parzellen zeichnet sich aus durch geschlossene Bauweise und sparsame Erschließung über Wohnwege. Die Bungalows wurden als weiß verputzte Kuben (Ringelnatzweg 6), als Winkelbauten in getrenntem Wohn- und Schlaftrakt (Ringelnatzweg 7, Morgensternweg 17) und als Solitäre bei nach außen nicht erkennbarer Lage der Innenräume (Ringelnatzweg 5) angelegt. Eine Besonderheit stellen die vollverglasten Wandflächen des letzteren Gebäudes auf der Gartenseite dar – ein Zitat Ludwig Mies van der Rohes Architektur (Barcelona-Pavillon, 1929) – die einen ebenerdigen Zugang zur Terrasse ermöglichen. Das geschlossene Gesamtbild des „Architektenviertels“ ist (im Gegensatz zu den Plano-Häusern in Bothfeld, Nr. 231) weitgehend unverändert erhalten geblieben. Die Siedlung ist eine Inkunabel der 50er-Jahre-Architektur in Hannover.

The "Architects' District", with over 50 plots, is a compact estate almost unchanged since the 1950s. The bungalows are white blocks (Ringelnatzweg 6), L-shaped buildings with living and sleeping areas (Ringelnatzweg 7, Morgensternweg 17), and buildings whose exterior does not reveal the arrangement of their interior, for example Ringelnatzweg 5, which has glazed walls on the garden side, an echo of Mies van der Rohe.

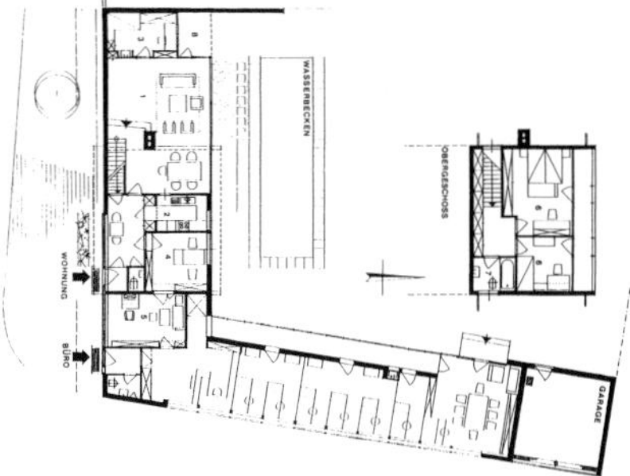

Grundriss Wohngruppe 2
Ground plan, residential group 2

213

Herrenhäuser Kirche
Hegebläch
1903–06
Eduard Hillebrand

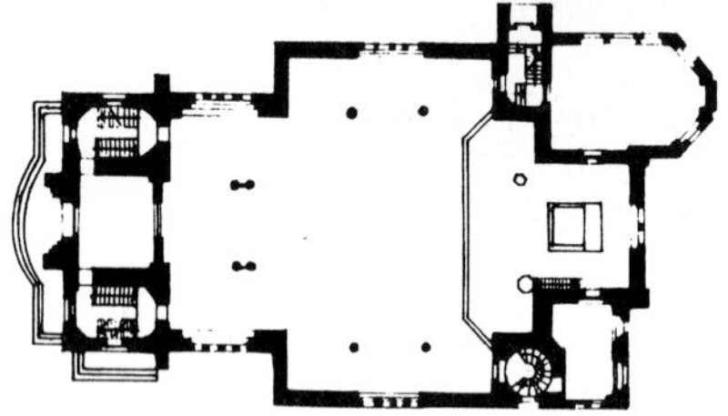

Der Sandsteinquaderbau der ev. Kirche besitzt einen kreuzförmigen, gewölbten Zentralraum mit eingezogenem Rechteckchor. Im Westen ist zwischen seitlichen Treppenhäusern ein rechteckiger Turm vorgelagert. Er schließt mit einem offenen Umgang und einem spitzen Helm mit vier Uhrentürmchen ab. Den Haupt- und Altarraum überspannen Rippengewölbe, die wie die Emporeneinbauten nach Entwürfen der Gebr. Linnemann bemalt worden sind. Die zeitweise übertünchte, architekturbezogene Ausmalung des Innenraums wurde bei der Restaurierung 1986 wiederhergestellt. Ebenfalls nach dem Entwurf Hillebrands wurde 1905–06 das benachbarte Pfarrhaus in der Böttcherstraße 10 errichtet.

The Protestant Herrenhausen Church has a cruciform interior with a projecting tower to the W, surmounted by an open ambulatory and helm roof. The interior vaulting and galleries were painted after designs by the Linnemann brothers; in 1986, the painting of the interior, parts of which had been whitewashed over, was restored.

214

Klärwerk Hannover Herrenhausen
Dünenweg 20
1989
Rolf-Dieter Ramcke (Hochbauamt der Stadt Hannover)

Der Architekt entwarf für das Klärwerk zwei Gebäude: Rechenhalle und Pumpenhaus. Sie befinden sich in einem Konglomerat verschiedener Bauwerke aus unterschiedlichen Bauzeiten. Die Außenwände der 50 m langen Halle sind aus handgestrichenen Klinkern gemauert. Sie besitzt vorspringende Säulen, die oben geringfügig über den Mauerabschluss hinausragen und die Lage der Betonbinder im Innern wiedergeben. Zwischen Säulen und Mauerflächen sind 30 cm schmale Glasbausteinfenster eingelassen, die bis an die Maueroberkante reichen. Sie werden durch Ziegelbänder und einer Schattenkante gerahmt und bestimmen den Rhythmus von vertikaler und horizontaler Gliederung. Auffallende architektonische Elemente wie z. B. Terrassen und Tore sind funktional begründet. Das Pumpenhaus besitzt eine gezahnte Wandoberfläche zur Strukturierung, ein pyramidenförmiges Glasdach und sorgfältig gestaltete Edelstahltüren.

A screening hall and a pumphouse were designed for the sewage treatment plant, joining a complex of buildings of various periods. The hall has hand-painted clinker outside walls with columns marking the concrete binders inside and 30 cm thick glass block windows. Inside, there is space for functional processes. The pumphouse has a serrated wall surface, a pyramid glass roof and stainless steel doors. Striking architectural elements are functionally justified.

215

Bahnhof Leinhausen
Herrenhäuser Straße 126
1908
G. Bär

Zu Beginn des 20. Jh.s wurde das hannoversche Eisenbahnnetz mit Hochgleisen versehen. Brückenbauten und Unterführungen ermöglichten einen kreuzungsfreien Verkehr. Die neuen Bahnhöfe mit repräsentativer Gestaltung waren Symbole des Fortschritts. Der axialsymmetrische Putzbau mit Mansarddach und kleinen Risalittürmchen orientiert sich mit seinem vortretenden Eingangspavillon zum Vorplatz. Charakteristisch ist das Motiv des übergroßen, vertikal betonten Schildgiebels mit Rustikamauerwerk und langen schmalen Fenstern. Das gleiche zeichenhafte Motiv wurde beim Bahnhof Bismarckstraße verwendet. Im Innern öffnet sich eine zweigeschossige Bahnhofshalle, die ehemals zum Treppenaufgang des Hochbahnsteigs führte. Das Gebäude wurde 1999/2000 zum Nachtclub umgebaut. Auf der gegenüberliegenden Gleisseite ist ein neuer Brückenbahnhof mit Aufgängen von der Stöckener Straße entstanden.

At the beginning of the 20th c., Hannover's railway system was adapted to elevated tracks. This symmetrical stucco building with mansard roof has a shield-shaped gable with rustication and long narrow windows. Inside there is a two-storey hall that formerly led to the stairs up to the platform. In 1999/2000 the building was converted into a centre for various functions. A new station has been built on the other side of the tracks. The building was converted into a night club in 1999–2000.

216

Bundesbahn-Ausbesserungswerk Leinhausen, Wasserturm
Einbecker Straße, Bahngelände
ab 1874; 1880–85; 1909
n. bek.; Schwering; n. bek.

Das umfangreiche Areal des Ausbesserungswerks war mit seinen 5.000 Beschäftigten vor dem Zweiten Weltkrieg das größte seiner Art im Deutschen Reich. An die Stelle einer 1881 abgebrannten Halle baute Architekt Schwering im rechten Winkel zum Vorplatz zwei dreigeschossige Verwaltungsgebäude. Ihre Fassaden werden gegliedert durch Rundbogenfenster, Lisenen, ornamentierte Klinkerstreifen – letztere über dem EG in Form eines Deutschen Bandes und in den OG zinnenartig. An den Schmalseiten befinden sich attikaähnliche Aufsätze. Zum Wahrzeichen des ganzen Stadtteils geworden ist der Wasserturm mit seinem kreisförmigen Grundriss aus dem Jahr 1909. Er wurde über einem hohen Sockel aus Werkstein errichtet, besitzt am Schaft paarweise angeordnete Rundbogenfenster und am Ansatz der Blechkuppel umlaufende kleinere, rhythmisch angeordnete Bogenfenster.

Before WWII, the railway repair works was the largest in the German Reich. It has two administration buildings with round-arch windows, lesenes, and clinker bands. The water tower (1909) has become a landmark of the whole district. It stands on a high ashlar base and has pairs of round-arch windows and at the base of the dome smaller, regularly spaced arched windows.

217

St. Adalbertkirche
Stöckener Straße 43
1956–58
Paul Wolters

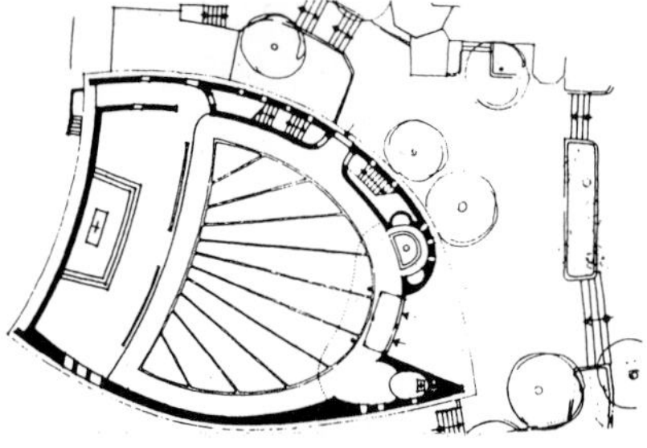

Die skulpturale Stahlbetonkirche mit ihrem auffallend geformten Dach liegt im rückwärtigen Teil des Pfarrgrundstückes verborgen. Zwei hoch aufragende, gekrümmte Wände führen in den trichterförmig zurückliegenden Eingang unter einem Bildfries. Linksseitig ist eine Säulenspolie einbetoniert, die aus dem kriegsbeschädigten Hildesheimer Dom stammt. Der elliptische Grundriss ist durch die dem Eingang gegenüberliegende, nach innen gewölbte Altarwand gekappt. Den stützenfreien Raum überspannt eine Stahlkonstruktion aus Fachwerkbindern mit oberer und unterer Betonschale. Ein Lichtband trennt die Dachfläche von den Wänden. Fensterschlitze sind so in die dicken Außenwände geschnitten, dass sie das Licht führen und auf den Altar lenken, einen Ausblick aber nicht gestatten. Die introvertierte Kirche erinnert in ihrer plastischen Körperlichkeit an Le Corbusiers 1955 entstandene berühmte Wallfahrtskapelle in Ronchamp. Der Kirchenbau wurde 1986 umfassend restauriert.

The concrete church has two curved walls leading into the funnel-shaped entrance. Part of a column from war-damaged Hildesheim Cathedral is set in the concrete. The elliptical ground plan ends in the slightly concave altar wall. A steel truss roof with upper and lower concrete shell spans the interior, with a lighting row between roof and walls. The slit windows direct the light to the altar. The introspective building recalls Le Corbusier's Ronchamp pilgrimage chapel.

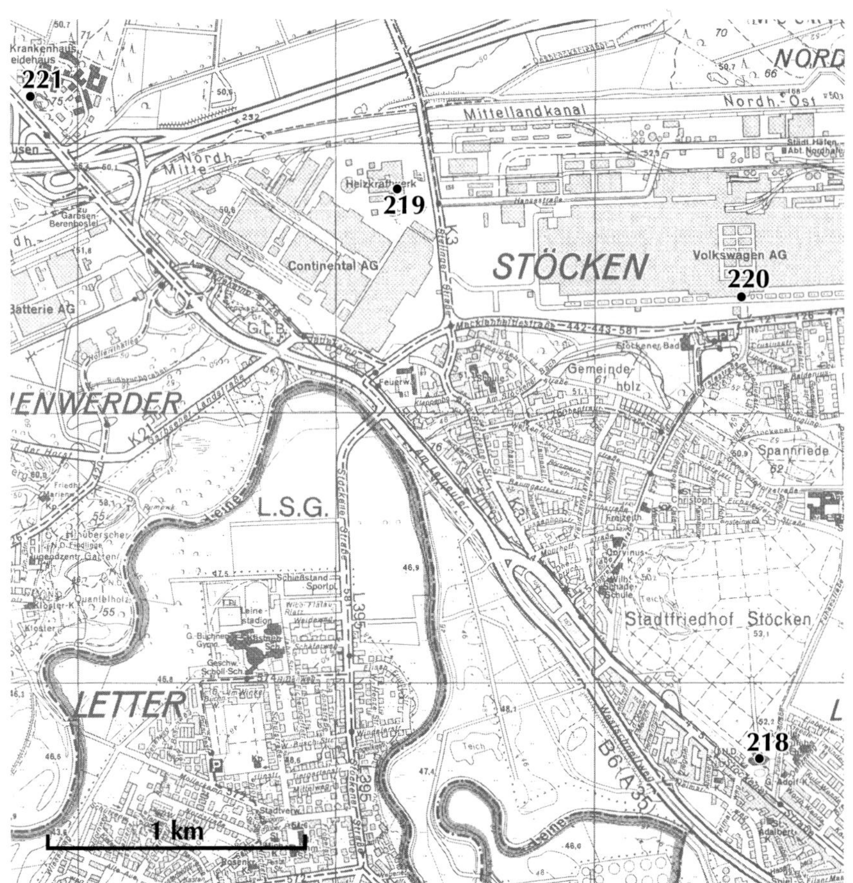

221
Krankenhaus
219
Heizkraftwerk
Continental AG
Mittellandkanal
STÖCKEN
Volkswagen AG
220
Nordh.-Ost
Nordh. Mitte
Gemeinde holz
Stöckener Bad
Spannriede
L.S.G.
Leine
Leine-stadion
Stadtfriedhof Stöcken
LETTER
218
B6 (A 35)
L 395
K3
1 km

218

Eingangsbauten des Stöckener Friedhofs
Stöckener Straße 66–68
1889–92
Paul Rowald, Adolf Nerten

Der Stöckener Friedhof wurde nach Engesohde (Nr. 165), als zweiter Hannoveraner Kommunalfriedhof angelegt. Mit dem vorgelagerten Rasenrondell und Vorplatz an der Kreuzung Stöckener-/Fuhsestr. entstand eine städtebaulich markante Eingangssituation. Die urspr. Konzeption des Friedhofs als Quadratnetz mit diagonaler Hauptallee stammt von Julius Trip und P. Rowald, der auch die symmetrisch angeordneten Eingangsbauten entwarf. Mittelpunkt des in gotisierenden Formen ausgeführten Backsteinkomplexes mit Sandsteingliederung ist die Friedhofskapelle. Dem oktogonalen Zentralbau mit mächtigem Faltdach ist eine Halle vorgelagert, die von ebenfalls oktogonalen Türmen eingefasst wird. Drei niedrige Durchgangsarkaden, deren mittlere Öffnung durch einen Wimperg akzentuiert wird, leiten beidseitig zu den in 45-Grad-Winkel abgeknickt angelegten Leichenhallen über.

This was the second Hannover communal cemetery. The entrance is marked by a circular bed and a forecourt. The design is a square network with a diagonal main walk and symmetrical entrance buildings. The octagonal chapel, with a large gabled steeple and an octagonal hall in front, is the focal point of the Gothic-style brick complex. Three low arcades lead to the mortuaries, which are at a 45° angle to them.

219

Gemeinschaftskraftwerk Hannover
Stelinger Straße 19
1987–89
Bertram Bünemann Partner

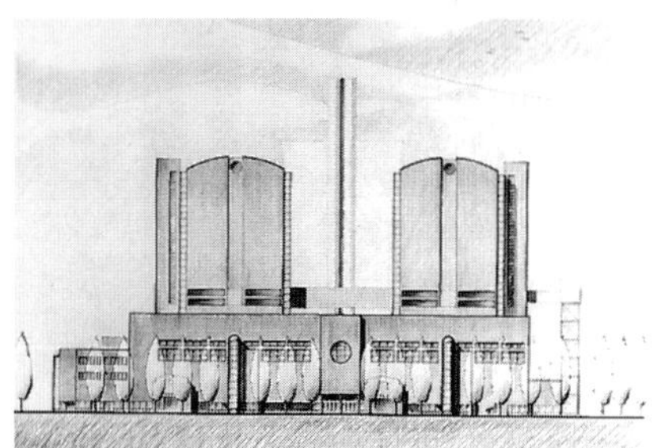

Der weithin sichtbare Komplex liegt zwischen den beiden Werksanlagen von Continental und VW, an welche die Prozesswärme abgeführt wird. Dominierende Bauteile der symmetrisch konzipierten Anlage sind die beiden 76 m hohen Kesselhäuser mit ihren postmodern anmutenden, segmentbogenförmigen Dachabschlüssen, die nachts wirkungsvoll erleuchtet werden. Eingezogene Ecken und Mittelachsen, kreisrunde Lamellenöffnungen sowie verglaste Treppenhausbänder an den Gebäudekanten gliedern die Baumassen. Überragt werden die Kesselhäuser durch drei schlanke, gebündelte Rauchrohre. Das Ensemble ist mit silberfarbigen Aluminiumblechen verkleidet und besitzt eine Sockelverblendung aus Basalt. Das Gelb der Drehstromzuleitungsrohre und Fenstersprossen sorgt für einen farbigen Akzent. Den Architekten ist es gelungen, Funktionalität und Ästhetik auf überzeugende Weise zu vereinen.

The power station lies between the Continental and VW sites and sends district heating to them. It is dominated by the two boiler houses with their postmodernist segmental-arch roof ends, which are floodlit at night. The building mass is divided by corner and centre details, circular openings and glazed staircase bands, and clad in sheet aluminium and basalt, with touches of yellow in the glazing bars and cables.

220

Werksgebäude der Volkswagen AG Nutzfahrzeuge
Mecklenheidestraße 74
1955–1959
Bauabteilung VW

Der Standort am Mittellandkanal, einer Eisenbahnstrecke und der Autobahn 2 war für die Gesamtanlage versorgungstechnisch entscheidend und ermöglichte eine Anordnung nach funktionalen Produktionsprozessen. Der 1.200 m lange, fünfgeschossige Büroriegel liegt als Kopfbau vor dem Produktionsgelände für Nutzfahrzeuge (Gesamtareal rd. 56 ha). Den Baukörper unterbricht in seiner Länge ein leicht vorspringender Bürotrakt mit weißer Bänderfassade aus den 1980er Jahren; er betont den Hauptzufahrtsbereich zum Werksgelände. Die endlosen (mit Ausnahme des erhöhten 1. OG) gleichförmigen Fensterreihen der roten Backsteinfassade werden ausschließlich durch vertikal verglaste Treppenhäuser mit vorspringenden Travertingewänden und darunter liegenden Eingängen gegliedert. Als Vorbild des Hannoveraner Volkswagenwerkes diente das 1938–1939 errichtete Stammwerk von Mewes, Kohlbecker, Schupp und Kremmer im späteren Wolfsburg.

The Volkswagen works building is in a strategic location for canal, railway and motorway, its sections arranged by function. The 1200 m long office building is followed by the commercial vehicle production area (56 ha.). A 1980s office section with a white banded faÁade indicates a main entry to the works. Only glazed staircases interrupt the endless rows of uniform windows. The first VW works (1938-39) in what was later Wolfsburg were the model.

221

Städtisches Krankenhaus Heidehaus
Am Leineufer 70
1906–07; 1915–17; 1926–30
n. bek.; Karl Elkart

An der Stadtgrenze wurde ab 1906 in einem parkähnlichen Waldgelände die ehemalige Lungenheilstätte in Pavillonbauweise (vgl. Nordstadt-Krankenhaus, ab 1892) errichtet. Die letzten vier Gebäude entstanden 1926–30 durch das Stadtbauamt unter Karl Elkart. Die Anlage besteht aus ein- und zweigeschossigen Betten- und Bedienstetenhäusern mit flach geneigten, weit auskragenden Pfettendächern, die entlang einer gekrümmten Haupterschließungsstraße liegen. Landhausähnliche Gestaltungselemente charakterisieren alle Gebäude: leicht geböschte Sockel aus Backstein, weiße Putzflächen, Fachwerkdekor meist in den OG, Schiefer- oder Holzverkleidungen der Giebel. Dieser sog. 'Schweizerhausstil' mit Loggien und verschalten Holzbalkonen weist auf die ursprüngliche Nutzung als Lungenheilstätte im Sinne eines 'Freiluftkrankenhauses' hin. Die ursprüngliche Zufahrt im Süden mußte durch den Ausbau der Autobahn 2 verlegt werden.

The municipal hospital was built in a park-like wooded area. There are one- and two-storey pavilions for patients and staff with shallow, projecting purlin roofs, standing along a winding main road. All buildings have country-house elements: sloping brick bases, timber-frame decoration, slate- or wood-cladded gables. This 'Swiss country house style' went hand in hand with the original design as an 'open-air' TB sanatorium.

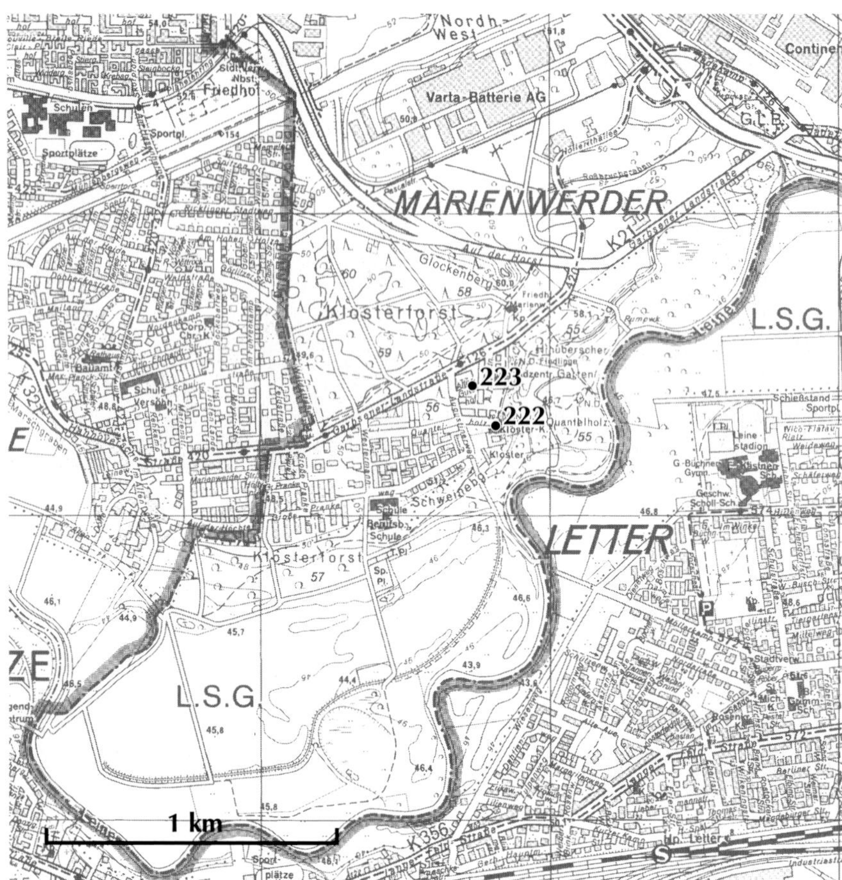
Varta-Batterie AG
MARIENWERDER
LETTER
Klosterforst
Glockenberg
L.S.G.
L.S.G.
223
222
Kloster
Schule
Sportplätze
Friedhof
1 km

222

Ehem. Kloster Marienwerder
Quantelholz
nach 1196–1200; 1858–61
n. bek.; Georg Ludwig Comperl, C. A. Vogell

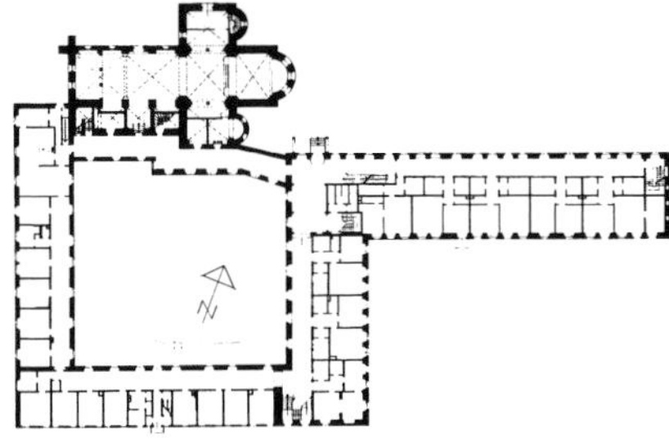

Das ehem. Augustiner-Kloster geht auf eine Stiftung Konrad von Rodens aus dem Jahr 1196 zurück. 1620 wurde die Anlage säkularisiert und in ein ev. Damenstift umgewandelt. Im N des nach Bränden mehrfach wieder aufgebauten Komplexes liegt die dreischiffige Basilika mit Querhaus. Das nördliche Seitenschiff des 1200 geweihten Bruchsteinmauerwerkbaus ist nur als Fundament erhalten. 1858–61 führten Comperl und Vogell eine Umgestaltung der Kirche durch, bei der u.a. Emporen eingebaut wurden. Im S schließen sich die Konventgebäude an und bilden mit der Kirche ein geschlossenes Viereck. Süd- und Westflügel wurden nach einem Brand 1688 als einfache, eingeschossige Fachwerkbauten errichtet. Der Ostflügel entstand 1703/04 als verputzter Bruchsteinbau, dem man 1721 nach O einen ähnlich gestalteten Wohntrakt anschloss. Die ehem. Klosterkirche dient heute als Pfarrkirche.

The Augustine monastery was founded in 1196 and secularized in 1620. The church has a three-aisle basilica with transept; galleries were added in 1858-61. To the south are the cloisters. After a fire in 1688, the S and W wings were rebuilt as one-storey timber-frame buildings. The rough-stone E wing was built in 1703/04, and later a residential building was added. The church is now a parish church.

223

Wohnbebauung Klostergut Marienwerder
Am alten Gutshof
1994–96
Bertram Bünemann Partner; Baufrösche Kassel; Kellner Schleich Wunderling Raumplan 3

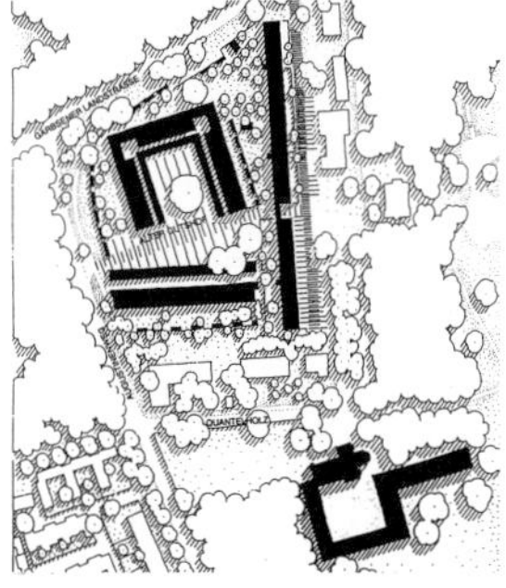

Auf dem ehem. Gutshof der Klosteranlage Marienwerder wurde ein städtebauliches Konzept in Anlehnung an die Bebauung des alten Klosters entwickelt. Es besteht aus einem Wohnhof und zwei zusätzlichen, streng-orthogonalen Zeilenbauten, die den öffentlichen und privaten Zwischenräumen mit Platzanlage und Kleingärten eine große Bedeutung zukommen lassen. Die insgesamt 98 Wohneinheiten entstanden unter dem Aspekt des verdichteten Wohnens ausschließlich als Maisonetten. In der zweigeschossigen U-förmigen Bebauung (BBP) und der dreigeschossigen südlichen Zeile (Raumplan 3) sind sie als Einzelhäuser aneinandergereiht, im langen östlichen Riegel (Baufrösche Kassel) stapeln sie sich, wobei die oberen durch einen offenen Laubengang erschlossen werden. Jedes Gebäude verwendet andere Materialien in seiner Außenhaut z.B. Wärmedämmputz, hinterlüftete Tonplatten, Klinker oder Holzverschalungen.

The housing estate on the former monastery land gives prominence to its public and private spaces, including allotments. With a view to density of living, there are 98 maisonettes: in the long E building they are stacked, with access balconies above, and in the two other buildings they are individual houses. The outer skins differ from house to house: heat insulating plaster, ventilated ceramic tiles, clinker or wood cladding.

WIESENAU
BRINK-HAFEN
VAHRENWALD
HAINHOLZ
NORDSTADT
Anschlußstelle Hannover/Langenhagen
Bf. H.-Vinnhorst
Rangierbf. H.-Hainholz
Bf. H.-Hainholz
Hauptgüterbf.
Reiterstadion
Georgengarten
Welfengarten
Wilh.-Busch-Museum
kabelmetal-electro GmbH
Krupp Industriet. GmbH
Maschinenfabr. H. Wohlenberg KG
Hann. Preßwerk Max Müller GmbH
Delkeskamp GmbH Verpackungswerke
J.-H. Benecke AG
Continental AG
Güterhalle
Zollamt
Bezirkssportanlage
Herschelschule
Goetheschule
Wohlenbergstraße
Vahrenwalder Straße
Niedersachsenring
Melanchthonstraße
227
228
226
225
224
178
1 km

224

Ehem. Verwaltungsgebäude der Continental Gummi-Werke

Vahrenwalder Straße 7
1912–14; 1919–20
Peter Behrens

Der monumentale, viergeschossige Bau ist neben der Hauptverwaltung der Mannesmann AG in Düsseldorf (1911/12) das bekannteste Verwaltungsgebäude des bedeutenden Architekten der frühen Moderne. Die symmetrische Werksteinfassade wird durch eng gestellte, hochrechteckige Fensteröffnungen vertikal gegliedert; breite Gesimse und das niedrige Attikageschoss betonen die Horizontale. Einen besonderen Akzent setzt der zurückspringende, mit kräftigen Lisenen versehene Mittelbau, der um ein Geschoss erhöht ist. Die Büros erstrekken sich zu beiden Seiten eines repräsentativen Lichthofs mit Galerien. In der strengen, neoklassizistisch-frühmodernen Formensprache ist das Gebäude ein wichtiger Vorläufer der Architektur der Neuen Sachlichkeit. Seit 1985 beherbergt es das „Technologiecentrum Hannover" (TCH).

The monumental Continental Gummi-Werke building is one of Behrens' best-known administration buildings. The ashlar façade is vertically divided by close-set, high windows; broad cornices and the low attic storey emphasize the horizontal. There is an imposing galleried atrium. This strictly neoclassical early modern formal language is an important precursor of Neue Sachlichkeit.

225

Ehem. Produktionshallen der Continental Gummi-Werke

Philipsbornstraße 65
1923, 1936–38, 1953
Alfred Weber

Continental-Gummiwerke um 1930 (unten)
Continental-Gummiwerke c. 1930 (below)

Die 1871 gegründeten und rasch expandierenden Continental Gummi-Werke errichteten auf dem Gelände zwischen Vahrenwalder Str., Philipsbornstr. und Continentalplatz ein weitläufiges Fabrikareal. Nördlich des Verwaltungsgebäudes entstanden in mehreren Bauabschnitten repräsentative, einheitlich gestaltete Produktionshallen, die zu den bedeutendsten Industriebauten Hannovers zählen. Die sechsgeschossigen Gebäude nehmen dynamisch den Schwung der Straßenlinie auf. Die Klinkerfassaden werden durch Lisenen vertikal gegliedert; die EG-Zone, das Traufgesims und die Traufkanten der zurückspringenden DG betonen die Horizontale. Der Bauteil Philipsborn-/Ecke Vahrenwalder Str. wurde 1990–92 durch I. Kosjak in Anlehnung an den Originalzustand restauriert und umgebaut; er dient seither als Sitz der Konzernverwaltung.

The Continental Gummi-Werke factory complex, founded in 1871, was built in several phases. The production halls are among Hannover's most important industrial buildings. The six-storey buildings dynamically repeat the curve of the street. There is an emphasis on the horizontal in the ground and attic floors, and between them the façade has vertical elements. The main headquarters are in a restored and converted section.

226

Heilig-Geist-Kirche
Plüschowstraße 6
1975–76
Heinz Siegfried Laessig

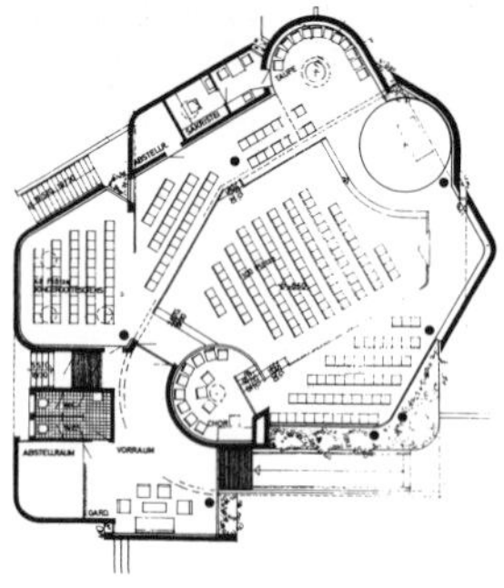

Die ev. Heilig-Geist-Kirche ragt aus den zahlreichen in den 70er Jahren errichteten Kirchenneubauten als bemerkenswertes Beispiel heraus. Der differenzierte, plastisch gestaltete Baukörper besteht teilweise aus farbigem Sichtbeton. Einen spannungsvollen Akzent setzt, trotz seiner geringen Höhe, der Glockenturm. Beton wird demonstrativ als modellierfähiges Material verwandt. Ein äußeres Deckenelement greift – einer „Hand" gleich – beschützend nach unten, die Grenzen zwischen Gemeinde und Öffentlichkeit gleichsam aufhebend. Nach N schließt der Gemeindehof die Kirche ab. Das Innere der Kirche wird durch einen reliefartigen Fußboden bestimmt, der seine Entsprechung in verschiedenen Deckenhöhen findet. Die Stirnseite des Gemeinderaums bestimmen ein Dreiviertelkreis, der das Taufbecken wie eine Kapelle umschließt, sowie die Einviertelkreisschale des Altarbereichs. Im UG des Komplexes ist ein Kindergarten eingerichtet.

The sculpturally shaped Protestant Church of the Holy Spirit is striking among 1970s churches. The belfry adds an element of tension despite being low. Concrete, sometimes coloured, is demonstratively used as a malleable material. The interior has a relief-like floor, echoed by varying ceiling heights. The end is a three-quarter circle, surrounding the font like a chapel, with the one-quarter-circle altar area.

227

Ehem. Lagerhaus der Textilfabrik Gebr. Meyer
Beneckeallee 28
1921–22
Hans Poelzig

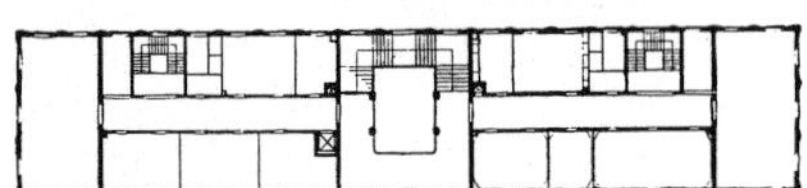

Grundriss EG, ursprünglicher Zustand
Ground floor ground plan, original state

Der kubische, fünfgeschossige Block mit leicht geneigtem Dach stellt den ersten Bauabschnitt eines Komplexes dar, der ursprünglich nach N um acht Achsen weitergeführt werden sollte. Die lebendige, dunkelrote Klinkerfassade wird durch gezackte Lisenen, die sich an der Dachzone fächerartig erweitern, vertikal gegliedert. Das Gebäude ist ein Paradebeispiel der Architekturströmung des Backsteinexpressionismus, als dessen bedeutender Vertreter Poelzig gilt. 1926 ging der Torso in den Besitz der Stadt Hannover über. Zu Beginn der 50er Jahre wurde die repräsentative zweigeschossige Eingangshalle, welche die drei nördlichen Achsen umfasst, im Rahmen der Umnutzung des Gebäudes zu Wohnzwecken, baulich verändert. Das Bauwerk ist eines der bedeutendsten Architekturbeispiele aus der Frühzeit der Weimarer Republik in Niedersachsen.

The five-storey block with slightly pitched roof, a former textile factory warehouse, was to be the beginning of a larger building. The lively dark-red clinker façade is vertically divided by serrated lesenes that fan out at roof level. Poelzig was an important representative of brick expressionism, and this is one of the most significant early Weimar Republic buildings in Lower Saxony.

228

Wasserturm
Vahrenwalder Straße 267
1911
Hermann Schaedtler

Der Wasserturm entstand 1911 im Rahmen der notwendig gewordenen Erschließung neuer Trinkwasserquellen für die Landeshauptstadt. Sein Behälter war damals mit einem Fassungsvermögen von 4.100 m³ der größte des Kontinents. Der Rundturm auf quadratischem, weit ausladendem Podium geht im obersten Geschoss in ein leicht vorstehendes, regelmäßiges Zwölfeck über, dessen Abschluß das auskragende Zeltdach mit Aufschiebling bildet. Die Architektursprache bedient sich der Elemente mittelalterlicher Wehranlagen: schmaler Eingang mit Wappen, Schießschartenfenster, hervorkragendes Treppenhaus auf Rundbogenkonsolen etc. Das unregelmäßige Buckelquadermauerwerk (Kalkstein) des Sockels und Schaftes steht im Kontrast zum verputzten, wehrgangartigen OG. Noch heute ist der Wasserturm mit seinen fast 65 m Höhe eine weithin sichtbare Landmarke an der nördlichen Stadteinfahrt Hannovers.

The water tower was built in 1911. At that time, its 4,100 m³ container was the largest on the Continent. The round tower ends in a slightly projecting dodecagonal section and a projecting pavilion roof with eaves board. Elements of medieval fortified buildings include the narrow entrance, with coats of arms, and slit windows. The base and shaft are in irregular rusticated limestone ashlar masonry.

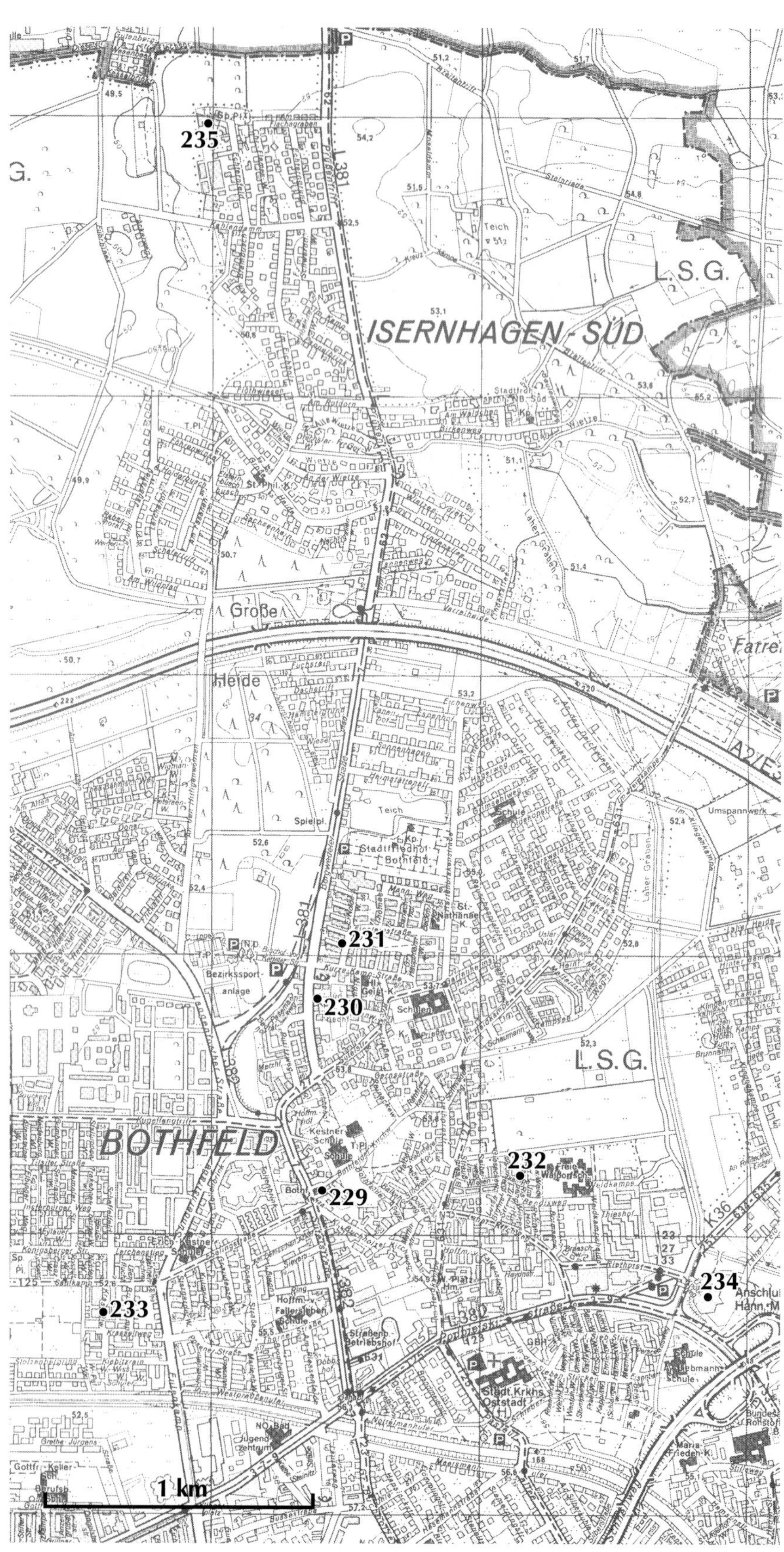
235
ISERNHAGEN - SÜD
L.S.G.
Große
Heide
231
230
BOTHFELD
232
229
234
233
L.S.G.
1 km

229

St. Nicolai
Sutelstraße 18
14. Jh.; 1910–11
n. bek.; Eduard Wendebourg

Die Kirche liegt auf einer kleinen Anhöhe am Westrand des ehemaligen Dorfes Bothfeld. Ein Vorgängerbau wurde bereits 1288 urkundlich erwähnt. Aus dem 14. Jh. stammt der Turm aus Raseneisenstein. Die geschlossene Front des trutzigen, an märkische Wehrkirchen erinnernden Bauteils wird durch ein kleines, spitzbogiges Westportal aus Sandsteinquadern sowie rundbogige Fensteröffnungen unterhalb des hohen Pyramidendachs aufgebrochen. An den Turm schließt sich im N seitlich versetzt das asymmetrisch gegliederte, neoromanische Kirchenschiff von E. Wendebourg an; es ersetzte ein Langhaus aus dem Jahr 1776. Die Westfassade des aus Bruchsteinmauerwerk errichteten Gebäudes wird durch einen Eckturm sowie ein Lochfenster über dem Rundbogenportal akzentuiert. Die ursprüngliche Ausmalung der Kirche wurde 1988–99 wiederhergestellt.

St. Nicholas ironstone tower dates from the 14th c. The tower, which recalls fortified churches, has a plain front with a small, pointed-arch portal and windows below the high pyramidal roof. The adjoining asymmetrical neo-Romanesque nave replaced one of 1776. The west façade has a corner tower and a round window above the round-arch portal. The original colours were restored in 1998–99.

230

Friedhofshalle des israelitischen Friedhofs
Burgwedeler Straße 90
1960
Hermann Guttmann

Der israelitische Friedhof an der Burgwedeler Straße wurde 1923 angelegt. Anstelle des in der Reichspogromnacht 1938 zerstörten Gebäudes ließ die jüdische Gemeinde 1960 eine neue Friedhofshalle errichten. Auf rechteckigem Grundriss erheben sich vorgefertigte, aneinandergereihte 10 m hohe Parabelelemente aus Stahlbeton. Die eingangseitige Wandfläche der kupfergedeckten Friedhofshalle besteht z.T. aus Terrakotta. Die Fenster sind aus antikem Danziger Überfangglas. Die Bogenform der Halle wird in den Betonfertigteilen mit parabelförmigen Arkadenöffnungen des rechteckigen Eingangshofs aufgegriffen. In ihrer harmonischen Anlage und markanten Form zählt die Friedhofshalle zu den gelungensten Beispielen sakraler Architektur der 1960er Jahre.

The Jewish cemetery dates from 1923. This hall replaces the one destroyed in 1938 in the November Pogrom. Precast reinforced concrete parabolic sections stand on a rectangular ground plan. Part of the wall is of terracotta, and the windows are of antique Danzig flashed glass. The hall itself repeats the arch shape. It is a striking building in harmony with its surroundings.

231

Kurze-Kamp-Siedlung

Einsteinstraße 1–19, Emil-Nolde-Weg 1–17
1955–56
Friedrich Lindau

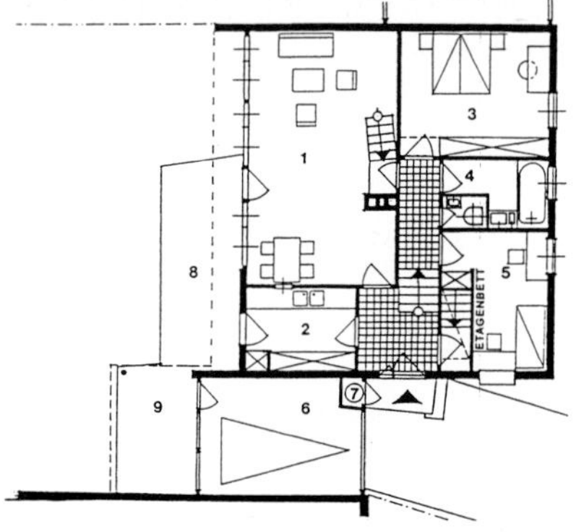

Grundriss Erdgeschoss
Ground plan, ground floor

Die 20 „Plano-Häuser" in Roland-Rainer-Tradition entstanden mit jew. 100 qm Wohnfläche nach einem Bebauungsplan der Stadt in fünf abgetreppten Reihen. Die Pultdachkonstruktion besteht aus hellgrauen Wellplatten auf hölzernen Dreieckstrebebindern konstruiert. Sie ermöglicht ein Glasband, das die Wohnräume im Norden zusätzlich mit Licht versorgt. Die überdachten Terrassen bilden „Intimzonen", die ungewollte Einblicke der Nachbarn verhindern. Der Architekt versuchte die individuellen Ansprüche der Bewohner zu berücksichtigen, so daß kein Grund-riss dem anderen gleicht, der Splitlevel aber jeweils vorhanden ist. Das Ziegelmauerwerk wurde rot verfugt, um eine homogen wirkende Fläche zu erreichen. Zur Siedlung gehört eine Ladenzeile (Kurze-Kamp-Str. 13–20). Einer der Klinkerbauten markiert mit seinem vorkragendem Giebel des rechtwinklig verdrehten OG den Zugang zum Quartier.

The 20 "Plano" houses in the Rainer tradition, each with 100 m² floor area, stand in five stepped rows. The roofs are of pale grey corrugated sheeting, with a glass band at the N. The covered terraces are not overlooked. Each building is split-level, but every ground plan is different. The bricks are pointed in a red colour, giving a homogeneous surface. The estate includes a row of shops.

232

'Grasdachsiedlung' Laher Wiesen

Wiesenkampe, Bendixweg, Gieseckeweg, Ewige Weide, u.a.
1983–84
Boockhoff und Rentrop

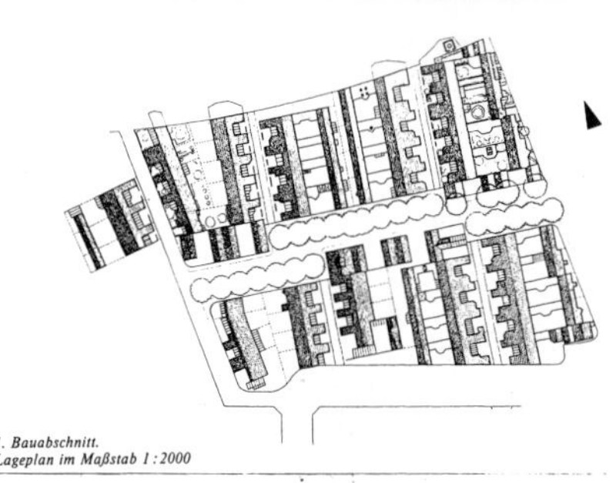

*1. Bauabschnitt.
Lageplan im Maßstab 1:2000*

Als Vorläufer entstand ab 1982 in unmittelbarer Nähe an der Weidkampshaide 17 eine Freie Waldorfschule in Selbsthilfe (Architekten Rentrop und Bedijs). Es folgte die Wohnsiedlung mit ca. 80 Wohneinheiten als erstes großes sog. Gruppenbauprojekt Deutschlands. Der ökologischen Bauweise wurde in Form von verdichtetem Bauen, Ausrichtung von Wohnräumen und Wintergärten und der Verwendung von natürlichen Materialien Rechnung getragen. Charakteristisch für die Gesamtanlage sind die mit Grasdächern gedeckten, holzverschalten Sattel- und Flachdachgebäude. Die Konstruktion in Holztafelleimbauweise war unter Verwendung von vorgefertigten Bauelementen äußerst kostengünstig. Alle Häuser einer Gruppe gleichen sich dabei in Querschnitt, Materialien und Konstruktion. Die Hausbreiten variieren (Reihenhäuser 7 bis 8 m, Gartenhofhäuser ca. 10 m) ebenso wie die individuelle Grundrissaufteilung (Wohnflächen 60 bis 220 qm).

The estate of c. 80 units was the first large group building project in Germany: green elements include dense spacing, use of natural materials and careful alignment of rooms. The wood-cladded buildings with turf-covered roofs are distinctive. The use of prefabricated glued-wood elements was extremely cheap. All houses in one group are similar in cross-section, materials and construction. The breadth varies, as does the ground plan.

233

Reihenhaussiedlung
Krasseltweg 1–24
1976-77
Ernst Winterstein, Peter Wickenheiser

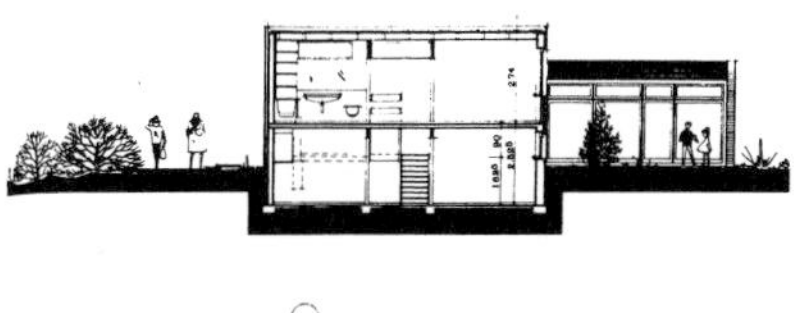

Entstanden ist die Teppichsiedlung auf einem ehemaligen Sportgelände als verdichtete Bebauung. Die 52 Gartenhof-Einfamilienhäuser haben eine Wohnfläche von 114 qm bis 135 qm. Die quaderförmigen, flachgedeckten Baukörper sind durchweg 1 1/2 geschossig und bei L-förmigem Split-Level-Grundriss um einen Innenhof gruppiert. Das unverputzte Kalksandstein-Verblendmauerwerk in Verbindung mit der dunkel imprägnierten Holzverschalung an den Außenseiten und den ursprünglich dunklen Sichtholzfenstern verleiht der Architektur einen kontrastierenden Charakter. Die Architekten orientierten sich in Form und Anlage am Siedlungsbau der zwanziger Jahre.

The estate of 52 houses was built on a former sports ground. Cubic, flat-roofed buildings, densely spaced, have 1 1/2 storeys and an L-shaped split-level ground plan, and are grouped round courtyards. The unplastered stone and dark wood cladding together with the originally dark plain wood windows give the buildings a rustic character.

234

Verwaltungsgebäude der Magdeburger Versicherung
Kirchhorster Straße 2
1976–78
Bahlo-Köhnke-Stosberg & Partner

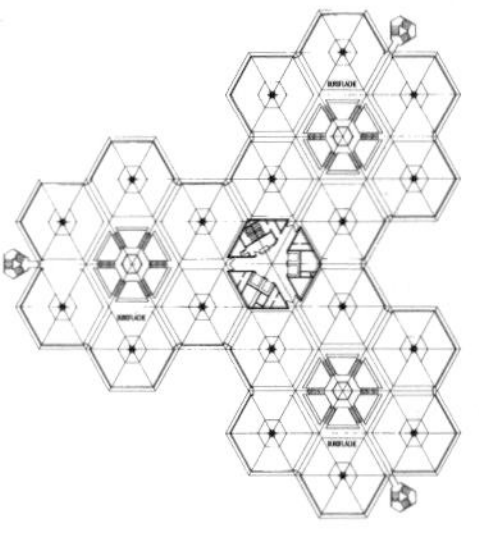

Das markante Gebäude setzt sich aus mehreren Baukörpern mit sechseckigem Grundriss zusammen, die jeweils von einer Mittelstütze getragen werden; das vieleckige Modulsystem erinnert an die vom selben Architekturbüro entworfene Verwaltung der Bahlsen KG (Nr. 135). Sechs Sechseck-Kompartimente, die sich um ein weiteres Hexagon gruppieren, bilden jeweils eine architektonische Großform. Drei dieser viergeschossigen Einheiten legen sich um einen zentralen, siebengeschossigen Turmbau. Mit seinen gleichförmigen, durch filigrane Rahmungen unterteilten Glasfassaden und dem in geometrische Formen gegliederten Bauvolumen ist das Gebäude ein typischer Vertreter repräsentativ-funktionaler Verwaltungsbauarchitektur der späten 70er Jahre.

The insurance company headquarters consists of several hexagonal units. Each large form comprises six hexagonal compartments around a further hexagon. Three of these four-storey units surround a central seven-storey tower. With its regular glass façades with filigree divisions, the building is typical of functional late 1970s architecture.

235

Ehem. Landhaus, Genossenschaftsakademie
Echternfeld 27
1938
W. Haack

Seit 1910 entstanden in reizvoller Landschaft zwischen Wald- und Wiesenflächen zu beiden Seiten der Prüssentrift in mitten zumeist üppiger Gärten eineinhalb bis zweigeschossige Landhäuser. Es sind überwiegend Putzbauten mit Zierfachwerk, in den zwanziger und dreißiger Jahren mit Klinkerdekor. Das Landhaus im N ist besonders aufwändig gestaltet. Die Anlage besteht aus dem Haupthaus, einer zweigeschossigen, im steilen Giebelfeld vorkragenden Holzfachwerkkonstruktion, einem einstöckigen Querriegel mit Schleppgauben sowie einer Remise. Über der mittigen Eingangstür befindet sich ein Balkon vor eingerückter Loggia, darüber u. a. reiches Wappenschmuckwerk in den Brüstungsfeldern des Fachwerks. Im Sinne der von den Nazis propagierten Blut- und Bodenideologie repräsentiert das Gebäude landschaftsgebundenes Bauen im konservativen Heimatstil. Es wird seit 1956 als Schule genutzt.

From 1910 on, country houses were built in this area. They are mainly plaster with decorative timber-framing. The house at the N has a main two-storey building with a timber-frame gable, a one-storey slab with dustpan dormer, and a shed. Above the balcony and loggia there are panels with coats of arms. In the National Socialist blood and soil ideology, this building stands for closeness to nature. Since 1956 it has been a school.

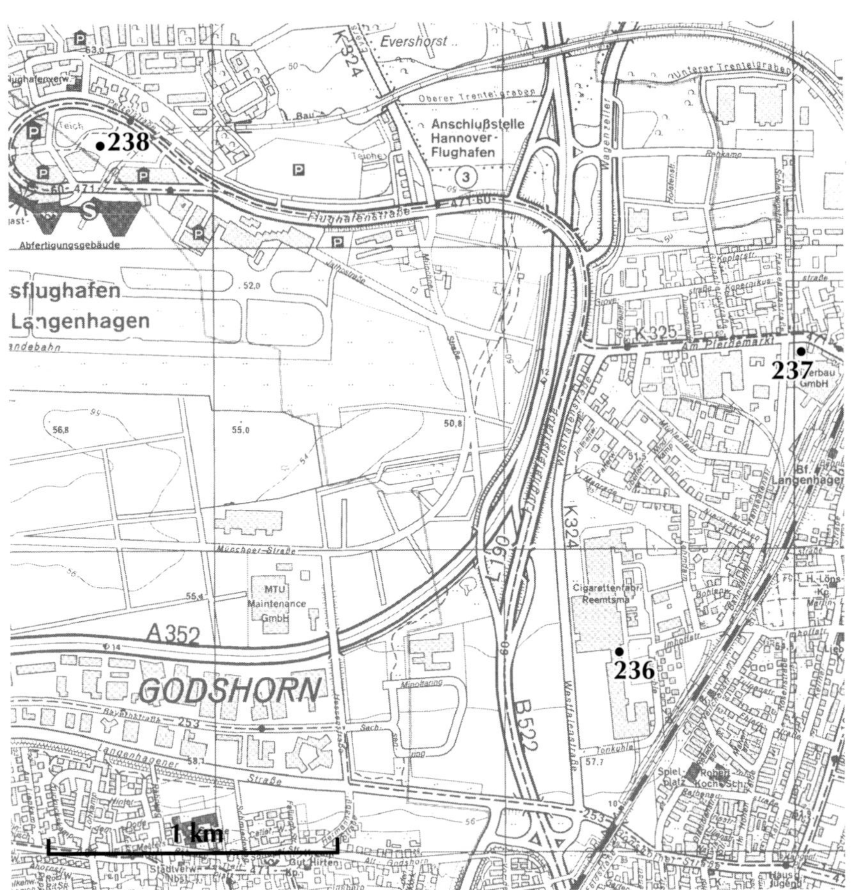
238
237
236
1 km
Evershorst
Anschlußstelle Hannover-Flughafen
Flughafenstraße
Abfertigungsgebäude
sflughafen
Langenhagen
K324
K325
A352
B522
GODSHORN
MTU Maintenance GmbH
Cigarettenfabr. Reemtsma
Westfalenstraße
Langenhagener Straße
Bf. Langenhagen

236

Zigarettenfabrik H. F. & Ph. F. Reemtsma GmbH

Imhoffstraße 44
1970–71; 1991–94
Herbert Balk; Frank Steen

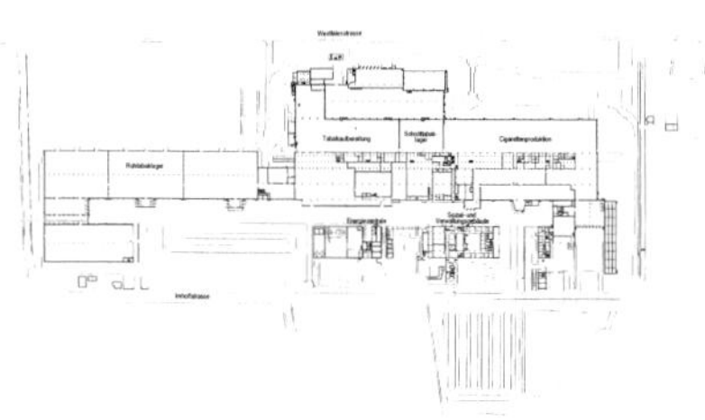

Der Komplex mit 133.000 qm Nutzfläche erstreckt sich auf einem weitläufigen, nicht öffentlich zugänglichen Gelände. Grundlage des Entwurfs war die Konzeption einer ebenerdigen Fabrik, welche eine spätere Erweiterung ohne Störung des laufenden Betriebs ermöglichen sollte. Die einzelnen Bereiche wie Fabrikation, Verwaltungs- und Sozialfunktionen sowie die Lagerhallen sind in flachen Gebäuden aus Stahlbeton-Fertigteilen und Ortbeton untergebracht. Die Fassaden wurden z.T. mit Granitplatten verkleidet. Die außen liegenden vorgelagerten Stützen der lang gestreckten Hallen sorgen für eine Rhythmisierung der Fronten. Zwischen 1991 und 1994 wurde der Komplex durch drei mit Trapezblech verkleidete Bauabschnitte nach Süden erweitert.

The Reemtsma cigarette factory, 133,000 m^2 in area, was planned as a ground-level factory that could be extended later without interrupting day-to-day operation. The various departments are in low buildings of precast reinforced concrete and in situ cast concrete. Some of the façades are cladded with granite slabs. Three metal-cladded sections were added between 1991 and 1994.

237

Verwaltungsgebäude Hermann Rüter

Am Pferdemarkt 15
1971–72
Heinz Wilke

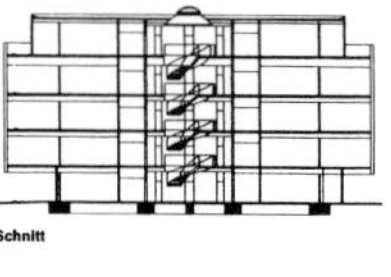

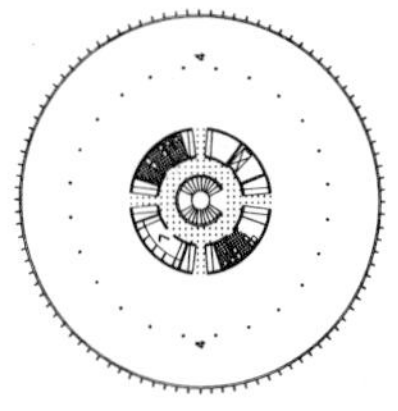

Heinz Wilke, in Hannover vor allem durch den Flughafenneubau (1971–73, Nr. 238) und seine Bürohäuser (Landesarbeitsamt Niedersachsen-Bremen, 1967–69, Altenbecker Damm 82) bekannt, konzipierte den fünfgeschossigen Rundling (39 m Durchmesser) für ca. 300 Beschäftigte. EG und DG sind gleichermaßen tief zurückgesetzt; die drei Bürogeschosse kragen weit aus. Die Stahlskelettkonstruktion stellt den Prototyp des Verwaltungbausystems „Bauform" dar; sie wurde in kurzer Zeit mit 24 radialen auf zwei Stützen liegenden Deckenträgern aus vorgefertigten Teilen montiert. Zur Stabilisierung sind die inneren Stützenringe mit Beton ausgefacht. Die Vorhang-Fassade besteht aus vertikal gliedernden Außenrippen, braun eloxierten Alu-Tafeln im Brüstungsbereich und Isolierglas-Drehfenstern. Mit Ausnahme des Gebäudekerns, der Treppenhaus, Aufzug und Sanitärräume aufnimmt, ist der Grundriss in jedem Stockwerk flexibel gestaltbar.

Wilke, most famous for the new airport, designed this building for c. 300 employees. The top and bottom floors are retracted. The steel skeleton construction is the prototype of a building system called "Bauform" (building form); it was assembled quickly from 24 radial floor girders lying on two supports, all prefabricated. Concrete infilling was added for stability. The ground plan can be varied on every level.

238

Flughafen Hannover

Langenhagen
1971–73; 1996–98
Heinz Wilke; Jürgen Berneit, Walter Müller-Werkmeister

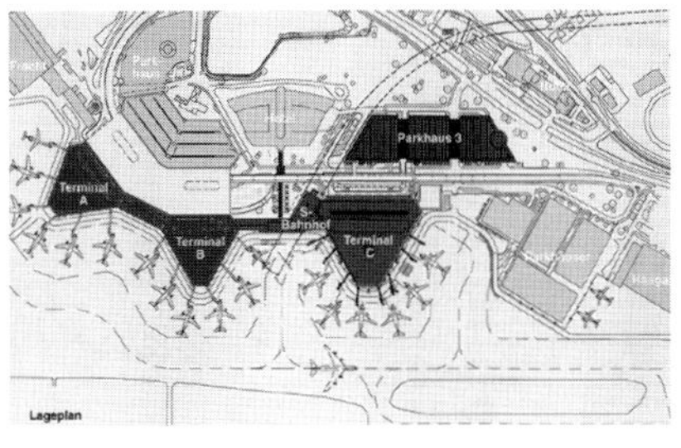

Der Anfang der 1970er Jahre von Heinz Wilke konzipierte Flughafen Hannover besteht aus zwei Kompaktelementen auf dreieckigem Grundriss, in denen Abflug und Ankunft auf zwei Ebenen getrennt abgewickelt werden. Ein rechteckiger Mittelbau für Servicefunktionen verknüpft beide Baukörper; die Parkdecks sind im Norden vorgelagert. Jürgen Berneit und Walter Müller-Werkmeister, die 1991 Wilkes Büro übernommen haben, griffen Dreiecksform und Raumprogramm des Altbaus bei der Realisierung von Terminal C auf, dessen Nutzfläche sie mit 32.000 qm um ein Drittel vergrößerten. Ein weiterer rechteckiger Trakt stellt die Verbindung zum Altbau her. Die neue Halle ist eine Stahlverbundkonstruktion mit Kammerbetonstützen und Fertigteildecken. Glasfassade, Glas-Sheddächer und ein bewegliches Glas-Wandsystem im Inneren sorgen für lichtdurchflutete und variable Räume. In der Lounge finden 1.500 Passagiere Platz, die über 8 gläserne Fluggastbrücken, Typ „Crystal", zu den Maschinen gelangen. Mit dem Neubau wuchs die Kapazität des Airports um das Doppelte auf jährlich ca. 8 Mio. Reisende. Alt- und Neubau erweisen sich als ein architektonisch geschlossenes Ensemble. Die Dreiecksform wurde inzwischen als „Hannover-System" bei den Flughäfen Istanbul und Moskau eingesetzt.

Wilke's airport comprises two compact elements on a triangular ground plan and a central services block linking the two buildings. The new Terminal C takes up the triangle design and adds a further linking section. The hall is a steel construction with cavity concrete supports: glass fronts, glass sawtooth roofs and movable glass walls give light and flexibility. The lounge holds 1,500, and 8 glazed passenger walkways lead to the aircraft. The old and new buildings are a unified whole. The triangular design has been introduced in Istanbul and Moscow as the "Hannover system".

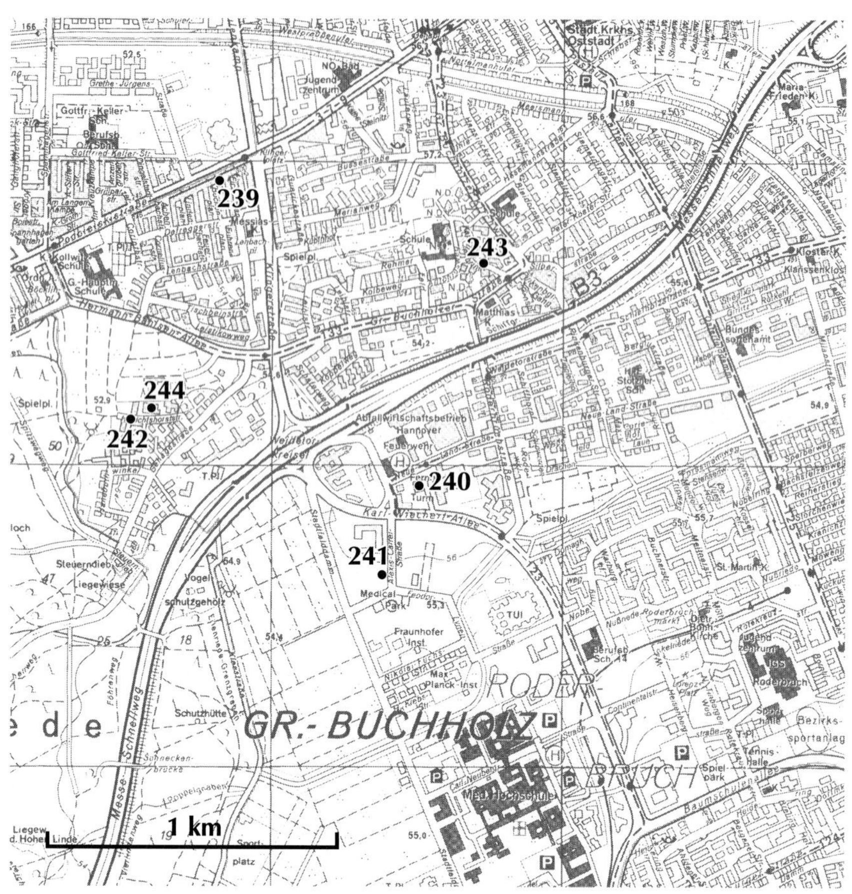
239
243
244
242
240
241
1 km
GR.- BUCHHOLZ
RODERBRUCH
Messe-Schnellweg
Medical Park
Fraunhofer Inst.
Med. Hochschule
Karl-Wiechert-Allee
Podbielskistraße
Hermann-Bahlsen-Allee
Weidetorkreisel
Abfallwirtschaftsbetrieb Hannover
Fernm. Turm
Steuerndieb
Liegewiese
Vogelschutzgehölz
Schutzhütte
TUI
Stadt.Krkhs. Oststadt

239

Wohnanlage Liststadt
Podbielskistraße 258–300
1927–31
Adolf Falke

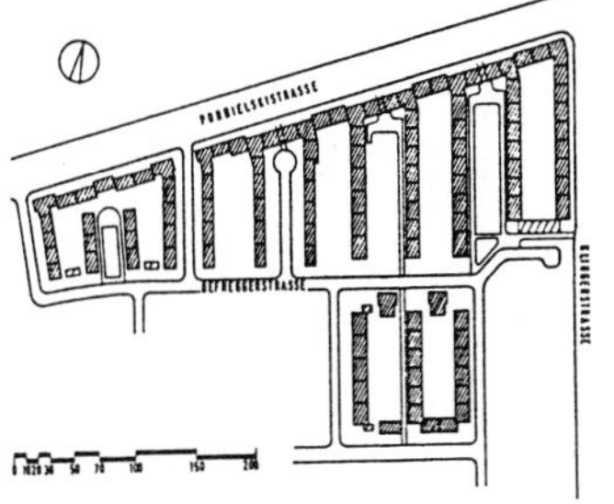

Lageplan

Das Konzept sah vor, mit der Wohnanlage für 900 Zwei- bis Vierzimmerwohnungen die bereits vorhandene Bebauung zu verdichten; Arbeiter sollten mit Intellektuellen und Künstlern unter einem Dach wohnen. Entlang der Podbielskistr. wechseln sich viergeschossige, etwas vorgezogene Kuben mit sechsgeschossigen ab, die im EG Durchfahrten in die Höfe und zu den Ladengeschäften sowie im 5. OG großzügig verglaste Atelierwohnungen aufnehmen. Von den geplanten vier viergeschossigen hofabschließenden Häusern im Süden wurden nur zwei (Defreggerstr. 1 und 3) gebaut. Obwohl während des Krieges stark beschädigt und mittlerweile auch seiner Farbigkeit beraubt – ursprünglich waren die Fassade weiß, die Fenster rot – gehört der Liststadt-Komplex zu den herausragenden Beispielen der Wohnarchitektur des Neuen Bauens in Hannover. Der weit auskragende und farbige Dachüberstand erinnert ebenso wie die Gesamtanlage an Otto Rudolf Salvisbergs „Weiße Stadt" (1929–31) in Berlin.

The Liststadt complex was intended for workers, intellectuals and artists to live under one roof. Four-storey projecting blocks and six-storey blocks alternate along the street, with passages to the courtyards on the ground floor and glazed studio apartments on the fifth floor. This is an outstanding example of Neues Bauen residential architecture in Hannover, despite severe damage in WWII and although the colours have been lost (white façade, red windows).

240

Fernmeldeturm „Telemax"
Neue-Land-Straße 4
1989–93
Deutsche Telekom, Direktion Hannover; Dissing + Weitling

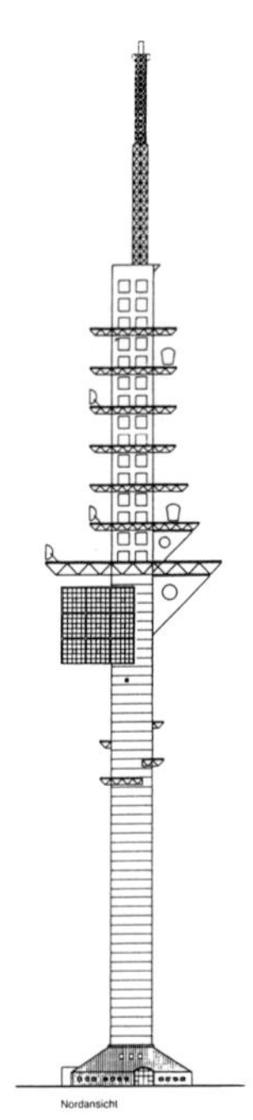

Nordansicht

Die wachsende Bedeutung der Telekommunikation und die Einführung des Mobilfunknetzes machten die Errichtung eines neuen Fernmeldeturms in Hannover notwendig. Im Unterschied zu den meisten Fernmeldetürmen, die einen Rundschaft aufweisen, erhebt sich der Neubau auf quadratischem Grundriss von 10,80 m Seitenlänge. Aus einem Sockelgeschoss mit Schrägdach erwächst ein 200 m hoher Stahlbetonschaft; ein aus dem Zentrum gerückter sechseckiger Antennenmast bekrönt das mit 282 m höchste Bauwerk Hannovers. In 125 m Höhe ist an der Ostseite eine würfelförmige Betriebskanzel angehängt. Das optische Gegengewicht hierzu bilden im Westen zwei vorspringende, dreieckige Betonscheiben. Die darüber gestaffelten quadratischen Gitterplattformen fungieren als Antennenträger. Der Fernmeldeturm demonstriert, dass auch ein technisches Bauwerk dieser Größe hohe ästhetische Qualitäten besitzen kann.

The growing telecommunications industry and a new cellular network made a new telecommunications tower necessary in Hannover. Unusually, the shaft is square; above it is a hexagonal aerial mast, giving a total height of 282 m. A cubic operating unit is suspended from the E side at 125 m, optically balanced by two triangular concrete slabs at the W. The design shows that aesthetics and technology can be combined.

241

International Neuroscience Institute (INI)
Alexis-Carrel-Straße 4
1999–2000
SIAT Architektur und Technik München

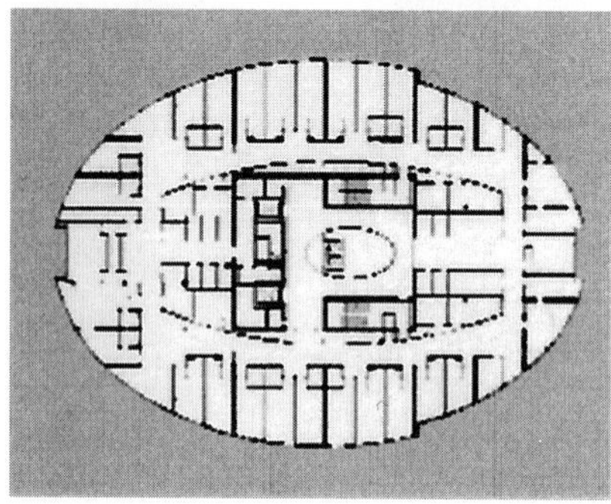

Das achtgeschossige Institut dient der Behandlung des zentralen Nervensystems. Zentrales Entwurfsziel war es, neben der rein funktionalen Lösung, die herausragende Bedeutung des INI als „world competence center of neuroscience" mit einer architektonischen Aussage zu unterlegen. Die besondere Aufgabenstellung führte so zu einem skulpturalen, architektonisch und technisch abstrahierten Erscheinungsbild. Dabei sind Assoziationen zur Form des Kopfes bzw. Hirns durchaus beabsichtigt. Die strenge Orthogonalität, mit der sich die Räume um den inneren Kern orientieren, steht in spannungsvollem Kontrast zur elliptischen Grundform der Außenhülle. Die Fassade besteht aus zwei gläsernern, sich überlagernden und umgreifenden Flächen. Die vielfältigen Wechsel von farbigen, opaken, transparenten und bedruckten Scheiben und ihre mehrschichtige Anordnung erzeugen differenzierte Schattenspiele, Spiegelungen und Verfremdungseffekte.

The 8-storey Institute for conditions of the central nervous systems wanted a building both functional and significant. The building is sculptural and architectonically abstract. Associations with the form of a brain are intended. The rooms are oriented orthogonally to the core. Shadows and reflections are created by the interplay of coloured, opaque, transparent and printed panes.

242

Häuser Bahlo, Köhnke und Stosberg
Habichtshorststraße 19–23
1977
Bahlo-Köhnke-Stosberg & Partner

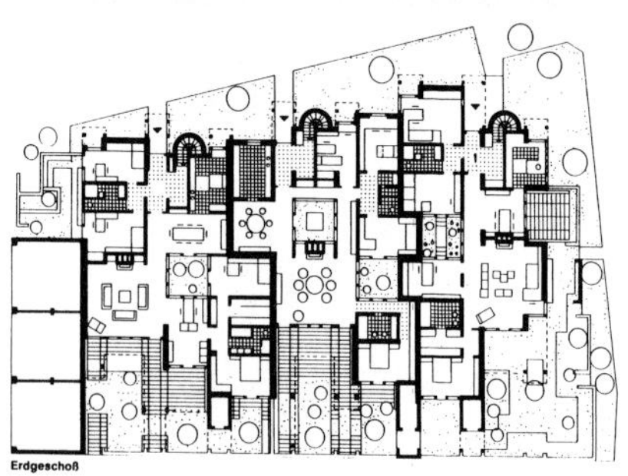

Das eigene Wohnhaus nimmt im Œuvre eines Architekten eine besondere Stellung ein, kann er doch hier seine Architekturvorstellungen unabhängig von fremden Zwängen verwirklichen. In diesem Fall entstand die Reihenhausgruppe einer Architektenpartnerschaft. Die drei eingeschossigen Reihenhäuser werden durch den regelmäßigen Wechsel zwischen Flachdächern und Satteldächern aus serienmäßig gefertigten Dreiecksbindern bestimmt. Weiße, verputzte Massivwände konstrastieren innen wie außen mit dunkel gebeiztem Holz. Im Gegensatz zur einheitlichen Fassade präsentieren sich die konzipierten Wohnungen individuell, die sich u.a. durch wechselnde Raumhöhen, eine bis in den First offene Dachkonstruktion und begrünte Innenhöfe auszeichnen.

An architect's own home is an interesting project, and these three one-storey houses were built by a partnership of architects. Flat roofs and saddleback roofs alternate. Inside and outside, white plaster walls contrast with dark-stained wood. Behind the uniform fronts, the houses vary in room height and design and in their landscaped courtyards.

243

Bauernhäuser

Kapellenbrink 4, 5, 7, 8, 9, 11, 13, 15, Groß-Buchholzer Straße 9-11, Pinkenburger Gang 5, 6, 7, 8, Groß-Buchholzer-Kirchweg 70, Silberstraße 12
16.–19. Jh.
n. bek.

Groß-Buchholzer Str. 9

Ehem. Kapelle, Kapellenbrink 4
Former chapel

Kapellenbrink 8

Pinkenburger Gang 5

Die ersten Höfe in Groß-Buchholz wurden im 12. Jh. angelegt. Das älteste Gebäude (Kapellenbrink 4) ist neben der Schule (ab 1797) die ehemalige Kapelle, die zu Beginn des 14. Jh.s dem Hl. Antonius geweiht wurde. Sie besteht aus verputzten Feldsteinen bzw. Ziegeln und besitzt einen 3/8-Chorschluß. Ein Wirbelsturm zerstörte 1830 dreizehn von 34 Wohnhäusern des Dorfes. Im Haupthaus der ehem. Vollmeierstelle – heute das größte Einhaus in Hannover – (Groß-Buchholzer Str. 9), einem Zweiständerbau mit Unterrähmzimmerung, findet sich ein unverbautes Innengerüst von 1581. Mitte des 18. Jh.s wurde ein neuer Wirtschaftsgiebel angebaut; 1769 folgte der vorkragende Wohngiebel. Das älteste bekannte Bauernhaus der Stadt steht am Pinkenburger Gang 7. Der mehrfach umgebaute Zweiständerbau stammt im Kern von 1619. Charakteristisch sind Krüppelwalm und engstehende Wandständer, die nach oben hin in vier Spitzbogen münden. Der Dreiständerbau von 1717 (Pinkenburger Gang 5) zeigt eine aufwändige Giebelwand aus dem frühen 18. Jh. In diese Zeit datiert die Hofanlage Kapellenbrink 8 mit einem Zweiständerbau als Haupthaus (1711, umgebaut 1918), einer Längsdurchfahrtscheune (Nr. 6, 1734 oder 1764?) mit vorkragenden Giebeldreiecken sowie einem Wirtschaftsgebäude in Zweiständerbauweise mit Unterrähmkonstruktion und Sparrenschwelle. In der zweiten Hälfte des 18. Jh.s gebaut, wurden die kleinen eineinhalbstöckigen Wohnwirtschaftsgebäude Groß-Buchholzer-Str. 11 (1768) sowie Silberstr. 12. Der Wiederaufbau nach dem Sturm seit 1831 ist in den Häusern Kapellenbrink 5/7, 9/11, 13/15 und Groß-Buchholzer-Kirchweg 70 und 72 ablesbar.

The oldest building in Groß-Buchholz is the former chapel, dedicated to St. Antony at the beginning of the 14th c. The largest house in Hannover (Groß-Buchholzer Str. 9) has double supports and a 1581 timber frame visible inside. The oldest farmhouse in the city, with half-hipped roof and closely spaced wall posts, its core dating from 1619, is at Pinkenburger Gang 7. The 1717 building (Pinkenburger Gang 5) has an elaborate early 18th-c. gable wall. The farm in Kapellenbrink (main building Kapellenbrink 8) dates from the same period. The small buildings at Großs-Buchholzer-Str. 11 and Silberstr. 12 were built in the second half of the 18th c. In some of the houses, traces can be seen of the rebuilding after the 1830 whirlwind, which destroyed 13 of 34 houses in the village.

244

Wohnhausgruppe
Habichtshorststraße 8-28
1973–74
Werner Luz, Ingeborg und Friedrich Spengelin

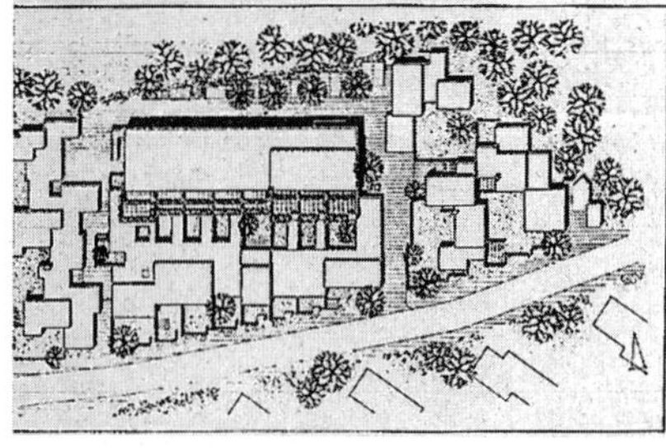

Im Westen und Osten der Gesamtanlage liegen jeweils drei, z. T. aneinander gebaute Einfamilienhäuser von Werner Luz, in der Mitte ein ein- bis viergeschos-siger Komplex mit bepflanzten Höfen, Terrassen und Dächern von Ingeborg und Friedrich Spengelin. Er nimmt 19 Wohnungen und ein Büro auf. Die kubischen Baukörper bestehen aus Thermokret Sichtbeton, weiß gestrichenen Kalksandsteinen, dunkel gebeiztem Holz sowie Glas und dunklem Basaltpflaster. Split-Level-Grundrisse nutzen jeweils die gesamte Tiefe des Grundstücks, sodass fließende Übergänge von Wohn-, Ess- und Schlafbereich entstehen. Terrassen und Balkone lassen trotz der hohen Wohndichte keine Einblicke zu. Zur Anlage gehören eine Sauna und ein Hallenbad, die von den Bewohnern genutzt werden können. Das Ensemble besitzt mit seiner durchdachten Architektur und ansprechenden Grundrissen einen attraktiven Wohnwert.

Groups of three houses stand at W and E ends, and between is a one-to four-storey complex comprising 19 apartments and an office. The buildings are of exposed concrete with chalky sandstone painted white and dark-stained wood and glass. Split-level ground plans allow fluid transitions between living, eating and sleeping areas; terraces and balconies are not overlooked. The complex includes a sauna and a swimming pool.

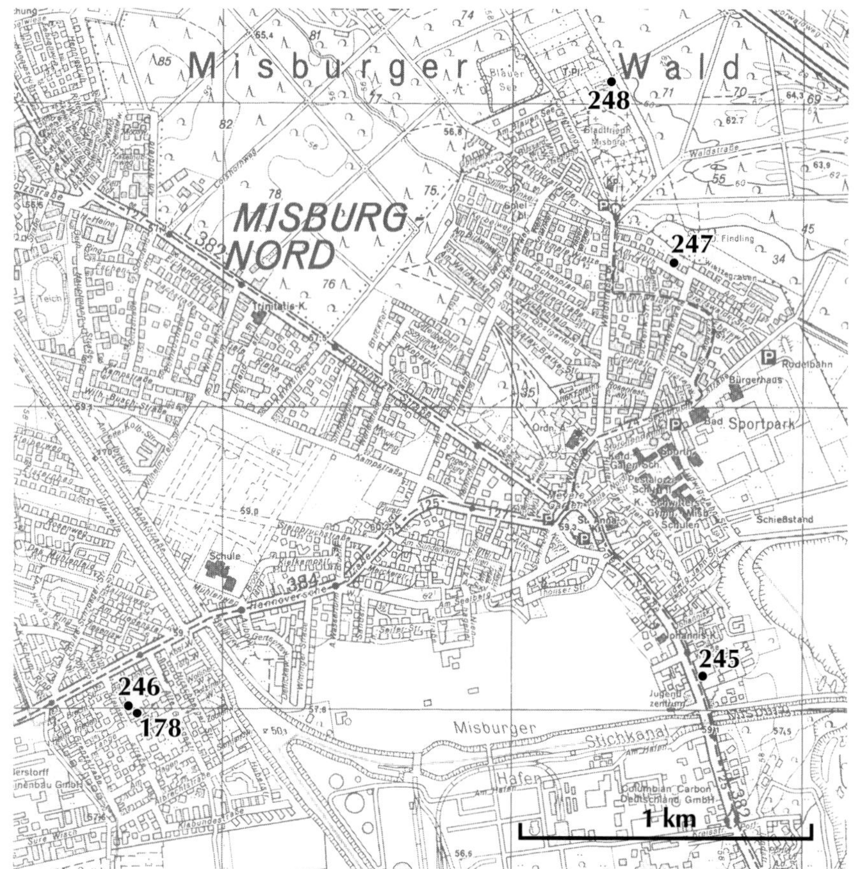
Misburger Wald
MISBURG-NORD
248
247
245
246
178
Misburger Stichkanal
Sportpark
Schule
Columbian Carbon Deutschland GmbH
Hafen
1 km

245

Ehem. Jugendheim
Anderter Straße 53
1927
Friedrich Fischer

Der erste eigenständige Jugendheimbau in Deutschland ist ein beachtenswertes Beispiel der Architektur der Neuen Sachlichkeit. Das funktional gegliederte Gebäude, das in Stahlskelettbauweise mit roter Ziegelverkleidung ausgeführt wurde, besteht aus drei versetzt angeordneten, flach gedeckten Kuben. Der dreigeschossige Hauptbaukörper, dessen Mittelteil ein durch Halbrundfenster betontes zusätzliches DG aufweist, wird zu beiden Seiten durch Zurückstufung der Geschosse gestaffelt. Eine Terrasse sowie zwei vorkragende Balkone auf Stützen bestimmen die Südfront. Den Eingangsbereich der ehem. Turnhalle akzentuiert ein expressiver Dreieckserker im OG. Dünne Putzgesimse sowie zahnschnittartige Dekoration an den Gebäudeecken gliedern sparsam die Fassaden. Einst nahm der Komplex Jugendheim, Turnhalle, Bücherei, Lehrküche und Sparkasse auf. Im rückwärtigen Teil erfolgte der Anbau eines Supermarktes, der teilweise auch die ehem. Turnhalle nutzt.

The former youth club, a notable example of Neue Sachlichkeit architecture, was the first purpose-built one in Germany. It is a functionally divided building of three staggered blocks with flat roofs, in steel skeleton construction with red-brick cladding. Separate sections once housed youth club, gymnasium, library, kitchen and savings bank. A triangular oriel accentuates the entrance to the gymnasium. A supermarket has been added at the back.

246

Wohnhausgruppe
Kleinertstraße 3–9
1931
Otto Haesler

Haus Kleinertstraße 9 (oben);
ursprünglicher Zustand der Wohnhausgruppe (unten)
Kleinertstrasse 9 (above);
original state of the group (below)

Otto Haesler, bedeutender Architekt der Moderne, errichtete hier vier einfache Häuser mit Flachdach. Ausgeführt wurden zwei Haustypen mit Wohnflächen von 48 und 61 qm, die jeweils aus zwei kubischen Körpern zusammengesetzt sind. Die vom genossenschaftlichen Bauherrn geforderten niedrigen Mieten verlangten nach einer rationalen Bauweise, was den Verzicht auf eine Unterkellerung zur Folge hatte. Im EG befinden sich die Nebenräume, das zum Hof vorkragende OG nimmt den Wohnbereich auf. Die Hausgruppe ist – trotz z.T. gravierender baulicher Veränderungen – ein bedeutendes Beispiel der Architektur des Neuen Bauens auf dem Gebiet kostenbewussten Kleinwohnungsbaus. Beim Haus Kleinertstr. 9 lässt sich wegen der einfühlsamen Umnutzung des Freisitzes zum Wohnraum (Ganzglasfassade) die ehem. Grundrisssituation erkennen.

Haesler's four two-block houses with flat roofs are of two types. The owner, a cooperative, wanted to keep the rent low, so there are no cellars. The main living areas are on the first floor, which projects on the courtyard side. This group is an important example of Neues Bauen, despite structural changes, some of them radical. In Kleinertstrasse 9, the glass façade reveals the former ground plan.

247

Siedlung Am Flöth
Am Flöth 1–29
1939–41
Georg Kronenberg

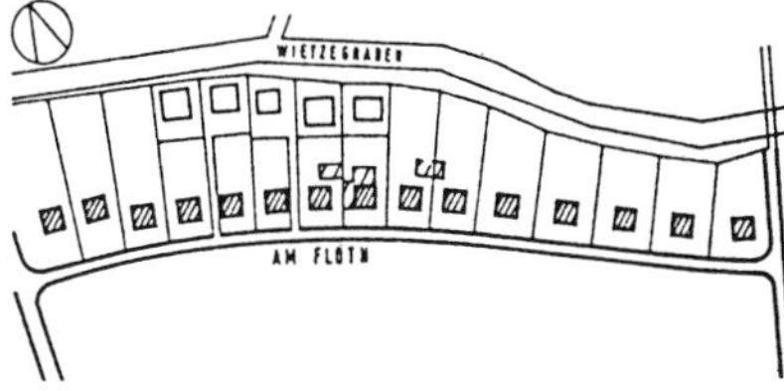

Lageplan
Location plan

In formaler Abkehr der Baukonzepte der Weimarer Republik (vgl. O. Haesler, Wohnhäuser 1931, Kleinertstr. 3–9, Nr. 246) wurden in Misburg bis zu Beginn der 1940er Jahre Am Flöth 15 identische Einfamilienhäuser gebaut. Sie besitzen neben einem ausgebauten Satteldach jeweils einen kleinen separaten Stall sowie einen großzügigen Garten für die im Rahmen der Autarkiebestrebungen der Nazis propagierte Selbstversorgung. Die Gebäude wurden giebelständig entlang der geschwungenen Straße aufgereiht. Die Formensprache (dielentorartige Eingänge, heute verkleidete Fachwerkgiebel) entstand in Anlehnung an niederdeutsche Hallenhäuser und ist beispielhaft für die an der Blut- und Bodenideologie ausgerichteten NS-Siedlungsarchitektur.

These 15 houses depart from the architectural ideas of the Weimar Republic. Each has a an animal pen and a large garden, in line with the National Socialists' principle of self-sufficiency. The formal language (large entrance door, timber-framed gables, now cladded) follows the Hallenhaus style and is typical of National Socialist residential architecture.

248

Ehem. Wasserwerk Misburg
Alte Peiner Heerstraße 170
1925–26
Friedrich Fischer

Als Funktionalist war Friedrich Fischer der Auffassung, dass der Zweck eines Hauses nach außen hin sichtbar sein muß. Dies dokumentiert – neben dem Misburger Jugendheim (Anderter Str. 53, vgl. Nr. 245) – auch das Misburger Wasserwerk. Der zweigeteilte Komplex mit seinen kubischen Bauformen besticht durch seine harmonische Gestaltung. Am flachgedeckten Hauptgebäude gliedern sehr schmale und hohe Fenster zwischen spitz zulaufenden Lisenen die expressive Klinkerfassade (vgl. u. a. Anzeiger Hochhaus, Nr. 10, Franzius-Institut, Nr. 102). Das freistehende Wohnhaus mit seinem Walmdach, Dachhäuschen und Sprossenfenstern ist über einen Torbogen mit der Halle verbunden und orientiert sich an einer eher traditionellen Formensprache. 1971 wurde der Wasserwerksbetrieb eingestellt.

The former waterworks (closed in 1971) are an example of Fischer's belief that a house's exterior should reveal its purpose. The complex has two blocks, harmoniously designed: a flat-roofed main building with a clinker façade divided by narrow high windows between tapering lesenes, and a more traditional house with hipped roof, gable dormer and windows with glazing bars.

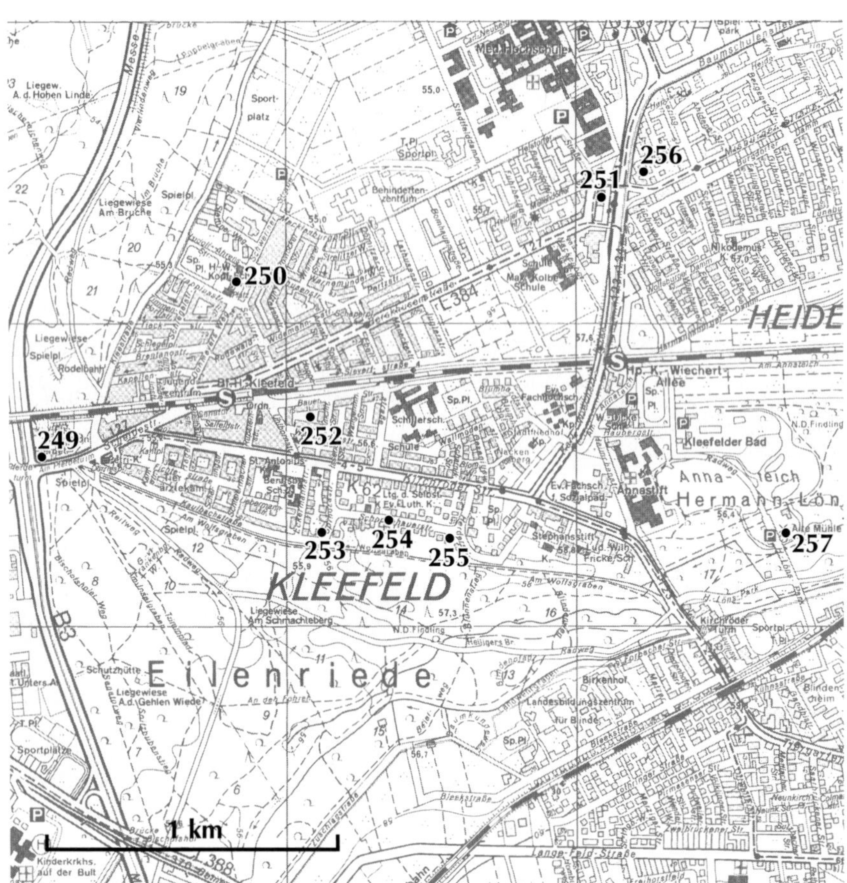
249
250
251
252
253
254
255
256
257
1 km
KLEEFELD
Eilenriede
HEIDE
Kleefelder Bad
Anna-Teich
Hermann-Löns
Annastift
Med. Hochschule
Kirchröder Str.
Landesbildungszentrum für Blinde
Birkenhof
Alte Mühle
Sportplätze
Liegewiese Am Bruche
Liegewiese Am Schmachteberg
Schutzhütte
Bischofsholer Damm

249

Pferdeturm
Hans-Böckler-Allee 57
Ende 14. Jh.; 1890
n. bek.

Im Verlauf der nach Osten führenden Hans-Böckler-Allee (früher Misburger Damm) befand sich die Grenze zwischen Hannover und Kleefeld. Sie wurde durch eine wallartige Landwehr markiert, die im Südosten beim Inselgraben noch zu sehen ist. Der 1407 „Hardenbergstorn" genannte Pferdeturm diente zur Sicherung. Er brannte 1889 ab und wurde im Jahr darauf im Sinne der idealisierten Vorstellung eines Wartturmes wieder aufgebaut. Dem ursprünglichen Zustand nahe kommt der quadratische Grundriss und der 3,80 m hohe Bruchsteinsockel. Darüber erheben sich ein zweistöckiger Backsteinschaft und ein leicht vorkragendes Fachwerkgeschoss, das von einem Pyramidendach nebst vier Dachhäuschen abgeschlossen wird.

The Pferdeturm (Horse Tower) was part of the line of fortification between Hannover and Kleefeld. It was burnt down in 1889 and rebuilt as an idealized watchtower. The ground plan and rough-stone base are similar to the original; above are a brick shaft and a timber-framed storey, with a pyramidal roof and four gable dormers.

250

Hinrich-Wilhelm-Kopf-Schule
Schweriner Platz 1
1921
Paul Wolf

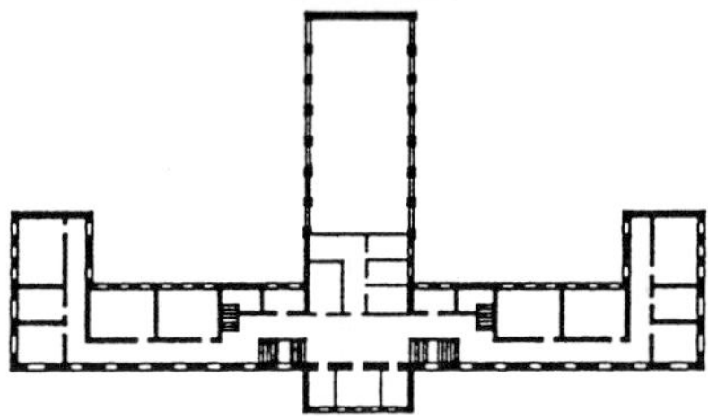

1. Obergeschoss
First floor

Stadtbaurat Paul Wolf projektierte nach Ende des Ersten Weltkrieges zwischen der Bahnlinie nach Lehrte und der Berckhusenstr. einen Bebauungsplan mit Kleinwohnungsanlagen zwischen Grünflächen. Als deren städtebauliche Begrenzung sah der Plan monumentale öffentliche Bauwerke vor. Eines davon ist die heutige Hinrich-Wilhelm-Kopf-Schule. Der lang gestreckte Klinkerbau mit Walmdach besitzt drei Flügel, die sich zum Schulhof rückwärtig öffnen. Die Pausenhalle im Innern besteht aus Backsteinsichtmauerwerk, auf dem eine Betonrippendecke mit Backsteinfeldern ruht. Die Fassade ist weitgehend schmucklos und durch unterschiedliche Fenster gegliedert. Die Turnhalle schließt sich in der Mittelachse rückwärtig unmittelbar an einen niederen Zwischenbau an. Der Mittelrisalit mit seinem Stufengiebel und den dreigeteilten, sehr gedrungenen Eingangsbögen wird durch einen Dachreiter akzentuiert.

The Hinrich-Wilhelm-Kopf School, a long clinker building with hipped roof, was one of the large public buildings intended to mark the border of an apartment development. Three wings open onto the schoolyard. The hall inside is of exposed brick supporting a brick ribbed ceiling. The façade is largely plain, divided by varying windows. The centre projection with crowstep gable is accented by a ridge turret.

251

Norconhaus
Berckhusenstraße 150
1985–86
Klaus Schuwirth, Erol Erman

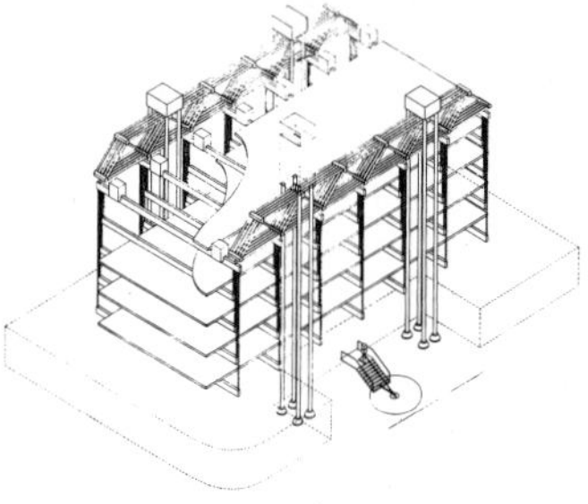

Isometrie des Tragwerks
Isometric projection of load-bearing structure

Das unkonventionelle Bürogebäude ist ein Beispiel für eine scheinbar schwebende, sog. „mobile Immobilie". Es sollte völlig stützenfreie und flexible Grundrisse erhalten und gleichzeitig einen hohen Aufmerksamkeitswert erzielen. Diese Anforderungen bewirkten eine außenliegende, abgehängte Stahlkonstruktion aus vier gebündelten Pylonstützen, die zwei mehrteilige Fachwerkträger tragen. Von diesen ist der obere Kubus vom 1. bis zum 4. OG in jedem Geschoss einzeln abgehängt. Frei darunter schiebt sich die aufgeständerte EG Zone. Die Fassaden sind als regelmäßige Curtain-Wall aus Alu-Profilen mit dunklen Glastafeln im Brüstungsbereich konstruiert. Die Architekten suchten auch nach alternativen Möglichkeiten beim Brandschutz und verwendeten mit Wasser gefüllte Strahlröhren, die z.T. eine aufwändige Behandlung mit Brandschutzfarbe überflüssig machte. Das Gebäude wurde weitgehend vorfabriziert und konnte in 12 Monaten errichtet werden.

The office building appears to hover. It was designed to have a flexible ground plan free of interior supports. Four clustered pylon supports carry 2 trussed columns, from which each of the top 4 storey is separately suspended. Water-filled spray tubes as an alternative fire safety system eliminate the expense of fireproof paint. The building was largely prefabicated and took only 12 mounths to build.

252

Gartenstadt
Wallmodenstraße, Kirchröder Straße,
Senator-Bauer-Straße
1927– nach 1945
Karl Elkart, Alexander Koelliker, Adolf Springer,
Wilhelm Fricke

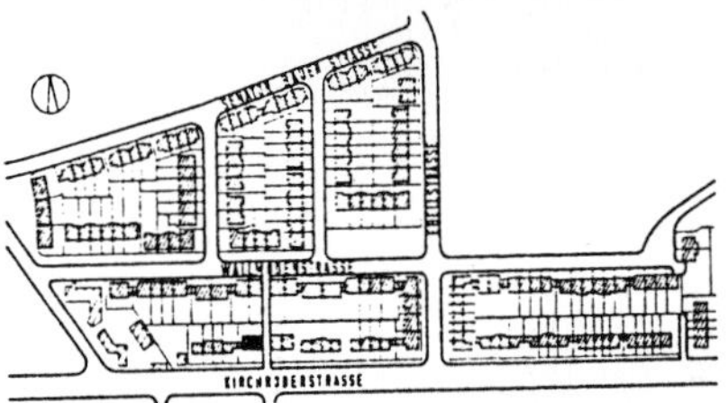

Lageplan
Location plan

Von den vorgesehenen 600 Einfamilienhäusern in drei Typen wurden bis 1930 nur 140 gebaut. Einige davon entstanden erst nach 1930 (Uhlhorststr. Nr. 10, 12, 14), andere im Osten der Ebellstr. nach 1945. Das Konzept umfasste außerdem eine Schule und einen zentralen Platz mit Läden. Die Klinkerarchitektur auf Bruchsteinsockel verbindet traditionelle mit neuen Gestaltungselementen: Kubische aus der Baulinie springende Vorbauten mit den Eingängen der Reihenhäuser (Ebellstr. 28, 30; Senator-Bauer-Str. 32, 34) wechseln mit auskragenden Walmdächern. Die horizontale Gestaltung wird im Fensterbereich durch vorgezogene Klinkergesimse unterstützt. Weitere Gliederungselemente sind risalitartige Vorbauten mit Zwerchdach (Wallmodenstr. 1–3) oder auch Treppen und Einfassungen aus Bruchstein. Trotz unterschiedlicher Details blieb der einheitliche Charakter vor allem durch Material und gleich bleibende Traufline gewahrt.

Of the 600 houses of three types intended to be built in the Garden City, only 140 were completed by 1930. A school and a square with shops were also planned. The clinker architecture on roughstone bases combines old and new structures. Projecting entrance buildings alternate with hipped roofs. Despite a variety of details, the estate retains its homogeneous character as a result of its material and the uniform eaves height.

253
„Benecke-Burg“
Spinozastraße 8
1908
Wilhelm Mackensen

Erdgeschoß.

Die nach den zeitweiligen Besitzern, der Wachstuchfabrikantenfamilie Benecke benannte Villa ist ein Paradebeispiel romantisierender Landhausarchitektur. Die volkstümliche Bezeichnung „Burg“ verweist auf den trutzigen Charakter des Gebäudes, der sich insbesondere in dem hoch aufragenden Bruchsteinturm auf quadratischem Grundriss manifestiert. Die Verwendung von Bruchsteinverblendungen, Zementputz und Sandsteinelementen sorgen für ein abwechslungsreiches Erscheinungsbild. Der Turm besitzt einen wehrhaften Zinnenkranz, welcher von einem laternenartigen Pavillon mit Glockenhelm überragt wird. Die massige Wirkung des Turmes wird durch ein unter dem Zinnenkranz befindliches Aussichtsgeschoss mit Säulengliederung aufgelockert. In späterer Zeit wurde das Landhaus an seiner Rückfront durch einen Anbau erweitert.

The "Benecke Castle" villa is named after the oilcloth manufacturers who lived there and is a good example of romanticized country house architecture. The fortress appearance comes above all from the crenellated rough-stone tower. Rough-stone cladding, cement finish and sandstone vary the exterior. The massive effect of the tower is relieved by a viewing level with columns below the battlement.

254
Haus Grosse
Schopenhauerstraße 6
1959
Ernst Zinsser

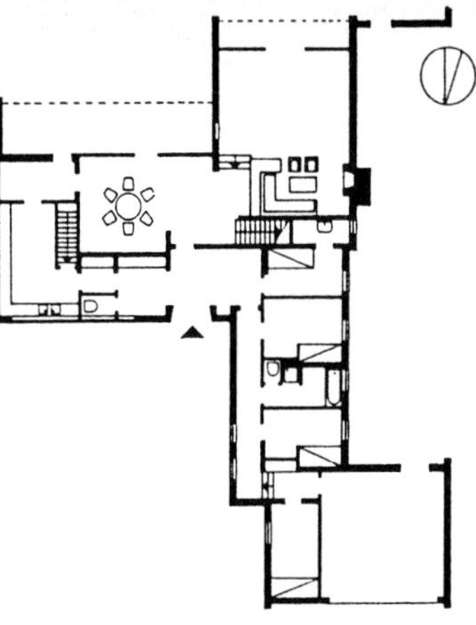

Das großzügige Einfamilienhaus ist unmittelbar an der Eilenriede gelegen. Zur Straße präsentieren sich die unterschiedlich hohen Baukörper mit Flachdächern als überwiegend geschlossene, in der Höhe abgestufte Fronten; die zum Garten gelegene Südseite ist durch raumhohe Fensterfassaden, Freisitz und Balkon bestimmt. Im EG fließen Wohnraum und Essbereich ineinander und differenzieren sich über Niveausprünge im Boden. Das OG des zweigeschossigen, kubischen Bauteils im Süden wurde als Privatbereich der Eltern (Schlafzimmer, Bad, Ankleide) konzipiert. Das flach gedeckte Gebäude ist in Massivbauweise errichtet, die Außenwände sind mit gelben Klinkern verkleidet. In seiner klaren Formensprache, den qualitätvollen handwerklichen Details und der modernen Raumauffassung ist das Haus Grosse ein bedeutendes Beispiel der Architektur der Nachkriegszeit in Hannover.

The Grosse house is opposite a park. The flat-roofed yellow clinker-cladded sections, varying in height, have plain fronts to the street and glass walls to the garden side. The living and dining areas are joined, with varying floor levels. The S upper storey was designed as a private area for the parents. The clear formal language, modern use of space and quality of workmanship make this an important post-war building.

255

Haus Liebrecht
Schopenhauerstraße 28
1923–24
Paul Bonatz

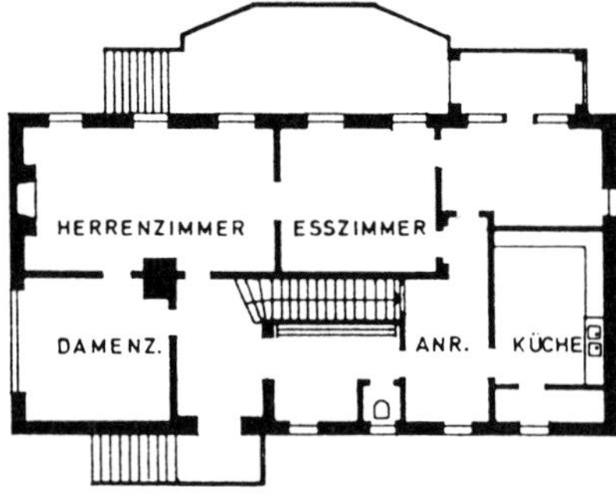

Etwa zeitgleich mit der Stadthalle (Nr. 140) errichtete Paul Bonatz, bedeutender Vertreter der einflussreichen konservativen „Stuttgarter Schule", dieses repräsentative Einfamilienhaus im Landhausstil. Der verputzte Mauerwerksbau mit erhöhtem EG und mächtigem Mansardgiebeldach ist typisch für die dem Heimatstil verpflichtete Wohnhausarchitektur von Bonatz (vgl. u.a. ehem. Villa Kopp, 1910–11, Wohnhaus Bonatz, 1922, beide in Stuttgart). Deutlich wird dies u.a. in der Bezugnahme auf traditionelle Bauformen sowie der Verwendung bewährter Baumaterialien. Im EG befinden sich die großzügigen Wohnräume sowie der Wirtschaftsteil, im OG Schlaf- und Badezimmer.

Bonatz, of the conservative Stuttgart School, built this house with a powerful gabled mansard roof in the Heimatstil style typical of him. Both the reference to traditional forms and the use of tried and tested materials testify to this. Living and office rooms are below, bedrooms and bathrooms on the first floor.

256

Medizinisches Ausstellungs- und Vertriebszentrum
Misburger Straße 81
1987
Klaus Schuwirth, Erol Erman

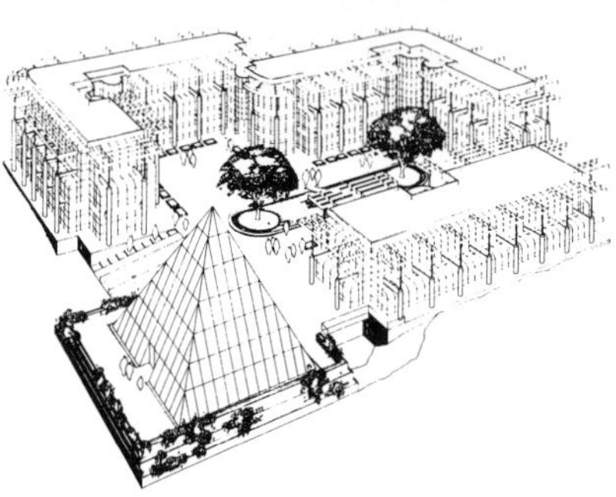

Das Medizinische Ausstellungs- und Vertriebszentrum wurde als Sitz der Verwaltung in unmittelbarer Nachbarschaft zur Medizinischen Hochschule Hannover errichtet und gehört zum „Medical Park", einem internationalen Forschungszentrum. Das vierteilige Ensemble gruppiert sich um einen über der Tiefgarage gelegenen Innenhof: zwei Büro- und Ausstellungsgebäude auf L-förmigem Grundriss, ein lang gezogenes Verwaltungs- und Ausstellungsgebäude sowie die Restaurant-Pyramide. Die beiden Bürogebäude werden durch ein verbindendes Dachelement aus Stahl mit kassettenartigen Feldern und Füllung aus Grünglas auf frei stehenden Rundstützen zusammengefasst. Die Curtain-Wall-Fassade besteht ebenfalls aus grünem Sonnenschutzglas und Aluminiumprofilen.

The Medical Exhibition and Marketing Centre is part of the Medical Park international research centre. There are two office, administration and exhibition buildings and a restaurant pyramid, around a courtyard with car park below. A roof with coffer-like panels and green glass infilling links the office buildings, and the curtain wall is also of green glass.

257

Bockwindmühle, Ausflugsgaststätte
Hermann-Löns-Park 3
1701; 1938
Hans Behrendts; n. bek.

This marshy area was turned into a park in 1936–39. It was planned as an idealized meadow landscape, with native plants, in contrast to the classicist Georgengarten. The wooden windmill was placed on a small artificial hill, after being moved several times. It is part of a set of buildings, including a Hallenhaus (1720) from Wettmar, converted into a restaurant, and a warehouse from Eystrup (1637), also moved in 1939.

Karl Elkart gestaltete 1936-39 das sumpfige Gelände zwischen östlichem Eilenriedeausläufer und Kirchroder Tiergarten zu einer Parklandschaft um. Mit einheimischen Pflanzen und dem Charakter einer idealisierten niedersächsischen Auenlandschaft stellt sie das völkische Gegenbild zum klassizistischen Georgengarten dar. Die hölzerne Bockwindmühle mit ihrem abgewalmten Dach wurde 1938 auf einer kleinen künstlichen Anhöhe errichtet, nachdem sie im Celler Raum und in Hannover bereits verschiedentlich transloziert worden war. Sie ist Teil eines Gebäudeensembles. Es besteht des Weiteren aus einem 1938 translozierten Wettmarer Hallenhaus (1720), das als Gaststätte umgebaut wurde sowie einem 1939 ebenfalls translozierten Eystruper Speicher aus dem Jahr 1637. Das Forsthaus (1902, Hermann-Löns-Park 5) steht als Solitär an der Zufahrt des Parks.

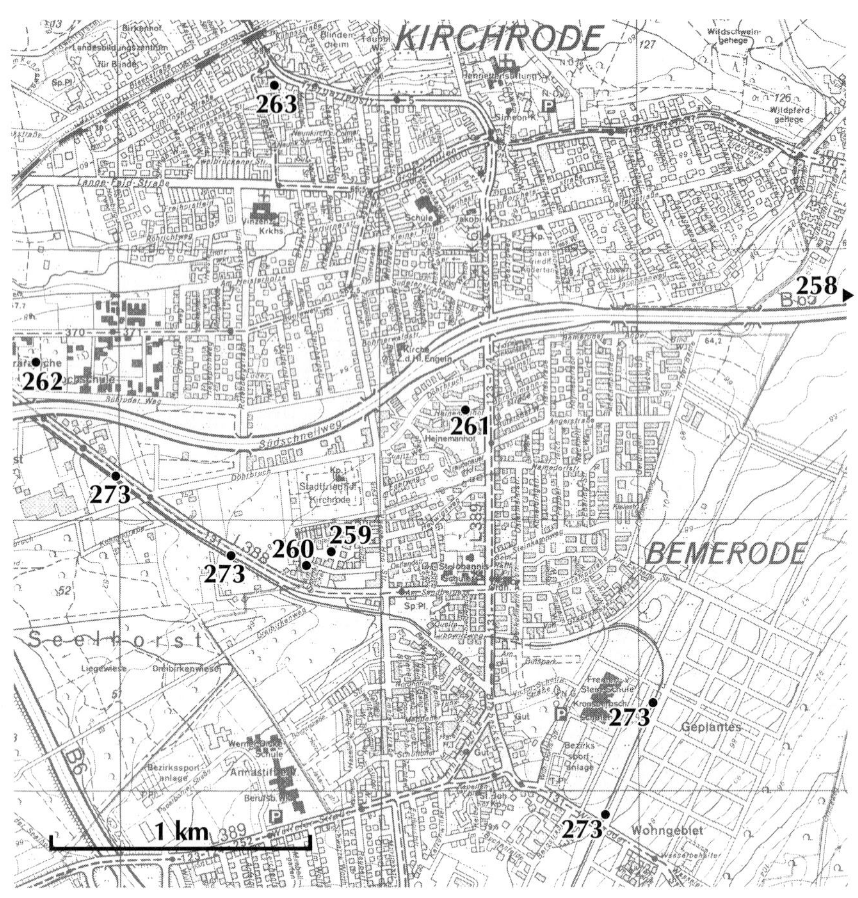
KIRCHRODE
BEMERODE
Seelhorst
263
262
261
260
259
258
273
273
273
273
1 km
Südschnellweg
Lange-Feld-Straße
Birkenhof
Landesbildungszentrum für Blinde
Wildschwein-gehege
Wildpferd-gehege
Heinemanhof
Stadtfriedhof Kirchrode
Döhrbruch
Liegewiese
Dreibirkenwiese
Bezirkssport-anlage
Geplantes
Wohngebiet
Wasserbehälter
B6
B65

258
Hindenburgschleuse
An der Schleuse
1919–28
Lessing, Schonk und Rütgerodt

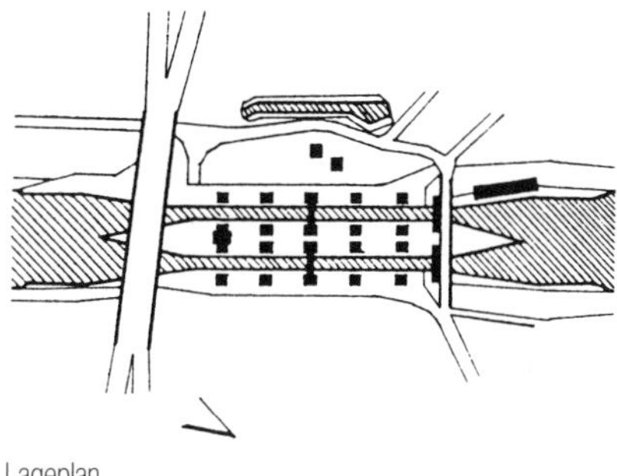

Lageplan
Location plan

Mit dem Kanalabschnitt Hannover-Elbe war der 1938 fertig gestellte Mittelkanal zu zwei Dritteln schiffbar. Das entscheidende Novum der Hindenburgschleuse: mit ihrem Fassungsvermögen von 42.000 Kubikmetern kann sie mittels 50 unterirdischer Speicherbecken praktisch ohne Wasserverlust arbeiten. Flutung und Leerung der Bassins erfolgt in den 20 oberirdischen Ventilhäuschen, je fünf in vier Reihen. Umlaufpumpen im Maschinenhaus gleichen den 25-prozentigen Wasserverlust aus, der bei jedem Schleusen entsteht. Die Steuerung der elektrischen Hub- und Klapptore erfolgt in der Kommandobrücke, welche die Schleuse überspannt. Die kubischen Ventilhäuser mit ihren auskragenden Kranzgesimsen aus Werkstein und den mit Schiefer gedeckten Pyramidendächern stehen auf quadratischem Grundriss. Auffallend sind die auf jeder Seite jeweils mittig angeordneten und farblich vom rot verputzten Mauerwerk abgesetzten, risalitartigen Vorsprünge, in welche schmale, vom Werksteinpodest bis zum Kranzgesims verlaufende Glasbausteine anstelle der alten Fenster eingesetzt sind. Die Axialsymmetrie verleiht dem Komplex monumentale Züge. Zur Anlage gehören zwei Doppelwohnhäuser (1920/21) im Heimatschutzstil für Schleusenwärter. Die 225 m lange, 12 m breite und 15 m tiefe Doppelschleuse war zur Bauzeit die größte ihrer Art in Europa und zählt heute zu den bedeutensten technischen Bauwerken in Deutschland. Im Jahr passieren ca. 20.000 Schiffe mit ca. 10 Mio. Tonnen Ladung.

The Hannover-Elbe section of the Mittelkanal was completed in 1938. The Hindenburg Lock, holding 42,000 m^2, can work virtually without loss of water, as a result of 50 subterranean storage tanks, an innovation at the time. Chambers are filled and emptied in the 20 valve houses, set in four rows of five. Rotary pumps compensate for the 25% loss of water. The valve chambers with slate pyramidal roofs have projections in the centre of each side in which glass blocks have replaced the old windows. The symmetry of the lock gives it a monumental quality. When it was built, this lock was the biggest of its kind in Europe, and today it is one of Germany's most important technological buildings. C. 20,000 ships pass through it every year.

259

Wohnsiedlung „Spargelacker"
Hinter dem Holze 8–34
1995
Erich Schneider-Wessling, Kellner Schleich Wunderling, K.-H. Muth, Argyrakis

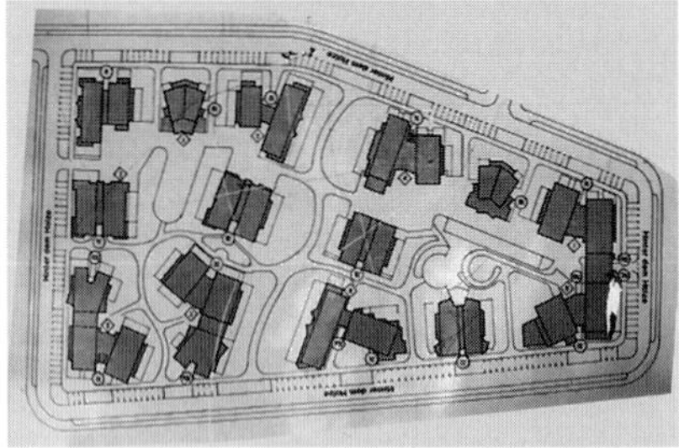

Lageplan
Location plan

Inmitten von Reihenhäusern und Eigenheimen baute die Gesellschaft für Bauen und Wohnen (GBH) am „Spargelacker" eine öffentlich geförderte Siedlung mit 308 Sozialwohnungen, die sich auf ein gutes Dutzend viergeschossige Häuser mit zurückgesetzten Dachwohnungen in parkartiger Umgebung verteilen. Die Einzelgebäude mit Lochfassaden besitzen Balkone, begrünte Pultdächer, verglaste Übereckpartien, Gemeinschaftsräume im Keller und großzügige Treppenhäuser, die durch Oberlichter erhellt werden. Die Fassaden sind durch farbige Putzflächen, Paneele mit abgesetzten Deckleisten und Beton-Sichtmauerwerk abwechslungsreich gestaltet; die französischen Fenster reichen z.T. bis zum Boden. Die Wohnungen sind variabel. Kurze Wege und ein Bouleplatz sollen die Kommunikation unter den Bewohnern fördern.

The publicly-assisted "Spargelacker" housing estate has 308 apartments varying in size in four-storey buildings set in park-like surroundings. The buildings have balconies, turf-covered pent roofs, glazed corner sections, communal basement rooms and large staircases with roof-lights. The colours and materials of the façades are varied. The complex also has a boules pitch.

260

Reihenhaus
Hinter dem Holze 31–39
1997
Hansjörg Göritz

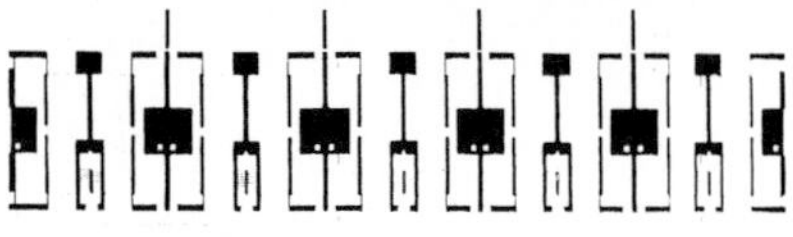

Der dreigeschossige 72 m lange Riegel besteht aus fünf Zweispänner-Wohnhäusern mit leicht gewölbtem Halbtonnendach und 75 qm großen Appartements. Die Räume gehen ineinander über und gestatten bei einer Bautiefe von 13 m variable Aufteilungsmöglichkeiten. Loggien, Balkone, Zugänge und Fensterschlitze verleihen den Fassadenscheiben aus Backstein Tiefe. Das OG ist weit zurückgesetzt. Die Längsfassaden wirken dadurch wie „vorgestellt". Dies wird noch zusätzlich durch die Gestaltung der Giebelscheiben unterstützt. Der vertikale Gesamteindruck wird durch senkrechte Hauseingänge und Fenstereinschnitte unterstützt.

This three-storey, 72 m block consists of five sections with two dwelling units per floor, with a half-tunnel-vault roof and 75 m^2 apartments. The rooms lead into each other and can be variably divided. The random-bond façades are given depth by loggias, balconies and slit windows. The upper storey is retracted, so that the façades appear to be standing in front.

261

Ehem. Damenstift der Minna-James-Heinemannstiftung
Heinemannhof 1–2
1930-31
Henry van de Velde

Gemeinsam mit Gartenplaner Wilhelm Hübotter gelang Henry van de Velde in Kirchrode ein qualitätvolles Bauwerk. Das Areal erschließt sich durch eine Allee und zwei flach gedeckte Torhäuschen, die wie das Hauptgebäude aus handgestrichenen belgischen Ziegeln gemauert sind. Der viergeschossige Hauptbau ist streng symmetrisch gegliedert. Durch schmale Fensterbänder entsteht im Norden ein stark waagrechter Eindruck, der durch die tiefe Fugung des Mauerwerks unterstützt wird. Vertikale dreigeteilte Fensterbänder in den etwas vorspringenden Treppenhäusern setzten rechts und links begrenzende Akzente. Die Eingangsfassade besitzt einen vorgezogenen Haupteingang und eine großzügige Rampenanlage. Auf der Gartenseite im Süden sollte jede Wohnung einen Balkon als „offenen Himmel" über sich haben. Van de Velde löste dies mit polygonal-abgeschrägten Vorbauten, die vor- und zurückspringen und dabei Terrassen tragen oder einbinden.

The former ladies' foundation is by van de Velde, with Hübotter as garden designer. The main building is cladded with hand-painted Belgian bricks. In the N, the horizontal effect is underscored by recessed pointing. Slightly projecting stairwells with tripartite windows add a restricting element. On the S, garden side, each apartment was to have a balcony as „open sky". Van de Velde solved this with front sections alternately projecting and recessed, carrying or enclosing terraces.

262

Villa
Bünteweg 8 b
1905
Georg Thofehrn, Maximilian Jagielski

Die herrschaftliche Villa liegt inmitten eines großzügigen Parks. Der zweigeschossige Putzbau präsentiert sich in überaus malerischem Gewand: Mehrere An- und Ausbauten, eine differenzierte Dachlandschaft sowie die Verwendung unterschiedlichen Dekors aus Back-, Sandstein und Fachwerk sorgen für einen abwechslungsreichen Gesamteindruck. Dieser wird an der Ostseite durch den aus dem Gebäude emporwachsenden Turm mit außen liegendem, gedecktem Treppenhaus noch gesteigert. Das Bauwerk ist ein bedeutendes Beispiel der Hannoveraner Villenarchiktektur um die Jahrhundertwende. In seiner an der Fassade nachvollziehbaren Raumstruktur steht das Gebäude in der Tradition englischer Landhäuser des späten 19. Jahrhunderts. Im Bereich Bünteweg/Bermeroder Straße haben sich weitere repräsentative Villen aus dem Beginn des 20. Jahrhunderts erhalten.

The picturesque villa is set in a large park. Variety is introduced by the roofs, the use of different materials – brick, sandstone and half-timbering – and several annexes and extensions. The E tower with external roofed staircase intensifies this effect. This is an important example of Hannover villa architecture at the turn of the last century. It stands in the tradition of English late 19th-c. country houses.

263
Wohnhausgruppe Ottweilerstraße
Ottweilerstraße
1973–74
Architektenpartnerschaft Hiltmann-Piper-Bollmann

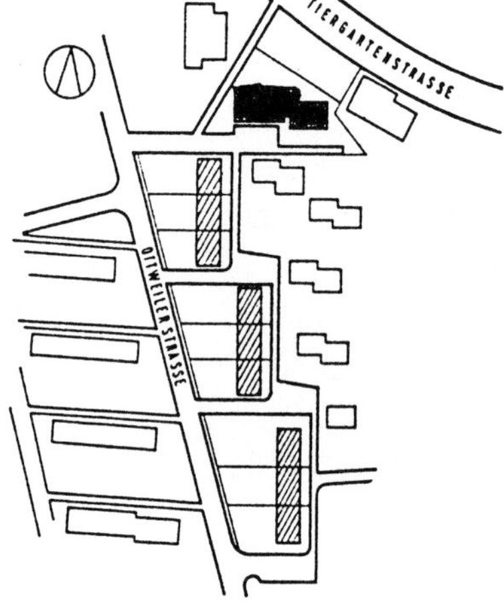

Lageplan
Location plan

Das viergeschossige Wohngebäude besteht aus einem schmalen Riegel in O/W Richtung quer zur Ottenweilerstraße. Es entstand etwa zeitgleich mit dem Center Am Kröpke (Nr. 5), einem weiteren Bauwerk der Architekten. Die Stahlbetonschottenkonstruktionen ist z. T. mit Mauerwerk ausgefacht und nimmt Tiefgarage, Normal- und Maisonette-Wohnungen auf. Sie werden durch ein Treppenhaus mit Aufzug und über Laubengänge erschlossen. Die Fassade des Gebäudekomplexes wird durch vogelkastenartige Erkervorsprünge sowie auskragende Balkone und rückspringenden Terrassen rhythmisch gegliedert.

The four-storey residential building is a reinforced concrete cross-wall construction, in part with masonry infill, with an underground car park and one-floor and two-floor apartments, with stairs, lift and access balconies. The façade is divided by box-like oriels and retracted terraces.

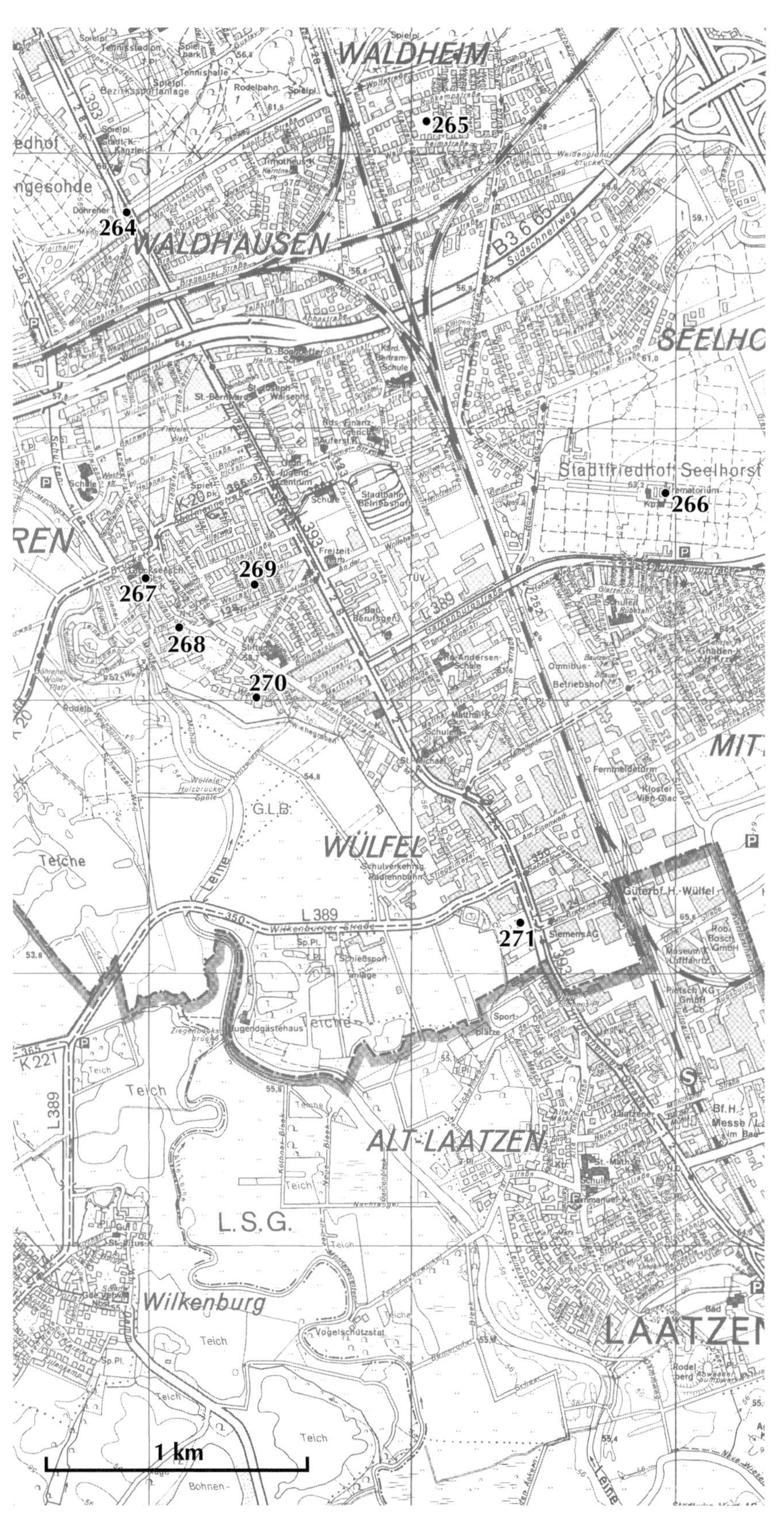

WALDHEIM
WALDHAUSEN
SEELHO
WÜLFEL
ALT-LAATZEN
LAATZEN
Wilkenburg
L.S.G.
Stadtfriedhof Seelhorst
264
265
266
267
268
269
270
271
1 km

264

Döhrener Turm
Hildesheimer Straße
1488; 1888; 1975–76
n. bek.

Ansichtszeichnung der Gartenseite, 1888/89
View of garden side, drawing, 1888/89

Die ehemalige Hildesheimer Heerstraße kreuzt an der Grenze zur Südstadt die ehem. Hannoveraner Landwehr. Eine erste Erwähnung an dieser Stelle der äußeren Stadtbefestigung fand 1355 ein Durchgangswachturm, der nach einem Brand (1486) zwei Jahre darauf wieder aufgebaut wurde. Die ersten drei Geschosse des Rundlings sind aus Backstein und stammen noch aus dieser Zeit. 1888 wurde der Turm erneuert und ein vorkragendes, oktogonales Fachwerkgeschoss mit Turmhelm aufgebaut. Der obere Bereich wurde im Zweiten Weltkrieg teilweise zerstört. In den 1970er Jahren erfolgte die Restaurierung von Innenraum und Dach gemäß ihres Zustandes um die Jahrhundertwende.

There was a watchtower on this spot in 1355: it was burnt down in 1486 and rebuilt two years later. The three brick storeys date from then. In 1888 the tower was restored and given a projecting octagonal timber-framed storey with polygonal spire. After damage in WWII, the interior and roof were restored in the 1970s.

265

Villenkolonie
Liebrechtstraße, Brandensteinstraße, Roßkampstraße, Waldheimstraße, Ottostraße
1902–14
Alfred Sasse, Fritz Usadel, Reichhardt u. a

Liebrechtstraße 41

Liebrechtstraße 49

Die Villenkolonie wurde von der Wohnungsgenossenschaft des Beamten-Wohnungs-Vereins (gegr. 1900) erbaut. Die Mehrfamilienhäuser mit gehobener Ausstattung besaßen ursprünglich Vorgärten und Gärten mit 100–180 qm je Wohnung. Es entstanden zweigeschossige Doppelhäuser in drei Varianten: die Doppelhäuser sind symmetrisch und basieren auf einem Entwurf (Liebrechtstr. 41, 43), Haushälften mit einheitlicher Proportion (Alfred Sasse, 1903, Liebrechtsr. 40–50) und differierende Entwürfe (Liebrechtstr. 37, 39). Die Fassaden und Dachzonen sind mit historisierenden Gestaltungselementen wie Erkern, Altanen, Risaliten, Zwerchgiebeln oder Dachhäuschen versehen. Im 1. OG ist häufig Fachwerk als historisierendes Element eingesetzt. Die Häuser sind inzwischen z.T. vorbildlich renoviert.

The colony of luxuriously appointed villas, now sensitively restored, was built for civil servants. There are three types of twin houses: symmetrical with the same design (Liebrechtstr. 41, 43); with uniform proportions (Liebrechtstr. 40-50); and with different designs (Liebrechtstr. 37, 39). Historicist elements are favoured, in particular timber-framing on the first floors.

266

Krematorium Seelhorster Friedhof
Garkenburgstraße 43
1924
Konrad Wittmann

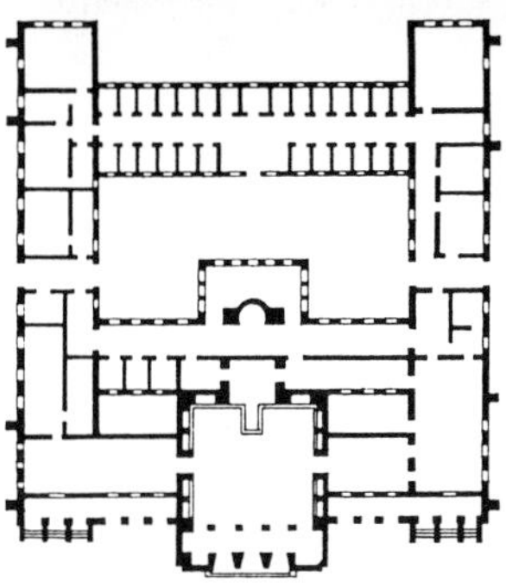

Das Krematorium des 1919 angelegten Seelhorster Friedhofs ist symmetrisch um einen Innenhof angelegt. Die Schaufront des Backsteinkomplexes liegt in Sichtachse zum alten Haupteingang. Im Zentrum befindet sich der hohe Kubus der Trauerhalle mit Pyramidendach; sie wird von eingeschossigen Bogengängen und zwei giebelständigen Bauten mit Rundbogenöffnungen flankiert. Eine breite Freitreppe mit höhergelegtem Vorbereich führt auf die monumental wirkende Eingangsfront zu. Wuchtige Mauervorlagen zwischen den Eingangstoren sowie expressionistische, fischgrätenartig angeordnete Ziegelmuster bestimmen die Hauptfassade. An den Seiten wird die Halle durch schmale, hohe Fensteröffnungen gegliedert. Der ehem. Eingangsbereich am Hohen Weg mit der von rundbogigen Öffnungen durchbrochenen Backsteinmauer und flankierenden Verwaltungs- und Wohnbauten (1924) wurde ebenfalls durch Wittmann errichtet.

The Seelhorst Cemetery crematorium is arranged symmetrically around a courtyard. In the centre is the hall, a high block with pyramidal roof, flanked by one-storey arcades and two buildings with round-arch openings. A broad outer staircase leads to the monumental front. The façade has massive wall projections between the entrance gates and expressionist brick patterns in herringbone design, and on the sides there are narrow, high windows.

267

St. Petrikirche
Am Lindenhofe 16
Mitte 14. Jh.; 1949
n. bek.; Otto Bartning

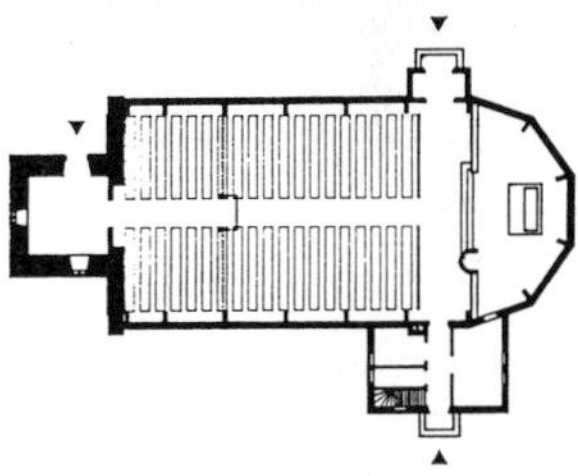

Eine erstmals 1320 erwähnte Kirche wurde um die Mitte des 14. Jh.s durch einen Neubau ersetzt. Aus jener Zeit stammt der aus Bruchsteinmauerwerk mit Eckquadern errichtete Kirchturm; 1913 erhielt er den markanten spitzen Pyramidenhelm mit Ecktürmchen und allseitigen Uhrengiebeln. Das Kirchenschiff von 1710 wurde im Zweiten Weltkrieg zerstört. Sein Wiederaufbau erfolgte unter der Leitung von Bartning im Rahmen des „Notkirchenprogrammes“: Es sah mit Hilfe ausländischer Spendengelder anstelle von zerstörten Kirchen den Bau von 48 Ersatzbauten in ganz Westdeutschland vor. Aufgrund des standardisierten Konstruktionsprinzips war eine kosten- und materialsparende und zugleich den individuellen Situationen angepasste Bauweise möglich. Entstanden ist ein schlichter, einschiffiger Saal mit 5/10-Schluss. Ein unterhalb des Satteldaches umlaufendes Fensterband mit Glasmalereien von Ruth Margraf (1963) sorgt für sparsame Fassadengestaltung.

St. Peter's was built in the mid-14th c. The tower is original; the pyramidal spire with corner turrets and clock gables dates from 1913. The nave was destroyed in WWII and rebuilt as part of a postwar church rebuilding programme: with the help of foreign donations, 48 substitute churches were built all over Germany. Building was standardized and therefore economical. There are stained-glass strip windows (1963) below the saddleback roof.

268

Uhrturm der „Döhrener Wolle“
Am Uhrturm 1
1909
Karl Börgemann (?)

Der Uhrturm ist einer der wenigen erhaltenen baulichen Überreste (vgl. auch „Döhrener Jammer“, Nr. 269) der einst international renommierten Wollwäscherei und -kämmerei „Döhrener Wolle“. Der Backsteinbau diente als Schlauchturm der Fabrikfeuerwehr. Seine Fassade ist in drei unterschiedlich gestaltete Abschnitte unterteilt: Auf das geschlossene EG mit spitzgiebligem Stufenportal folgt der Bereich des Treppenhauses, dessen schmale Fensterzonen mit einem Segmentbogen abgeschlossen werden. Bestimmender Bauteil ist der Turmkopf. Er vermittelt durch die vorkragenden, ursprünglich mit Spitzhelmen versehenen Ecktürmchen und den zinnenbekrönten Abschluss einen wehrhaften Charakter. Die an allen vier Seiten angebrachten Uhren verweisen auf eine weitere Funktion des Bauwerks: die Disziplinierung der Arbeiterschaft. Die 1868 gegründete „Döhrener Wolle“ stellte 1973 den Betrieb ein, das Fabrikareal wurde größtenteils abgerissen und mit Wohnhäusern in angepasstem Stil bebaut.

The clock tower is one of the few remains of D'hrener Wolle (1868–1973), an internationally known wool-scouring and -combing company. The brick building was used by the factory fire brigade as a hose-drying tower. It has three sections: a plain ground floor, the staircase area, and the top of the tower, which has a fortified appearance as a result of the projecting corner turrets, originally with pointed helms.

269

Arbeiter Kolonie „Döhrener Jammer“
Werrastraße, Rheinstraße
1872–1925
Karl Börgemann, Adolf Liertz, Karl Wolkenhaar

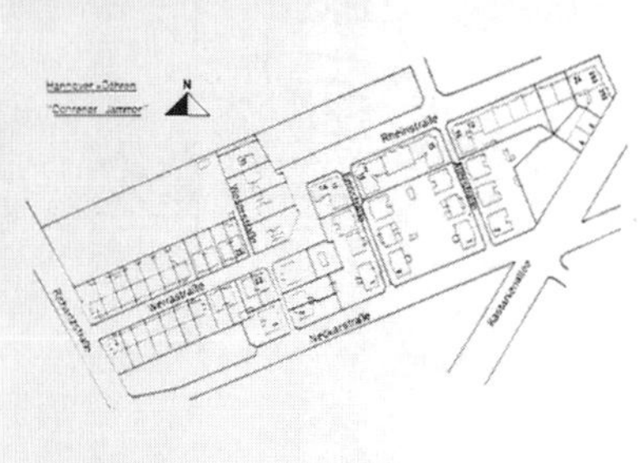

11 der 46 Einzelgebäude wurden 1872 an der Werrastr. als Arbeitersiedlungshäuser der Wollwäscherei und Kämmerei Döhren AG errichtet. 1886 erfolgte eine Ergänzung um vier Kopfbauten sowie um die Doppelreihenhäuser in der Weserstr.; 1903–04 wurden Querstraßensystem und Einzelgebäude zwischen Werrastr. und Rheinstr. gebaut. Der letzte Abschnitt (1925) erschloss einen Teil der Kastanienallee. Der besondere Reiz der Backsteinarchitektur besteht darin, dass sich in ihr über vierzig Jahre Siedlungsarchitektur widerspiegeln. Während bei den älteren, durchweg zweieinhalbstöckigen Bauteilen verhalten klassizistische mit neoromanischen Stilelementen wechseln, ist bei den Gebäuden aus den zwanziger Jahren nur wenig Ornament vorhanden. Ihre konservative Formensprache fügt sich nahtlos in die älteren Bauabschnitte ein. In den vergangenen 20 Jahren wurde die Anlage modernisiert und zum Teil privatisiert.

11 of the 46 buildings were erected in 1872 as housing for the Döhren AG workers. Buildings were added in 1886, 1903–04 and 1925. Over 40 years of housing estate architecture are therefore represented. The older 2 1/2-storey buildings have classicist and neo-Romanesque elements, whereas the 1920s buildings are plainer. Their conservative formal language integrates seamlessly with the older buildings. The estate has been modernized in the last 20 years.

270

Haus Erdmann
Wiehegrund 5–7
1975–77
Bahlo-Köhnke-Stosberg & Partner

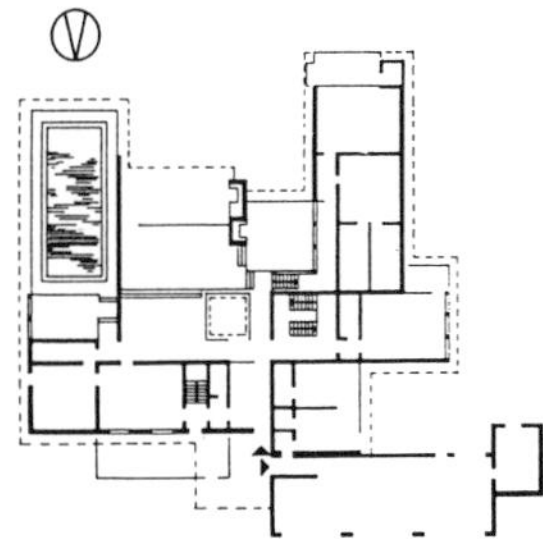

Das großzügige Wohnhaus mit einer Wohnfläche von 560 qm liegt in landschaftlich reizvoller Lage in der Niederung der Leine. Während die Straßenfront eher abweisend wirkt, öffnet sich der Bau nach Süden zum Garten. Im Zentrum befindet sich der weitläufige Wohntrakt mit kleinem quadratischen Innenhof. Er wird nach Süden von einem Hallenbad und dem zweigeschossigen Schlaftrakt seitlich eingefasst. Das Gebäude mit seinem charakteristischen überstehenden Flachdach zeichnet sich durch eine funktionale Zuordnung der Einzelbaukörper sowie eine starke räumliche Differenzierung aus: Das Gefälle des Grundstücks nach Süden wird durch Stufen, unterschiedliche Deckenhöhen und Niveausprünge im Fußboden aufgenommen. Der Sockel aus Sichtbeton, die innen sichtbar belassene Holzkonstruktion und die Verkleidung aus hellgrau lasierten Brettern verleihen dem Haus Erdmann einen zurückhaltenden Charakter.

The large house has a forbidding street façade, but is open to the S on the garden side. In the centre is the living area with a square inner courtyard. A swimming pool and the two-storey sleeping area join at the S. The building has a distinctive flat projecting roof and is noteworthy for its matching of functions and building sections. Steps and varying ceiling heights and floor levels are used to adapt to the sloping plot.

271

Rittergut Wülfel
Hildesheimer Straße 430
Mitte 18. Jh.; 1852
n. bek.

Das Anwesen liegt inmitten eines weitläufigen Parks. Das EG des Gutshauses stammt aus dem 18. Jh.; Aufstockung und Umbau erfolgten 1852. Charakteristisch ist die unprätentiöse siebenachsige verputzte Front. Flache, unterhalb des Walmdaches durch Blendbögen verknüpfte Lisenen unterteilen die Fassade in drei Zonen. Sie wird in der Mitte wiederum durch drei Säulen und Pilaster mit korinthischen Kapitellen strukturiert. Hinter dem verandaartigen Eingangsbereich befindet sich, in den Baukörper eingezogen, die Vorhalle. Seitlich liegt ein eingeschossiger Anbau mit Terrasse. Dachfenster aus neuerer Zeit beeinträchtigen die ansonsten schlichte Eleganz des Ritterguts.

The manor house has an 18th-c. ground floor and was heightened and altered in 1852. The unpretentious seven-section plaster front is distinctive, with lesenes beneath the roof and three columns and pilasters in the centre. The porch is inside the building line. Recent attic windows detract from the simple elegance of the house.

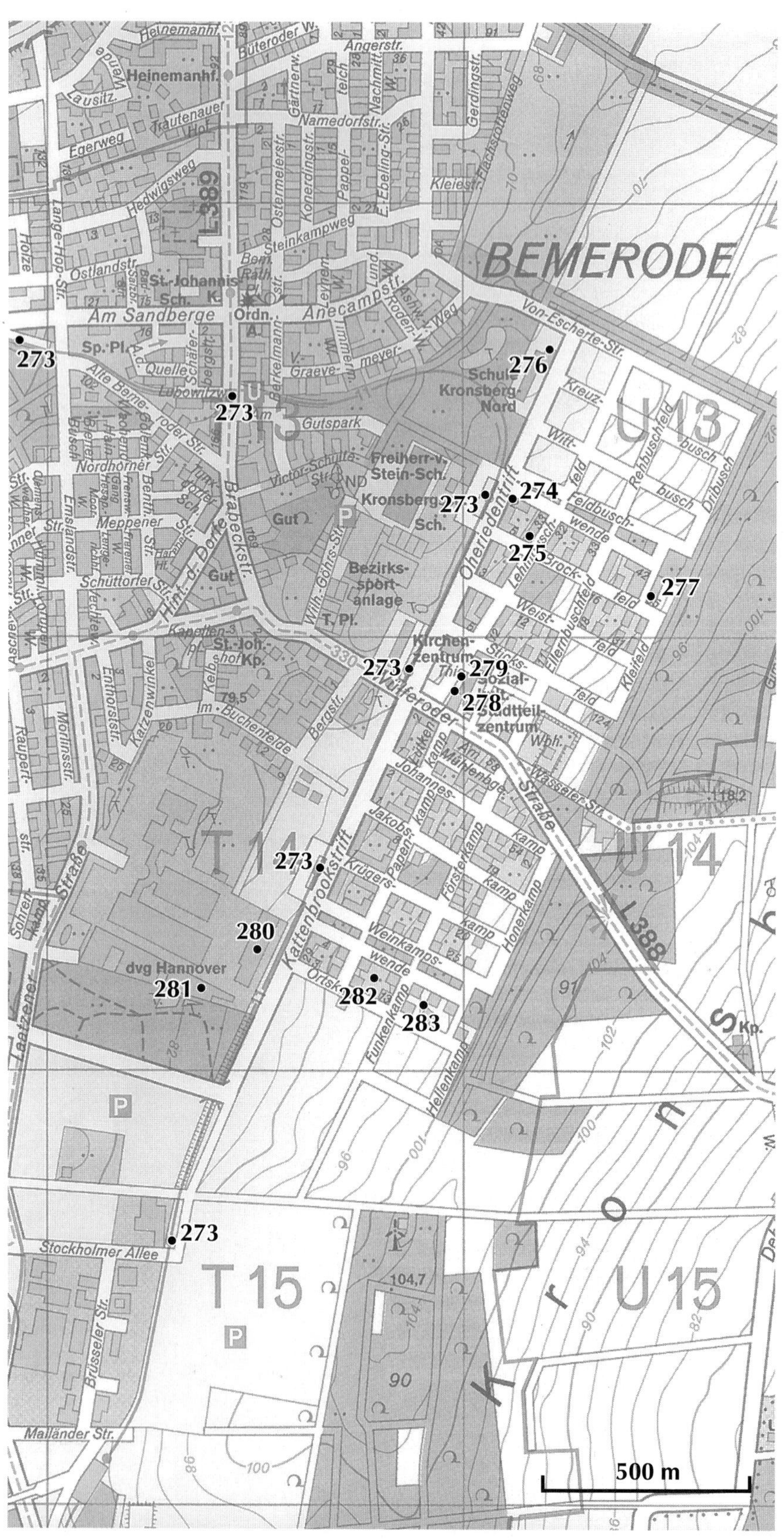
BEMERODE
Heinemanhf.
Büteroder W.
Angerstr.
Namedorfstr.
Kleiestr.
Steinkampweg
Ostlandstr.
St.-Johannis-Sch.
Am Sandberge
Anecampstr.
Von-Escherte-Str.
273
276
Schule Kronsberg-Nord
U13
273
Gutspark
Freiherr-v.-Stein-Sch.
Kronsberg-Sch.
273
274
275
277
Bezirks-sport-anlage
Kirchen-zentrum
273
279
278
Sozial-st.
Stadtteil-zentrum
Wülferoder Straße
Wasseler Str.
T 14
U 14
273
Kattenbrookstrift
280
dvg Hannover
281
282
283
L388
L389
Weinkamps-wende
Funkenkamp
Hellenkamp
Honerkamp
273
Stockholmer Allee
T 15
U15
104,7
Brüsseler Str.
Mailänder Str.
500 m

272
Masterplan der Expo-Siedlung Kronsberg
1993
H. Welp

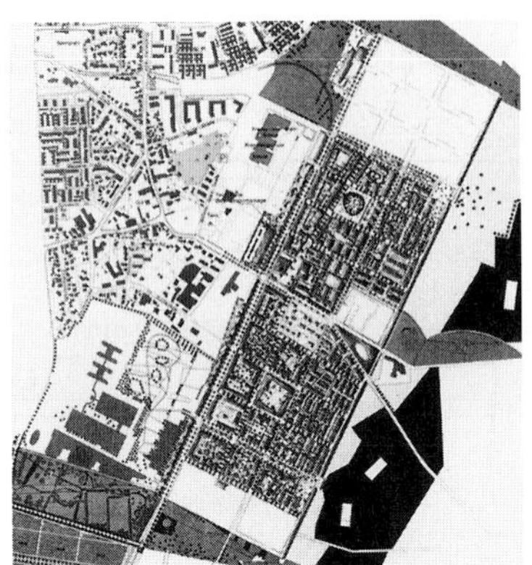

Die Vorgaben des städtebaulichen Ideenwettbewerb 1993 im Rahmen der Expo 2000 waren die Schaffung von ca. 120 ha Wohnbauflächen für 6.000 Wohneinheiten, die Erschließung durch die Stadtbahn und Hauptverkehrsstraßen sowie die Gliederung der Baugebiete durch Grünzüge und Waldflächen. Das Büro Kienast, Vogt & Partner sah für den überwiegenden Teil des Kronsbergs einen ökologisch stabilen und naturnah gestalteten Landschaftsraum vor. Fünf in Ost-West-Richtung verlaufende, individuelle gestaltete „Streifenparks" strukturieren das Wohngebiet. Der Stadtteil besteht in seiner ersten Ausbaustufe aus zwei Quartieren mit jeweils einem zentralen Park. Die zwei- bis viergeschossige Bebauung mit Blöcken, Zeilen und Stadtvillen ist entsprechend ihrer Lage am Westhang gestaffelt und um grün gestaltete Innenhöfe angelegt. Angestrebt wurde eine ausgewogene Bewohnerstruktur und die Ausbildung von Nachbarschaften. Ein ganzheitliches ökologisches Konzept, das mindestens 60%ige Reduzierung der CO_2-Emissionen durch Niedrigenergie-Hausstandard, ein Nahwärmenetz mit zwei Blockheizkraftwerken sowie der Erhaltung des natürlichen Wassersystems durch die Speicherung von Regenwassers soll gewährleistet werden. Weitere Einsparungen ergaben sich u.a. durch Windenergie und solare Nahwärme.

As part of Expo 2000, a competition was held in 1993 for 6,000 housing units with rail and road connections and landscaping on an area of. c. 120 ha in the Kronsberg district. The winning plan creates 5 E to W "strip parks". The first building phase consists of two districts. The numerous investors, architects and landscape designers have created a wide variety of buildings and open spaces. 2–to 4-storey buildings as blocks, rows and urban villas surround green inner courtyards on the western slope. Aims included creating neighbourhoods and complying with an overall ecological concept (60%+ reduction of CO_2 emissions, block power plants, storing rainwater). Wind energy and solar heating are also used.

273
12 Haltestationen
Stadtbahn Linie 11
1998–2000
Despang Architekten

Die neuen Stationen der Linie 11 sind nach einheitlichem Muster konzipiert und unterscheiden sich lediglich im Oberflächenmaterial der Aufbauten. Die Konstruktion der Bahnsteige (ca. 1 m über Gelände) besteht jeweils aus einem Stahlgerüst auf denen die ca. 4 m hohen Wartekuben installiert sind. In den Korpus integriert sind Sitzbank, Fahrplantafeln und Automaten. Ein schmales Glasdach dient als Wetterschutz. Als Materialien wurden u.a. verwendet: Ziegel (Freundallee), Edelstahlgewebe (Kerstingstraße), Glasbausteine (Bult/Kinderkrankenhaus), vorpatinierte Kupferplatten (Bischofshol/Lange-Feld-Straße), Lärchenholzlattung (Bünteweg/Tierärztliche Hochschule), Basaltlava (Pressehaus) und Flußkiesel (Kronsberg). Der individuelle Charakter der ästhetisch und funktional überzeugenden Stationen soll eindeutige Wiedererkennung ermöglichen.

The new stations on Line 11 of the city railway are uniform in design, distinguished only by their surface materials. Each platform is of steel scaffolding with block shelters and a narrow glass roof as protection. The materials identifying various stations include brick, woven stainless steel wire fabric, glass blocks, pre-patinated copper plates, larchwood battens, foamed lava and pebbles.

274

Kronsbergkarree
Oheriedentrift 32–40, Feldbuschwende 2–10
1998–99
Fink + Jocher

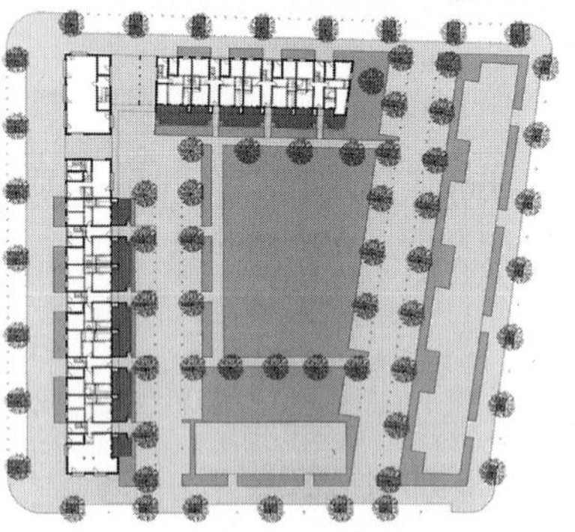

Das Kronsbergkarree liegt am nordwestlichen Rand der Expo-Siedlung und bildet von Norden kommend den Auftakt zum neuen Stadtteil Kronsberg. Es beinhaltet 87 Wohnungen sowie Gemeinschaftseinrichtungen und Läden. Der lang gestreckte, flachgedeckte Komplex wird durch den Wechsel zwischen drei- und viergeschossigen Gebäudeelementen wirkungsvoll gegliedert. Das Tragsystem besteht aus Stahlbetonfertigteilen. Die Straßenseite ist mit Backsteinklinkern versehen; raumhohe, leicht versetzt angeordnete französische Fenster mit Klappläden gliedern die Fronten. Der Hofbereich wird demgegenüber durch großzügige Loggien bestimmt. Die Innenraumkonzeption des Kronsbergkarrees zeichnet sich durch größtmögliche Flexibilität aus, die den Bewohnern eine individuelle Aufteilung der Wohnungen gestattet. Die vorgegebenen Grenzwerte des Niedrighaus-Standards werden durch ein günstiges Volumen-Hüllflächen-Verhältnis und durch die Minimierung von Transmissionswärmeverlusten erreicht.

Kronsbergkarree, the Norden entrance to the new district, is a flat-roofed complex of between 3 and 4 storeys in height with apartments, communal facilities and shops, The loadbearing system is of precast reinforced concrete, with tall shuttered French windows on the street side, and large loggias on the courtyard side. The interiors are extremely flexible: these are low energy houses that the occupants can vary to their taste.

275

Wohnungsbau am Kronsberg
Lehmbuschfeld 25–33, Brockfeld 5–7
1997–99
Heerwagen/Lohmann/Uffelmann

Auf dem nord-westlichen Baufeld des Kronsberg-Geländes entstanden als Ergänzung zum Kronsbergkarree (Nr. 274) zwei flachgedeckte Gebäude: ein Riegel und eine Stadtvilla. Der viergeschossige, lang gestreckte Baukörper im Osten (Lehmbuschfeld) ist in fünf Hauseinheiten mit Zwei- und Dreispännern unterteilt. Das straßenseitig weiß verputzte Gebäude erhebt sich auf blauem Sockel. Seine Fassaden sind an den Kopfenden mit gelben Faserzementplatten verkleidet. Zum Hof ist ein verzinktes Stahlgerüst vorgebaut, in das sich Balkone und Terrassen einfügen. Die Fassade der dreigeschossigen Stadtvilla (Brockfeld) ist streng symmetrisch angelegt. Die Mittelachse betonen Veranden und im Hof zwei Rauchrohre aus Edelstahl, die eines der zwei Blockheizkraftwerke des Kronsbergs markieren. Die Architekten bedienten sich bei der Formensprache (kubisch) und Farbgebung (weiß, schwarz, blau gelb, rot) bewußt der Elemente des Neuen Bauens.

The four-storey slab building, white stucco on the street side, has five housing units with two and three units per staircase. Behind, a galvanized steel scaffolding holds balconies and terraces. The villa has a symmetrical façade. Two stainless steel smoke pipes mark one of the two Kronsberg block heating and generating plants. The shapes and colours are elements of Neues Bauen.

276
Grundschule „Auf dem Kronsberg"
Oheriedentrift 11
1998–99
Böwer, Eith, Murken, Spiecker / büro MOSAIK

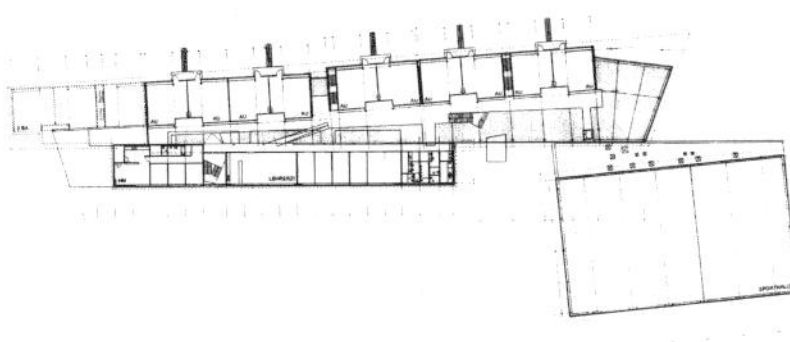

Die vierzügige Grundschule mit angeschlossenem Hort besticht durch ihre ästhetisch überzeugende Architektur und das vorbildliche räumliche Konzept. Während der lang gestreckte Hauptbaukörper von der Straße abgerückt ist, liegt die Sporthalle nördlich des Schulgebäudes an der Straße und faßt damit den vorgelagerten öffentlichen Außenbereich. Im Zentrum des Ensembles liegt ein hallenartiger, zweigeschossiger Pausen- und Erschließungsbereich: Die Gänge und Brücken sowie Nischen vor den Klassen sorgen für spannungsvolle Raumerlebnisse. Sämtliche Klassenräume liegen nach Westen, der Verwaltungsbereich im OG ist nach Osten ausgerichtet. Der Hort ist etwas separiert im Südende der Schule untergebracht, im OG befindet sich die Hausmeisterwohnung. Die Schule wurde gemäß den ökologischen Zielsetzungen in Niedrigenergie-Bauweise errichtet; hinzu kommt eine Begrünung des Dachs sowie die Nutzung von Regenwasser.

The elementary school has 4 functionally separate parts: a long main building; a sports hall close to the street, enclosing the public outer space; a central two-storey break hall and access area, where corridors, walkways and niches outside the classrooms vary the spaces; and a separate building for afterschool care. This is a low-energy building with green roofs and use of rainwater.

277
Kindertagesstätte Kronsberg
Brockfeld 65
1999
Jürgen Böge und Ingeborg Lindner-Böge

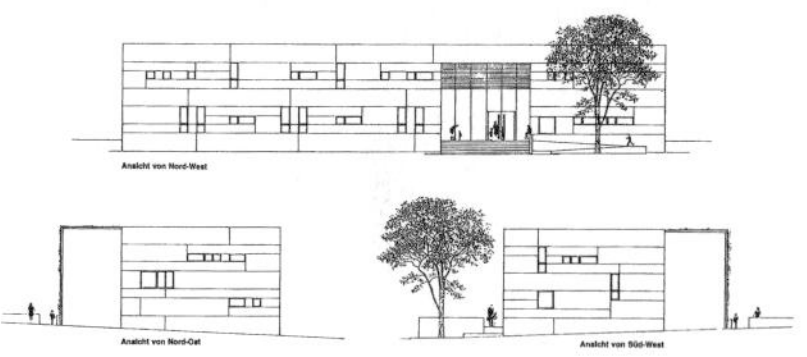

Die Kindertagesstätte liegt am nord-östlichen Rand des neuen Stadtteils Kronsberg. Die einfache Form eines Quaders, mit im Südosten vorgestellter Laube sowie Holz als dominierendes Material der Fassade sollte sich laut Konzept an der „ländlichen Geschichte des Ortes" orientieren. Die Fassade der zweigeschossigen Skelettkonstruktion wurde in hochgedämmter (24 cm), vorgefertigter Leichtbauweise ausgeführt und mit Furnierschichtholzplatten verkleidet. Die mit der Wandfläche außen bündigen schmalen Fensterflächen sind teils horizontal, teils vertikal gesetzt. Sie kontrastieren mit dem aus der Achse gerückten, tiefen Einschnitt des zweigeschosshohen Eingangs. Die Südostseite mit den Gruppenräumen ist vollverglast; horizontale Leisten an der Laube fungieren als Sonnenschutz. Die Kindertagesstätte repräsentiert eine betont schlichte Architektur, deren Qualitäten sowohl in ihrer sachlichen Ästhetik als auch in einer gelungenen Raumaufteilung zu finden sind.

The day nursery has an arcade on the SE and wood as the dominant material in the façade, which was built in insulated lightweight construction and cladded with veneered laminated wood panels. The narrow flush window strips are sometimes vertical, sometimes horizontal. They contrast with the deeply recessed two-storey entrance. The SE side with the group rooms is fully glazed, with horizontal strips.

278

Soziales und Kulturelles Stadtteilzentrum Kronsberg
Thie 6
1998–2000
Ripken Teicher Wussmann

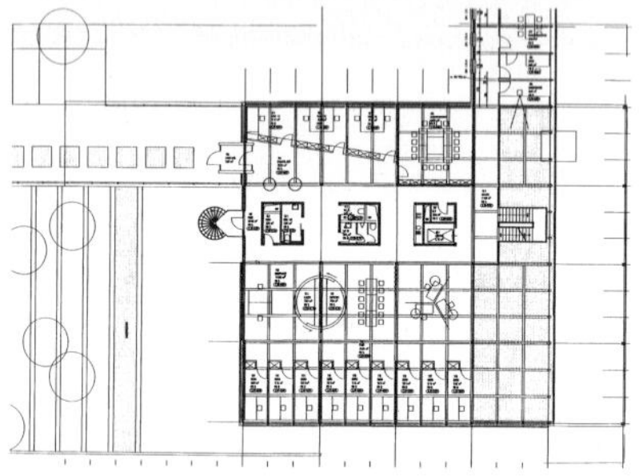

Das Gebäude sollte die sozialen und kulturellen Aktivitäten des neuen Stadtteils Kronsberg bündeln. Entstanden ist ein einfacher, dreigeschossiger Kubus aus Holz und Glas mit angeschlossenem Saalbau. Die Innenräume korrespondieren jeweils mit den Außenräumen: Loggia (im EG) mit Platz und Markt, Bibliothek mit Lesehof, Saalfoyer und Restaurant mit Loggia, Atelier (im OG) mit Dachterrasse. Die Holzrahmenbauweise auf quadratischem Stützraster (6,5 x 6,5 m) ermöglicht variable Räumlichkeiten. Die Holz-Beton-Verbunddecke wird von Stützen aus Brettschichtholz getragen. Die kontrastreiche Fassade ist geprägt von Glasflächen, beidseitig beplankten Holzständerelementen und einem lammellenartigen Sichtschutz aus Lärchenholz-Leisten. Richtungsweisend ist das ökologische Konzept, welches u.a. durch Dachbegrünung, Photovoltaik und Regenwasserrückhaltung die Kriterien für ein Niedrigenergiehaus erfüllt.

The Kronsberg social and cultural centre is a wood-and-glass building with attached hall. Each inner room corresponds to an outer room, e.g. loggia with square and market, library with reading court. The wood-and-concrete ceiling rests on supports of laminated wood; the façade has varied wood and glass elements. The ecological concept includes green roofs, photovoltaics and retention of rainwater.

279

Kirchenzentrum Kronsberg
Sticksfeld
1999–2000
Bernhard Hirche

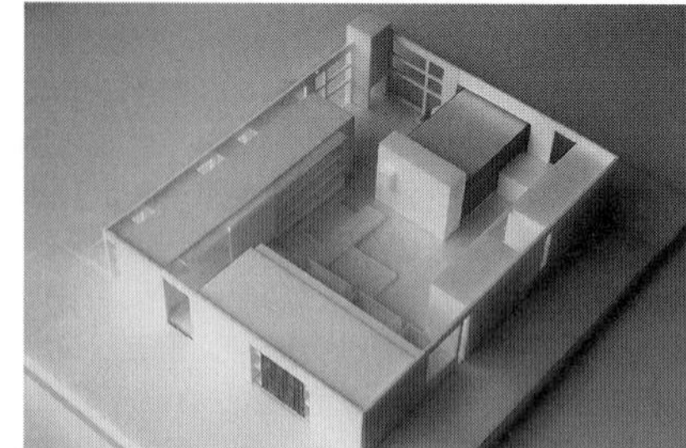

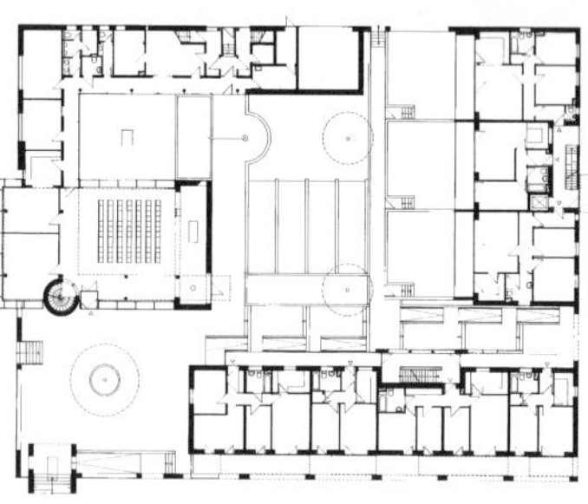

Mit dem Bau des ev. Kirchenzentrums wurde ein neuartiges Konzept verwirklicht: Ziel war die Verbindung von ökologischem Bauen und sozialem Miteinander als gelebte „Frohe Botschaft". Das Areal umfasst eine Kirche, zwei Gebäude mit 21 Eigentums- und Mietwohnungen, Gemeinderäume sowie ein Mitarbeiter- und Pfarrhaus. Angestrebt ist eine lebendige Nachbarschaft von Familien, Alleinerziehenden, Senioren und Sozialhilfeempfängern. Der Komplex wurde aus der Idee eines „Modernen Klosters" mit einer Blockrandbebauung entwickelt. Ihn umschließt eine umlaufende, an zahlreichen Stellen durch Öffnungen aufgebrochene Mauer; es entstand so ein spannungsvolles Verhältnis von Offenheit und Abgeschiedenheit. Im Westen befindet sich die geostete Kirche, eine einfacher Kubus mit Sichtbetonelementen. Der zeichenhafte Glockenturm markiert die Süd-West-Ecke des Areals. Ein Gartenhof, das „Paradies mit Wasserlauf", fungiert als grüne Ruhezone. Neben dem innovativen städtebaulichen Konzept überzeugt das Ensemble durch seine qualitätvolle Architektur.

The Protestant church centre combines ecological building and social cooperation. There are a church, two apartment buildings, and a parsonage and staff building. The original idea was of a "modern monastery" with block periphery development. The surrounding wall with openings creates a tension between the open and the closed. At the SW is a belfry, and a garden creates a peaceful space.

280

Zentrale der Norddeutschen Landesbausparkasse
Kattenbrookstrift
1999–2001
Pysall Stahrenberg & Partner

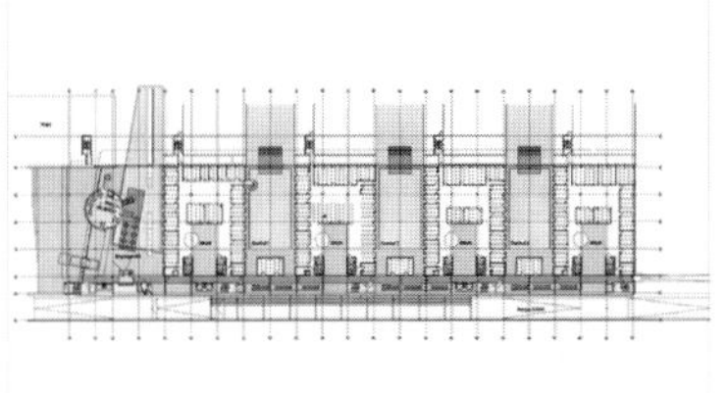

Grundriss EG
Ground floor ground plan

Das lang gestreckte Ensemble mit einer Hauptnutzfläche von ca. 12.000 qm wird durch ein überstehendes, durchgängiges Glasdach überdeckt, unter dem fünf viergeschossige Gebäude eingeschoben sind. Der Eingangsbau im Süden orientiert sich zu einem quadratischen Platz. Er nimmt im EG die Eingangshalle und die Cafeteria auf, in dem darüber liegenden OG befinden sich Beratungszentrum, Konferenzbereich und Sitz des Vorstandes. Die sich daran anschließenden, mit Holzpaneelen verkleideten Gebäudebereiche, die jeweils um einzelne Atrien angeordnet sind, beinhalten Büros für 550 Beschäftigte. Hinter der Glasfassade im Osten befindet sich ein durchgängiger Erschließungsbereich, der als Pufferzone zur Straße dient. Zwischen den Fluchttreppen vor den Bürotrakten im Westen liegen großzügige vollverglaste Wintergärten. Im Außenbereich setzen sie sich durch gartenkünstlerisch gestaltete Höfe fort. Das Bauwerk besticht durch die überzeugende Gliederung der Baumassen innerhalb eines komplexen Gebäudes sowie die vorbildliche Innenraumgestaltung.

A projecting glass roof covers five four-storey buildings forming the bank complex: an entrance building with cafeteria and square, and four buildings with individual atriums. Behind the E glass façade is a continuous access area that acts as a buffer zone to the street. Large glazed conservatories between the emergency staircases at the Westen are continued outside as landscaped courtyards.

281

dvg Hannover Hauptverwaltung
Kattenbrookstrift 1
1997–99
Hascher + Jehle/Heinle, Wischer und Partner

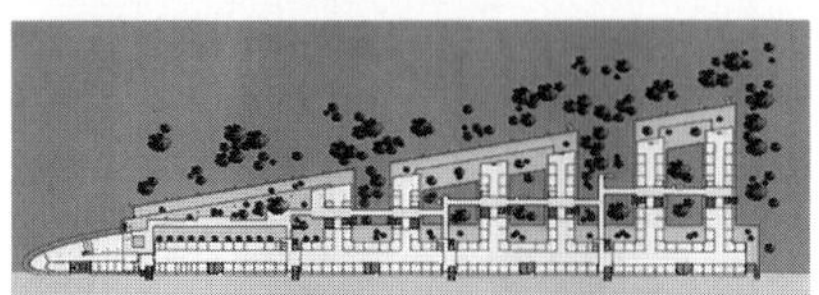

Hervorstechend an dem 380 m langen Bürogebäude der Datenverarbeitungsgesellschaft sind die drei wellenförmig gekrümmten Glasdächer. Der Zugang erfolgt über einen abgerundeten, dreigeschossigen Kopfbau im Osten mit zurückgesetztem DG und vorkragendem Flachdachabschluss. Eine Hauptachse durchzieht das gesamte Bauwerk nach Westen in Form einer „Mall", an der Aufenthaltszonen, Cafeteria, Shops etc. liegen. Das Konzept umfasst eine offene „grüne" Bürolandschaft. Gebaut wurden sechs T-förmige, bis zu viergeschossige Kombibüroeinheiten, die sich nach Süden terrassenartig abtreppen. Die drei „schwebenden" Dächer schaffen klimageschützte Innenhöfe, die von den Büros z.T. direkt zugänglich sind und in denen mediterrane Vegetation gedeiht. Das beige gestrichene Raumtragwerk besteht aus modular zusammengesetzten, sog. Triaxen und gestattet Stützweiten von bis zu 30 m. Das dvg-Gebäude überzeugt vor allem durch einen grandiosen Raumeindruck. Erst in der Nahsicht wird erkennbar, dass die gläsernen Fassadentafeln über und über mit der aus Nullen und Einsen bestehenden Elementarsprache der Datenverarbeitung (Binärcode) bedruckt sind.

The long IT company office building has three wave-like glass roofs. Access is by an end building; a main mall axis, with cafeteria, shops and lounges, continues for the length of the building. The office architecture is open-plan and green, opening onto courtyards with Mediterranean vegetation. T-shaped office units are stepped in terraces to the S. The glass façade panels are printed with binary code.

282

Wohnen 2000
Weinkampswende, Hangstraße
1998–2000
Willen Associates Architekten

Das Ensemble besteht aus zwei viergeschossigen Gebäuderiegeln, die jeweils ein straßenbegleitendes Zeilenhaus und zwei Punkthäuser beinhalten. Zwischen den Punkthäusern und dem Riegel bildet eine geschlossene, begrünte Mikroklimazone einen halböffentlichen Bereich. Drei Kunststofffolien bilden ihr Dach; durch Luftdrucksteuerung der mittleren Folie wird je nach Bedarf eine Verschattung oder der Einlass von Sonnenenergie erreicht. Die weiß verputzten Baukörper gliedern Fenstertüren aus naturbelassenem Holz und durchlaufende Balkone; verzinkte Geländerstäbe aus Flacheisen betonen zusätzlich die Horizontale. Der Komplex beinhaltet insgesamt 140 Wohnungen unterschiedlicher Größe; die Grundrisse sind variabel gestaltet und auf ein generationenübergreifendes Wohnen ausgerichtet. Ein außenliegendes, verschiebbares Verschattungssystem aus Holz bietet die Möglichkeit, die Balkone als zusätzlichen Aufenthaltsraum zu nutzen. „Wohnen 2000" besticht neben dem innovativen energietechnischen Konzept durch seine überzeugende Architektur sowie den hohen Wohnwert.

The "Housing 2000" project of 140 varied multigeneration apartments has two sections, each with a row house and two point blocks. Closed microclimate zones are roofed with three synthetic foil sheets, allowing shading or collection of solar energy. French doors and continuous balconies structure the buildings. An external wood shading system permits the balconies to be used as rooms.

283

Solarcity
Weinkampswende 18–42, Ortskamp 17–59, Funkenkamp 3–5
1999–2000
Tryfon Agyrakis

Die Solarcity sollte laut Konzept in ihren 106 Mietwohnungen (zwischen 40 und 100 qm) vorrangig erneuerbare Energien über ein Nahwärmenetz nutzen. Entstanden ist eine attraktive Architektur, die alternative Technik mit hohem Wohnwert verknüpft. Markante Blickpunkte bei den zwei- bis viergeschossigen Häusern bilden die pultartig installierten Solar-Elemente. Die vorgefertigten „Solar-Roofs" dienen gleichzeitig als Dachabschluss. Die gewonnene Energie (40 % des Gesamtbedarfs) wird mittels eines Wärmetauschers einem 2.750 Kubikmeter großen Langzeitspeicher zugeführt. Er liefert jahreszeitenunabhängig Wärme an die Haushalte. Bei dem in die Erde eingelassenen Speicher kam ein neuartiger, diffusionsdichter Beton zum Einsatz, der die Baukosten erheblich reduzierte. Die Häuser besitzen französische Fenster, großzügige Terrassen und Loggien sowie z.T. eine gestreifte Farbgebung, welche die horizontale Wirkung der Fassaden betont. Etwa die Hälfte der Wohnungen hat einen direkt zugänglichen Garten.

106 rental apartments aim to use renewable energies via a heating network. Distinctive features are the solar roof elements, supplying 40% of the energy needed. A heat exchanger carries this to a storage tank that supplies heat independently of the season. A new type of non-diffusing concrete reduced the building costs of the tank. The houses have French doors, large terraces and loggias.

Gelände der Weltausstellung
Expo 2000

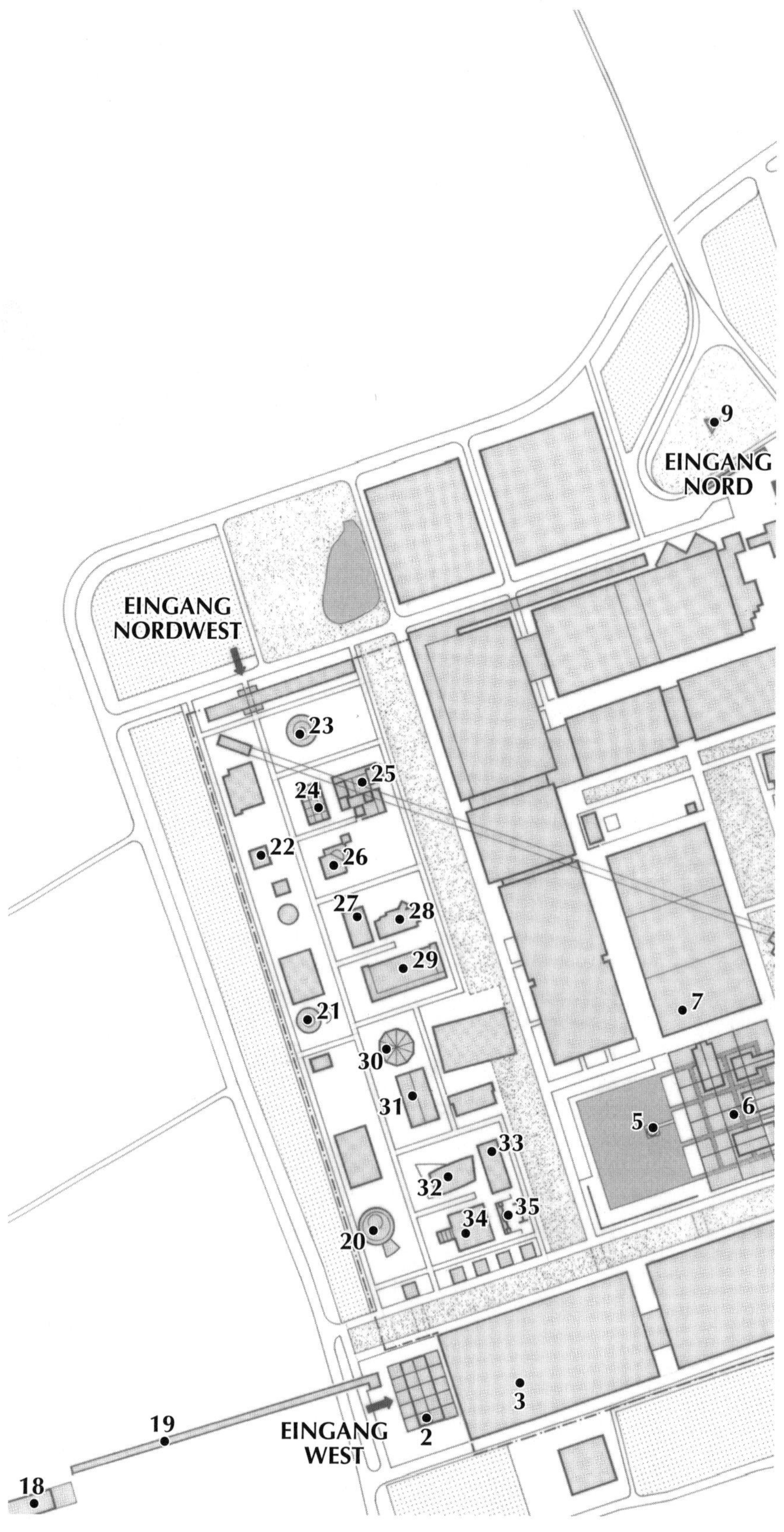
9
EINGANG
NORD
EINGANG
NORDWEST
23
25
24
22
26
27
28
29
7
21
30
31
6
5
33
32
35
34
20
3
19
EINGANG
WEST
2
18

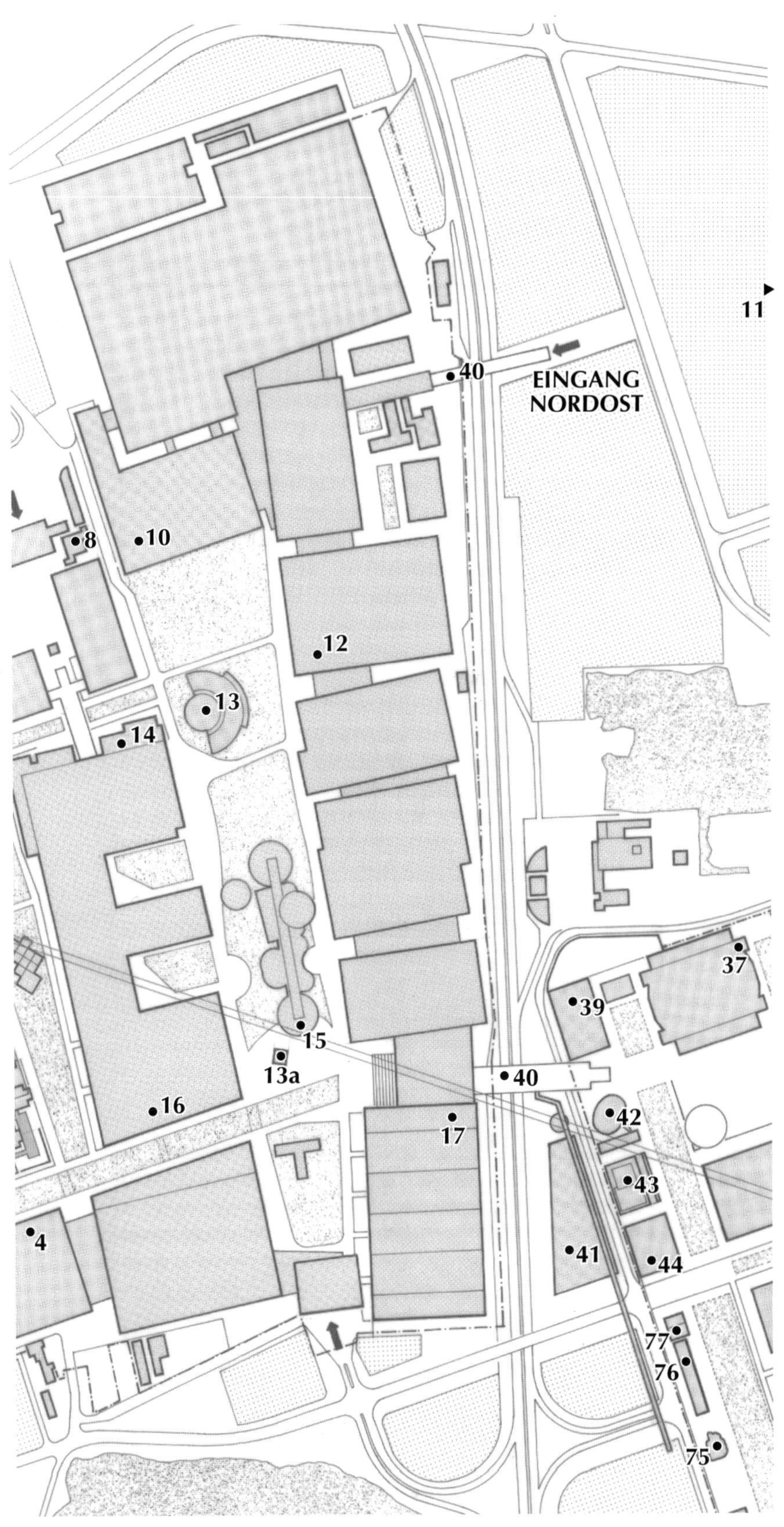
11
40
EINGANG
NORDOST
8
10
12
13
14
15
13a
16
17
40
37
39
42
43
41
44
4
77
76
75

Expo 1

Masterplan des Expogeländes

1991–94; 1994–2000

Arnaboldi / Cavadini; AS&P Albert Speer & Partner

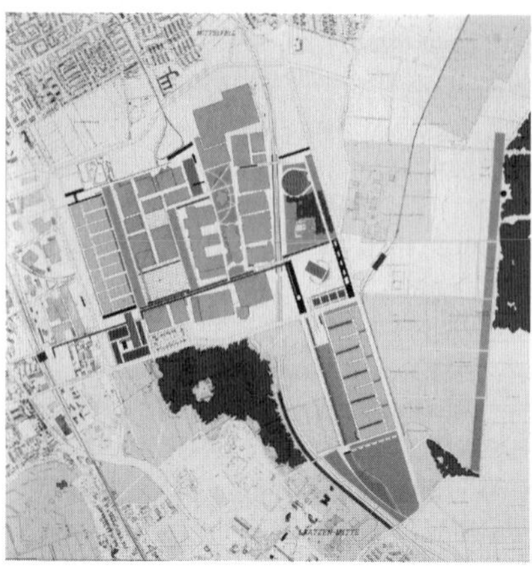

Erster Masterplan 1994
First master plan 1994

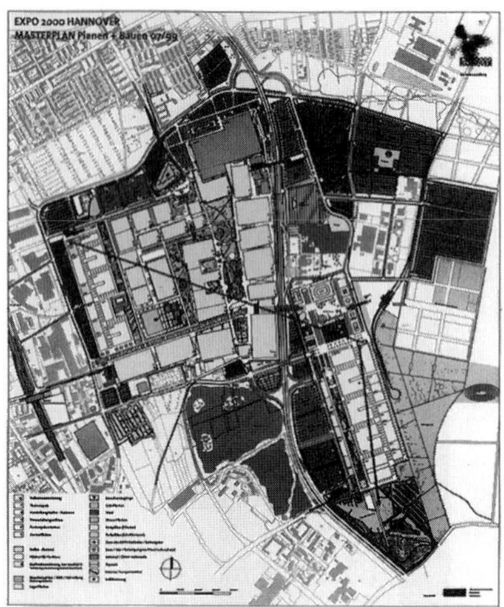

Masterplan, Stand 7/1999
Master plan, 7/1999

1990 erhielt Hannover vom Bureau International des Expositions (B.I.E.) den Zuschlag, im Jahr 2000 die erste Weltausstellung in Deutschland auszurichten. 1991 wurde hierzu ein städtebaulicher Wettbewerb ausgeschrieben. Der preisgekrönte Entwurf der Schweizer Architekten Arnaboldi/ Cavadini sah vor, das bestehende Messegelände in Laatzen, mit ca. 2.000.000 qm Ausstellungsfläche das größte der Welt, in die Planung der Expo 2000 zu integrieren. 1994 wurde ein erster Masterplan für das Weltausstellungsgelände von Albert Speer & Partner in Zusammenarbeit mit Arnaboldi/Cavadini und den Landschaftsarchitekten Kienast Vogt Partner vorgestellt. Dessen Hauptelemente waren die städtebauliche Konzeption der Pavillonflächen West und Ost sowie die Neustrukturierung und Integrierung des bestehenden Messeareals in das Expo-Gelände. Das Konzept umfaßte des weiteren umfangreiche Maßnahmen der Freiraumgestaltung sowie die Anlage der Expo-Plaza als zentrale Platzfläche und Gelenkpunkt zwischen dem Messegelände und den neu entwickelten östlichen Bereichen; die durch den Messeschnellweg zerschnittenen Geländeteile im W und O verband man durch vier Fußgängerbrücken. In der Folge formulierten verschiedene Planer das Grundkonzept durch eine Reihe städtebaulicher und landschaftsplanerischer Wettbewerbe und Detailentwürfe aus. Der Masterplan wurde seit Juli 1995 durch AS&P in einem halbjährigen Rhythmus dem jeweiligen aktuellen Stand angepaßt. Er zeichnet sich durch eine langfristig orientierte, über das Jahr 2000 hinausreichende Entwicklungsplanung aus, die dem Messestandort Hannover eine deutlich verbesserte funktionale und gestalterische Qualität verleiht.

In 1990 the Bureau International des Expositions (B.I.E.) awarded Hannover the first German world exhibition. In their plan, the Swiss architects Arnaboldi/Cavadini integrated the existing 2,000,000 m² Laatzen trade fair grounds into Expo 2000. The first master plan (1994) dealt with the layout of the pavilion areas, the integration of the fair grounds, the design of the open spaces and the creation of the Expo Plaza as a central hinge point between the fair grounds and the new E areas; four pedestrian walkways linked the W and E sections now separated by the trade fair expressway. The basic plan was developed in a number of detailed plans, and since July 1995 it has been adapted every six months. Its improvements look ahead, beyond the year 2000.

Expo 2

Eingangsgebäude West
Münchener Straße/Allee der Vereinigten Bäume
1998–99
Ackermann und Partner

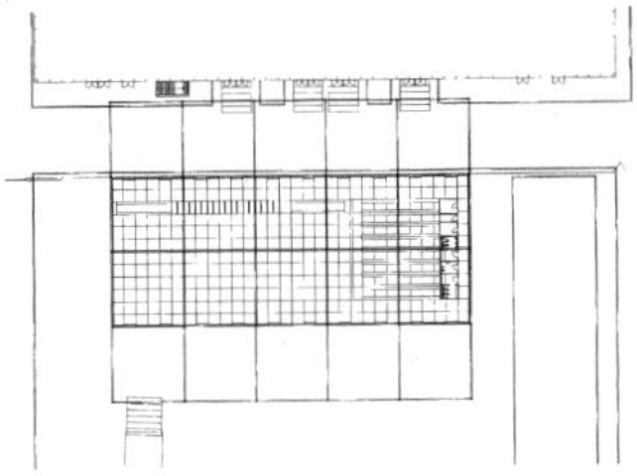

Das Eingangsgebäude West liegt an einem der Hauptzugänge zum Messe-/Expogelände, in Verlängerung des Skywalks (Nr. Expo 19) und am Beginn der Allee der Vereinigten Bäume.
Vor der Westfassade der Halle 13 (Nr. Expo 3) erheben sich insgesamt 20 weiße filigrane Seilnetzkuppeln (4 x 5 Elemente) auf eingespannten Stahlrundstützen und nehmen in den mittleren 10 Feldern die eigentliche Eingangshalle auf. Transparente Stahl-Glas-Fassaden sind als Raumabschluss unter die (in diesem Bereich isolier-) verglaste Dachkonstruktion gestellt. Auf einem quadratischen Raster von 15 x 15 m entwickeln sich die einzelnen Netzkuppeln als Stabgitterschalen: Sie bestehen aus stählernen T-Profilen mit verschweißten Knoten; darunter liegt ein im 45 Grad-Winkel verdrehtes Seilnetz. Das filigrane Bauwerk ist Beispiel für eine elegante Ingenieurkonstruktion mit hervorragenden ästhetischen Qualitäten.

The entrance building is an extension of Skywalk. 20 white network domes (4 x 5 elements) rest on steel supports, the centre 10 spans containing the hall itself. Transparent steel and glass façades close the space under the glazed roof construction. The domes are of T sections with welded joints, above a cable network swivelled by 45°. This filigree structure is an elegant work of engineering.

Expo 3

Halle 13
Allee der Vereinigten Bäume/10. Straße West
1996–97
Ackermann und Partner

Die größte freitragende Halle auf dem Messe-/Expogelände misst 27.400 qm und hält sich mit ihrem zurückhaltenden kubischen Erscheinungsbild an die vorgegebene städtebauliche Rahmenplanung. Sie bietet multifunktionale Nutzungsmöglichkeiten durch eine streng geometrische Aufteilung: Sechs Installationskerne von 15 x 15 m aus Stahlbeton nehmen Technik- und Nebenräume auf und dienen gleichzeitig zur Aussteifung des Tragwerkes. An sie lehnen sich im Nordosten bzw. -westen zwei Restaurants. Vor der Westfassade befindet sich aufgeständert eine Galerie, die im OG Platz für Büros bietet. Das Stahltragwerk des Daches überspannt stützenfrei die gesamte Halle und ist ein Trägerrost aus Rundstahlrohren mit einer Systemhöhe von 4,5 m. Er liegt über Pendelstützen auf den Kernen auf. Die Dacheindeckung erfolgte durch Holzkassetten mit gleichmäßig verteilten Oberlichtern. Dieses blendfreie Licht und die voll verglasten Fassaden sorgen für natürliche Belichtung. Sechs aerodynamische sog. Venturi-Flügel über den Installationskernen erzeugen bei Westwind Unterdruck und entsorgen die Abluft auf natürliche Weise. In den horizontal betonten, transparenten Fassaden bilden sich die Kerne durch opake Elemente nach außen ab. Die Halle 13 besticht durch ihre konsequente Architektur und ist Beispiel für eine gelungene Synthese aus Konstruktion, Funktion, Form und Ökonomie.

The largest hall in the Expo grounds is a restrained rectangular structure stiffened by six reinforced concrete installations cores. The steel bearing structure of the roof, a girder grid 4.5 m high on rocker columns, spans the whole hall without supports. The roof covering is of wooden coffers with regularly spaced roof-lights, which together with the fully glazed façades permit natural lighting. Six aerodynamic venturi fans create a vacuum and automatically ventilate the hall. Outside the W façade is a gallery on stilts with offices.

Expo 4

Halle 12

6. Boulevard, 9. Straße Mitte
1996–97
AS & P Albert Speer und Partner

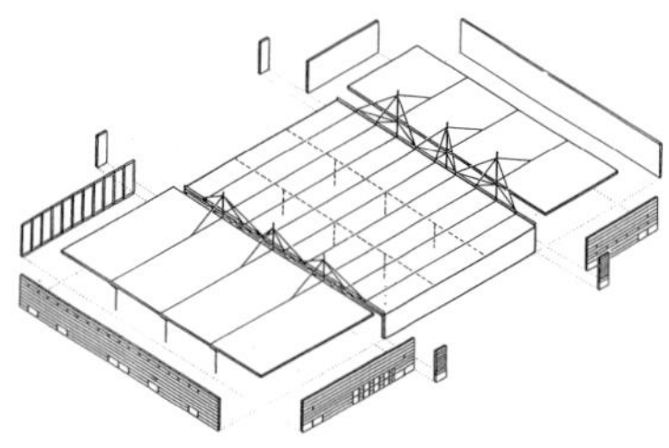

Die Aufgabe der Architekten bestand darin, die 10.000 qm Fläche einer sechs Jahre alten Halle um 17.000 qm zu ergänzen. Hierbei wurden zwei Baukörper im O und W an das bestehende Gebäude angebaut. Das stählerne Primärtragwerk besteht aus Dreigurtträgern, die auf Rundstützen gelagert sind. Die Dachbinder der alten Halle wurden über Zugseile mit dem Tragwerk des Neubaus verbunden. Die Umlenkung der Seile erfolgt jeweils durch erhöhte Pylone an den ehem. Stirnseiten des Altbaus. Das Besondere der neuen Halle ist die Dachkonstruktion: Holzkastenträger mit einem Querschnitt von 2 x 1 m und einer Spannweite von 30 m sind auf dem Stahlunterbau befestigt. In den zugänglichen Trägern verlaufen Versorgungsleitungen. Die Fassade des Alt- und Neubaus ist einheitlich mit horizontalen Paneelen verkleidet. Vertikale, über das Dach als Oberlicht geführte Fugen aus Glas markieren den Übergang von alt zu neu. Während der Expo nimmt die Halle 12 Ausstellungen der afrikanischen Länder auf. Die Nachbarhalle 11 wurde von Pysall, Stahrenberg & Partner um einen Vorbau zur Allee der Vereinigten Bäume erweitert.

Two buildings, E and W, were attached to the higher existing building and carry the roof trusses of the old hall via cables. The new roof structure is striking: supply lines are carried by accessible wooden box girders with a 2 x 1 m cross-section and a span of 30 m. All façades are uniformly cladded. Vertical glass joints mark the transition from old to new.

Expo 5

Hermesturm

9. Straße Mitte
1955-56; 1999–2000
Werner Gabriel; Renk Horstmann Renk

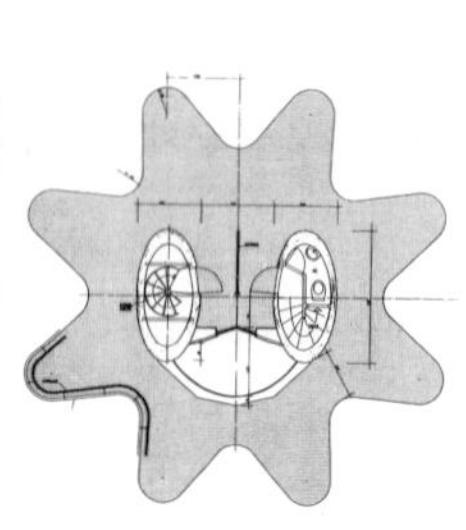

Grundriss der Panoramaplattform
Ground plan of panorama platform

Weithin sichtbar erhebt sich am Expo-See der 82 m hohe Hermesturm. Der Schaft besteht aus zwei in damals neuartiger Gleitschalenbauweise erstellten Stahlbetonröhren. Ein zwischen den Röhren nach außen sichtbarer Schnellaufzug führt zu einer sternförmigen Panoramaplattform. Von hier aus gelangte man ursprünglich über eine Treppe in das Turmcafé in 69 m Höhe, eine nach außen geneigte Stahlglaskonstruktion mit trapezförmigen Scheiben. Bekrönt wird das Bauwerk durch die Stahlskulptur eines stilisierten Hermeskopfes – Symbol der Hannover-Messe. Der Hermesturm steht in der Tradition des berühmten Stuttgarter Fernsehturms von Fritz Leonhardt und Erwin Heinle (1954–56), ohne jedoch dessen ästhetische Brillanz zu erreichen. Nachdem der Turm über Jahre hinweg nicht mehr genutzt wurde, erfolgte 1999–2000 eine grundlegende Sanierung. Die verglaste Aussichtsplattform wird nicht mehr als Turmcafé betrieben.

The 82 m Hermes tower is in the tradition of the Stuttgart television tower. When it was built, the slipforming technology used for the reinforced concrete tubes was new. A high-speed lift to the star-shaped panorama platform is visible from outside. From here, stairs lead to the tower café, now closed. A stylized steel head of Hermes, the symbol of the Hannover trade fairs, surmounts the building. The tower was thoroughly renovated in 1999–2000.

Expo 6

Expo-Dach am Hermessee
9. Straße Mitte
1998–2000
Herzog + Partner

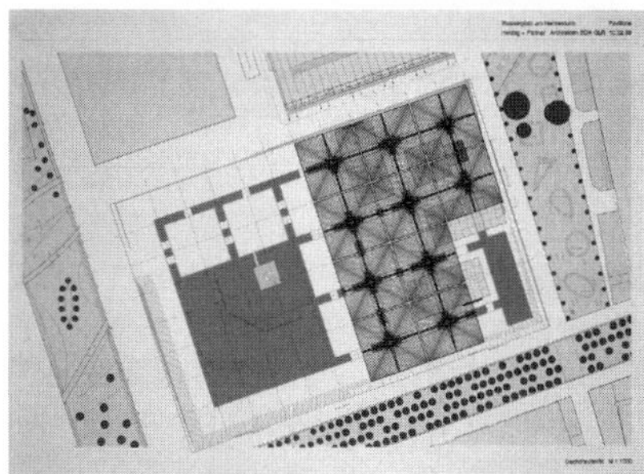

Zu Füßen des Hermesturms (Nr. Expo 5) befindet sich eine 120 x 240 m große Wasserfläche mit pontonartigen Aktions- und Aufenthalts-'Inseln', die durch Brücken miteinander verbunden sind. Die streng geometrisch gegliederten, quadratischen (35 x 35 m) Einzelflächen werden von 5 m breiten Wasserkanälen getrennt. Östlich des großen Bassins stehen vier Pavillons als Einzelkuben unter dem sich spektakulär erhebenden Holzdach. Die innovative Konstruktion setzt sich aus 40 x 40 m großen und über 20 m hohen Holzschirmen mit doppelt gekrümmten Gitterschalen zusammen, deren vier Füße aus Vollholzstützen im jeweiligen Kreuzungspunkt der „Grachten" gegründet sind. Hier, im Mittelpunkt der Einzelschirme, erfolgt die sichtbare Entwässerung des Daches. Das High-Tech-Bauwerk ist eines der größten Holzdächer der Welt und mit seiner prägnanten und selbstbewußten Form ein Wahrzeichen der Expo und der Messe Hannover.

Beside the Hermes Tower is a water area with pontoon-like islands, separated by 5 m wide canals. Four individual pavilions stand under the roof, a construction of 40 x 40 m lattice shells above 20 m high wooden umbrellas; the supports are set at the canal intersections. This is one of the largest timber roofs in the world and a symbol of Expo and the Hannover trade fair.

Expo 7

Halle 26
6. Boulevard, 7. Straße Mitte
1995-96
Herzog + Partner

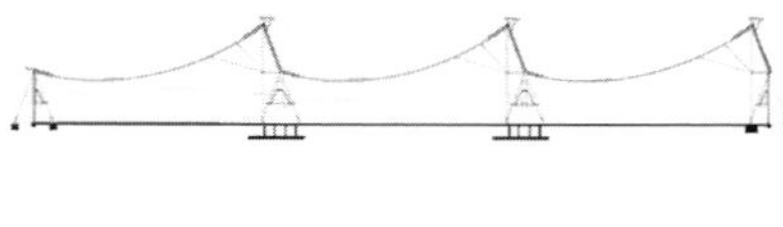

1994 beauftragte die Deutsche Messe AG das Büro Herzog + Partner, auf Grundlage eines Masterplans eine Machbarkeitsstudie für zukünftige Bauten bzw. Infrastrukturvorhaben auf dem Messegelände zu entwickeln und diese exemplarisch am Bau der Halle 26 zu realisieren. Die vorgegebenen Kriterien waren hierbei u.a. die Entwicklung einer markanten Architektur, der Bau von Großstrukturen als Klimahüllen, die Nutzung der Möglichkeiten natürlicher Lüftung und die ressourcenschonende Verwendung von Materialien. Die 25.400 qm große Halle wird durch ein spektakuläres dreifaches Hängedach bestimmt, das über drei Felder gespannt ist und von Stahlpylonen getragen wird. Der Anspruch nach einer weitgehend natürlichen Belichtung wird durch die völlig verglasten Nordfassaden und die Lichtbänder im Tiefpunkt der Hängedächer erfüllt. Ihre markante Form und die zukunftsweisende Architektur machen die Halle zu einem Aushängeschild des Messegeländes. Die Halle nimmt während der Expo die Präsentationen verschiedener Länder auf.

Hall 26 was a pilot building for Expo 2000 (large-structure climatic envelopes, natural ventilation, recycable materials). The 25,400 m^2 hall has a striking triple suspended roof carried by steel pylons. Fully glazed N façades and lighting rows at the lowest point of the roofs ensure largely natural lighting. The bold form and innovative architecture make the hall one of the showpieces of the exhibition grounds.

Expo 8

Deutsche Messe AG Hannover, Neubau Verwaltung Nord
8. Boulevard
1997–99
Herzog + Partner

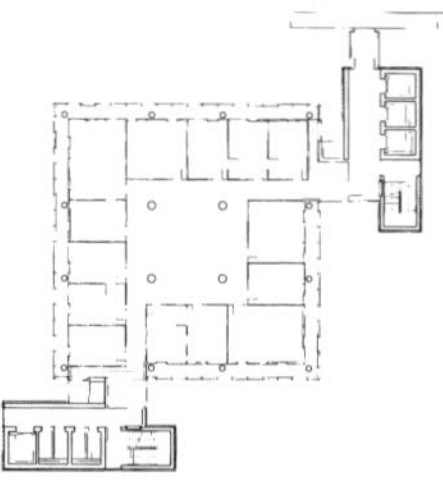

Der in Stahlbetonskelettbauweise konstruierte Verwaltungsbau gliedert sich in einen quadratischen, 67 m hohen Büroturm und zwei erhöhte nordöstlich bzw. südwestlich angelagerten Kerne, welche die Vertikalerschließung und Sanitärräume aufnehmen. Über einer zurückgesetzten, dreigeschossigen Eingangshalle erheben sich 14 Bürogeschosse, eine Vorstandsetage sowie die sog. Hermes-Lounge. Die Büroflächen sind flexibel unterteilbar. Die Mittelzonen werden als Gemeinschaftsflächen genutzt. Die Doppelfassaden der Büroflächen bestehen innen aus Holz und Glas, außen sind sie aus Stahl und Glas in Pfosten-Riegel-Bauweise konstruiert. Die Erschließungskerne wurden großteils mit Tonplatten verkeidet. Die Beheizung und Kühlung basiert im wesentlichen auf der thermischen Aktivierung der Gebäudemassen. Die zweischalige Bürofassade ist in horizontale Abschnitte geschottet, und dient als luftführendes System; jeder Arbeitsplatz besitzt ein zum Fassadenzwischenraum zu öffnendes Fenster. Entstanden ist ein städtebaulich dominierender Verwaltungsbau, der sich durch seine zurückhaltende Ästhetik und den innovativen Einsatz von Bautechnologie auszeichnet.

The administrative building comprises a 67 m office tower and two cores for access and sanitation. Above a three-storey entrance hall are 14 office floors, one executive floor and the Hermes Lounge. The office-floor has twin-face-façades; each workspace has a window that opens on the cavity for ventilation. Heating and cooling is based on the thermic activation of the building masses.

Expo 9

Mannesmann-Turm
Eingang Nord
1950er Jahre
Bauabteilung der Mannesmann-Röhrenwerke

Der 100 m hohe, aus einer Stahlkonstruktion bestehende Turm wurde ursprünglich für die Fordwerke in Köln errichtet. 1957 translozierte man das Bauwerk auf das Messegelände in Hannover. Nach einer grundlegenden Sanierung durch Mannesmann, bei der u.a. auch die beiden stilisierten Hermesköpfe – Symbole der Hannover-Messe – unterhalb der Spitze angebracht wurden, erhielt der Turm 1961 seinen endgültigen Standort innerhalb der Straßenbahn-Wendeschleife am Eingang Nord. Das filigrane Gerüst mit seinem Grundriss in der Form eines dreizackigen Sterns setzt hier einen markanten Akzent.

The 100 m Mannesmann tower, a filigree steel construction on a three-pointed-star plan, was built for the Ford factory in Cologne and moved to the Hannover trade fair grounds in 1957. The two Hermes heads symbolize the Hannover trade fair; they were attached before the tower was moved to its present position in 1961.

Expo 10

Europahalle (Messehalle 2)
1. Straße Mitte, 9. Boulevard
1992
Bertram Bünemann Partner

Die markante, dreischiffige Halle war der erste Großbau, der für die Expo 2000 entstand. Sie beherbergt während der Weltausstellung die Expo-Partner. Charakteristisch ist ihr elegantes, seitlich weit auskragendes Dach. Dessen Tragwerk besteht aus 120 m langen, innenliegenden und leicht überhöhten Dreigurtbindern aus Stahlrohrprofilen, die von vierteiligen, außenliegenden Stahlpylonen nach oben abgespannt sind. Die stützenfreie Ausstellungshalle von 100 x 120 m wird seitlich durch Ganzglasfassaden und durch Oberlichter über den Hauptbindern weitgehend natürlich belichtet. Im W schiebt sich das Seitenfoyer als transparenter, 200 m langer Trakt nach N vor und setzt mit seinem zeichenhaften Flügeldach am Nordeingang des Expo-Geländes einen wirkungsvollen architektonischen Akzent.

The Europahalle, the first large Expo 2000 building, has an elegant cantilevered roof whose load-bearing structure consists of 120 m long interior triple girders anchored outside by four-part steel pylons. The hall, 100 x 120 m, is column-free and largely daylighted, with all-glass walls and roof-lights. An accent is added by the side section with its winged roof.

Expo 11

Empfangsgebäude des Helikopterlandeplatzes
Expo-Parkplatz Ost 6b
1999
Glaser + Krautwald Architekten

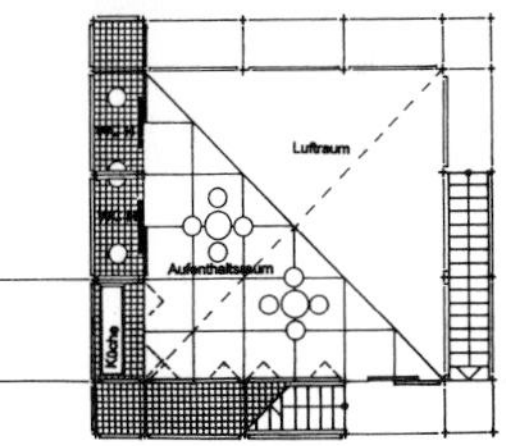

Das Empfangsgebäude des Heliports ist ein viergeschossiger Stahlskelettbau und besteht aus einem Kern und einer ihn umgebenden raumhaltigen Schale. Im Inneren sind dreieckige, gegeneinander verdrehte Ebenen übereinandergestaffelt, welche die Nutzungsbereiche Empfang, VIP-Aufenthalt und Flugleitung aufnehmen. Die äußere Schale windet sich als Treppe spiralförmig um den Kern und enthält die Nebenräume. Dieser völlig verglaste, transparente Kubus steht in reizvollem Kontrast zur äußeren, geschlossenen Schale, die mit Gitterrosten verkleidet ist. Mit dem Heliport ist ein Gebäude entstanden, das durch seine funktionale Eleganz sowie interessante Raum- und Blickbeziehungen besticht.

The heliport reception building consists of core and shell. In the core are triangular levels containing reception, VIP lounges and flight control; the shell, with ancillary rooms, spirals the core like a staircase. There is a contrast between the fully glazed cube and the windowless shell with lattice cladding.

Expo 12

Halle 4
9. Boulevard
1997–98
gmp von Gerkan, Marg und Partner

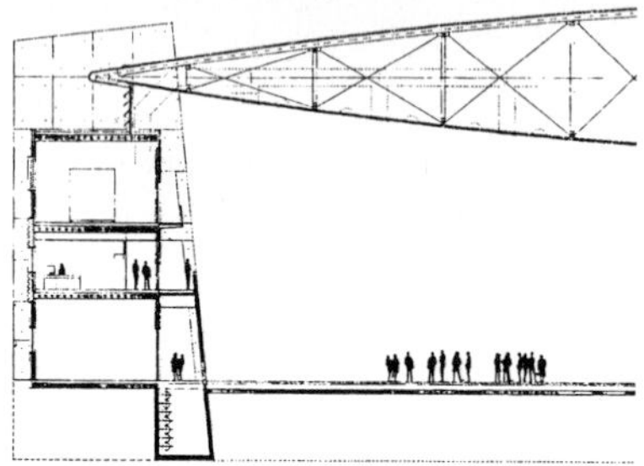

Die 185,6 x 116 m große Ausstellungshalle öffnet sich zum Messepark nach W und zum Messeschnellweg nach O. Die Besonderheit des großzügig angelegten Bauwerks liegt in der Überdachung: 18 fischbauchförmige Stahlrohrbinderpaare überspannen den Innenraum ohne Stützen 122 m weit. Sie stehen in einem Abstand von ca. 11 m. Dazwischen liegen Trapezblechdächer mit linsenförmigem Querschnitt und Oberlichtbändern. In den zugänglichen Hohlräumen befindet sich das Belüftungssystem. Oberlicht und unterspannte Stahlrohrbinder sorgen im Innern für ein Raumerlebnis, das an frühe Industriearchitekturen erinnert. Die Stahlbinderkonstruktion ist an den Stirnseiten durch den letzten außenliegenden Träger vor der Glasfassade ablesbar; die geschlossenen Längsfassaden werden durch vortretende Betonscheiben rhythmisiert. Die Halle 4 ist ein herausragendes Beispiel des modernen Messebaus, in dem Architektur und Konstruktion eine gelungene Einheit bilden. Im Innern werden während der Expo die Sektionen des Themenparks zu „Mobilität", „Zukunft", „Arbeit und Wissen", „Information", „Kommunikation" präsentiert.

The outstanding feature of the exhibition hall is the roof: 18 pairs of fish-bellied steel tube girders span the interior without supports over a width of 122 m. Between are trapezoid sheet metal roofs with bands of rooflights. Accessible cavities contain the ventilation system. The lighting creates a spatial effect like that of early industrial architecture.

Expo 13

Informations- und Service Centrum
6. Straße Mitte/8. Boulevard
1983–84
Heinz Wilke

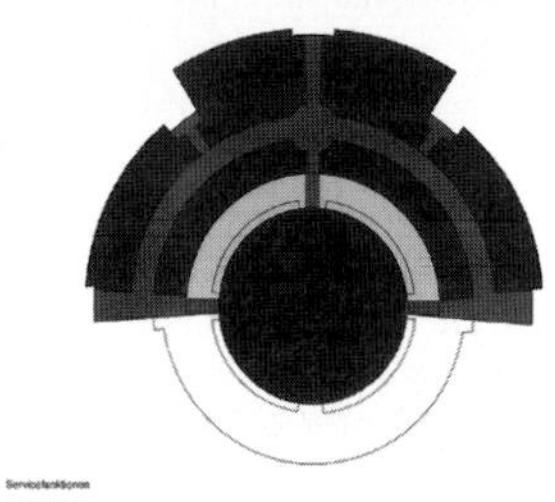

Das markante Ensemble mit einer Nutzfläche von 2.200 qm ist aus kreisförmigen Grundrissformen aufgebaut. Im Zentrum befindet sich ein diskusartiger, überkuppelter Rundbau. Er wird zur Hälfte ringförmig von einem eingeschossigen Gebäude umschlossen, das auf seiner ganzen Länge von einer tonnenüberwölbten Passage durchzogen wird. Rückwärtig angeschoben und sich wiederum in Bogenform anschmiegend, liegt ein zweigeschossiger Baukörper. Die Fassaden werden von großzügigen Fensterfronten und weißen Paneelen bestimmt. Das Informations- und Service Centrum der Hannover-Messe dient während der Expo 2000 als Tourismus-Center.

The information and service centre has an area of 2,200 m^2 and a plan based on circles. In the centre is a domed rotunda, half of which is enclosed by a curved one-storey building with a barrel-vaulted passage. At the back of this, again adjoining the other sections, is a two-storey building. The façades have large windows and white strips.

Expo 13a

Telekom T-Digit
6. Boulevard, 9. Straße Mitte
Bertram Bünemann und Partner/Fa. Holtmann
1999–2000

Der 25 m hohe und um 8,7 Grad gekippte gläserne Würfel besitzt eine Kantenlänge von ca. 16,5 m und sitzt auf einem geschlossenem Schaft. Im gläsernen Dachfeld der 500 Tonnen schweren Stahlkonstruktion verhindern Kühlkassetten eine übermäßige Aufheizung des Innenraums. Zur Erschließung des Bauwerks dient (Richtung Tagungszentrum, Nr. Expo 15) eine stählerne Außentreppe. Die vier gegenseitig versetzten Geschosse ergeben acht Ebenen, die von außen durch das quadratische Fassadenraster sichtbar sind. In den vier unteren Halbetagen werden Inszenierungen und Ausstellungen zum Thema „Welt von Morgen" gezeigt. Die vier oberen Ebenen nehmen die VIP-Lounge auf. Zwei aufgesetzte, jeweils 256 qm große LCD- (Südseite) bzw. LED-Fassaden dienen während der Expo zur Live-Übertragung von Sportereignissen, Nachrichtensendungen u.ä. Der Telekom-Würfel soll voraussichtlich nach der Expo demontiert werden.

Access to the Telekom glass block, tipped at an angle of 8.7°, with a glass roof panel containing cooling elements, is by a steel outside staircase. The four staggered storeys give eight levels, visible through the square façade grid. The lower floors contain exhibits ("Tomorrow's World"), and the upper floors the VIP lounge. News and sports will be broadcast live on two façades with LCD and LED displays.

Expo 14

Nord/LB forum
8. Boulevard, 4. Straße Mitte
1996–97
Schweger + Partner

Das Nord/LB forum befindet sich im Zentrum des Messegeländes und ist mit einer Längsseite an die Halle 17 angebaut. Es nimmt die Flucht des runden gläsernen Fernsehstudios (am N/O-Eck der Halle 17) auf. Das Gebäude steht auf einem leicht erhöhten Podest, wodurch die Anlage einen repräsentativen Charakter erhält. Hervorstechende Entwurfselemente sind das vorgelagerte Glasfoyer, die Stahl-Tragkonstruktion aus bedrucktem Glas (außen), Naturstein (innen) und das körperübergreifende Stahldach mit darüber installierter, textiler Dachmembran (Sonnenschutz). Das Dach als zentrales Merkmal soll außerdem die Vereinigung der Länder unter einem „Dach der Begegnung" symbolisieren. Im Innern befinden sich auf ca. 2.800 qm variable Räumlichkeiten, wie Expo-Center sowie im 1. OG eine VIP-Lounge in Form eines Kopfbaus. Fragil anmutende Stahlstützen verleihen dem ringsum verglasten Bauwerk eine elegante Leichtigkeit. Genutzt wird das Nord/LB forum von den Bundesländern Niedersachsen, Sachsen-Anhalt und Mecklenburg-Vorpommern sowie vom Norddeutschen Rundfunk.

The Nord/LB forum is annexed to Hall 17. Notable features are the separate glass foyer, the steel bearing construction of printed glass and natural stone and the large steel roof with surmounting textile room membrane (sunshading). The roof symbolizes the theme of many nations under one roof. Inside are variable areas and a VIP lounge. Slender steel supports convey a sense of lightness.

Expo 15

Tagungs-Centrum Messe
8. Boulevard, 9. Boulevard
1988–90
Storch Ehlers und Partner

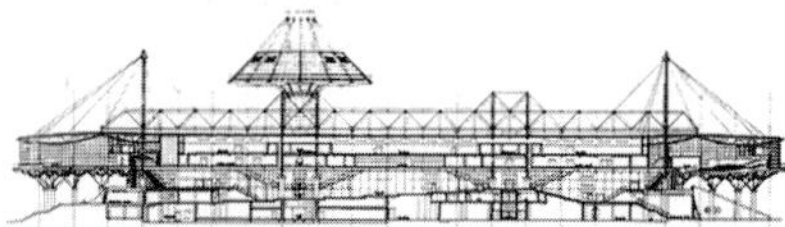

Das Tagungszentrum „schwebt" gleich einem Raumschiff über einem künstlichen Hügel. Der futuristisch anmutende, großzügig verglaste Komplex wird durch sieben kreisrunde Tagungssäle bestimmt, die über ein darunterliegendes, langgestrecktes Foyer erschlossen sind. Die Säle werden von auf Beton ruhenden Baumstützen aus Stahl getragen; ihre Dächer sind mittels Stahlseilen an einer stählernen Brückenkonstruktion aus Stahlgitterträgern aufgehängt, deren Stützen das Gebäude durchstoßen. Der aus dem Baukörper emporragende pilzförmige Turmbau des Casinos mit dem bekrönenden Hermeskopf setzt einen Akzent. Zum Raumprogramm des Gebäudes gehören ferner ein Pressezentrum und mehrere Restaurants. Das Tagungs-Centrum Messe setzt in seiner technizistischen, mit organischen Architekturelementen gepaarten Ästhetik einen dominierenden Bezugspunkt innerhalb des Messegeländes. Während der Expo 2000 dient das Gebäude als Pressezentrum.

The futurist, largely glazed conference centre hovers above a hill. Seven circular conference rooms are reached from a long foyer. Steel trees carry the rooms, and their roofs are suspended from a bridge that pierces the building. The mushroom-shaped Casino tower rises above the building. In its combination of technical and organic aesthetics this is a powerful reference point in the fairgrounds.

Expo 16

Halle 14
6. Boulevard, 9. Straße Mitte
1996-97
Schweger + Partner

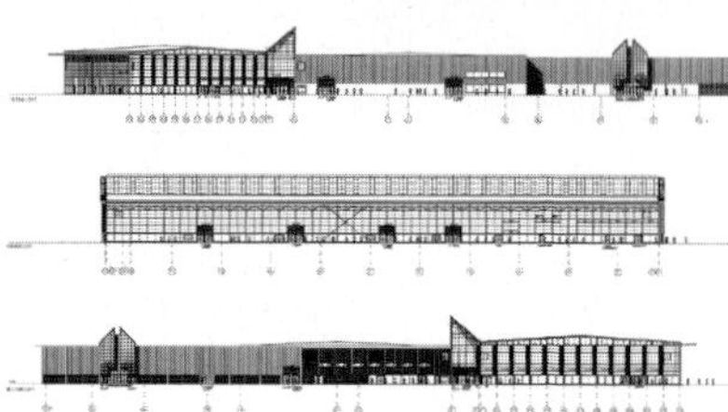

Das trapezförmige, 3.500 qm große Bauwerk orientiert sich zur neuen Ost-West-Achse, der Allee der Vereinigten Bäume. Das Entwurfskonzept sah vor, die Halle 14 mit der vorhandenen Halle 15 zu verknüpfen. Hierzu wurden die Randstützen der alten Halle entfernt und ihr Dach an einen ‚aufgeklappten' Kragarm der neuen Halle gehängt. Die in diesem Übergangsbereich entstandene Glaspassage soll als Zäsur zwischen den beiden Gebäudeteilen fungieren. Die Halle überspannt 70 bzw. 50 m. Die Fassaden sind in W und O fächerförmig ausgestellt. Dadurch wurde die Einleitung von Nordlicht über schmale, vertikale Lichtbänder in das Halleninnere ermöglicht. Nach Süden öffnet sich das Gelände mit einer Ganzglasfassade, die östliche und westliche Seite sind weitgehend mit Aluminiumpaneelen verkleidet. Während der Expo präsentieren sich in der Halle 14 verschiedene Länder.

The trapezoid hall is oriented towards the new E-W axis, the Avenue of United Trees. To join it to Hall 15, the supports of the old hall were removed and its roof hung on a cantilever of the new hall. A glass passage acts as a joint between the two buildings. The W and E façades have fanlike projections, allowing N light to enter the hall through vertical bands. The S façade is fully glazed.

Expo 17

Halle 8/9
9. Boulevard, 10. Straße Mitte
1998-99
gmp von Gerkan, Marg und Partner

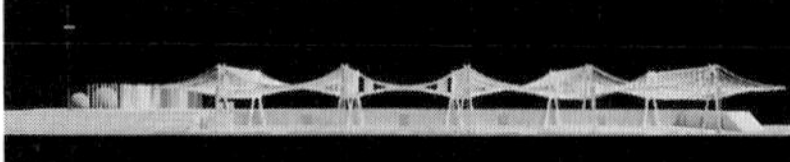

Die imposante Halle befindet sich an prominenter Stelle auf dem Expo-Gelände: Am Kreuzungspunkt der Nord-Süd mit der Ost-West-Achse wird die „Allee der vereinigten Bäume" über eine große Treppenanlage und über das Dach der Halle 8 hinweg Richtung Expo-Plaza verlängert. Südlich schließt die Halle 9 an: Mit ihren 250 m Länge und 143,5 m Breite ist sie die größte Halle auf dem Expogelände. Das Bauwerk überspannt eine Fläche von 31.000 qm; die Fassaden bestehen ganz aus Glas. Das wellenförmige Tragwerk besteht aus vier aneinandergereihten Hängedächern mit auskragenden und rückgespannten Endfeldern. Im Abstand von 50 m wurden die gegeneinander verspannten Seile zu den fünf gespreizten Böcken geführt, welche die Hauptträger in Querrichtung tragen. Die natürliche Lüftung über das mit Oberlichtbändern versehene Dach profitiert von einem wellenspezifischen thermischen Effekt. Während der Expo wird die Halle von Siemens, vom International Broadcasting Center IBC sowie vom Themenpark mit den Ausstellungseinheiten „Planet of Visions" und „Das 21. Jahrhundert" genutzt.

Hall 9, with fully glazed façades, is the largest hall at Expo, spanning an area of 31,000 m^2.The wave-shaped bearing structure comprises four joined suspended roofs with projecting end sections. Cables 50 m apart lead to the cross-supports. Natural ventilation through the roof with rows of rooflights is assisted by a wave-specific thermal effect.

Expo 18

Bahnhof Hannover-Messe/Laatzen
Münchener Straße
1997–1999
Bernhard Gössler, Daniel Döring, Kerstin Döring

Der ICE-Bahnhof wurde als ca. 200 m langes, dreischiffiges Brückenbauwerk konzipiert und quer über die Einschnitt-Bahntrasse Hannover-Kassel gesetzt. Der Zugang zu den Perrons erfolgt über zwei aufgeständerte, schmale Fahrgastverteilergebäude mit Segmentbogendächern und nach oben schräg ausgestellten Glasfassaden. Das von zwei Seitenschiffen eingefaßte, 24 m breite Mittelschiff des Brückenbauwerks nimmt die eigentliche Bahnhofshalle auf. Über ihr wölbt sich zeichenhaft ein gekrümmtes Pultdach in Richtung Messe/Expo-Gelände. Es wird getragen von einem Raumfachwerk aus Stahl, das durch die Ganzglasfassade weithin sichtbar ist. Die Dreischiffigkeit setzt sich im Bereich des Vorplatzes fort: seitlich gestaffelte Scheiben mit überdimensionierten Durchgängen dienen als Auflager für 24 m lange, frei überspannende Stahlfachwerkträger. Von ihnen sind als Regenschutz vier rechteckige Glasschirme abgehängt. Das Skywalk-Transportband (Nr. Expo 19) führt von hier direkt zum Expo-Eingang West (Nr. Expo 2).

The ICE station is a three-aisle bridge building over the Hannover-Kassel railway line. The platforms are reached by two narrow passenger distribution buildings on stilts with segmental arch roofs and glass façades broadening at the top. The concourse is in the centre aisle, surmounted by a curved pent roof, supported by a steel space frame that is visible through the fully glazed façade.

Expo 19

Skywalk
Münchener Straße
1998–99
Schulitz + Partner

Der 340 m lange Skywalk verbindet den Bahnhof Hannover-Messe/Laatzen (Nr-. Expo 18)mit dem Eingang West (Nr. Expo 2) des östlich anschließenden Messe- und Expogeländes. Laut Zielvorgabe sollte das sechs Meter hohe Bauwerk u.a. den kreuzungsfreien Verkehr von Fußgängern und Autos ermöglichen. Die Fußgängerebene innerhalb der aufgeständerten Doppelröhre wird von Fachwerkträgern mit Kragarmen getragen. Sie sind von eingespannten Stützen abgehängt, deren Spannweiten von 20 m, 24 m und 28 m sich aus den vorhandenen Straßeneinmündungen ergeben haben. Der Skywalk ist mit in Längsrichtung gekrümmtem Trapezblech eingedeckt. Die Fassade – unter den Rollsteigen mit verzinktem Drahtmaschengewebe verkleidet, zwischen Dachtragwerk und Gehebene als gebogene Haut vollständig verglast – besitzt ein hohes Maß an Transparenz. In seiner Form erinnert der Übergang an die außenliegenden Rolltreppen-Röhren des Centre Pompidou in Paris.

Skywalk, 340 m in length, joins the Laatzen station with the Expo grounds. The 6 m high structure separates passenger and vehicle flow. The pedestrian level rests on trusses with cantilevers, suspended from supports with wide spans. The façade is almost fully glazed and highly transparent. The structure recalls the exterior escalator tubes of the Centre Pompidou in Paris.

Expo 20

Heiliger Stuhl
2. Boulevard, 7. Straße West
1999–2000
SIAT Architektur und Technik München

Schnitt

Grundriss

Das Raumprogramm des transparenten Pavillons orientiert sich an der Bedeutung Gottes in der Liturgie. Es führt vom „Hain der Ruhe" im Außenbereich auf ein sakrales Zentrum im Innern hin: Ein ringförmiger Bau mit 42 m Durchmesser aus Glas und Holz nimmt die Ausstellungskabinette auf; ein glasgedeckter Wandelgang dient als Verbindung zum Zentralbereich, in dem erstmals außerhalb Roms das Mandylion, ein Tuchbild Christi aus dem 6. Jh., präsentiert wird. Dieser erhöhte Raum besitzt einen nierenförmigen, aus der Mittelachse gerückten Grundriss und ein leicht abgeschrägtes Dach. Seine 29 Wandsegmente sind aus Holz bzw. Glas und nach oben leicht verjüngt. Der aus zerlegbaren Einzelelementen konstruierte Pavillon ist eine gelungene Symbiose zwischen Architektur, Material und Form. Das Gebäude soll nach der Expo in Liepaja (Lettland) als kirchliches Gemeindezentrum wiederaufgebaut werden.

The Holy See pavilion comprises a ring-shaped exhibition building 42 m in diameter, a glass-roofed walk and a central area in the shape of a high room on a kidney-shaped plan containing a 6th-c. representation of Christ. The 29 wall segments of wood or glass taper towards the top. The pavilion is to be used in future as a church community centre in Liepaja (Latvia). Outside is a seating area with trees and fountains.

Expo 21

cyclebowl
1. Boulevard, 2. Boulevard
1999–2000
Uwe Brückner

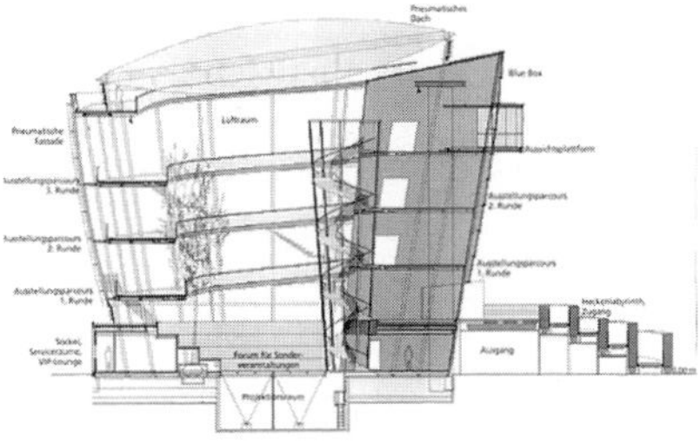

Der 25 m hohe, trichterförmige Pavillon (31 m Durchmesser) des Grünen Punkts (Duales System Deutschland) soll durch Gestaltung und umweltgerechte Bauweise künstlerische und ökologische Ansprüche in Einklang bringen. Wesentliche Baumaterialien sind Stahl, Kunststoff, Glas und Aluminium. Das Grundgerüst des Gebäudes bildet ein Stahltragwerk, das durch seine Schraubenverbindungen einen problemlosen Ab- und Wiederaufbau ermöglicht. Als Außenhülle und Dach dienen 28 pneumatisch gestützte „Folienkissen". Sie bestehen aus drei verschweißten, transparenten Kunststofffolien, deren Zwischenräume mit Luft gefüllt und in Aluminiumrahmen eingefasst sind. Durch den Innendruck in den Elementen erhält die Fassade ihre Stabilität. Die Klimatisierung orientiert sich am Kühlungssystem eines Blattes: In feinen Kapillarrohren zirkuliert Wasser aus unterirdischen Speichern durch das Gebäude. Die innere Erschließung erfolgt über eine 250 m lange spiralförmige Rampe.

The funnel-shaped German Green Dot waste disposal system pavilion is named "cycle" as in "recycling". Screwed joints make the steel bearing structure easy to dismantle. 28 pneumatically supported foil cushions form the skin and roof, their internal pressure stabilizing the façade. The climatic system is based on the cooling system of a leaf: water circulates in capillary tubes. A 250 m long spiral ramp links the levels in the interior.

Expo 22

Island
2. Boulevard
1999–2000
Akzente, Arni Pall Johansson

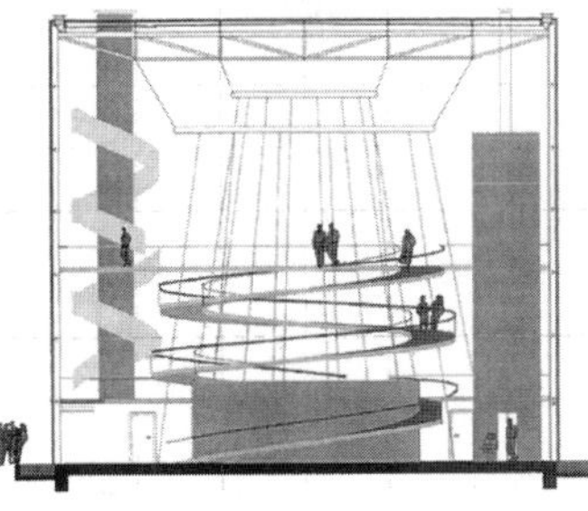

Das Gebäude hat die Form eines vollkommen verglasten Kubus auf 23 x 23 m Grundfläche. Die Fassade ist mit einer Haut aus blauer Folie umspannt. Über die ca. 20 m hohen Außenseiten der stählernen Halle fließt ein permanenter Wasserfilm, der durch einen umlaufenden Wassergraben aufgefangen wird. Von innen leuchtendes blaues Licht unterstützt den schimmernden Oberflächeneffekt. Im Innenraum befindet sich über einem runden Wasserbecken eine spiralförmige, von der Decke abgehängte Stahlrampe, von wo die Besucher auf Projektionsflächen an den Wänden und auf dem Wasser blicken können. Der dort gezeigte Film über finnische Vulkane und die Architektur des Pavillons verschmelzen zu einer Performance: ein Filmgeysir wird plötzlich real, indem eine 35 m hohe Fontäne vom Wasserbecken durch eine 2 m große Öffnung im Dach in den Himmel pulsiert. Der Pavillon soll nach der Expo demontiert werden.

A film of water flows over the outer walls of the steel Iceland pavilion, which are glass with a skin of blue foil. Blue light from inside assists the shimmering surface effect. Inside is a round water basin with a suspended steel ramp from which visitors can see the water and the wall projection areas. A geysir in the film comes to life when a 35 m jet rises from the water basin below.

Expo 23

Venezuela
2. Boulevard, 1. Straße West
1999–2000
Fruto Vivas

Der Pavillon präsentiert sich als runder, mit tropischen Planzen bewachsener Baukörper von 40 m Durchmesser. Die Architektur erinnert mit ihren vier Terrassen an den „Tepuy“, einen für das Dreiländereck Venezuela-Brasilien-Guyana typischen Tafelberg. Überragt wird er durch einen spektakulären Aufbau in der Form einer riesigen Blüte, die in der Mitte des Gebäudes auf einem Tragmast angebracht ist. Die 16 jeweils 10 m langen ‚Blütenblätter‘ sind wie Schirme konstruiert; am Tag werden sie geöffnet, nachts sind sie geschlossen. Die Erschließung erfolgt von der zentralen Halle über eine spiralförmige Treppe bzw. einen Aufzug in der Gebäudemitte. Von der obersten Ebene wird das Publikum zu den kreissegmentförmigen Ausstellungssektionen hinabgeführt. Eine um den Pavillon geführte Rampe geleitet zum Ausgang. Der Beitrag steht unter dem Motto „Eine Blume Venezuelas für die Welt“; im Zentrum der Präsentation stehen die vielfältige Flora sowie die umfangreichen natürlichen Energieressourcen des südamerikanischen Landes.

The round building covered with tropical plants recalls table mountains typical of the Venezuela / Brazil / Guyana border country. Above it is a gigantic flower with 16 petals, each 10 m long, opened in the morning and closed at night. Stairs and a lift take the public to the top, from which they descend to the exhibition areas. The message of the pavilion is "A flower from Venezuela for the world".

Expo 24

Kolumbien
2. Boulevard, 3. Straße West
1999–2000
Daniel Bonilla, Arquitectura y Urbanismo

In dem eingeschossigen Ausstellungsgebäude mit niederem Verwaltungstrakt sollen sich die Gegensätze in Kolumbien – ursprüngliche Natur- und riesige Stadtlandschaften – widerspiegeln. Dementsprechend präsentiert der Pavillon eine Kombination von modernen und natürlichen Baumaterialien: Stahl, Bambus und Teakholz. Auf einem Rasterfeld bündeln 20 gedrungene Stahlsäulen jeweils eine Bambus-Holzkonstruktion. Ihre Streben öffnen sich nach oben in den Umrissen einer umgekehrten Pyramide und tragen das weit auskragende Flachdach; ein waldartiger Raumeindruck entsteht. Die Glasfassaden des Ausstellungsgebäudes kontrastieren mit Holzlamellen. Die Ausstellung umfasst acht Sektionen und zeigt, wie Kolumbien Natur und Fortschritt in Einklang bringen will. Thematisiert werden die Geschichte der Ureinwohner, die Entwicklung der Wissenschaften und der nationalen Unternehmen.

The Colombia pavilion reflects the country's contrasts: virgin natural landscapes and gigantic cityscapes. The materials contrast too: steel, bamboo and teak. 20 squat steel columns on a grid have diagonal struts that open like branches in a forest to carry the projecting flat roof. The glass façades contrast with wooden slats. The exhibition shows Colombia's plans to reconcile nature and progress.

Expo 25

Mexiko
3. Boulevard, 2. Straße West
1999–2000
Legorreta Arquitectos

Das ca. 3000 qm große Ensemble steht unter dem Motto „Mexiko: ein Milleniumsbau". Auf dem Grundstück erheben sich fünf schlichte Kuben aus einer Stahlrechteckrohr-Rasterkonstruktion und Glas, die durch Rampen und Brücken untereinander verbunden sind. Bewegliche Paneele an den Fassaden sorgen für ein abwechslungsreiches Licht- und Farbenspiel. Die Innenhöfe zwischen den Baukörpern (Ozean-, Urwald- und Wüstenhof) spiegeln abstrahierend die vielfältige Geographie des lateinamerikanischen Landes wider. Im Inneren wird Mexiko als Vielvölkerstaat mit seinen verschiedenen Glaubensrichtungen und Kulturen präsentiert sowie die Bereiche Verkehr und Kommunikation im nächsten Jahrtausend thematisiert. Der Pavillon mit seiner klaren, ästhetisch überzeugenden Formensprache wird nach der Expo demontiert; er soll anschließend als Erweiterung der Bibliothek der Hochschule für Bildende Künste in Braunschweig dienen.

The motto of the pavilion is "Mexico: a millennium building". Five steel-and-glass cubes are linked by ramps and bridges. Movable strips on the façades create a play of light and colours. The courtyards represent Mexico's topography: ocean, primeval forest and desert. Inside, the themes include transport and communication in the next millennium. The pavilion is to be used as a library in Braunschweig.

Expo 26

Nepal
2. Boulevard, 4. Straße West
1999–2000
Amrit Ratna Shakya

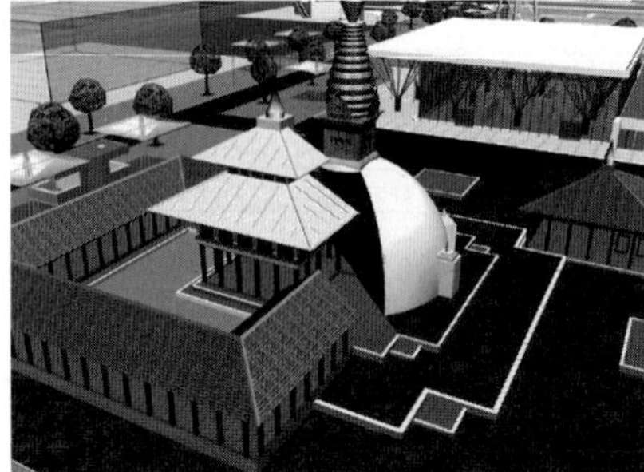

Eingebettet in eine Wiese mit nepalesischen Pflanzen aus dem Himalaja-Gebirge vereinigt der Pavillon in reduzierter Form zwei asiatische Sakralbautypen: Er setzt sich aus einem hinduistischen Pagodentempel und einer buddhistischen Stupa zusammen. Die beiden ineinander übergehenden Bauteile symbolisieren architektonisch das friedliche Zusammenleben dieser beiden Weltreligionen. Darüber hinaus versinnbildlicht das Gebäude zwei grundlegende geometrische Elemente des Universums: Die Stupa mit ihrem kreisförmigen Grundriss und dem kuppelförmigen Aufbau steht für Natur, Erde, Kosmos und Schöpfung, der Tempel mit seiner quadratischen Form für die Menschheit und ihre Kreativität. Die filigranen Holzschnitzarbeiten des Pavillons wurden sämtlich in Nepal in Handarbeit vorgefertigt. Im Anschluss an die Expo 2000 soll das Gebäude als Nepal-Promotion-Center in Deutschland genutzt werden.

Set in a meadow with Himalayan plants, the Nepal pavilion links a Hindu pagoda temple and a Buddhist stupa, symbolizing the peaceful coexistence of the two religions. The round domed stupa stands for nature, earth, cosmos and creation, and the square temple for humanity and creativity. The filigree woodcarving was done by hand in Nepal. The building is to remain in Germany as a Nepal promotion centre.

Expo 27

Singapur

2. Boulevard, 4. Straße West
1999–2000
PICO Art International PTE Ltd., MAR Architekten GmbH

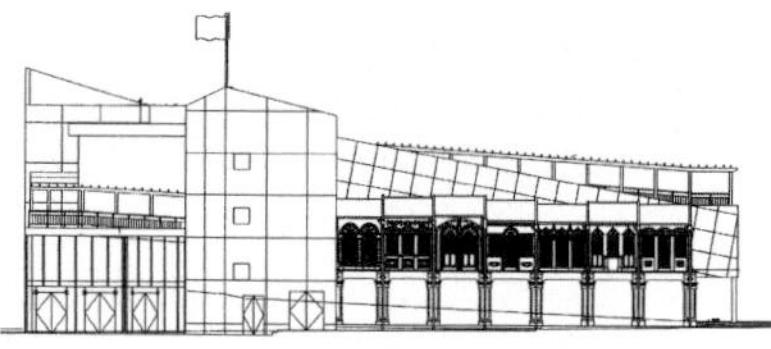

Der Pavillon hat den Anspruch, unter dem Motto „New Asia – Singapore" die architektonische Vielfalt im Spannungsfeld zwischen Ost und West sowie die multikulturellen Wurzeln des Inselstaates zu vereinigen. Das zweigeschossige Gebäude mit tropischem Dachgarten basiert auf einer vorgefertigten Stahlrahmenkonstruktion. Seine Fassade besteht aus Glaspaneelen und beschichteten Wandtafeln. In Kontrast zu der modernen Bauweise sind an der 21 m langen Front zum Boulevard Fassadenrekonstruktionen landestypischer historischer „Shophouses" aufgebaut, die Läden und Restaurants aufnehmen. Im Inneren erschließen umlaufende Rampen die verschiedenen Ausstellungsbereiche und zwei große Multimediatheater zum Thema Vergangenheit und Zukunft sowie zur Ökologie Singapurs. Es ist geplant, Teile des Gebäudes nach Abschluss der Expo zu Ausstellungszwecken in Singapur wieder aufzubauen.

Under the motto "New Asia – Singapore", the two-storey steel-frame pavilion with its roof garden claims to unite Singapore's multicultural architectures and society. The façade is of glass strips and coated wall panels. In contrast to the modern elements, the front has typical old "shophouses" with shops and restaurants. Parts of the pavilion are to be rebuilt in Singapore after Expo.

Expo 28

Thailand

3. Boulevard, 4. Straße West
Design 103 International
1999–2000

Der aus pyramidenförmigen Elementen komponierte Pavillon soll die Potentiale der Biotechnologie Thailands sowie Aspekte der Kultur, Tradition und natürlicher Ressourcen des Landes in eine moderne architektonische Form kleiden. Er besteht weitgehend aus vorgefertigten Elementen, die von einer leichten Stahlkonstruktion getragen werden; das Dach ist mit einer Metalleindeckung versehen. Die Präsentation im Inneren steht unter dem Motto „Nahrung für die Welt durch Artenvielfalt". Auf dem Außengelände werden typische Elemente der thailändischen Landschaft (Berg für den Norden, Reisfeld für das Landesinnere, Hochebene für den Nordosten, Teich für Flüsse und Meer) inszeniert.

The largely prefabricated pavilion, composed of pyramidal elements, aims to show Thailand's biotechnological potential, culture and natural resources in a modern form. The presentation inside has the motto "Food for the world through biodiversity". Outside, typical landscape types are represented (mountain, rice paddy, plateau, pond).

Expo 29

Japan
11. Boulevard, 11. Straße Ost
1999–2000
Shigeru Ban Architecs

Einen der späktakulärsten Pavillons der Weltausstellung präsentiert Japan. Das ca. 3.600 qm große Bauwerk besteht im wesentlichen aus recyceltem Papier. Dieses Material wird in Deutschland erstmals als Baustoff eingesetzt und stellt im Hinblick auf Genehmigungsverfahren ein außergewöhnliches Ereignis dar. Bei der Konzeption wirkte Frei Otto mit (vgl. Olympiaanlagen München, 1972). Im Vordergrund der Planungen standen die Aspekte Niedrigenergie und Umweltverträglichkeit. Die Ausstellungshalle überspannt ein in zwei Richtungen gekrümmtes Flächentragwerk. Es ist aus kreuzweise gegeneinander verschränkten, 40 m langen und 12,5 cm starken Pappröhren konstruiert. Sie sind über Steckverbindungen zusammengefügt und mit Polyesterbändern verschnürt. Ausgesteift wird die Konstruktion durch Holzleitern aus Brettschichtholz. Die Spannweite beträgt 35 m bei einer Länge von 95 m. Die stützenfreie Bauweise und das dreifach geschwungene Dach mit spezialimprägnierter Membranhaut aus lichtdurchlässigem Textilgewebe verleihen dem innovativen Bauwerk eine grandiose Raumwirkung. Nach Ende der Expo wird der Pavillon komplett wiederverwertet.

Japan's pavilion is of recycled paper: special permission was needed to use this new building material in Germany. The curved loadbearing structure is of paper tubes, 40 m long and 12.5 m thick, tied with polyester tape. The curved roof has a skin of specially impregnated textile-and-paper membrane. The construction is shiffened by wooden ladders. The pavilion is to be completely recycled after Expo.

Expo 30

ZERI (Zero Emissions Research Initiative)
2. Boulevard, 6. Straße West
1999–2000
Simón Vélez

Das schirmartige, 14 m hohe und 40 m breite, offene Gebäude beruht auf der Überzeugung, industrielle Produktion sei weitgehend ohne Abfall möglich. Die Idee stammt von dem Belgier Gunter Pauli, der das Wissenschaftsforum ZERI 1994 gegründet hat. Der zweigeschossige, 1.300 qm große Bau ist aus ca. 4.000 Bambusrohren zusammengesetzt. Die Knotenbereiche bestehen aus Kupfer, die mit Zement ausgegossen wurden. Alle eingesetzten Materialien sind „nachwachsend" und recycelbar. Eine Empore für Ausstellungseinheiten ist über zwei Treppen erreichbar. Die Vorzüge der neuartigen Bambuskonstruktion sind ihr geringes Gewicht und eine hohe Erdbebensicherheit. Der Pavillon soll nach der Expo in Paris sowie in Tokio wieder aufgebaut werden.

The umbrella-shaped building is based on the conviction of the Belgian Gunter Pauli that industrial production is possible virtually without waste. It comprises c. 4,000 bamboo canes, with joints of copper filled with cement, a form of construction both lightweight and earthquake-proof. All the materials are renewable and recyclable. After Expo, the pavilion is to be rebuilt in Paris and in Tokyo.

Expo 31

Sri Lanka
7. Straße West
1999–2000
Design KOA

Das schlichte, mit einem leicht geneigten Satteldach versehene Ausstellungsgebäude ist in Stahlbauweise ausgeführt. Es besitzt eine Grundfläche von 33 x 60 m und ist 10 m hoch. Fassaden sowie die Innenwände sind mit landestypischen Ornamenten verziert. An der mit akroterienartigen Aufsätzen akzentuierten Giebelfront ist in einer Nische zwischen den beiden Hauptein- bzw. Ausgängen eine fassadenhohe, goldene Buddha-Statue aufgestellt. Der Außenbereich wurde mit Gehölzen aus Sri Lanka belegt.

The façades and interior walls of the steel pavilion with shallow saddleback roof are decorated with typical Sri Lankan ornaments. On the gable end, which has acroterion-like additions, is a tall gilt statue of Buddha. The outside area features Sri Lankan woods.

Expo 32

Republik Korea
2. Boulevard, 7. Straße West
1999–2000
Chul Kong, Kyong-Soo Park

Der ca. 20 m hohe dreistöckige Pavillon erinnert an eine Wiege, die über einer Parklandschaft zu schweben scheint. Die Stahlrahmenkonstruktion des Körpers liegt auf einer durch Stützen aufgeständerten Plattfom. Die Fassade besteht aus unterschiedlichsten Flächen verschiedenfarbiger Fliesen, die das Gebäude wie ein riesiges Patchwork einhüllen. In den geometrischen Mustern bricht sich das Sonnenlicht. Seinen besonderen Reiz erhält der Pavillon nach Sonnenuntergang: dann leuchtet er von innen heraus wie eine Laterne. Sichtbar wird ein traditionelles Flickenmuster. Dieser optische Effekt soll die wechselnden Eindrücke von Landschaft und Natur im Tageslauf sichtbar machen. Er orientiert sich an Bojaki, dem koreanischen Brauch, Stoffreste mit Symbolwert zusammenzunähen und Geschenke darin einzuwickeln. Im Innern befinden sich auf 1.866 qm Fläche Ausstellungsräume, ein Restaurant und ein Theater.

The steel-frame Republic of Korea pavilion is raised on piles. The façade is a patchwork of varicoloured tiles; at night it glows like a lantern, revealing a traditional pattern: this is a reference to Bojaki, the Korean custom of stitching together fabric pieces with symbolic value and using the patchwork to wrap gifts, and at the same time to the changing landscape effect in the course of a day.

Expo 33

Australien
3. Boulevard, 7. Straße West
1999–2000
Tonkin Zulaikha Architects

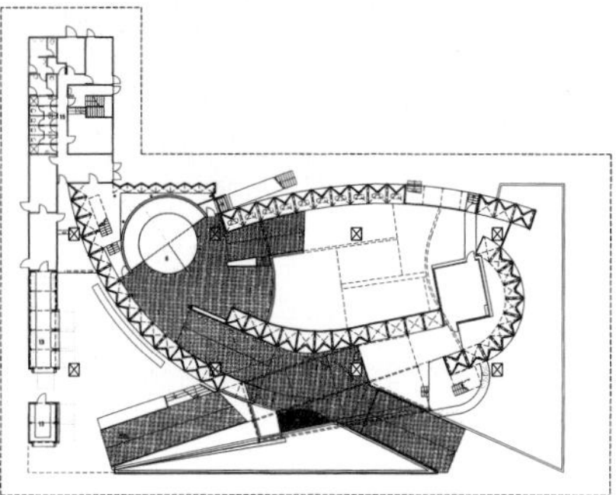

Der rote Pavillon besteht aus einer weitgehend vorfabrizierten Stahlskelettkonstruktion. Er wird überspannt durch ein weit überkragendes Dach aus doppelten Textilbahnen. Der Clou des Gebäudes ist der Wechsel zwischen Transparenz und Abgeschlossenheit: Am Tag erlaubt die tranzluzente Textilbespannung Einblicke in das Innere mit seinen verschiedenen Einbauten, nachts wird die Fassade beleuchtet. Im Pavillon präsentiert Australien eine Ausstellung unter dem Motto „Vom Boomerang bis zum bionischen Ohr"; dargestellt werden u.a. eine effizientere Ausnutzung der Sonnenenergie, der Einsatz moderner Kommunikationstechniken oder der Bereich Tourismus und Umweltschutz. Es wurden großteils rückbaufähige Materialien eingesetzt; so können etwa die einzelnen Elemente des Skeletts und die Außenhaut wiederverwendet werden. Vor dem Eingang ist in einem 18 m langen Aquarium die Nachbildung des berühmten Great Barrier Reef aufgebaut.

The distinctive feature of the Australian pavilion is the interplay of transparency and opacity. In daylight the translucent textile section reveals the interior, and at night the façade is illuminated. Most materials, including the frame and the outer skin, are recyclable or reusable. The exhibition motto is "From boomerang to bionic ear". At the entrance is a reconstruction of the Great Barrier Reef.

Expo 34

Indien
2. Boulevard, 9. Straße West
1999–2000
D. R. Naidu, Design C

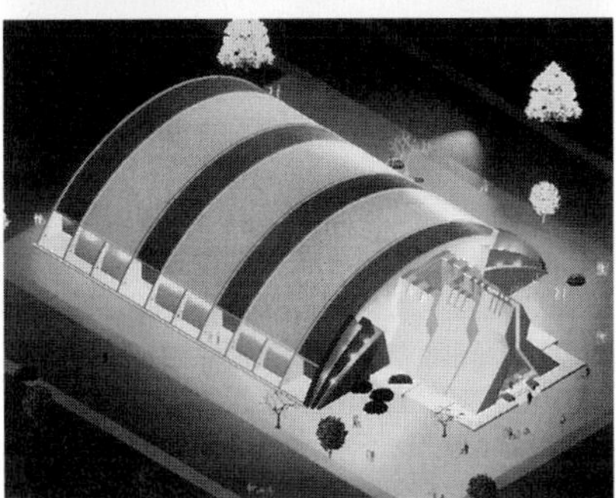

Der Pavillon besteht aus einem lang gestreckten, 10 m hohen Tonnengewölbe. Der modernen Stahlkonstruktion ist an einer Schmalseite eine zeichenhafte Eingangshalle vorgelagert: Die skulpturalen Säulen sollen in landestypischer Tradition „Ich grüße das Göttliche in dir" symbolisieren. Im Inneren ist ein spiralförmiges Labyrinth, die „Mandala", aufgebaut. Verschiedene Stationen (ein traditionelles Haus, eine alte Sternwarte, die „Parliament Street", indische Landschaften) präsentieren Geschichte und Alltag des asiatischen Landes. Abschließend ist ein Ausblick in eine indische Stadt der Zukunft inszeniert. Den Rand der Halle fassen Verkaufsstände ein; Handwerker und Künstler vermitteln einen Einblick in die indische Kultur. Auf dem Freigelände befindet sich ein Amphitheater sowie ein Bereich für Kleinkunst und Yoga-Aufführungen.

India's long, barrel-vaulted steel pavilion is fronted by an entrance hall with sculptural columns symbolizing "I greet the divine in you". Inside are a mandala and representations of Indian life past, present and future: a traditional house, an old observatory, landscapes. Craftsmen and artists show aspects of Indian culture. Outside are an amphitheatre and a space for street theatre.

Expo 35

Buthan
3. Boulevard, 9. Straße West
1999–2000
Peter Schmid

Das Himalaja-Königreich nimmt erstmals an einer Weltausstellung teil. Der Pavillon ist – in reduzierter Form – dem Lhakang, einem traditionellen buddhistischen Tempel nachempfunden. Vor Baubeginn des 250 qm großen Gebäudes wurde eine Schatzvase vergraben, nach buddhistischem Glauben Symbol des Dankes an Mutter Erde. Den Mittelpunkt des symmetrisch angelegten Ensembles markiert ein kubischer, überhöhter Baukörper mit stilisiertem Pagodendach. Niedrige Verbindungsflügel leiten zu den ebenfalls mit vorspringenden Dächern versehenen Eckpavillons über. Ein vorgelagerter, durch ein Eingangstor akzentuierter Hof bietet dem Publikum die Möglichkeit zur Besinnung und zum Verweilen.

Bhutan's first contribution to a world exhibition is a simplified version of a traditional Buddhist temple, a lhakang. A vase with treasures was buried beneath the pavilion as a symbol of thanks to Mother Earth. A high building with stylized pagoda roof is the focal point, with wings leading to corner pavilions and a courtyard as a space for reflection.

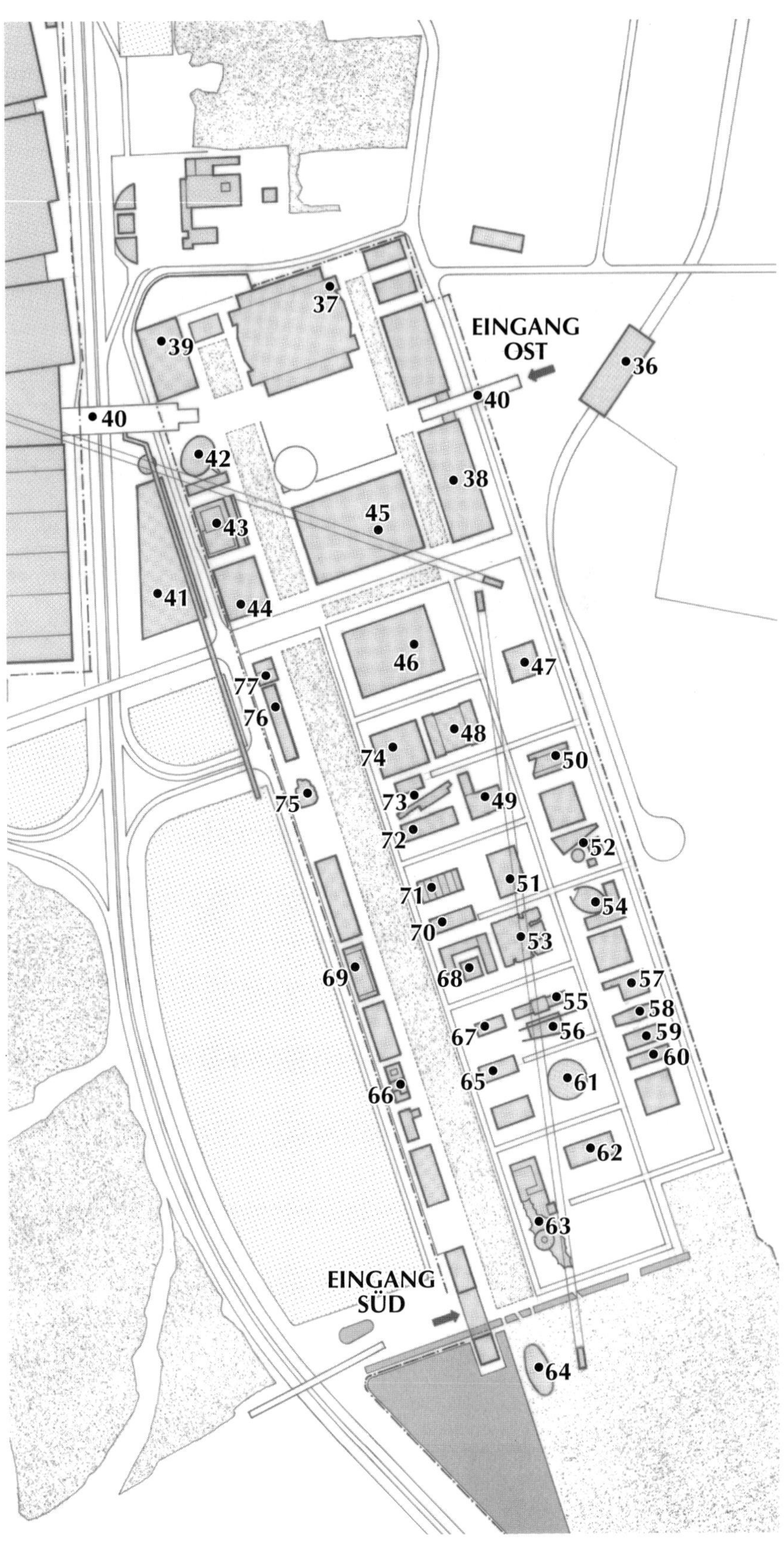

EINGANG OST
EINGANG SÜD
36
37
38
39
40
40
41
42
43
44
45
46
47
48
49
50
51
52
53
54
55
56
57
58
59
60
61
62
63
64
65
66
67
68
69
70
71
72
73
74
75
76
77

Expo 36

Endstation Expo/Ost
Stadtbahn Linie 11
Eingang Ost
1997–2000
Bertram Bünemann Partner

Die Endhaltestelle erschließt über den Eingang Ost die Expo-Plaza und das östliche Pavillongelände. Durch die Hanglage entstanden beiderseits des Bahnhofs zwei Plätze auf unterschiedlichen Niveaus: ein unterer als Vorplatz zum Expo-Gelände, ein oberer in Richtung zukünftiger Wohnbebauung. Der Reiz des Bahnhofs liegt im transparenten, wellenförmig geschwungenen Glasdach. Es ruht auf aneinandergereihten, harfenförmigen Stahlbetonstützen, Richtung Expogelände auf schirmartigen Baumstützen aus Stahl. Die Wölbung des Daches orientiert sich an der Topographie und an den funktionalen Aspekten der Erschließung (es hebt sich an der Stelle des Treppenübergangs). Zu der Anlage gehören zwei Betriebsgebäude aus blau gefärbten Betonsockeln und halbtransparenten Glaselementen. Die Endstation vereinigt Konstruktion und Funktion mit eleganter Ästhetik.

The local railway terminus is on two levels. The attraction is its transparent glass roof with wavelike curves resting on rows of harp-shaped reinforced concrete supports. The curve of the roof follows the topography and rises over a staircase. Two buildings with blue concrete bases and semi-transparent glass elements complete the complex, combining functionality with elegance.

Expo 37

Preussag arena
Expo-Plaza
1998–2000
Helmut Sprenger

Die Preussag arena markiert den nördlichen Abschluß der Expo-Plaza. Das quaderförmige, 128 X 115 m große Gebäude hat an seinen Längsseiten jeweils einen risalitartigen Vorsprung, der im Haupteingangsbereich an der Expo-Plaza ganz aus Glas und leicht konkav gewölbt ist. Die Fassade des Stahlbeton-Fertigteilebaus wurde mit orangefarbenen Keramikelementen verkleidet. Die Rundung der 14.000 Plätze fassenden Zuschauerränge setzt sich an den beiden Schmalseiten in den Fensterfronten fort. Das Flachdach ruht auf einer ca. 90 m langen freispannenden Stahlkonstruktion. Die Preussag arena umfasst vier Hauptebenen. In der unteren Ebene, ca. 6,5 m unter dem Niveau der Expo-Plaza, liegt die variable Veranstaltungsfläche; über die drei oberen, den Innenraum umschließenden Ebenen sind die z.T. ebenfalls variabel konzipierten Tribünen sowie Logen und ein Restaurant erreichbar. Die Preussag arena vereint ästhetisch ausgewogene Proportionen mit einem multifunktionalen Nutzungskonzept.

The multifunctional Preussag arena has a slightly concave glazed main entrance projection. The façade is cladded with orange ceramic elements. The curve of the stands (14,000 seats) continues in the window walls at the ends. The building has 4 main levels, some of them variable and with variable stands, boxes and a restaurant. Aesthetic balance is combined with multifunctional design.

Expo 38

Europa Center Hannover
Expo-Plaza
Determann + Martinssen
1998–99

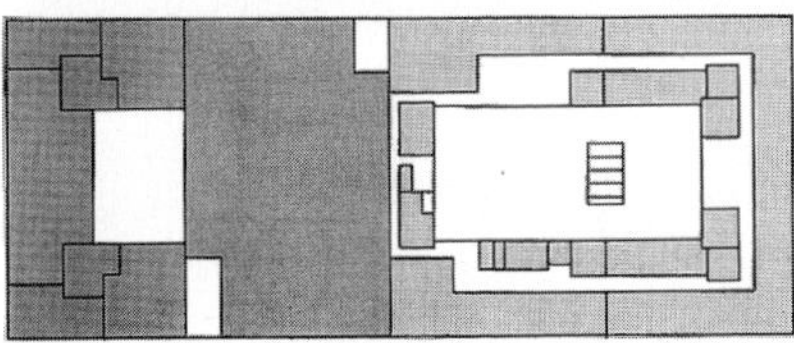

Das 130 m lange und 50 m breite Gebäude befindet sich in unmittelbarer Nähe zum deutschen Pavillon an der süd-östlichen Ecke der Expo-Plaza. Die fünfgeschossige Stahlbetonkonstruktion umfaßt drei Bauteile, die während der Weltausstellung u.a. von der EU und vom Generalkommissariat der Expo mit Präsentationsflächen und Büros genutzt werden. Die beiden äußeren Bauteile haben einen Innenhof. Der Mittelteil erhielt für die Dauer der Expo eine Dachkonstruktion aus Stahl und Trapezblech mit satteldachartigem Oberlicht. Charakteristisch sind das ringsum vollverglaste EG sowie die Fensterbänder im 1. bis 3. OG, welche die horizontale Gliederung der mit Zinkblechen verkleideten Fassade unterstützen. Die Fassade im Bereich des Mittelteils besteht vorübergehend aus luftdurchlässigen Gitterelementen vor einfach verglasten Fenstergläsern. Nach der Expo wird das Gebäude u. a von drei Kunsthochschulen des Landes Niedersachsen genutzt. Der Mittelteil soll in ein Parkhaus mit ca. 325 Stellplätzen umgebaut werden.

The reinforced-concrete structure has two outer sections, each with a courtyard, and an inner section with a temporary steel and trapezoid sheet metal roof. Distinctive features are the fully glazed ground floor and the strip windows on the 1st to 3rd storeys. After Expo, the building will be used by three art schools, and the centre part will be a multi-storey car park.

Expo 39

Expo-Hotel Radisson SAS
Expo-Plaza
1999–2000
Generalplaner FKS GmbH; Architekten: FKP Freitag Kaltenbach Kierig + Partner

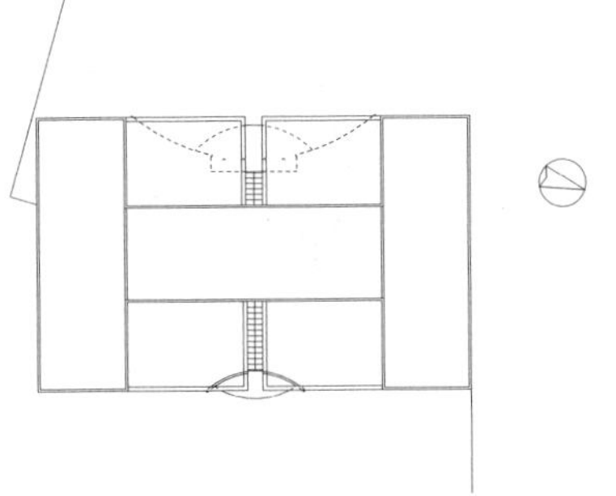

Das Expo-Hotel liegt am nordwestlichen Eck der Expo-Plaza, die Zufahrt erfolgt über eine parallel zum Messeschnellweg verlaufende Straße. Die sechsgeschossige Stahlbetonkonstruktion nimmt 236 Doppelzimmer und 13 Suiten sowie Restaurants und Veranstaltungsräume auf. In der Mittelachse ist der Baukörper durch einen ca. 4 m breiten verglasten Streifen von Ost nach West geteilt, zusätzlich ergänzt durch farbig abgesetzte Mauerstreifen in Form von Kreissegmenten. Hierdurch soll die Vorfahrt mit dem Foyer auf Plazaebene optisch verknüpft werden. Um geschlossene Innenhöfe zu vermeiden, wurden die Zimmeretagen in H-Form angelegt. Vier Attiken – auf den Baugrenzen und –linien weitergeführt und symmetrisch zum Baukörper abgewinkelt – ließen halboffene, begrünte Innenhöfe entstehen. Die Fassade unterstreicht die kubische Form des Bauwerks mit bündig eingelassenen Außenverglasungen. Die mit Abstand dahinterliegenden eigentlichen Fenster besitzen Rahmen aus Holz. Die künstlerische Ausstattung des architektonisch überzeugenden Gebäudes stammt von Timschenko.

The six-storey Expo Hotel has 236 double rooms and 13 suites. A glazed strip, c. 4 m in width, divides the building from E to W, creating a visual link between the drive and the foyer. H-shaped storeys avoid closed courtyards: the courtyards are half open. The block form of the building is emphasized by flush glazing. The windows themselves, retracted behind the glazing, have wood frames.

Expo 40

Fußgängerbrücken Mitte, Ost, Nord-Ost, Süd
Expo Plaza (Preussag-Brücke), Eingang Ost, Shuttleterminal, Eingang Süd
1998–2000
gmp von Gerkan Marg und Partner

Die Brücken zum Expogelände orientieren sich an einem Konzept, das den Gästen mit einem Begrüßungs-Spalier einen „heiteren Empfang" (gmp) bereiten will. Leitmotiv ist jeweils eine Reihung von 8–14 m hohen Stelen mit einer zylinderförmigen Leuchteinheit als Spitzenabschluß. Die ästhetisch und funktional bemerkenswerten Übergänge entstanden nach einem Baukastenprinzip, das Umbau und Abbau ermöglicht. Die in kegelförmige Fundamentkörper eingespannten Stahlstützen stehen auf einem Raster von 7,5 x 7,5 m und sind zugleich Teil des inszenierten „Mastenwaldes". Von ihnen hängen die tragenden Ober- bzw. Untergurte über Diagonalen ab. Die Spannweiten der Brücken variieren von 30 m (Brücke Ost) bis 45 m (Brücke Nord-Ost), die Breiten von 7,5 m (Brücke Süd) bis 30 m (Brücke Mitte). Für die Gehflächen wurden Platten- und Treppenelemente aus Stahlbeton bzw. Holz verwendet. Die Geländer sind aus Edelstahlrahmen mit eingeschweißten Edelstahl-Streckmetallgittern.

The Expo footbridges are designed to welcome visitors. Steles from 8–14 m high with cylindrical lights at their tips represent part of a "forest of masts" and at the same time support the upper and lower chords, which are suspended from them. Their modular system makes them easy to alter and move. The spans of the bridges are from 30 m to 45 m, the widths from 7.5 m to 30 m.

Expo 41

Parkdeck Süd 3
Messeschnellweg, Expo-Plaza
1999
AS&P Albert Speer & Partner

Das zwischen dem Messeschnellweg und der Expo-Plaza gelegene Parkhaus bietet auf drei Ebenen ca. 1.100 Stellplätze. Die Verbundkonstruktion aus Stahl und Stahlbeton besitzt durch den Grundstückszuschnitt die Form eines Trapezes. Den „Kopf" bildet eine markante, vollständig verglaste Spindelrampe. Die Einfahrt liegt zwischen Spindel und Hauptbaukörper, die Ausfahrt befindet sich im südlichen Gebäudeende. Während die langgestreckte Fassade zum Messeschnellweg horizontal durch Lochblechpaneele gegliedert wird, besitzt die Front zur Expo-Plaza vertikal rhythmisierte Stahlgitterpaneele; schlanke, erhöhte Treppenhaustürme sorgen dort für ein belebendes Element. Unmittelbar vor Baubeginn wurde entschieden, das Parkdeck mit dem „Skywalk Ost" zu überqueren. Dieser wurde mit den Treppenhaustürmen verknüpft, so daß beide Bauwerke nun als Einheit erscheinen und eine Erschließung des Expo-Geländes vom Parkhaus aus möglich ist. Trotz des engen Termin- und Kostenrahmens ist ein Gebäude entstanden, das durch einfache, prägnante Gestaltungsprinzipien und hohe Funktionalität überzeugt.

The trapezoid parking building, with c. 1,100 spaces, has a fully glazed newel ramp at one end. The long façade on the Expo Expressway is faced with perforated plate, the Expo Plaza façade with regular vertical steel lattice strips; slender staircase turrets enliven the exterior. The building, highly functional and convincing, appears to be linked to Skywalk E, which connects it to the Expo grounds.

Expo 42

Bertelsmann-Pavillon
Expo-Plaza
1999–2000
TRIAD Architekten Karl Karau mit Axel Büther sowie Becker, Gevers, Kühn und Kühn

Das Gütersloher Medienunternehmen, ein Produktpartner der Expo 2000, präsentiert sich durch ein spektakuläres Ensemble. Als dessen Wahrzeichen fungiert der „planet m – medien für menschen", ein futuristisch anmutender ovaler Baukörper, der auf 18 je 10 m langen Stahlstützen 9 m über dem Boden „schwebt". Er wird durch den „Space-Lift", eine 200 Personen fassende Hubbühne, erschlossen. Die Außenhülle des High-Tech-Bauwerks, das nachts 850 Halogenstrahler effektvoll illuminieren, bildet ein neuartiger Mantel aus filigran verwebten Edelstahl-Spiralbändern. Über eine Brücke gelangt man anschließend in einen 50 m langen, dreigeschossigen Gebäudekubus mit naturbelassener Holzfassade, das „Bertelsmann-Building". Im Inneren des Ensembles erwarten das Publikum auf 5.200 qm Bruttogeschossfläche Inzenierungen zur Geschichte und Zukunft der Medien sowie eine Gesamtdarstellung der Angebote von Bertelsmann.

The Bertelsmann Group's spectacular complex has the motto "planet m – media for humanity". The "planet" is an oval building with a skin of filigree woven stainless steel spirals, on 18 steel supports, hovering 9 m above the ground. It is accessed via the Space Lift, a platform holding 200. A bridge leads to a three-storey block with untreated wood façades with exhibitions on the history and future of the media.

Expo 43

Christus-Pavillon
Expo-Plaza
1999–2000
gmp Architekten von Gerkan, Marg und Partner

Auf der Expo 2000 sind die ev. und kath. Kirchen durch einen gemeinsamen Pavillon vertreten. Zur Expo-Plaza ist die Fassade des transparenten Stahl-Glas-Komplexes als 75 m lange Kolonnadenwand aus 16 m hohen Stahlstützen gestaltet. Der umlaufende „Kreuzgang", der Ausstellungskabinette aufnimmt, weckt Assoziationen an Klosteranlagen. Im Innenhof, der durch ein 27 m hohes Glas-Stahl-Kreuz akzentuiert wird, erhebt sich ein kubischer, tempelartiger Baukörper. Er beinhaltet eine 18 m hohe, innen mit Marmor verkleidete Halle für Andachten und Veranstaltungen. Sie wird durch neun Stahlsäulen mit Oberlichtern im Bereich der Stützenköpfe wirkungsvoll gegliedert. Unter ihr liegt eine organisch gestaltete Krypta aus Stahlbeton mit Sandboden. Nach der Expo wird der Pavillon demontiert und in das ehem. Zisterzienserkloster Volkenroda (Thüringen) – seit 1992 Sitz der ökumenisch ausgerichteten Jesus-Bruderschaft Gnadenthal e.V. – integriert.

The steel-and-glass Christ pavilion is a joint project of the Catholic and Protestant churches. The surrounding passage recalls cloisters. In the courtyard, with its 27 m glass-and-steel cross, there is a hall with nine steel columns with rooflights; beneath is an organically shaped crypt. After Expo, the pavilion is to be part of the former Cistercian monastery of Volkenroda in Thuringia.

Expo 44

Design-Center
Expo-Plaza, 10. Straße Ost
1998–99
SIAT Architektur + Technik München

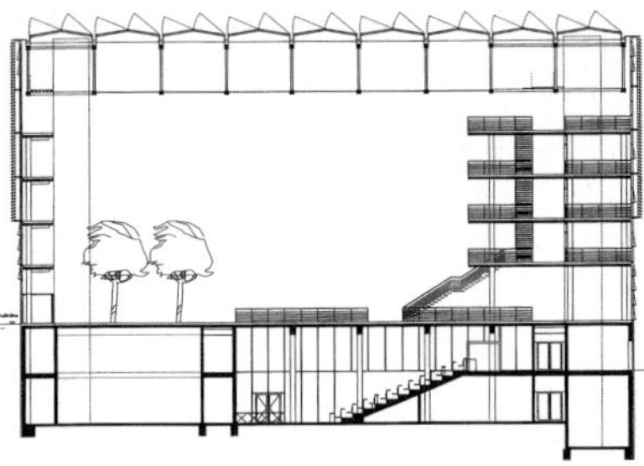

Der achtgeschossige, ca. 23 m hohe gläserne Quader enthält im wesentlichen drei Bauteile: Ein Atrium, überdacht durch eine Stahlfachwerkkonstruktion (50 x 30 m) mit Glasdach verbindet als sechsgeschossige Halle die zwei Riegelbauten im S und N. Im Atrium liegen Eingang, Foyer, Ausstellungsflächen und Lichthöfe; die beiden Riegel mit jeweils 50 m Länge und 15 m Tiefe – Stahlbetonskelettbauten – nehmen in sechs OG Büros auf. Ein Betonkern im W dient zur Aussteifung. Die beiden Bauteile werden durch Brücken im W und O miteinander verbunden. Die Leichtbau-Curtain-Wall besteht im Bereich des Atriums aus Sonnenschutzglas sowie an den beiden Riegelbauten im W aus Lärchenholz. Außenliegende Aluminiumlamellen und Raffstores unterstützen hier eine horizontale Gliederung der Fensterflächen. Entstanden ist ein Gebäude von hoher Transparenz. Seine Fassaden zeichnen sich aus durch den ästhetischen Einklang zwischen Holz, Glas und Aluminium. Das Design-Center wird während der Expo für Ausstellungen genutzt und ist ab 2001 Sitz der Fachhochschule Hannover, Fachbereich Design und Medien.

A 6-storey atrium with glass roof links the S and N 8-storey slab buildings. Entrance, exhibition spaces and light shafts are in the centre, offices in the upper storeys of the slabs. The lightweight curtain wall in the atrium area is of antisun glass and on the slabs of larchwood; there are external aluminium slats and folding blinds. The building will be used by the design department of the Fachhochschule Hannover after Expo 2000.

Expo 45

Bundesrepublik Deutschland
Expo Plaza
1998–2000
Josef Wund

Nachdem der Sieger des Architektenwettbewerbs Florian Nagler aufgrund mehrfach geforderter Abänderungen des Nutzungskonzepts seine Beteiligung zurückgezogen hatte, sprang kurzfristig der Investor Wund mit einem eigenen Entwurf ein. Der 15 m hohe, transparente Pavillon erhebt sich auf einer Grundfläche von 130 mal 90 m. Das 100 m frei überspannende Dach, welches von 14 schlanken Glas-Stahlsäulen getragen wird, besteht aus sechs flügelförmigen Elementen, deren Stahltragwerk mit Holzpaneelen verkleidet ist. Die innovative, konkav geschwungene Glasfassade des Pavillons ist eine vorgespannte Konstruktion und verzichtet auf Stützen und Sprossen. Im Innern werden dem Publikum in der „Ideenwerkstatt Deutschland" und der „Main Show" dreidimensionale Erlebnisräume präsentiert; auf unterschiedlichen Ebenen sind Inzenierungen zu Vergangenheit, Gegenwart und Zukunft des Gastgeberlandes zu sehen. Im „Medialen Garten" repräsentieren 16 Ausstellungsstücke, darunter ein Wikingerschiff oder ein Felsstück der Zugspitze, die einzelnen Bundesländer. Nach der Expo ist die Nutzung des Pavillons als Zukunftsmuseum geplant.

Nagler withdrew his winning design for the German pavilion after changes were required. Wund's design is a transparent structure of six wood-cladded elements, with a separate roof on 14 glass-and-steel columns. The concave glass façade is freestanding, with neither supports nor glazing bars. The Media Garden contains 16 exhibits, including a Viking ship and a piece of the Zugspitze, for the 16 Länder.

Expo 46

Frankreich
Europa-Boulevard, Robert-Schumann-Platz
1999–2000
Françoise-Hélène Jourda

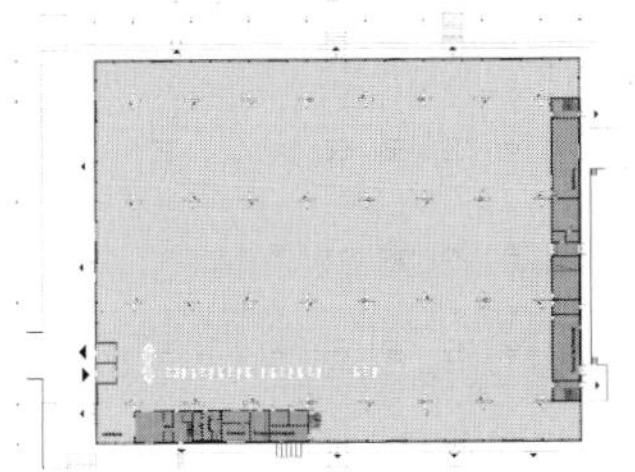

Auf einer bebauten Fläche von 7.500 qm präsentiert sich das Gebäude in minimalistischer Form als ein 10 m hoher Quader aus Glas. Verästelte Rundholzstützen dienen als Tragwerk für die stählerne Dachkonstruktion. Die Glasfassade des Pavillons ist im oberen Drittel mit Darstellungen von Blättern bedruckt. In Verbindung mit dem hölzernen Stützen im Innern entsteht der Eindruck eines dichten Laubwaldes. Blickfang an der Fassade ist die Reproduktion einer Fotografie aus dem Jahre 1888, „Der laufende Mann" von Etienne-Jules Marey. Er hatte als einer der ersten Bewegungsabläufe mit der Kamera festgehalten und gilt als Pionier des Films. Das nationale Ausstellungsmotto „Transport, Mobilität, Bewegung" unterstreichen Lichtbündel, die in rhythmischen Abständen an die Fassade geworfen werden. Den ästhetisch und architektonisch ansprechenden Pavillon finanzierte eine französische Kaufhauskette für Sportartikel, die das Gebäude nach der Expo nutzen wird.

The French pavilion is a minimalist 10m high glass block. Roof supports with branches and images of leaves on the glass façade conjure up a deciduous forest. The reproduction of Marey's photograph "The running man" (1888) on the façade recalls the pioneer of film. The motto is "Transport, mobility, movement". After Expo the building will be used by its sponsor, a French sports store chain.

Expo 47

Niederlande
Europa-Boulevard, 12. Straße Ost
1999–2000
MVRDV, Konstruktionsbüro abt

Mit ihrem über 40 m hohen Beitrag präsentieren die Niederlande den höchsten Länderpavillon der Expo. Das Motto lautet: „Holland schafft Raum". Gezeigt werden soll, wie man auf eng begrenztem Grundriss (1.024 qm) ökologisch und ökonomisch bauen kann. Durch das Stapeln von Nutzungsbereichen konnte auf einem großen Teil des Grundstücks (9.015 qm) ein Blumengarten angelegt werden. Dennoch hat dass Gebäude mit seinen acht Stockwerken eine Nutzfläche von fast 8.000 qm. Der Pavillon ist aus Beton, Stahl und Holz gebaut. Die einzelnen Etagen versinnbildlichen die Landschaften Hollands. Sie sollen von oben nach unten erlebt werden: Aufzüge bringen die Besucher in eine Seelandschaft mit neuartigen Windrädern auf dem Dach. Über Außentreppen gelangt man in die darunterliegenden Stockwerke. In der vierten Etage befindet sich ein Stehkino hinter einem Wasservorhang. Auf der dritten Ebene wurde ein Wald angepflanzt. Die Wurzeln der Bäume (2. Ebene) sollen das Netz aus Wegen, Häfen, Kanälen und Unternehmen des Landes symbolisieren. Außerdem zu sehen sind ein blühendes Blumenfeld sowie eine Dünen- und Grottenlandschaft. Der außergewöhnliche Pavillon soll nach Ablauf der Expo in den Niederlanden wieder aufgebaut werden.

The Netherlands pavilion, under the motto "Holland creates space", shows ecological and economical building on a small area (1,024 m^2). The 8 storeys of the building have a floor area of almost 7,000 m^2. The pavilion has no outer walls. The storeys symbolize Holland's landscapes, from top to bottom: sea, forest, harbours, canals, dunes and a grotto: the tree roots symbolize the canal system. The pavilion is to be rebuilt in the Netherlands.

Expo 48

Großbritannien
Europa-Boulevard, 12. Straße Ost
1999–2000
Ingo Krümmel, GoldbeckBau GmbH

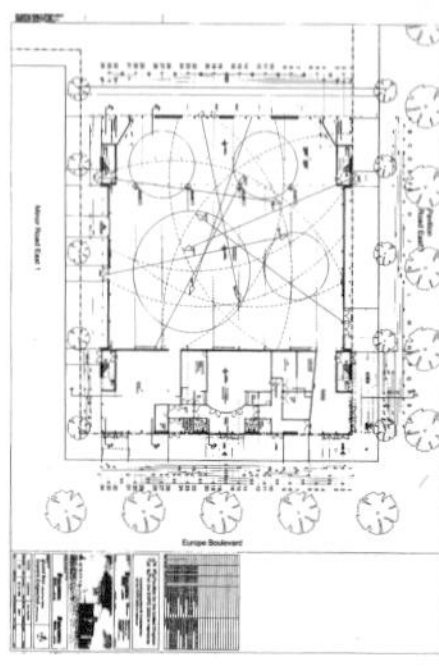

Als Blickfang des zweigeschossigen, quaderförmigen Pavillons dient an den beiden Stirnseiten eine transluzente Curtain-Wall-Fassade aus Sonnenschutzglas. Die Kombination von Aluminiumprofilen und Glaselementen ergeben eine quadratische Gliederung der Fassade. Das Dach besteht aus Stahltrapezblech mit Wärmedämmung, der Hallenfußboden aus einer eingefärbten Betonsohle. Die Nutzfläche beträgt 2.730 qm für die zentrale Ausstellungshalle sowie Büro- und Repräsentationsräume, die z.T. auf zwei Ebenen bei einer Bauhöhe von 11,5 m verteilt sind. Die flexibel ausgelegte Stahlkonstruktion mit Fachwerkbindern ist für unterschiedlichste Nachnutzungen geeignet: Trennwände und Türen lassen sich beliebig versetzen. Das in seiner schlichten Ästhetik überzeugende Gebäude soll nach der Expo auf dem Ausstellungsgelände verbleiben.

Both ends of the United Kingdom pavilion have translucent curtain walls of solar glass. Aluminium profiles and glass elements divide the façade. The roof is of trapezoidal steel sheet with heat insulation, the floor of coloured concrete. The flexible steel construction with trussed beams and movable partitions and doors is to remain on the exhibition grounds after Expo 2000.

Expo 49

Schweden
Europa-Boulevard, 13. Straße Ost
1999–2000
FOJAB arkitekter

Das ästhetisch bestechende Ensemble besteht aus dem eigentlichen Ausstellungspavillon, einem Restaurant und einer Freilichtbühne. Der dreigeschossige, aus Stahlbetonfertigteilen errichtete Pavillon besitzt eine streng kubische Form. Charakteristisch ist die reiche Verwendung von Holz im Inneren und an der Fassade – ein Verweis auf skandinavische Bautraditionen. Die Außenwände des Gebäudes sind nahezu vollständig geschlossen und mit einer matt schwarz beschichteten Holzschalung verkleidet. Als wirkungsvoller Kontrast hierzu ist die N-Seite gestaltet, die sich zu einem großen Hof und der Bühne öffnet: Sie besitzt eine transparente Stahl-Glas-Konstruktion. Filigrane Sützen aus weißem Schleuderbeton tragen das Dach. Der Pavillon nimmt zwei Ausstellungshallen, ein Auditorium sowie das Foyer auf; im 1. und 2. OG befinden sich ein Konferenzsaal sowie Verwaltungsräume. Das Hauptgebäude wird nach der Weltausstellung als Wirtschaftszentrum für schwedische Firmen genutzt.

The Swedish pavilion includes a restaurant and an open-air stage. The pavilion itself, of pre-cast concrete with liberal use of wood in the Scandinavian tradition, has three windowless walls cladded with wood with a matt finish and one steel-and-glass wall. The filigree roof supports are of white spun concrete. The main building will be used as a business centre for Swedish firms after Expo 2000.

Expo 50

Finnland

Europa-Boulevard, 12. Straße Ost
1999–2000
Sarlotta Narjus, Antti-Matti Siikala SARC Architects

Der finnische Pavillon wurde in der Entwurfsphase „eine spannende, mystische Kiste" genannt. Zwei lang gestreckte Gebäudeteile aus dunklem Holz sowie zwei Glaswände an den Stirnseiten, von denen eine schräg nach innen gestellt ist, umschließen einen nach oben offenen Birkenhain mit 100 aus Finnland eingeflogenen Birken. Die Fassade besteht aus „Thermoholz". Sie ist durch eine neuartige Wärmebehandlung besonders lange haltbar. Dem permanenten Pavillon gaben die Architekten den Namen „Windnest" – in Anspielung auf die finnischen Birkenwälder, wo verwehte Zweige kleine Häufchen bilden. Durch den Birkenwald führen zwei Holzbrücken zu den drei Präsentationsräumen und verbinden die Längsbauten miteinander. Der Pavillon ist Beispiel für eine Architektur, die eine innovative äußere Form mit den Baustoffen Holz und Glas zur gelungenen Symbiose führt.

Two dark wood sections and two glass end walls, one of which is angled inwards, surround a real wood of 100 birches flown in from Finland. The façade is of "Thermoholz" wood, durable as the result of a new heat treatment. The pavilion is called "wind nest", after the piles of blown twigs in Finnish woods. It is a successful combination of outward innovation and the materials wood and glass.

Expo 51

Belgien

Europa-Boulevard
1999–2000
Groep Planning

Bei dem ca. 15 m hohen Pavillon handelt es sich um ein demontierbares Bauwerk mit einem stützenfreien Innenraum. Flachdach und Wandelemente sind von einem außenliegenden Raumfachwerk aus Stahl abgehängt. Es ruht auf acht vor die Längsfassade gestellten, grazil wirkenden Stahlstützen. Die Architektur soll die föderale Struktur des Landes widerspiegeln: Der Besucher betritt den Pavillon durch eine zentrale, lichtdurchflutete Gemeinschaftshalle (Carrefour); eine „black box" im EG enthält den Ausstellungsbereich über die Regionen Belgiens sowie ein Restaurant. Eine VIP-Lounge befindet sich im OG. Die Säulen und der strenge rechteckige Grundriss verleihen der Architektur etwas Tempelhaftes. Ein optischer Kontrast entsteht durch weißlackierte Stahlelemente und dunkle Flächen an der Fassade. Dieses Spiel mit Licht und Schatten verleiht dem temporären Pavillon seinen besonderen Reiz.

The roof and walls of the Belgian pavilion are suspended from a space frame on eight graceful steel supports. The architecture reflects the country's federal structure: a communal entrance hall leads to a "black box" showing the regions. The columns and strict rectangular plan give the architecture something of a temple atmosphere, and white-painted steel and dark areas create a contrast.

Expo 52

Dänemark
Europa-Boulevard, 14. Straße Ost
1999–2000
Atelier Bysted

Der 1.224 qm große dänische Beitrag umfasst vier Baukörper, die sich an geometrischen Grundformen orientieren: ein lang gezogenes, zweigeschossiges Hauptgebäude auf trapezförmigem Grundriss und drei eingeschossige Themenpavillons in Form einer 18 m hohen Pyramide, eines Würfels (8,5 m hoch) und einer Halbkugel (7,5 m hoch). Die vier temporären Bauten stehen in einem terrassierten Wasserbecken und sind untereinander mit Stegen verbunden. Das ca. 8 m hohe Hauptgebäude besteht aus einer tragenden Konstruktion mit vorgefertigten Betonsegmenten. Das Flachdach ruht auf einer umlaufenden Galerie aus Pfeilern. Das Gerüst der Themenpavillons besteht aus Stahlfachwerk, das mit Glaspaneelen verkleidet wurde.

The Danish contribution comprises four geometrical buildings: a long two-storey main building on a trapezoid plan whose flat roof rests on a surrounding gallery, an 18 m pyramid, an 8.5 m cube and a 7.5 m hemisphere. These stand in a terraced water basin and are joined by footbridges. The steel framework of the theme pavilions is cladded with glass strips.

Expo 53

Spanien
Europa-Boulevard, 15. Straße Ost
1999–2000
Cruz y Ortis

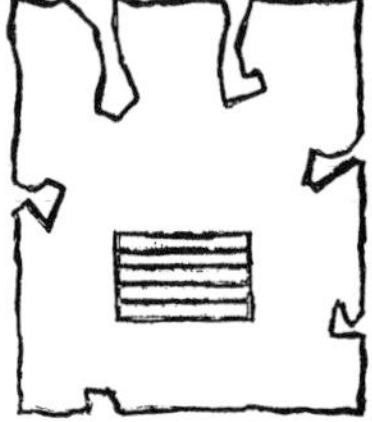

Einen besonders geheimnisvollen Reiz erhält das ca. 15 m hohe kubische Gebäude durch die Gestaltung der Fassade: Sie ist mit dunkler Korkeiche verkleidet und besitzt organisch geformte, tiefe Einbuchtungen. Die Tragstruktur des 2.978 qm großen dreigeschossigen Pavillons besteht aus einer demontablen Stahlkonstruktion und vorgefertigten Betonelementen. Der Zugang in das dreigeschossige Bauwerk erfolgt im EG über eine Säulenhalle. Die Ausstellung führt im Uhrzeigersinn um einen zentralen rechteckigen Lichtschacht. Die Decke im Innern des Pavillons hat die Form einer asymmetrischen, oben abgeschnittenen Pyramide: Für die Besucher soll dadurch der Raumeindruck einer von 43 Säulen begrenzten spanischen Plaza entstehen.

The façade of the 15 m high Spanish pavilion is of dark cork oak with organically formed indentations. The loadbearing structure is a dismantlable steel construction with precast concrete elements. The interior is intended to recall a Spanish plaza surrounded by 43 columns: entry is through a hall of columns, and the exhibition surrounds a rectangular central light shaft.

Expo 54

Ungarn

Europa-Boulevard, 14. Straße Ost

1999–2000

György Vadász

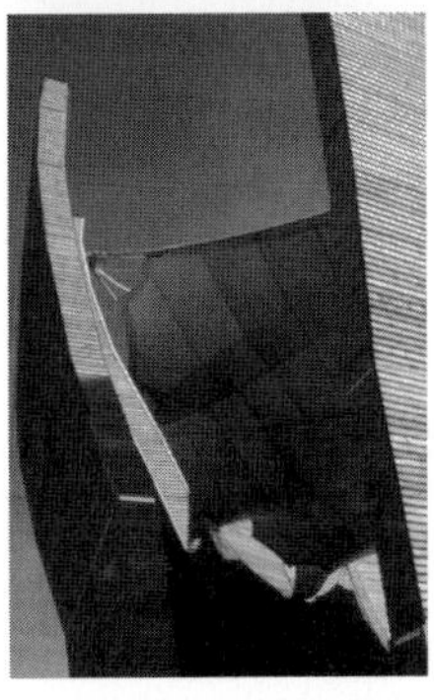

„Ein Schiff, das nicht stehen bleibt, das sich zugleich in die Vergangenheit und in die Gegenwart richtet", so beschreibt György Vadász seinen Beitrag zur Expo. Auf nahezu quadratischem Grundstück entstand ein organisch geformter, 20 m hoher Baukörper, der sich knospenartig im W zum Europa-Boulevard öffnet. Eingefasst wird das Gebäude von einem L-förmigen einstöckigen Servicetrakt. Die geschwungenen zwei Schalen des luftig-leichten Ausstellungspavillons bestehen aus einem Stahlrohr-Tragrahmen, welcher beidseitig mit Nadelholz verkleidet ist. Dazwischen befinden sich im OG Neben- und Wartungsräume, die sich zum zentralen „Spektralraum" bühnenartig durch Klappfenster öffen lassen. Vadász' Konzept dieses permanenten Pavillons sieht ein sich öffnendes Gebäude ohne innere Wände und Barrieren vor, das sogar zum Himmel lediglich durch ein flaches, zeltartig gespanntes Dach den Regen abhält. Das ästhetisch bemerkenswerte Bauwerk soll die tausendjährige Geschichte Ungarns und die künftige Funktion als Drehscheibe zwischen Ost und West symbolisieren.

The organically formed Hungary pavilion opens towards the W, surrounded by an L-shaped service wing. The two shells have steel-tube bearing frames cladded with conifer wood. The design is of an open building without inner partitions, with only a flat tent-like roof to keep off the rain, symbolizing Hungary's thousand-year history and its future function as a pivot between E and W.

Expo 55

Griechenland

Europa-Boulevard, 14. Straße Ost

1999–2000

Doxiadis Associates

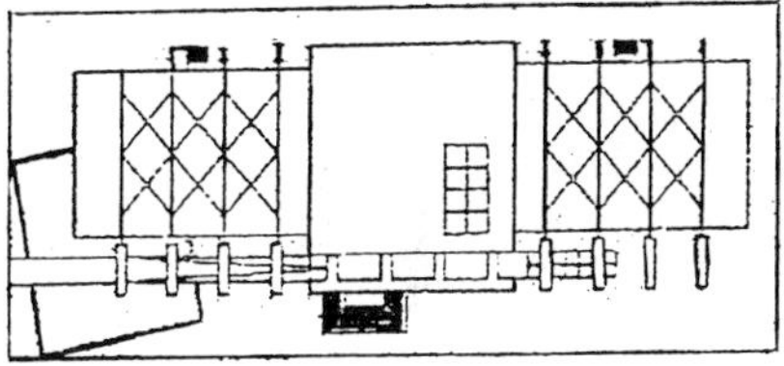

Der 1.267 qm große Pavillon setzt sich aus drei Kuben auf rechteckigem Grundriss zusammen und besteht aus einer außen liegenden Stahlkonstruktion; die Wandbereiche sind z.T. mit perforierten Metallplatten verkleidet. Auf einer Stahlunterkonstruktion führt eine hölzerne Rampe unter aufgereihten Rahmen, welche die gesamte Längsfront gliedern, zum Eingang. Der mittige ca. 9 m hohe Eingangskubus mit vorgestellter Scheibe besitzt eine Außentäfelung aus Marmor. Die Lobby gliedert sich in Foyer, Atrium und Verkaufsbereich. Die klassische Raumaufteilung soll eine Beziehung zur antiken griechischen Tempelarchitektur herstellen. Die Präsentation steht unter dem Motto: „Ist der Mensch das Maß aller Dinge?" (Pythagoras). Gezeigt werden aus der Antike stammende Techniken. Außerdem informiert eine Ausstellung über die Vorbereitungen für die Olympischen Spiele in Athen im Jahr 2004.

The Greece pavilion consists of three blocks with an external steel construction, in part cladded with perforated metal plates. A wooden ramp under a row of frames leads to the entrance. The division of rooms is intended to create a link to classical Greek temple architecture, and technologies from the classical period are shown, together with preparations for the 2004 Olympic Games in Athens.

Expo 56

Irland
Europa-Boulevard, 16. Straße Ost
1999–2000
Dúl-Team, Murray & ó Laoire Architects

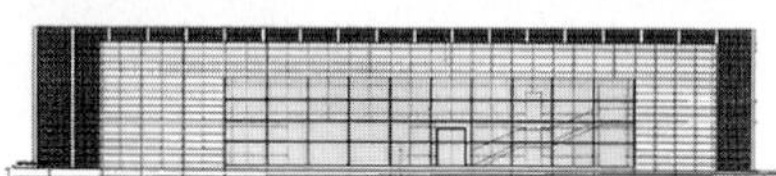

Die Architekten des Pavillons ließen sich von der irischen Kulturlandschaft inspirieren, in der Steine eine wichtige Rolle spielen: Sie werden aus den Äckern gelesen und zu Mauern aufgeschichtet, die den Wind abhalten; Steinbrüche liefern edles Baumaterial. Das 1.156 qm große, dreistöckige Gebäude besteht aus einer Stahlrahmen/Glaskonstruktion und wird von zwei ca. 10 m hohen Wänden eingefaßt: die eine gestaltet als Mauer aus Gabionen (Metalldrahtkörbe, die mit Feldsteinen gefüllt sind); die zweite aus dunkelgrauem poliertem Kilkenny-Kalkstein. Sie soll als „Sensory Wall" mit Wind, Regen, Sprache und Klang die Sinne der Besucher ansprechen. Der Innenraum ist zum Himmel offen; hier präsentiert eine Ausstellung den Besuchern fünf Stationen aus der Geschichte Irlands bis in die Zukunft.

The Ireland pavilion, of steel-frame and glass, with two c. 10 m high walls, is inspired by the use of stone in Irish culture. One wall is of gabions (wire baskets filled with stones), the other of dark-grey polished Kilkenny limestone, intended as a "sensory wall" to address the visitors with wind, rain, language and sound. The interior is open to the sky.

Expo 57

Portugal
Europa-Boulevard
1999–2000
Àlvaro Siza Vieira, Eduardo Souto de Moura Arquitectos

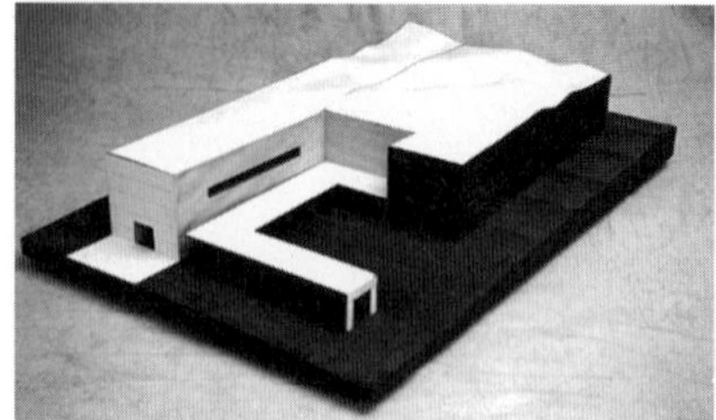

Der lang gestreckte Quader umschreibt mit einem rechtwinklig an der Seite angelegten, überdachten Zugang eine Piazza, die durch einen Baum beschattet wird. Die Fassade des zweigeschossigen Pavillons besteht aus Kalkstein, Kacheln und 15 cm starken korkbeschichteten Faserzementplatten. Die landestypischen Kacheln („Azulejos"), hier gelb-blau glasiert, und der nachwachsende Baustoff Kork sollen die Bedeutung der Tradition und der Nachhaltigkeit vermitteln. Das Dachtragwerk des temporären Pavillons ist ein beidseitig mit Membranen bespanntes wellenförmiges Stahlfachwerk, wobei die Dachkonstruktion mit zwei teflonbeschichteten Textilgeweben kaschiert ist. Das Raumprogramm des unprätentiösen Bauwerks umfasst Ausstellungsflächen (im EG und OG), Cafeteria, Konferenzsaal, VIP-Lounge und Buchladen.

The Portuguese pavilion surrounds a piazza shaded by a tree. The façade is of limestone with fibrated concrete slabs covered with cork (for sustainability) and typical yellow-and-blue glazed azulejo tiles (for tradition). The bearing structure is steel-frame covered with membranes, the roof structure concealed by two teflon-covered textile pieces.

Expo 58

Litauen
Europa-Boulevard
1999–2000
Audrius Bucas, Gintaras Kuginys

Der lang gestreckte, leuchtend gelbe Pavillon mit seiner Nutzfläche von 3.000 qm setzt am Europa-Boulevard einen markanten Akzent. Die geschwungene Form des skulpturalen Gebäudes weckt Assoziationen an einen Flügel. Durch die betont zeichenhafte Formensprache soll das Motto der Präsentation Litauens „Der Flug" – das Streben der Gesellschaft nach Dynamik, Kommunikation und Offenheit – versinnbildlicht werden. Audio- und Videoinstallationen laden im Inneren zu einer virtuellen Reise durch Geschichte, Gegenwart und Zukunft der Baltenrepublik ein. Die Stahlskelettkonstruktion besitzt mit Ausnahme der Straßenfront eine geschlossene Fassade aus Sandwich-Paneelen. Im Anschluss an die Expo wird das Gebäude demontiert und anschließend als Ausstellungspavillon in Litauen Verwendung finden.

Lithuania's bright yellow curved pavilion (floor space 3,000 m^2) resembles a grand piano and symbolizes flight: the quest for dynamism and openness. Audio and video installations present a virtual time journey to Lithuania. The windowless façade is of sandwich panels. After Expo, the building will be used as an exhibition hall in Lithuania.

Expo 59

Lettland
Europa-Boulevard
1999–2000
Brinskigo Projektu Birojs Ltd., Andrejs Gelzis

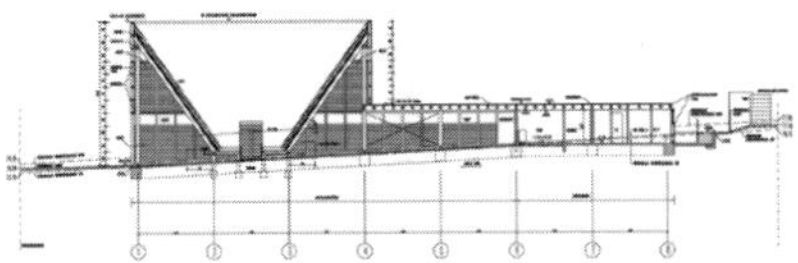

Der Eingangsbereich des in reiner Holzkonstruktion errichteten Pavillons besteht aus einem rechteckigen, erhöhten Baukörper, dem ein umgekehrter Pyramidenstumpf eingeschrieben ist. Die hier verwendeten Baumaterialen (Holz, Sand, Reet) sollen auf die geoklimatischen und kulturellen Besonderheiten der Baltenrepublik verweisen. Den Mittelpunkt des Bauteils bildet ein nach oben offener Innenhof. An diesen schließt sich ein lang gezogener, eingeschossiger Trakt an, welcher den Service- und Ausstellungsbereich aufnimmt. Die Fassade des Ausstellungsbereichs besteht aus Makralon-Stegplatten, der hintere Serviceteil ist mit großflächigen Holztafeln verkleidet. Der Pavillon wird im Anschluß an die Expo in Lettland wieder aufgebaut.

The entrance of the Latvian pavilion has the form of the inverted base of a pyramid, creating a striking inner courtyard open to the sky. The building materials (wood, sand, reed) refer to the geoclimatic factors in Latvia. A long one-storey section contains the service and exhibition areas. The front is of makralon panels. The pavilion will be rebuilt in Latvia after Expo.

Expo 60

Estland
Europa-Boulevard
1999–2000
Andrus Köresaar

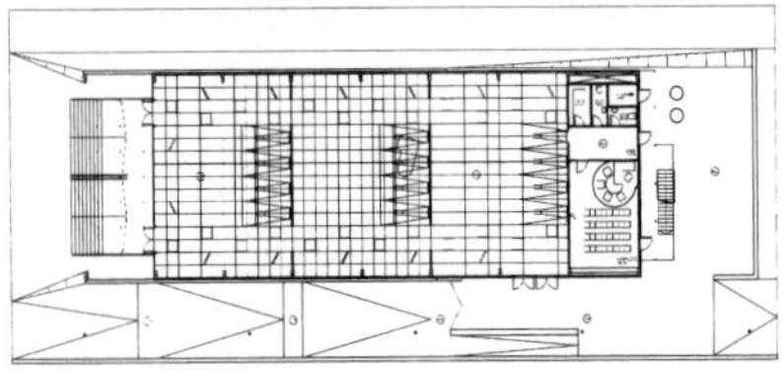

Die Baltenrepublik präsentiert sich auf der Expo 2000 durch einen ungewöhnlichen Pavillon. Sein Motto ist Transparenz und Offenheit: Die aufgeständerte Box besteht aus einem mit Rauchglasflächen verkleidetem Gerüst aus blauen Edelstahlstreben. Ihr „Dach" bildet ein künstlicher Birkenwald aus Metall und Kunststoff, dessen Wipfel sich wie unter dem Einfluss des Windes neigen. Durch den Innenraum geführte Stahltrossen übertragen diese dynamischen Bewegungen auf Kalksandstein-Schwellen im betretbaren, glasgedeckten Fußboden, so dass der Eindruck von Meereswogen entsteht. Mit dieser Inszenierung soll auf die natürlichen Ressourcen Estlands – ausgedehnte Wälder und die Ostsee mit ihrem Fischreichtum – verwiesen werden. Im Ausstellungssaal werden die drei Bereiche Umwelt und Entwicklung, Freizeit und Bewegung sowie Bildung und Kultur präsentiert.

The motto of the Estonian pavilion is transparency and openness: a box of stainless steel struts cladded with smoked glass stands on pilotis. It refers to Estonia's forests and the Baltic Ocean: the roof is an artificial birchwood of metal and plastic, with treetops swaying as if in the wind. Steel guys transmit these movements to the glass floor, creating the impression of waves.

Expo 61

Italien
Europa-Boulevard, 17. Straße Ost
2000
Sturchio Architects & Designers

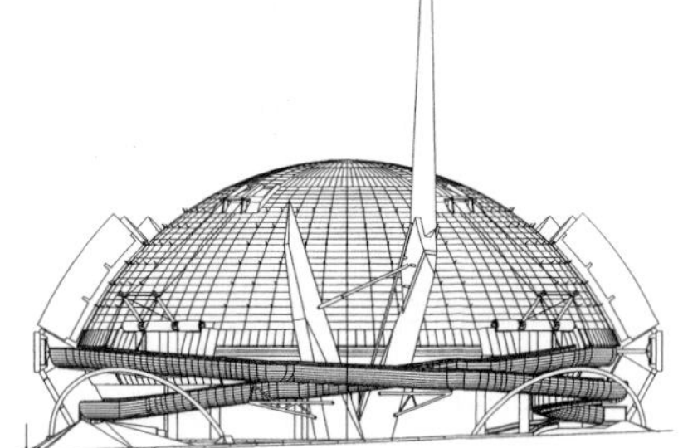

Der 26 m hohe kuppelförmige Pavillon mit seiner Außenhülle aus poliertem Metall erinnert an ein Raumschiff. Als Blickfang dient ein futuristisch anmutender, 48,5 m schräg in den Himmel ragender Pylon („Penna"). Das 3.262 qm große dreistöckige Hauptgebäude besitzt ein Raumtragwerk aus einer vorgefertigten Stahlkonstruktion. Die Hauptträger verlaufen radial vom Rand zum zentralen Knoten. Messerschneidenartige Rippen mit unterschiedlicher Neigung im W verleihen ihm ein expressives Gestaltungsmotiv. Zwei aufgehängte Rampen führen um den temporären Bau und bringen die Besucher von einer italienischen Piazza zur Ausstellungsebene in 10 m Höhe. Das Ensemble wurde inspiriert von Architekturentwürfen Leonardo da Vincis (Vierungskuppel des Mailänder Doms). Ein im Innern unter der Kuppel schwebendes Fluggerät soll an die Studien des Meisters aus der Renaissancezeit erinnern.

The dome-shaped Italian pavilion with its polished-metal skin recalls a spaceship. An oblique pylon is the focus of attention. The main building has a prefabricated steel spatial bearing structure with radial girders and ribs like knife blades at the W. The inspiration came from Leonardo da Vinci's designs (crossing dome of Milan Cathedral).

Expo 62

Rumänien
Europa-Boulevard, 4. Straße Ost
2000
Doru Comsa Studio A Architekten

Der bemerkenswerte Pavillon hat den Anspruch, die Identität und das Innovationspotential Rumäniens einprägsam und tiefgründig zu vermitteln. Zugleich soll er der Nachhaltigkeit – einem Credo der Expo 2000 – gerecht werden: Alle Teile sind wiederverwendbar; den Energiebedarf decken Wasserkraft und Alternativenergie. Der kubische, mit einer Holzkonstruktion überdachte Baukörper erhebt sich auf einer Fläche von 30 x 60 m. Sein äußerer Raumabschluss besteht aus einem doppelten, feingliedrigem Gerüst aus verzinktem Stahl. In dieses sind Grünpflanzen eingestellt, die von einem Metall-Diagonalgeflecht gehalten werden. Es entsteht so ein grünes Netzwerk (rumänisch: reticula verde), welches das Licht und die Sonnenwärme einfängt und filtert. Der in Holztafelbauweise konstruierte Innenraum nimmt verschiedene künstlerische Installationen zum Thema Natur und Kultur auf: An eine Erschließungszone lehnen sich fantasievoll gestaltete, winkelförmige Ausstellungsräume an.

The Romanian pavilion illustrates sustainability: all sections are reusable, and energy sources are hydro-electric power and alternative energies. The exterior is a double scaffolding of galvanized steel with foliage plants held by metal netting, creating a green network that catches and filters the sun's light and warmth. The wood panel interior has an access area and angled exhibition rooms.

Expo 63

Vereinigte Arabische Emirate
11. Boulevard, 17. Straße Ost
1999–2000
Alain Durand-Henriot

Der recycelbare Fiberglas-Pavillon der Arabischen Emirate steht unter dem Motto „Von der Tradition zur Moderne". Das 84 m lange und 36 m breite Areal ist einem Wüstenfort nachempfunden und bildet auf einer bebauten Fläche von ca. 3.000 qm ein Ensemble von drei zinnenbewehrten Bauwerken: das festungsartige Ausstellungsgebäude für Folkloredarbietungen mit Pforte, Innenhof und zwei 18 m hohen Rundtürmen, der abgestufte 23 m hohe Rundling mit 360° Panoramakino und das quaderförmige Service- und Verwaltungsgebäude. Die Baukörper werden durch zeltartig überdachte Sandwege verbunden. Als thematische Leitmotive der Präsentation gelten Wasser und Sand, Meer und Wüste. 60 Palmen und angelegte Gärten sollen für ein oasentypisches Flair sorgen

With motifs of water and sand, the recyclable United Arab Emirates pavilion is based on a desert fortress with three crenellated sections. The exhibition building has gate, courtyard and two round towers; the round building has a panorama cinema; the square building is for services and administration. Sand paths with tent-like roofs connect the buildings. 60 palms and gardens suggest an oasis.

Expo 64

Pavillon der Hoffnung
Expo-Park
1999–2000
Thomson Adsett; Buchhalla + Partner

Der Pavillon ist ein gemeinsames Projekt der World Vision Deutschland, der Deutschen Evangelischen Allianz und des CVJM. Der ca. 70 m lange, 35 m breite und bis zu 20 m hohe Wal soll an die alttestamentarische Geschichte des Propheten Jona erinnern, der im Bauch eines Meeressäugers gerettet wurde. Das ca. 900 qm große Gebilde liegt direkt an einem See und erweckt von Ferne den Eindruck, als würde es wirklich in den Wellen schwimmen. Das Holzspanten-Tragwerk ist der Anatomie eines Wales nachempfunden und setzt sich aus Holzleimbindern zusammen. Das Dach wurde mit grau schimmernden Holzschindeln gedeckt. Im Inneren sind Stahlstützen und -träger mit Sichtbetondecken verbunden. Das Maul des Wals nimmt ein halboffenes Amphietheater auf. Unter der großen Schwanzflosse befindet sich eine Café-Terrasse. Die Fassade aus Holzriegelelementen und Fensterflügeln gestattet Einblicke ins Innere auf eine Erlebnisausstellung und eine Strandlandschaft. Nach der Expo soll der kuriose Bau an einem anderen Ort wieder aufgebaut werden.

The Pavilion of Hope is a joint project of the German YMCA and other organizations. The whale, c. 70 m long and up to 20 m high, recalls the story of the prophet Jonah. Beside a lake, it appears to be swimming. The roof is of grey wood shingles; inside, exposed concrete covers steel supports; and the outside is of wood noggings with windows. In the whale's mouth is a half-open amphitheatre.

Expo 65

Monaco
11. Boulevard, 16. Straße Ost
1999–2000
Hans Degraeuwe

Das viergeschossige Gebäude mit großzügigen Fensterfronten besticht durch seine klare, kubische Formensprache. Der blockhafte Baukörper wird durch weit auskragende Terrassen auf verschiedenen Ebenen wirkungsvoll gegliedert; sie symbolisieren zusammen mit den flankierenden Wasserflächen die geographische Lage an der Küste des Mittelmeeres. Im Inneren des 1.400 qm großen Pavillons werden – u.a. mittels eines 3D- sowie eines Rundum-kinos – Geschichte, Umwelt und Bewohner des Fürstentums thematisiert.

The four-storey building has cantilevered terraces on various levels, which together with the water symbolize Monaco's location on the Mediterranean coast. Inside the 1,400 m^2 pavilion, a 3D cinema and 360° screen show multimedia images of the principality.

Expo 66

Jemen

10. Boulevard
1999–2000
Mohammed Tasam Alarikey

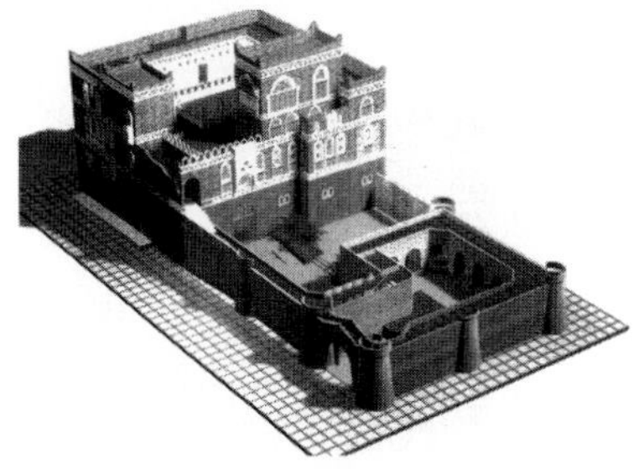

Der Pavillon präsentiert sich in der Gestalt traditioneller jemenitischer Architektur. Der südliche Teil des Komplexes erinnert an eine Stadtbefestigung; halbrund vorspringende Wehrtürme gliedern die geschlossenen Fronten. Das repräsentative Eingangsportal „Bab Al Jemen" ist dem mittelalterlichen Stadttor der Hauptstadt Sana nachempfunden. Durch dieses gelangt das Publikum auf einen nachgestellten arabischen Markt. Von dort führt eine Treppe ins Innere der „Samsara", dem Bautypus eines traditionellen jemenitischen Kaufhauses; der dreigeschossige, blockhafte Baukörper ist im Stil der berühmten, bis zu neungeschossigen Lehmziegel-Hochhäuser Jemens gestaltet. Das Nationengebäude steht unter dem Motto „Wiederherstellung der Harmonie mit der Natur"; für seine Errichtung wurden ausschließlich heimische Baustoffe (Naturstein, Ziegel, Lehm) verwandt.

The Yemen pavilion reflects traditional Yemeni architecture: city fortifications, with semicircular towers, and the medieval city gate in Sana. There is an Arab market with stairs leading into the samsara, a typical Yemeni shop, one of the famous clay brick buildings with up to nine towers. The motto is "Restoring harmony with nature", and the materials are all native (natural stone, brick, clay).

Expo 67

Kroatien

11. Boulevard, 15. Straße Ost
1999–2000
Branko Siladin, Ivica Vidovic

Der ca. 800 qm große Pavillon ist in Anlehnung an die zahlreichen Inseln Kroatiens vollständig von Wasser umgeben. Der über zwei Stege erschlossene, würfelartige Block besitzt nach oben sich verjüngende Seitenkanten, die aus verkleideten Fachwerkträgern bestehen. Ein darüber fließender Wasserfilm – die Interpretation des Elements als Lebensquelle – verleiht dem Bau einen immateriellen Charakter. Aus der Wasserfläche zwischen Eingang und Ausgang erhebt sich ein Monolith aus poliertem rostfreien Stahl, welcher die Synthese zwischen technischem Fortschritt und Bewahrung der Umwelt symbolisieren soll. Eingangsbereich sowie Teile des Gebäudeinneren besitzen einen Glasboden, unter dem kroatische Landschaften sowie archäologische Artefakte zu sehen sind. Plastiken zeitgenössischer kroatischer Künstler sowie multimediale Inszenierungen zur Kultur, Natur und Geschichte des Balkanstaates runden das Raumprogramm ab.

The c. 800 m^2 Croatian pavilion is surrounded by water. It is a block with tapering side walls of cladded trussed girders. The film of water flowing over it gives the building an insubstantial character. A polished stainless-steel monolith symbolizes the synthesis of technological progress and preservation of the environment. Parts of the pavilion have a glass floor under which Croatian landscapes and archaeological artefacts can be seen.

Expo 68

China
11. Boulevard, 15. Straße Ost
1999–2000
Britta Kerber, Gesellschaft zur Verwaltung von Immobilien mbH

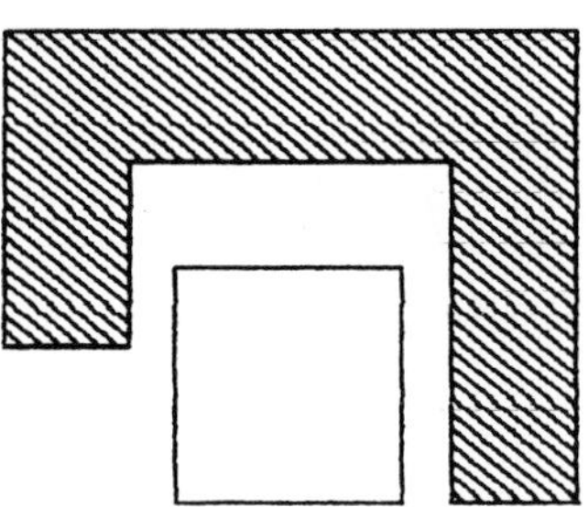

Der chinesische Pavillon soll das alte und neue China gleichermaßen repräsentieren. Dementsprechend teilt sich der Gebäudekomplex in zwei Baukörper: ein im Mittelpunkt stehender, nahezu geschlossener Kubus mit 360° Panoramakino wird von einem U-förmigen ein- bis zweistöckigen, ebenfalls flachgedeckten Ausstellungs- und Servicezentrum umschlossen. Die bebaute Fläche umfasst etwa die Hälfte des 3.598 m großen Grundstücks. Die Bedeutung von Tradition in der chinesischen Gesellschaft wird durch ein Stück der Chinesischen Mauer versinnbildlicht, das man in den Grundstein des Pavillons einbaute. Die Moderne wiederum soll sich in den Ausstellungen mit den Schwerpunkten Technik und Wissenschaft vermitteln. Signifikante Entwurfsmerkmale des Beitrags sind ein Platz vor dem Gebäude mit chinesischen Skulpturen und ein Gazebehang an der Fassade, der mit Motiven der Großen Mauer bedruckt ist. Nach der Expo wird der Pavillon vor Ort durch eine deutsch-chinesische Klinik genutzt.

The two sections of the China pavilion represent traditional and modern China: an almost windowless central panoramic cinema; and a U-shaped exhibition and service centre. Stone from the Great Wall is incorporated in the foundations, and there is a square with Chinese sculptures and a hanging with motifs of the Great Wall. After Expo, the pavilion will remain here as a German-Chinese clinic.

Expo 69

Jordanien
10. Boulevard
1999–2000
Akram Abu Hamdan

Der jordanische Ausstellungsbeitrag geht auf rechteckigem Grundriss in die Tiefe: Er liegt 2,7 m unter dem Geländeniveau. Wie in einer Ausgrabungsstätte steigt der Besucher über Treppenanlagen (im N und S) einige Stufen hinab, um sich dann auf einem rasterförmigen Feld als Archäologe mit dem Entdekken einer alten Kultur zu beteiligen. Die östliche Wand des 1.500 qm großen Pavillons ist als „Berliner Verbau" mit Stahlträgern und Holzbohlen ausgeführt. Die übrigen Wände bestehen aus Beton. In Kontrast dazu treten die gerüstartigen Stahlkonstruktionen von Galerie und Treppen im Servicebereich. Besonderheiten des Pavillons sind die begrenzende Bepflanzung u.a mit Zypressen und das dreidimensionale Mosaik aus 90 Blöcken und Säulen. Es soll die Verschiedenheit der Einflüsse auf Geschichte und Gesellschaft am Schnittpunkt von mediterraner und arabischer Kultur versinnbildlichen. In einem Skulpturengarten sind bedeutende archäologische Fundstücke zu sehen.

The Jordan pavilion is 2.7 m below ground, like an excavation site. The E wall is lined with steel girders and wooden planks in the Berlin style ("Berliner Verbau"). The other walls are concrete, contrasting with the scaffolding-like steel galleries and staircases. A 3D mosaic of 90 blocks and columns symbolizes the varied influences at the intersection of Mediterranean and Arab culture.

Expo 70

Tschechische Republik
11. Boulevard
1999–2000
D.U.M architekti

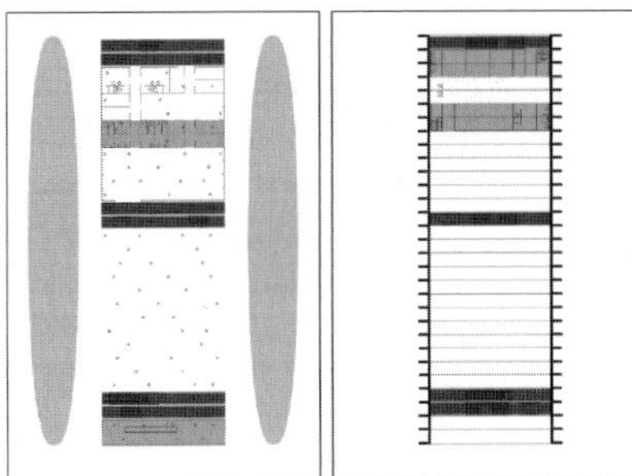

Der 52 m lange, vom Boden abgehobene Pavillon schwebt über einem als Garten konzipierten Grundstücks, dessen Modellierung an die Böhmische Landschaft erinnert. Das konzeptionell wie ästhetisch bemerkenswerte Gebäude ist aus den wiederverwendbaren Materialien Holz, Glas und Stahl errichtet. Das Konzept basiert auf einem System hintereinander gereihter Raummodule, die sich im Falle einer Nachnutzung je nach Bedarf verknüpfen, vertauschen oder neu kombinieren lassen; sie bestimmen auch die Fassade des Bauwerks. Das Gliedersystem wird von filigranen, unregelmäßig verteilten Stahlstützen getragen, die in weiten Bereichen des EG sichtbar sind: Durch sie ist es möglich, den Bau unterschiedlichsten Geländeverhältnissen anzupassen. Ein großer Teil des EG ist offen gelassen und nimmt ein Restaurant auf. Die Ausstellungsflächen befinden sich im OG. Es ist geplant, den Pavillon nach der Expo an anderer Stelle wiederzuerrichten.

The Czech Republic pavilion, of reusable materials, hovers over a garden recalling the Bohemian countryside. The plan is a row of modules that can be linked, exchanged or newly combined. The sections stand on irregularly placed filigree steel supports, often visible from outside. They enable the building to be placed on varying terrain. The ground floor is partly open and contains a restaurant.

Expo 71

Polen
11. Boulevard, 13. Straße Ost
1999–2000
Studio Architektoniczne

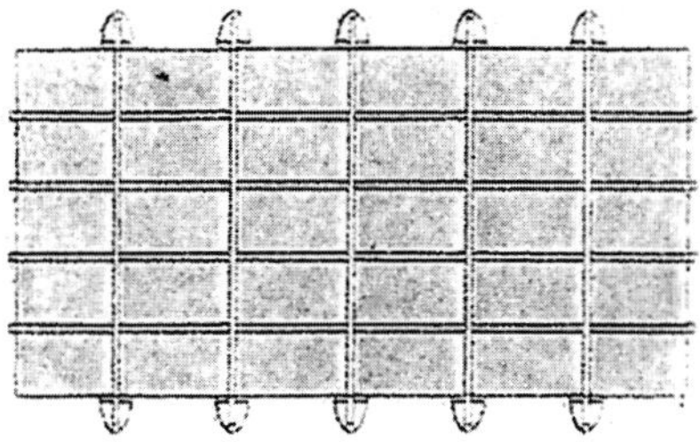

Polen präsentiert sich auf der Expo 2000 durch ein betont technizistisches Gebäude: Fünf Raumfachwerkträger aus Stahl mit 28 m Spannweite bilden das statische Gerüst des Daches, das von außenliegenden Stahlträgern abgehängt ist. Als Basis dieser Träger fungieren mächtige, vorgestellte Rundsäulen, welche zugleich die Fassade gliedern. Die Außenwände sowie das Dach bestehen aus Fiberglas mit Stahlrahmen; lediglich der Service- und Restaurantbereich im Osten sowie der westliche Gebäudeteil sind geschlossen ausgebildet. Die transparenten Wandsegmente sind beweglich und können bei Bedarf verschoben werden. Im Inneren erwartet das Publikum ein nachgestellter polnischer Marktplatz, von dem Gassen abzweigen; die dort präsentierten Inszenierungen (u.a. der Bialowieska-Nationalpark, eine Sternwarte oder ein Salzbergwerk) versinnbildlichen die landschaftlichen und kulturellen Besonderheiten Polens.

Poland's demonstratively technical building has five grid-frame steel girders supporting a roof suspended from external steel girders whose bases are powerful round columns. The external walls and roof are of fibreglass with steel frames. The transparent wall sections can be moved. Inside are a Polish market with alleys, and landscapes such as the Bialowieska National Park and a salt mine.

Expo 72
Türkei
11. Boulevard, 13. Straße Ost
2000
Tabanlioglu Architecture & Consulting Ltd.

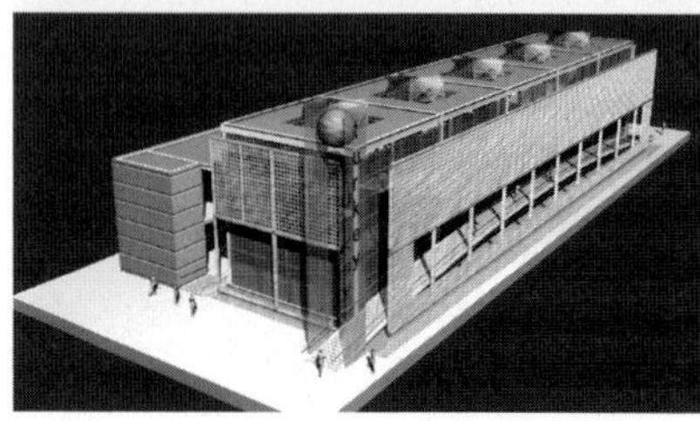

Der aus einer Stahl-Glas-Konstruktion bestehende Pavillon ist in Anspielung auf die geographische Lage des Landes, welches in drei Himmelsrichtungen an Meere angrenzt, von einem Wasserbecken umgeben. Das lang gestreckte Gebäude ist aus fünf verglasten kubischen Baukörpern zusammengesetzt, ihren Dachabschluss markieren Glaspyramiden. An drei Seiten des transparenten Gebäudes sind Holzgitter angebracht, die damit ein Motiv der osmanischen Architektur zitieren. Das Innere durchzieht eine leicht ansteigende Holzbrücke, die den Übergang zwischen den verschiedenen Zivilisationen der Türkei symbolisiert. Auf ihr wird das Publikum an Ausstellungsplattformen vorbeigeführt, welche die kulturellen Epochen des Landes vermitteln sollen. Den Abschluss der Inszenierung, die durch Musik, Düfte und Lichteffekte verstärkt wird, bildet eine raumhohe, aus dem Wasser ragende Videoleinwand.

The Turkish pavilion, comprising five glazed blocks with pyramids on the roof, has wooden lattices on three sides, a motif of Ottoman architecture, and is surrounded by water, just as Turkey has the sea on three sides. Inside is a slightly rising wooden bridge, symbolizing the transition between the civilizations of Turkey. At the end is a video screen rising out of the water.

Expo 73
Norwegen
11. Boulevard
1999–2000
Wilhelm Munthe-Kaas, LPO arkitektur & design

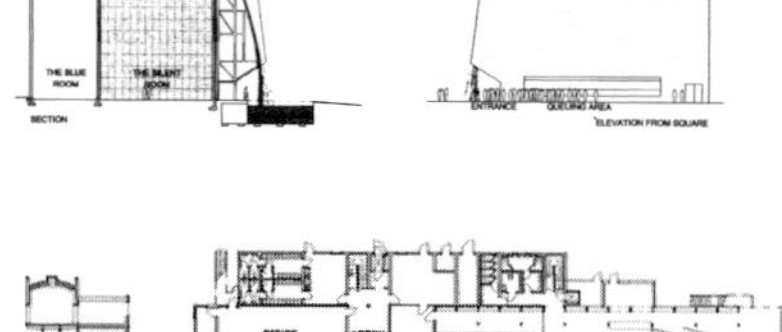

Der Komplex setzt sich aus zwei eigenständigen, skulptural anmutenden Bauten zusammen: ein ca. 20 m hoher Kubus mit Metallfassade für die Ausstellungspräsentation sowie ein schräg dazu gestellter lang gestreckter Riegel in Holztafelbauweise. Dieses Servicecenter nimmt auf zwei Stockwerken ein Café, einen Raum für Kongresse und ein Restaurant auf. Zwischen den konstrastierenden Gebäuden entstand ein Platz mit urbanem Flair. Die Hauptattraktion ist ein rauschender Wasserfall, der an der Frontfassade des Ausstellungsgebäudes auf einer keilförmigen vertikalen Fläche in die Tiefe stürzt. Unter dem Motto „Nach dem Rauschen die Ruhe" bildet die Inszenierung gleichzeitig die erste Ausstellungseinheit: Der Besucher tritt an den tosenden Wassermassen vorbei ins Innere. In dem hohen Raum herrscht absolute Stille. Die Ausgestaltung mit Kunstdrucken zur „Schönheit der Natur" stammt von Marianne Heske. Der vorgefertigte Pavillon soll nach der Expo in Norwegen von einem Hotel wiederaufgebaut werden.

Two separate sculptural buildings, an exhibition block with metal façade and a long services building with wood panelling, enclose an urban square, forming the Norway pavilion. The main feature is a rushing waterfall that runs down a surface on the front of the exhibition building: upon entering the building, the visitor enters an area of total silence. The pavilion is to be rebuilt in Norway after Expo.

Expo 74

Schweiz
11. Boulevard, 11. Straße Ost
1999–2000
Peter Zumthor

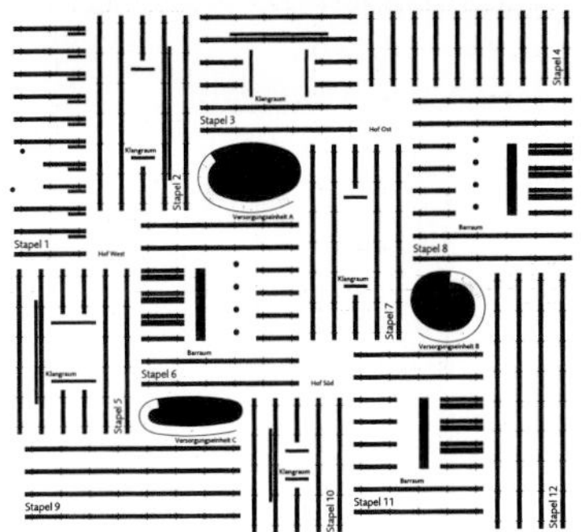

Der „Klangkörper Schweiz" ist konzipiert als ein nach allen Seiten hin offenes und durchlässig angelegtes 50 mal 50 m großes Labyrinth aus ca. 70 Gassen, 6 Höfen und 8 Innenräumen mit Licht- und Klanginstallationen. In drei Höfen befinden sich ellipsenförmige, dreigeschossige Versorgungseinheiten, die in massiver Holzbauweise gefertigt sind. Die batterieartige Anhäufung von abwechselnd längs- und quergestellten baulichen Einheiten erzeugt eine räumlich dichte Struktur. Diese „Gevierte" setzen sich aus eng nebeneinander stehenden Wänden aus Holzbalken identischen Zuschnitts (10x20 cm) von maximal 60 Lagen zusammen. Fixiert werden die 8,6 m hohen Wände durch Zugstangen und riesige Stahlfedern. Das Dach bilden U-förmige Metallrinnen; sie schützen durch einen Überstand Innenräume und Gänge zwischen den Stapeln. An bestimmten Stellen dürfen Wind, Regen und Sonne eindringen. Die „Freilichtarchitektur" intendiert authentisches Erleben von Bauwerk, Material, Klang und Natur zur künstlerischen Performance. Die besondere Bauweise entspricht dem temporären Charakter des bemerkenswerten Gebäudes.

The Switzerland pavilion is a labyrinth with c. 70 lanes, 6 courtyards and 8 rooms, a dense structure of identical wooden beams (10 x 20 cm), with light and sound installations. The "open-air" architecture (rain, wind and sun penetrate in some places) enables visitors to experience a fusion of architecture, sound and nature.

Expo 75

Äthiopien
10. Boulevard
1999–2000
Alex Ritchie, arthesia west

Der Pavillon befindet sich direkt neben den „Gärten im Wandel", die das östliche Expogelände durchziehen. Äthiopien unternimmt in seinem Expo-Beitrag eine Fahrt in die früheste Geschichte menschlicher Existenz. Der Pavillon ist äthiopischen Landschaften nachempfunden. Präsentiert wird „Lucy", das Skelett eines dreieinhalb Millionen Jahre alten Urmenschen (Australophitecus afarensis). Zu sehen sind außerdem das zweitausendjährige Axum, das wegen seiner Felsenkirche berühmte Lalibela – kulturelle Artefakte, welche die Ursprünge der staatlichen Identität des Landes und seine frühe Übernahme der drei großen monotheistischen Weltreligionen dokumentieren sollen. Desweiteren gezeigt werden Wandbilder über den Kampf des Landes gegen Bodenerosion und die Entdeckung des Kaffees.

The Ethiopia pavilion undertakes a journey into prehistory, presenting Lucy, the skeleton of a 3 1/2 m year old hominid (Australopithecus afarensis). Other landscapes are shown too, documenting the origins of the country and the early presence of three monotheistic world religions. There are also murals showing the struggle against land erosion and the discovery of coffee.

Expo 76

Expo-Office

Expo-Plaza

1998

Rüdiger Degner Expo 2000, Garrick & Associates/ Planerzirkel Schmalenberger

Das 85 m lange und 15 m breite dreistöckige Gebäude wurde aus 219 vorgefertigten Raummodulen von unterschiedlicher Größe zusammengesetzt. Die Module bestehen aus einer Stahlrahmenkonstruktion; ihre Außenseiten wurden mit einem verzinkten Profilblech verkleidet. Signifikant an dem lang gestreckten Gebäude ist die vorgestellte Sonnenschutz-Fassade. Sie setzt sich aus geschosshohen, regalartigen Holzelementen zusammen, in welche um 15 Grad geneigte Holzlamellen eingefügt wurden. Sie bewirken bei Dunkelheit reizvolle Effekte der außen sichtbaren Raumbeleuchtung sowie eine horizontale Strukturierung der Fassade. Das Gebäude nimmt Büros der Expo-Gesellschaft auf. Im Erdgeschoß befindet sich ein Restaurant. Durch die ausgewogene Fassadengestaltung ist es den Architekten gelungen, dem funktionalen Bauwerk eine elegante Note zu verleihen.

The Expo offices building comprises 219 prefabricated steel-frame modules of varying size. A special feature is the detached wooden sun protection with slats at a 15° angle. At night, the interior lighting is visible through the horizontally structured façade and creates interesting effects. The balanced treatment of the exterior gives a touch of elegance to the functional building.

Expo 77

Postbox

10. Boulevard, 10 Straße Ost

Deutsche Post Bauen GmbH mit Architekten Tchorz & Tchorz

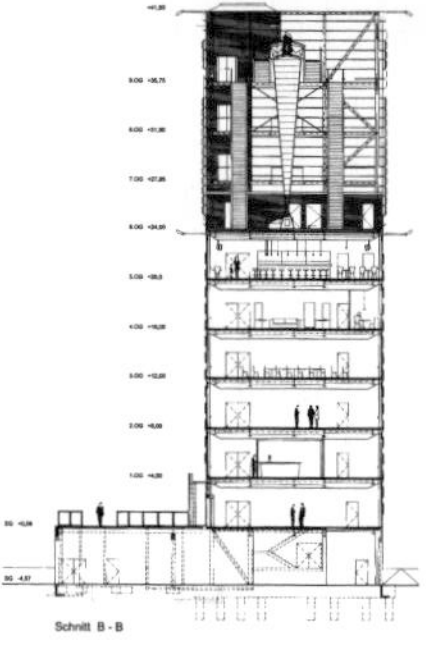

Das über 40 m hohe Gebäude ist formal einem Briefkasten nachempfunden und dient als Aussichtsturm für das Gelände. Der temporäre zehngeschossige Bau hat eine Grundfläche von 331 qm. Fünf OG dienen zur Präsentation; drei Stockwerke sowie das nach oben hin offene letzte OG werden als Aussichtsplattformen genutzt. Das Innengerüst bildet eine Konstruktion aus Stahlverbundträgern mit Betonfertigteilen. Bei der Ausführung musste ein bereits vorhandenes Trafogebäude der Stadtwerke integriert werden. Die Trockenbau-Fassade wurde aus Aluminium-Wellblechen errichtet. Die vom EG (Technik und Service) bis zum 5. OG geführte großflächige Fensterfront besteht aus Sonnenschutzglas mit geringem Spiegelanteil. Vor der Fassade appliziert sind ca. 130 rechteckige Tafeln mit Weltpostlogos. Die ca. 1.500 gelben Bleche im oberen Bereich (6.-9. OG) wurden in Form von Briefkästen geprägt.

The German Post Office building, over 40 m in height, resembles a letter box and acts as a viewing tower. The façade is of corrugated aluminium, and a large area of antisun glass extends from the ground floor to the 5th floor. 130 rectangular plaques with world post logos are attached to the walls; c. 1500 yellow metal sheets on the 6th to 9th floors are in the form of letterboxes.

Architektenregister/Index of architects

Die Zahlen in den Registern beziehen sich auf die Objektnummern

J

K

L

M

M

O

P

Q

R

Z

Baugattungsregister/Index of building types

Kirchen und religiöse Bauten/ Religious buildings

Bauten der öffentlichen Verwaltung und Versorgung/Public administration and utilities

Regierungs- und Verwaltungsbauten/ Public administraton facilities

Versorgungsbauten/Utilities

Militärbauten/Military facilities

Bauten für Kunst und Kultur/Art and culture

Museen und Ausstellungsgebäude/Museums and exhibition buildings

Bauten für Forschung, Bildung und Erziehung/Research, development and education

Bauten für Sport, Gesundheit und Soziales/ Health, recreation and social institutions

Büro-, Geschäfts- und Verwaltungsbauten/ Office, business and administrative buildings

Gaststätten und Hotels/Restaurants and hotels

Industriebauten/Industrial estates

Verkehrsbauten/Transport

Wohngebäude/Residential buildings

Einfamilienhäuser, Bürgerhäuser, Villen, Adelspalais/ Private houses, villas

Mehrfamilienhäuser/Apartment buildings

Wohnheime/Hostels

Siedlungen und Wohnanlagen/Housing developments

Bauernhäuser/Farm buildings

Messe- und Expobauten/Trade fair and Expo buildings

Historisches Register/Historical index

Straßenregister/Index of streets

Anderten (An), Badenstedt (Bad), Bemerode (Bem), Bornum (Bor), Bothfeld (Bot), Brink-Hafen (Bri. H.), Bult (Bul), Calenberger Neustadt (Cal. N.), Davenstedt (Dav), Döhren (Dö), Expo-Siedlung Kronsberg (Kro), Groß-Buchholz (Gr. B.), Hainholz (Hhz), Herrenhausen (Her), Isenhagen Süd (Is. S.), Kirchrode (Kir), Kleefeld (Kle), Lahe (Lah), Langenhagen (Lan), Leinhausen (Lein), Limmer (Lim), Linden-Nord (Lin. N.), Linden-Süd (Lin. S.), List (Lis), Marienwerder (Mar), Misburg (Mis), Mitte (M), Nordstadt (N), Oberricklingen (O. Ri.), Oststadt (O), Ricklingen (Ri), Seelhorst (See), Stöcken (Stö), Südstadt (S), Vahrenheide (Vhd), Vahrenwald (Vhw), Vinnhorst (Vin), Waldhausen (Whs), Waldheim (Whm), Wülfel (Wül), Zoo (Zoo)

Abbildungsverzeichnis

Verfasserregister

Weiterführende Literatur

Architektenkammer Niedersachsen (Hg.): Architektur in Hannover seit 1900. Bearb. von Hermann Boockhoff und Jürgen Knotz. München 1981.

Architekten- und Ingenieur-Verein zu Hannover (Hg.): Hannover. Führer durch die Stadt und ihre Bauten. Hannover 1882 (Nachdr. Hannover 1978).

Borchard, R.R.M.: Hannoverscher Klassizismus. Hannover 1988.

Bund Deutscher Architekten in Niedersachsen (Hg.): Handbuch 1997. Hannover (1997).

Deckert, Hermann und Hans Roggenkamp: Das alte Hannover. München/Berlin 1952.

Dehio, Georg: Handbuch der deutschen Kunstdenkmäler. Bremen, Niedersachsen. Bearb. von Gerd Weiß. München 1992.

Denkmalschutzbehörde der Landeshauptstadt Hannover (Hg.): Landeshauptstadt Hannover. Denkmalschutz und Denkmalpflege. Merseburg o.J. (1999).

Doerner, Alexander: 100 Jahre Bauen in Hannover. Zur Jahrhundertfeier der Technischen Hochschule Hannover 1931. Hannover 1931.

Gemeinnützige Baugesellschaft mbH Hannover (Hg.): Die Constructa-Siedlung. Ein Beispiel für den neuzeitlichen und wirtschaftlichen Wohnungsbau in Hannover. Hannover o.J. (ca. 1951).

Greven, Helio Adao: Leben und Werke des Haufbaumeisters Christian Heinrich Tramm (1819–1861). Diss. Hannover 1969.

Hammer-Schenk, Harold: Bibliographie zur Baugeschichte der Stadt Hannover. Unter Mitarb. von E. Gäßler, P. Geddert, A. Junghannß und M. Zehnpfennig. Hannover 1978 (= Schriften des Instituts für Bau- und Kunstgeschichte der Technischen Universität Hannover 2).

Hammer-Schenk, Harold und Günther Kokkelink (Hg.): Laves und Hannover. Niedersächsische Architektur im neunzehnten Jahrhundert. Hannover 1989.

Hannover einst und jetzt. Bilder aus der Hauptstadt Niedersachsens. Texte von Friedrich Lüddecke. Hannover 1951.

Hannover. Für die Zukunft bauen. Hannover o.J. (ca. 1955).

Hannover im 20. Jahrhundert. Aspekte der neuen Stadtgeschichte. Ausstellungskatalog, Hannover 1978.

Hoerner, Ludwig: Hannover heute und vor hundert Jahren. Stadtgeschichte photographiert. München 1982.

Höltje, Georg: G.L.F. Laves. Hannover 1964.

Ders.: Hannover. Berlin 1931.

Jaeger, Falk: Bauen in Deutschland. Ein Führer durch die Architektur des 20. Jahrhunderts in der Bundesrepublik und in West-Berlin. Stuttgart 1985.

Knocke, Helmut und Hugo Thielen: Hannover. Kunst- und Kulturlexikon. Handbuch und Stadtführer. Hannover ^{3}1995.

Kokkelink, Günther und Monika Lemke-Kokkelink: Baukunst in Norddeutschland. Architektur und Kunsthandwerk der Hannoverschen Schule 1850-1900. Hannover 1998.

Lindau, Friedrich: Planen und Bauen der fünfziger Jahre in Hannover. Hannover 1998.

Möller, Hans Herbert (Hg.): Denkmaltopographie Bundesrepublik Deutschland. Baudenkmale in Niedersachsen 10.1 Stadt Hannover, Teil 1. Braunschweig 1983; 10.2 Stadt Hannover , Teil 2. Braunschweig 1985.

Röhrbein, Waldemar R. (Bearb.): Anpacken und Vollenden: Hannovers Wiederaufbau in den 50er Jahren. Hannover 1993 (= Schriften des Historischen Museums Hannover, Heft 5).

Schiele, Joachim: Liststadt. Geschichte und Bild eines Stadtteils. Hannover 1983.

Glossar

Abakus meist rechteckige oder quadratische Deckplatte, die den oberen Abschluss des Kapitells markiert
Akroterion bekrönendes Element auf der Spitze und an den Ecken des Giebeldreiecks von Bauten der Antike
Altan balkonartiger, aber unterbauter Austritt der oberen Etagen; oft in Verbindung mit Freitreppen
Annex größerer Anbau
Apsis innen halbkreisförmiger, außen auch vielekkiger, überwölbter Raum, Chorabschluss
Arkade Bogenreihe auf Stützen
Atrium ursprünglich von Säulenhallen umgebener Innenhof, Repräsentationsraum eines römischen Wohnhauses
Barock Stil im Zeitalter des Absolutismus
Basilika dreischiffiger Kirchenbau, dessen mittlerer Teil überhöht und gesondert belichtet ist
Basis unterer Teil eines Bauglieds, besonders profilierter Fuß einer Säule
Belvedere Aussichtsterrasse, Aussichtspunkt; in Parkanlage gelegenes Lustschloss
Beton, armierter Beton mit Eiseneinlagen; Stahlbeton
bossieren grobes Behauen der Vorderseite eines Werksteins mit Zweispitz, Spitzeisen o.ä.
Curtain-Wall-Fassade Vorhangfassade; leichte, an einer inneren Tragkonstruktion aufgehängte Umhüllung eines Gebäudes
Dachreiter auf das Dach gesetzter kleiner Turm
Dienst in der Gotik entwickeltes viertel- bis dreiviertelkreisförmiges, schlankes Säulchen, das Gurte, Rippen oder Bögen des Gewölbes aufnimmt
Eklektizismus künstlerische Ausdrucksweise unter Verwendung bereits entwickelter Kunstleistungen
Expressionismus Stilrichtung der Architektur ab ca. 1910, die versuchte, Gebäude über ihre Funktion hinaus als abstrakte und monumentale Plastiken zu entwickeln
Faltdach aus enggereihten, oft unregelmäßigen >Satteldächern zusammengesetzte Überdachung
Fialen pyramidenförmige, schlanke Bekrönung von gotischen Strebepfeilern
Flugdach weit vorkragende, meist stützenlose Dachfläche
Fries schmaler Schmuckstreifen zur Um- und Abgrenzung, Gliederung und Dekorierung von Architekturteilen; Teil vom Gebälk
Funktionalismus Stilrichtung der modernen Architektur, die Formen aus der Funktion des Gebäudes ableitet
Gaube in Querrichtung des Daches sitzender Aufbau mit senkrechter Fensteröffnung
geböscht geneigt, abgeschrägt
geflammt Oberfläche mit flammenartigen Farbmustern
Gewände abgeschrägte Mauerfläche (Laibung) seitlich eines Fensters
Hallenkirche aus mehreren gleich hohen, durch Stützen getrennten Schiffen bestehender Bau
Haustein steinmetzmäßig bearbeiteter Naturstein
Herme figürlicher Pfeileraufsatz bzw. Gebälkträger, urspr. mit dem Kopf des griech. Gottes Hermes
Historismus im 19. Jh. entwickelter Stil, der versuchte, in der Nachahmung historischer Baustile ein eigenes Selbstverständnis zu finden.
Holzbinder Element eines hölzernen Dachtragwerks
ionisch antike Säulenordnung mit gerillten Schäften und flachen Volutenkapitellen, > Volute
Internationaler Stil in den USA geprägter Begriff für den Architekturstil des zweiten Viertels des 20. Jh., Kennzeichen: asymmetrische Komposition, kubische Hauptformen, horizontale Fensterbänder sowie das Fehlen von Ornamenten und Profilierungen
Joch zwischen Hauptstützen eines Bauwerks liegender Abschnitt
Jugendstil gegen > Historismus gewandter Baustil der abendländischen Kunst, Kennzeichen: pflanzliche, bewegte oder abstrahierende Formen
Kämpfer Auflager eines Bogens
Kapitell der oberste, eigenständige Teil einer Säule, eines Pfeilers oder Pilasters
Klassizismus in der zweiten Hälfte des 18. Jh. entstandene Gegenbewegung zum > Barock, Kennzeichen: strenge Ordnung, sparsamer Dekor, ungebrochene Konturen
Kolonnade Stützenreihe mit abschließendem Gebälk
Konche halbrunder, überkuppelter Raum wie > Apsis, aber ohne Altar
Korbbogen breiter, gedrückter Bogen
korinthisch Säulenordnung mit glatten Schäften und hohen blattbesetzten Kapitellen
Kranzgesims stark ausladendes Dachgesims im Palastbau und konstruktives Teil der Außenwand
Kreuzgratgewölbe Gewölbeform aus sich kreuzförmig durchdringenden Tonnen
Kreuzrippengewölbe von sich kreuzenden Rippen unterfangene Gewölbeform
Kreuzstockfenster durch steinerne bzw. hölzerne Balken in Kreuzform unterteiltes Fenster
Laibung oft abgeschrägte Begrenzung einer Maueröffnung (Fenster, Portale etc.)
Laterne der Beleuchtung dienender, verglaster Dachaufsatz
Lettner Mauer oder gewölbter, begehbarer Bauteil mit Durchgängen zwischen Laienraum und Chor einer Kirche
Lisene schwach vortretender, vertikaler Wandstreifen ohne > Basis und > Kapitell

Loggia gewölbter Bogengang oder Halle an der Front eines Gebäudes; offener Einschnitt in die Fassade

Lünette halbrundes Fenster; kleines, auf Rahmung gesetztes Bogenfeld über Türen

Majolika nach der Insel Mallorca benannte Keramik

Mall meist mehrgeschossige Kaufhauspassage

Mansarddach aus einem oberen flachen und einem unteren steilen Teil bestehende geknickte Dachform

Maßwerk geometrisch konstruiertes Bauornament zur Aufteilung des Bogenfelds von Fenstern bzw. Wandflächen

Mezzaningeschoss niedrige Halb- oder Zwischenetage

Mittelrisalit > Risalit in der Mitte eines Bauwerks

Netzgewölbe meist tonnenförmiges Gewölbe mit maschenartig überkreuzten Rippen, zwischen denen rautenförmige Felder entstehen

Obergaden Fensterzone des Mittelschiffs einer > Basilika

Oculus kleines Rundfenster („Auge")

Ortbeton Beton, der auf der Baustelle eingebracht wird

Perron Bahnsteig

Pilaster Wandpfeiler mit > Basis und > Kapitell

Polygon Vieleck

Portikus ein von Säulen oder Pfeilern getragener Vorbau an der Eingangsseite eines Gebäudes

Pultdach aus einer geneigten Fläche bestehendes Dach

Pylon freistehender, monumentaler Pfeiler

Remise Wagenschuppen

Renaissance Rückbesinnung auf die Antike, Kennzeichen: Aufnahme antiker Säulenordnungen, klare Gliederung, einfache geometrische Grundformen

Rippengewölbe Gewölbeform mit Kappen über Rippen

Risalit in voller Höhe vortretender Bauteil, oft mit eigenem Giebel

Rotunde Rundbau

Saalkirche rechteckige Bauform ohne innere Stützen

Satteldach Dachform aus zwei schräg gegeneinander gestellten Dachflächen

Sattelwalmdach Überdachung, bestehend aus > Satteldach in Verbindung mit teilweise abgewalmtem Giebel (Halbwalm; Krüppelwalm)

scharrieren Steinbearbeitung mit Scharriereisen, wodurch schmale, parallele Rippen entstehen

Schleppgaube stehendes Dachfenster mit einer Anhebung der Dachhaut

Schweifhaube aus gegeneinander gebogenen Flächen bestehende Turmdeckung

Sheddach einseitig geneigte, auch gebogene, in Reihung auftretende Dachform

Sichtbeton sichtbar belassene, oft bearbeitete oder durch sorgfältige Schalung gestaltete Betonoberfläche

Skelettbau Bauweise, bei der im Unterschied zur Massivbauweise die tragende Funktion auf Stützen, Träger, Scheiben beschränkt wird

Sohlbank Fensterbank; vorkragender, unterer Abschluss eines Fensters

Stahlbeton Verbundkörper aus Beton und einer Stahlbewehrung, die so ausgeführt ist, dass der Beton die Druckspannungen und der Stahl die Zugspannungen aufnimmt

Ständer auf Boden, Stein etc. gesetzte, auch durch mehrere Geschosse reichende Stütze einer Fachwerkwand

Stuccolustro bemalter und wachspolierter Marmorputz

Tektonik struktureller Aufbau eines Gebäudes

Tondo rundes Relief oder Gemälde

Tonnengewölbe in eine Richtung gekrümmte, meist längsgerichtete, gemauerte Raumüberdeckung, oft mit halbkreisförmigem Querschnitt

Traufe waagerechte Bregrenzung der Dachfläche parallel zum First

Treppengiebel stufenförmiger Abschluss eines > Satteldaches

Tympanon Giebelfeld

Utlucht vom Boden aufsteigender, erkerartiger Vorbau an einer oder zu beiden Seiten der Haustür; Querdachgiebel über Seitenschiffjoch einer Kirche

Vestibül Eingangsraum eines Hauses

Vierung Kreuzfeld von Lang- und Querhaus einer Kirche

Volutengiebel seitlich in Spiralen oder Schnekken auslaufender Giebel

Volute schneckenförmiges Ornament bzw. Werksteinstück

Walmdach nach allen Seiten gleichmäßig geneigtes Dach

Wimperg giebelartige Bekrönung gotischer Portale und Fenster

Zwerchhaus über einer Fassade aufsteigender, nicht zurückgesetzter Dachaufbau mit eigenem Giebel und quer zum Hauptdach verlaufendem First

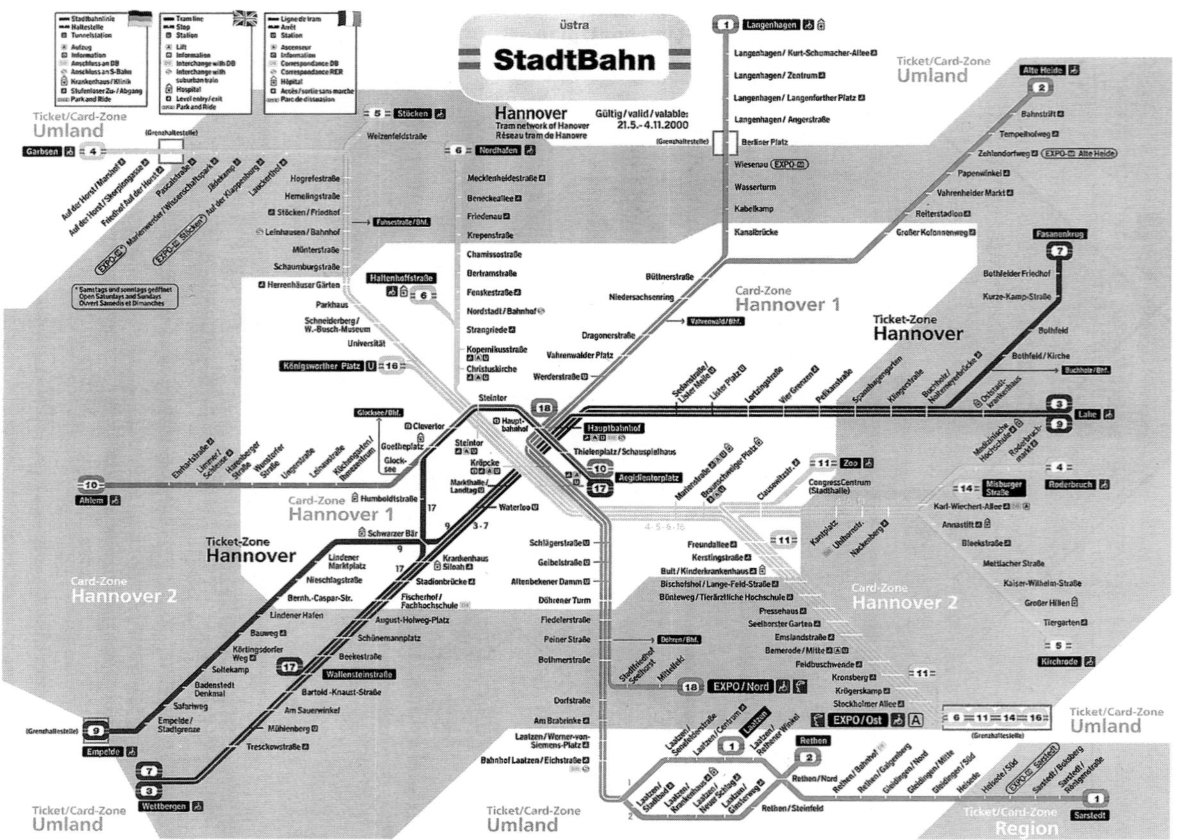

üstra
StadtBahn
Hannover
Tram network of Hanover
Réseau tram de Hanovre
Gültig / valid / valable: 21.5.-4.11.2000
Ticket/Card-Zone Umland
Card-Zone Hannover 1
Card-Zone Hannover 2
Ticket-Zone Hannover
Ticket/Card-Zone Region
Langenhagen
Alte Heide
Fasanenkrug
Lahe
Roderbruch
Kirchrode
Sarstedt
Rethen
Laatzen
EXPO/Ost
EXPO/Nord
Wettbergen
Empelde
Ahlem
Garbsen
Stöcken
Nordhafen
Haltenhoffstraße
Königsworther Platz
Hauptbahnhof
Aegidientorplatz
Zoo
Misburger Straße
Wallensteinstraße
Steintor
Kröpcke
Waterloo
Schwarzer Bär
Humboldtstraße
Büttnerstraße
Niedersachsenring
Dragonerstraße
Vahrenwalder Platz
Werderstraße
Thielenplatz / Schauspielhaus
CongressCentrum (Stadthalle)
Schlägerstraße
Geibelstraße
Altenbekener Damm
Döhrener Turm
Fiedelerstraße
Peiner Straße
Bothmerstraße
Dorfstraße
Am Brabrinke
Laatzen / Werner-von-Siemens-Platz
Bahnhof Laatzen / Eichstraße